nuevos DESTINOS

Español para hispanohablantes

A. Raymond Elliott
University of Texas, Arlington

Ventana al mundo hispánico sections written by
Gladys Brignoni
Old Dominion University

 **McGraw-Hill College**

Boston   Burr Ridge, IL   Dubuque, IA   Madison, WI   New York   San Francisco   St. Louis
Bangkok   Bogotá   Caracas   Lisbon   London   Madrid   Mexico City
Milan   New Delhi   Seoul   Singapore   Sydney   Taipei   Toronto

McGraw-Hill

A Division of The **McGraw·Hill** Companies

This is an ⨐🄳🄸 book.

Nuevos Destinos
Español para hispanohablantes

Copyright © 1999 by the WGBH Educational Foundation and the Corporation for Public Broadcasting. All rights reserved. Printed in the United States of America. Except as permitted under the United States Copyright Act of 1976, no part of this publication may be reproduced or distributed in any form or by any means, or stored in a data base or retrieval system, without the prior written permission of the publisher.

This book is printed on acid-free paper.

1 2 3 4 5 6 7 8 9 0 DOW DOW 9 3 2 1 0 9 8

ISBN 0-07-059334–5

Editor-in-chief: Thalia Dorwick
Sponsoring editor: William R. Glass
Development editor: Scott Tinetti
Project manager: Natalie Durbin
Production supervisor: Rich DeVitto
Interior and cover designer: Adriane Bosworth

Art editor: Nicole Widmyer
Editorial assistant: Beatrice Wikander
Compositor: York Graphic Services, Inc
Typeface: Palatino
Printer: R.R. Donnelly & Sons

Grateful acknowledgement is made for use of the following:

Readings: *page 61* "Aniversario" reprinted with permission of Luis Romero; *89* "Canción de jinete" by Federico García Lorca. © Herederos de Federico García Lorca; *115* "El primer día de escuela" by Saúl Sánchez from *Hay pesha lichans tu di flac*. Reprinted with permission of the author; *235* From *El Popol Vuh*, translated by Adrian Recinos (San José, Costa Rica: Editorial Universitaria Centroamericana, 1984). Reprinted with permission of EDUCA; *271* "Cubanita descubanizada" by Gustavo Pérez-Firmat from Bilingual Blues, 1995. Copyright © Bilingual Press/Editorial Bilingüe, Arizona State University, Tempe; *198* "Pase de lista" by Luz María Umpierre-Herrera. Reprinted from *En el país de las maravillas*, © 1982 by Luz María Umpierre-Herrera, by permission of the Third Woman Press, Berkeley, California.

Realia: *page 121* Courtesy of The United States Department of Agriculture; *135* Clarin; *180 (top)* Photo by Bob Landry/Life Magazine. © Time, Inc.; *(bottom)* Courtesy of the U.S. Army; *203 (left)* Adolfo Dominguez; *(right)* Reprinted with permission of Dana Perfumes Corporation; *221 Cambio 16*; *240 (top left)* Photo by Dean Isidro. Reprinted with permission of *Latina*; *(bottom left) La Jornada*; *(right)* Cable News Network; photo reprinted with permission of AP/Wide World Photos; Netscape Communications Corporation has not authorized, sponsored, or endorsed, or approved this publication and is not responsible for its content. Netscape and the Netscape Communications Corporate Logos, are trademarks and trade names of Netscape Communications Corporation. All other product names and/or logos are trademarks of their respective owners; *242* Originally published in the magazine *Vanidades*. Reprinted with permission of Editorial Televisa; *260* U.S. Department of Health and Human Services; *312* From *Más allá del horizonte: Visiones del nuevo milenio* by Walter Mercado (New York: Warner Books, 1997).

Photographs: *page 18 (top)* Glugio Gronk Nicandro, La Tormenta 1985, acrylic on canvas, 90" × 60", Private collection, Courtesy of The Daniel Saxon Gallery, Los Angeles; *(bottom)* Mark & Audrey Gibson/The Stock Market; *35* D. Donne Bryant; *41 (top)* AP/Wideworld Photos; *(bottom)* Dennis Gallante/Envision; *54* A. Raymond Elliott; *58 (bottom)* Bob Daemmrich Photography; *84* Robert Fried/D. Donne Bryant; *90 (left)* David Ball/The Stock Market; *(right)* J. Messerschmidt/The Stock Market; *92 (left)* Bonnie Kamin/PhotoEdit; *(right)* Bob Daemmrich Photo/The Image Works; *120 (left)* Bill Cardoni/Liaison International; *(right)* Jeff Greenberg/Stock Boston; *134* Victor Malafronte/Archive News Photos; *140* Robert Frerck/Odyssey/Chicago; *141* Jean-Yves Ruszniewski/Temp Sport/Corbis; *144 (left)* Arvino Garg/Liaison International; *(right)* D. Donne Bryant; *156* Sung Park/Sygma; *178 (top)* UPI/Corbis-Bettmann; *(bottom)* Robert Frerck/Odyssey/Chicago; *195* John Springer/Corbis-Bettmann; *202 (top and bottom)* Chip & Rosa María de la Cueva Peterson; *213* Gerardo Somoza/Outline Press; *217* Robert Frerck/Odyssey/Chicago; *218* Byron Augustin/D. Donne Bryant; *220 (left)* Paul Gredilliunas/Tony Stone Images; *(middle)* A. Raymond Elliott; *(right)* Robert Frerck/Odyssey/Chicago; *251* Jeff Greenberg/Visuals Unlimited; *256 (top)* Courtesy of Cuban Heritage Collection, Otto G. Richter Library, University of Miami, Coral Gables, Florida; *(bottom)* Courtesy of Rosemary Rodgers/Karen Records; *269* David Corio/Retna; *287* Bill Davila/Retna; *290* Reproduced with permission of The General Secretariat of The Organization of American States; *291* Alejandro Balaguer/Tony Stone Images.

Library of Congress Catalog Card No.: 98-88119

http://www.mhhe.com

Índice de materias

Prefacio

Why Create a New Text for Heritage Speakers of Spanish?

According to the 1990 Census, there are approximately 23 million Hispanics who live and work in the United States. This figure makes the United States the fifth largest Spanish-speaking nation in the world. Several geographical regions have experienced a dramatic increase in the Hispanic population: California, Texas, New York, Florida, Illinois, New Jersey, Arizona, New Mexico, Colorado, and Massachusetts, to name a few. Consequently, our school systems have been faced with "rapid population changes,"[1] requiring the implementation of academic programs that meet the needs of the growing Hispanic student population. The majority of students acquire Spanish at home in an informal bilingual setting; many lack formal instruction in their native language, while others have been formally educated in Spanish-speaking nations. As such, this student population evidences a wide range of speaking and writing abilities, making the development of materials that challenge—but do not defeat—heritage speakers of Spanish somewhat formidable.

The development of one particular curriculum for a heterogeneous group of speakers has been a challenging task indeed. In fact, many researchers and practitioners who are well-versed in the research literature of this subject are not always in agreement as to what constitutes the overall needs of this population. *Nuevos Destinos: Español para hispanohablantes* is designed for speakers who demonstrate an ability to comprehend and produce Spanish but who have had little or no previous formal instruction in the language. The curriculum is designed to capitalize upon students' existing skills, to expand upon their knowledge of the language, and to enhance their ability to read, write, and communicate more effectively in Spanish. In addition, the materials provide a cultural window on the Spanish-speaking community, both within the United States as well as abroad. The cultural features in each chapter serve to enrich the learning experience for this unique population of students.

The *Nuevos Destinos* Storyline

A mysterious letter. A lost love. A missing child. The death of a colleague. Romance. Travel. Legal entanglement. Sound interesting? These are just some of the subplots found in *Nuevos Destinos*, the video that accompanies *Nuevos Destinos: Español para hispanohablantes*. This engaging video-based textbook and workbook/laboratory manual combination provides an innovative format for heritage speakers of Spanish to expand upon their existing knowledge of and communicative abilities in the Spanish language. Throughout the text, students build and reinforce grammar skills in Spanish while exploring interesting themes and intriguing questions related to the Hispanic American experience.

In the print materials and accompanying video, you and your students will meet Raquel Rodríguez and Lucía Hinojosa, two lawyers working for the Castillo family of Mexico. Read on for some background information!

Flashback Five Years Ago: Five years ago, the aging Mexican industrialist, Fernando Castillo, hired Raquel Rodríguez—a skilled Mexican-American lawyer from Los Angeles—to investigate a case involving claims made about his past in Spain. After accepting the case, Raquel traveled to Spain where she began her search for a woman who had written a letter to don Fernando, a letter that prompted him to reveal to his family a secret that he had kept for more than 50 years. What was the secret? And what effect would it have on him and his family at this point in his life? Thus

---

[1]Guadalupe Valdés, "The Teaching of Spanish to Bilingual Spanish-speaking Students: Outstanding Issues and Unanswered Questions," *La enseñanza del español a hispanohablantes: Praxis y teoría.* (Boston: Houghton Mifflin Company), 1997, pp. 8–44.

began the adventure for Raquel, whose investigative skills ultimately led her to Spain, Argentina, Puerto Rico, and Mexico, in search of the truth. Of course, along the way there were also some intriguing developments in her personal life . . .

This journey was the basis for the highly successful *Destinos* Spanish series, which premiered in 1992. This 52-episode series with accompanying print materials has since introduced thousands of students of Spanish to a unique language learning experience rich in cultural diversity and compelling human stories. In fact, viewers have become so involved with the story of Raquel and the Castillo family that they wonder what has happened to these characters in the meantime.

Flashforward to the Present: After solving the Castillo family mystery, Raquel returned to her law practice in Los Angeles. Five years have now passed, during which Raquel has had little contact with the Castillos. This changes, however, when she receives a letter from Ramón Castillo, the son of don Fernando. Ramón has written to inform Raquel of the death of his uncle Pedro, brother of don Fernando. Lucía Hinojosa, a young lawyer from Mexico, has been hired to handle the estate. Ramón has requested that Raquel assist Lucía in any way that she can. Gladly offering her services, Raquel looks forward to meeting Lucía.

So begins another adventure for Raquel Rodríguez, the adventure of *Nuevos Destinos*. In this new four-hour video series, Raquel and Lucía endeavor to unravel numerous legal complications involving the Castillo family and the family estate, La Gavia. Important to the new case, however, are details from Raquel's original adventure. Thus, as the new mystery is resolved, students also see a summarized version of the original *Destinos* story and learn what has happened to many of the original characters.

Nuevos Destinos: Español para hispanohablantes: The Print Materials

Comprised of a preliminary chapter and 15 chapters that correspond to the 15 video episodes, *Nuevos Destinos: Español para hispanohablantes* and its companion piece, the *Manual que acompaña Nuevos Destinos: Español para hispanohablantes,* serve to reinforce students' proficiency in the Spanish language, using their current knowledge

of the language as a point of departure. The result is an exciting set of written and oral practice materials that is uniquely supported by the *Nuevos Destinos* video and optional CD-ROM.

The Textbook

- In the **De entrada** section, found on each chapter-opening page, students conjecture about the plot of the current episode and jot down some ideas about the video storyline based on the chapter-opening photo and a few brief questions asked of them. These ideas are explored later in the chapter in the **Volviendo al tema** section.
- **Hacia la comunicación** sections present the thematic focus of the chapter that is followed throughout. The conversational and task-based practice activities that follow allow students to discuss and exchange ideas about the chapter theme in pairs or small groups. Many of these activities relate to the Hispanic-American experience in general and to individual students' lives in particular.
- The **El vídeo** section contains pre- and post-viewing video activities that focus on the storyline of the *Nuevos Destinos* video. Many of these sections contain a **Palabras útiles** sidebar, featuring useful words and phrases found in the video. In odd-numbered regular chapters, **Entre los bastidores** sections feature a behind-the-scenes look at the actors and creators of *Destinos* and *Nuevos Destinos,* offering a real-life perspective of those involved with the series.
- Each **Conceptos gramaticales** section presents one to three grammar topics that build upon students' existing knowledge in the Spanish language to reinforce their communicative competence with grammatical knowledge. Many grammar explanations also feature comparisons and contrasts with similar English structures. Form-focused and open-ended activities follow each grammar presentation, with answers to the form-focused activities presented at the back of the textbook.
- Each chapter also features a section entitled **Así lo decimos: Las variaciones dialectales**, which presents dialectal variations among Spanish speakers throughout the world. Special emphasis is given to language differences among members of a specific region, particularly the United States.

- **Los hispanos en los Estados Unidos** features an upbeat portrayal of Hispanics who were born in the United States or who have emigrated to this country. Also featured is information on large-group populations, such as Mexican-Americans, Cuban-Americans, and the Puerto Rican population living in this country.
- In the **Para escribir** section, students brainstorm topics and jot down ideas about a particular aspect of the chapter theme. Students will later use these topics and ideas in a chapter-culminating writing assignment in each chapter of the *Manual.*
- In **Volviendo al tema** sections, students return to the ideas they jotted down in **De entrada** to discuss or write about what they now know about the *Nuevos Destinos* storyline that they didn't know before. This section may also be used as part of a chapter-culminating, whole-class discussion.
- After every chapter, one of two sections may be presented: **Ventana al mundo hispánico** or **Literatura.**
  - ❖ **Ventana al mundo hispánico** focuses on a particular country or region of the Spanish-speaking world, including the United States. Many different topics are presented in these cultural features, such as historical figures and events, architecture, science, and the arts, as well as interesting facts about the region. Each section also includes a unique timeline feature that displays prominent historical events of the region. These sections were written by Gladys Brignoni (Puerto Rico) of Old Dominion University.
  - ❖ **Literatura** sections contain authentic literary selections, supported by pre- and post-reading activities.

The *Manual*

The *Manual* contains both written and listening-based activities, including the following.

- **Enriquezca su vocabulario** sections offer additional practice of the textbook chapter themes. Many useful terms and phrases are provided to students in this section of the *Manual.*
- **Hacia la comunicación** expands on the chapter theme as presented in the textbook. In some activities, called **Los hispanos hablan,** heritage speakers of Spanish answer questions based on the chapter theme.

- **El vídeo** offers a set of both written and listening-based activities that assess students' comprehension of the video storyline. In this section of the *Manual* students listen to and work with interview segments with the actresses Liliana Abud («Raquel Rodríguez») and Ivette González («Lucía Hinojosa») in **Conociendo a los personajes principales.**
- **Conceptos gramaticales** provides more practice with the grammatical concepts introduced in the textbook.
- **Así lo decimos / Así lo escribimos** continues the textbook's focus on spoken and written variations and/or problem areas of Spanish.
- In **Para escribir,** students use their ideas noted in the same section of the textbook to complete a theme-based final writing task for each chapter.
- **Usando el Internet** is a unique feature that provides students with authentic links to websites from around the world. Each set of links is coordinated with the chapter theme.

Multimedia: *Nuevos Destinos* Video, CD-ROM, and Website

Video

This is Raquel Rodríguez, a Mexican-American lawyer from Los Angeles, California. Five years ago, Raquel investigated a case for the wealthy Castillo family of Mexico. Now, another case involving the Castillo family has arisen, one that is puzzling right up to the very end.

This is Lucía Hinojosa, a lawyer from Mexico City. Lucía, the executor of the Castillo estate, has been asked to consult Raquel about the original investigation carried out five years ago. Her task is to solve the current mystery surrounding the Castillo family.

The engaging four-hour video that provides the foundation for the *Nuevos Destinos: Español para hispanohablantes* materials is comprised of 15 episodes, each approximately 15 minutes in length. This manageable length allows instructors to show the episodes in class if they desire or have time. Other instructors may decide to assign the viewing of the video as an out-of-class lab assignment. Either decision is compatible with the pedagogy of *Nuevos Destinos: Español para hispanohablantes.*

Each video episode retells the story of Raquel's original investigation within the framework of a new legal intrigue. Episodes include extensive footage from the original *Destinos* series, together with newly-produced segments for the new story-line.

CD-ROM

An optional CD-ROM accompanies the *Nuevos Destinos: Español para hispanohablantes* materials. This fifteen-lesson CD provides an interactive, task-based, language-learning experience, in which students serve as Raquel's assistant in her law office. In each lesson, as students complete various tasks, they gather additional information about the video story. They also learn interesting extra details about the characters and the story, details that can be found only in the CD-ROM.

The tasks that students complete include: reading letters written by video characters, newspaper articles about their

lives, and other documents; receiving and making phone calls; organizing note cards and photo albums; and receiving and sending faxes and

e-mail messages. These real-world tasks provide students with exciting opportunities to further review grammar and vocabulary and to develop and refine their four skills in Spanish, all in an engaging, purposeful fashion.

Nuevos Destinos on the Web

For more information about *Nuevos Destinos*, students and instructors are invited to visit the *Nuevos Destinos* website administered by WGBH at **www.wgbh.org/wgbh/learn/ndestinos/**.

Other Supplementary Materials

The supplements listed here may accompany *Nuevos Destinos: Español para hispanohablantes.* Please contact your local McGraw-Hill representative for details concerning policies, prices, and availability, as some restrictions may apply.

- An optional reader, ***Voces hispánicas: Historias personales***, edited by Armando Brito (Brandeis University), contains 14 testimonials written by Hispanic-Americans from various walks of life. Many of these stories explore personal triumphs in overcoming language and cultural barriers, as well as what it means to be a Hispanic person living in the United States.
- The **Audiocassette Program** contains listening comprehension material found in the *Manual.* Many of the listening passages are from the *Nuevos Destinos* video. Also included in the audio program are segments of interviews with Liliana Abud («Raquel Rodríguez») and Ivette González («Lucía Hinojosa»).
- The **Instructor's Manual** offers general teaching guidelines for using the *Nuevos Destinos* video and CD-ROM, as well as guidelines for using the print materials. Also included in this supplement are sample quizzes, the Tapescript for the *Manual,* and a complete Videoscript of the *Nuevos Destinos* video.
- The **Picture File** contains fifty color photos of key characters and scenes taken from the original *Destinos* and the *Nuevos Destinos* videos.
- The **Instructor's Guide to the CD-ROM** contains a more detailed explanation of the contents of the CD-ROM, as well as suggestions for using the CD-ROM.

Acknowledgments

The suggestions, advice, and work of the following friends and colleagues are gratefully acknowledged by the author.

- Dr. Bill VanPatten (University of Illinois, Urbana-Champaign), whose creative work on the original *Destinos* provided the foundation and inspiration for *Nuevos Destinos: Español para hispanohablantes* and the *Nuevos Destinos* video.
- Dr. Robert Blake (University of California, Davis), whose role as Chief Academic Consultant on the video and CD-ROM set a standard of creativity and excellence for the entire *Nuevos Destinos* project.
- Ana María Pérez-Gironés (Wesleyan University), whose video scripts for *Nuevos Destinos* provided the exciting continuation of the *Destinos* storyline and, by extension, the foundation for these materials. Her work is also seen in the CD-ROM, as she cowrote those materials.
- Susan Giráldez, for her work on the CD-ROM.
- Gladys Brignoni (Old Dominion University), for her creative research and writing of the **Ventana al mundo hispánico** sections.
- Laura Chastain (El Salvador), whose invaluable contributions to the text have added to its linguistic and cultural authenticity.
- Kathy Kirk, whose fine copyediting provided necessary quality controls within the manuscript.
- Cynthia B. Medina (York College of Pennsylvania), a friend and colleague, who was kind enough to allow me to use her interviews with Liliana Abud in the *Manual*.
- Theodore Sicker (WGBH), whose role as executive producer and project director for the video and CD-ROM is evident in the high production quality seen in those products.
- Erin Delaney and Christina Ragazzi (WGBH), for their roles in providing video and CD-ROM materials for publication in this book.
- Members of the Annenberg/CPG Project and WGBH Advisory Board, for their valuable input and comments on all phases of this project:
  - Dr. Deborah Baldini, University of Missouri, St. Louis
  - Dr. Otmar Foelsche, Dartmouth College
  - Dr. John Underwood, Western Washington University
  - Dr. Barbara Welder, Bee County Community College
  - Dr. Philippa Brown Yen, Cleveland State College
  - Dr. Sharon Foerster, University of Texas at Austin

In addition, the publishers wish to acknowledge the suggestions received from the following instructors and professional friends across the country. The appearance of their names in this list does not necessarily constitute their endorsement of the text or its methodology.

Loren Chavarría
Oregon State University

Robert M. Cortina
University of Texas at Brownsville

Jorge L. Galindo
University of Nevada, Las Vegas

Rafael Gómez
Monterey Institute of International Studies

Mary C. Iribarren
University of New Mexico

Patricia MacGregor-Mendoza
New Mexico State University

James C. Maloney
University of Texas-Pan American

Ana Menéndez Collera
SUNY at Stony Brook

Olga Marina Moran
Cypress College

Ana María Pérez-Gironés
Wesleyan University

Luis L. Pinto
Bronx Community College of CUNY

Susana Rivera-Mills
Northern Arizona University

Carmen I. Román
University of Maryland at College Park

Victoriano Roncero López
SUNY at Stony Brook

Leonice Santamaría
IUPUI and Butler University, Indianapolis

Carmen Vigo-Acosta
Mesa Community College

Many individuals at McGraw-Hill deserve my thanks and appreciation for their help and support: Diane Renda, Sharla Volkersz and the McGraw-Hill production group, especially Natalie Durbin, who efficiently and skillfully managed all phases of the production process; Francis Owens and his design team, especially Suzanne Montazer and Adriane Bosworth for the elegant yet simple design of the book; Nicole Widmyer, who wonderfully coordinated the art program; and Margaret Metz, for her eager and continuous support in the marketing of *Nuevos Destinos: Español para hispanohablantes* and the rest of the *Nuevos Destinos* materials.

I would also like to extend special thanks to the following individuals: the Editor-in-Chief, Thalia Dorwick, for her initial and continuous support and encouragement of this project and whose laughter is very contagious; the sponsoring editor, William R. Glass, who knows the true meaning of patience; and the development editor, Scott Tinetti, for making great improvements to the manuscript.

In addition, I would like to acknowledge the following people close to me and this project: the students in my conversation course who agreed to be interviewed for the **Los hispanos hablan** sections of the *Manual*; Fred Lentz, my McGraw-Hill representative and friend; my mentor and friend, Dr. Diana Frantzen; my mother and sister, for always having faith in me; my family: Tom, Curuba, Lucy, Leo, and Susan; and all of my colleagues and students at the University of Texas at Arlington, for their enthusiastic and continued support.

A. Raymond Elliott
Arlington, Texas
December 1998

Los países del mundo hispánico

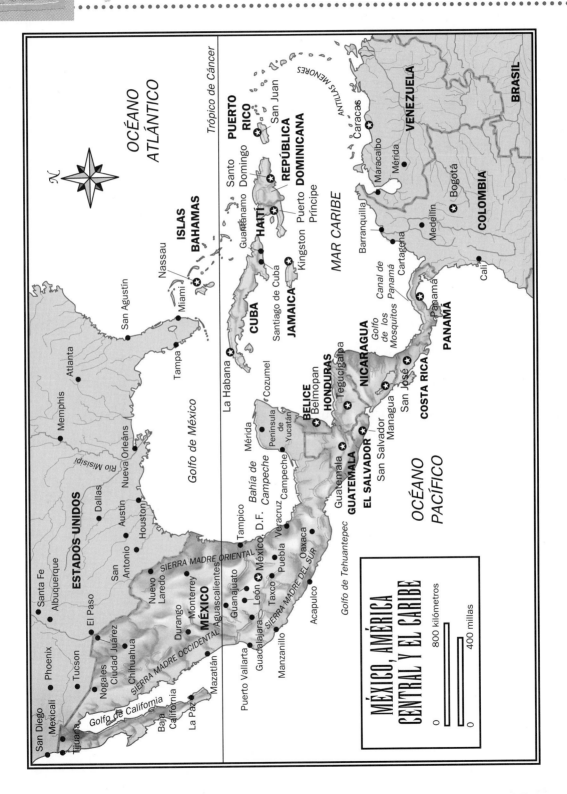

MAR CARIBE

OCÉANO ATLÁNTICO

Maracaibo
Barranquilla
PANAMÁ
Caracas
Medellín
Panamá
Bogotá
Cali
COLOMBIA
Quito
VENEZUELA
Río Orinoco
GUAYANA
Georgetown
Paramaribo
Cayena
SURINAME
GUAYANA FRANCESA

Ecuador

ECUADOR
Guayaquil
Río Amazonas
Belém
Manaus

PERÚ
CORDILLERA DE LOS ANDES
BRASIL
Recife

Lima
Cuzco
Arequipa
La Paz
BOLIVIA
Sucre
Brasília

Antofagasta
PARAGUAY
Río de Janeiro
Trópico de Capricornio

CHILE
San Miguel de Tucumán
Asunción
São Paulo
La Serena

OCÉANO PACÍFICO
Córdoba
Rosario
URUGUAY
OCÉANO ATLÁNTICO

Valparaíso
Santiago
ARGENTINA
Buenos Aires
Montevideo
Concepción
Río de la Plata
Bahía Blanca

Puerto Montt
Bariloche
Chiloé

N

Islas Malvinas
Estrecho de Magallanes
Punta Arenas
Tierra del Fuego

AMÉRICA DEL SUR

0   1500 kilómetros

0   1000 millas

Cabo de Hornos

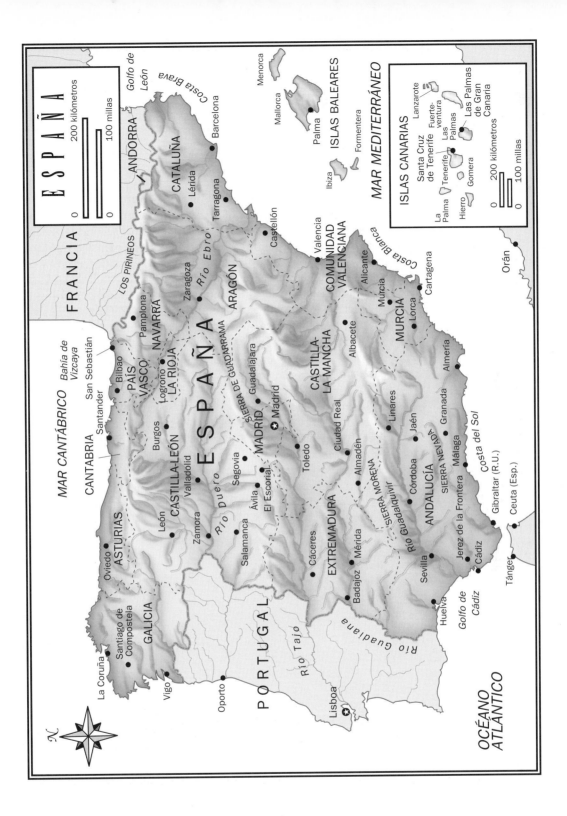

Sobre los autores

A. Raymond Elliott is Associate Professor of Spanish at the University of Texas at Arlington, where he also supervises lower division Spanish language courses. He received his Ph.D. in Spanish from Indiana University-Bloomington in 1993. His areas of specialization are Spanish applied linguistics, second language acquisition, the acquisition of second language phonological skills and historical development of Spanish. Dr. Elliott has published several articles and reviews in *The Modern Language Journal* and *Hispania*. He is an active member of the ACTFL Research Special Interest Group (SIG) having served as Secretary, Vice-Chair and currently, as Chair. He served as a panelist in the McGraw-Hill Annual Teleconference on Authentic Materials and as a member of the Academic Advisory Board for the software package to accompany *Nuevos Destinos*. A native of Ohio, he has lived in Bogota, Colombia and Seville, Spain. *Nuevos Destinos: Español para hispanohablantes* is his first book.

Gladys Brignoni is Assistant Professor of Spanish at Old Dominion University in Norfolk, Virginia, where she teaches a wide range of courses in Spanish language and second language acquisition. At Old Dominion she is also responsible for teacher training as a supervisor for students doing their student teaching in foreign languages at area schools. She received her Ph.D. in Language Education at Indiana University in 1996. She has also reviewed texts and presented papers and workshops on foreign language teaching methodology.

Capítulo preliminar

¿Qué será este lugar?

De entrada

Mire la foto en esta página. ¿De qué será? ¿Dónde se encontrará? ¿Será un hogar? ¿Quién vivirá allí? A lo largo de este capítulo, Ud. va a saber varios detalles que le pueden servir para contestar estas y otras preguntas.

Hacia la comunicación

La presencia hispana

ACTIVIDAD A • Los hispanos en los Estados Unidos

En grupos de dos o tres estudiantes, miren el siguiente mapa y contesten las preguntas a continuación. ¡**OJO**! No se puede contestar todas las preguntas basándose sólo en el mapa.

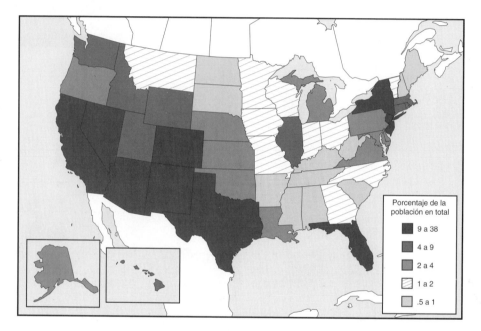

Porcentaje de la población en total

- 9 a 38
- 4 a 9
- 2 a 4
- 1 a 2
- .5 a 1

1. ¿Dónde vive la mayoría de hispanos en los Estados Unidos? En la opinión de Uds., ¿por qué viven en esos lugares?
2. ¿En qué estados no se observa mucho la influencia hispánica? ¿Por qué será así?
3. ¿Cuáles son los grupos hispánicos predominantes en los Estados Unidos? ¿Dónde viven?
4. En su opinión, ¿cuáles son las ventajas de hablar español y de conocer la cultura hispánica? ¿Por qué?

ACTIVIDAD B • Nuestras raíces

Paso 1. En grupos de dos o tres estudiantes, estudien el mapa del mundo hispánico y completen el cuadro a continuación con las respuestas apropiadas.

PAÍS	CAPITAL	NACIONALIDAD
Argentina		argentino/a
Bolivia	La Paz, Sucre*	
Chile	Santiago	
Colombia		colombiano/a
Costa Rica		
Cuba		cubano/a
Ecuador	Quito	
El Salvador	San Salvador	
España		
Guatemala	Ciudad de Guatemala	
Honduras		hondureño/a
República Dominicana	Santo Domingo	
México		mexicano/a
Nicaragua	Managua	
Panamá	Ciudad de Panamá	
Paraguay		paraguayo/a
Perú		peruano/a
Puerto Rico	San Juan	
Uruguay		uruguayo/a
Venezuela	Caracas	

*La Paz es la capital constitucional de Bolivia, mientras que Sucre es la sede (*headquarters*) del gobierno boliviano.

Paso 2. Ahora, entreviste a sus compañeros de clase para averiguar el lugar de origen de la familia de cada uno de ellos. ¿Hay nicaragüenses, salvadoreños o costarricenses en su clase? ¿O son la mayoría de ellos de ascendencia mexicana, puertorriqueña o cubana? Al hacer las entrevistas, trate de averiguar otras cosas interesantes sobre sus compañeros de clase. Por ejemplo, ¿cuáles son sus pasatiempos? ¿Cómo se divierten? ¿Qué cursos toman? ¿Qué tienen en común con los otros compañeros de clase?

El vídeo

ACTIVIDAD A • Hace cinco años

En el próximo capítulo, Ud. va a ver el primer episodio de *Nuevos Destinos*. La trama de *Nuevos Destinos* tiene que ver con una investigación actual y otra que tuvo lugar hace cinco años.

Paso 1. Las siguientes fotos presentan imágenes de la investigación de hace cinco años. Con un compañero / una compañera de clase, miren las fotos y traten de adivinar lo que ocurría en esa investigación. No se preocupen si no saben exactamente lo que pasa en las fotos —¡pronto descubrirán quiénes son estos personajes y cuáles son los papeles que desempeñan dentro de la historia!

1.

2.

3.

4.

5.

Paso 2. El siguiente pasaje le va a dar un poco de información sobre lo sucedido hace cinco años. Con un compañero / una compañera, lean el pasaje y contesten las preguntas a continuación.

Hace muchos años, un hombre joven español se escapó de una tragedia durante la Guerra Civil española, y se fue para México. Allí se casó, fundó una familia y trabajó muy duro. Con el dinero que acumuló, compró una hacienda histórica del siglo XVI en un pueblo cerca de la Ciudad de México. Luego se dedicó a restaurar la hacienda a su esplendor original. Después de vivir muchos años en ese país, se enfermó, y lo único que quería entonces era pasar los últimos años de su vida en paz, gozando de la tranquilidad del campo que rodeaba su majestuosa hacienda.

De pronto, el hombre recibió una carta de una señora española, en la que le hablaba del pasado de él. Temiendo que fuera verdad lo que la señora le revelaba en la carta, el hombre decidió reunir a todos sus hijos para contarles un secreto que ocultaba de su vida pasada, algo que no le había contado nunca a nadie.

Ya que su salud iba empeorando, el hombre decidió enviar a alguien a España para averiguar lo de la carta y para hablar con la señora que la había escrito. ¿Cuál era ese secreto? ¿Qué había hecho ese hombre que no quería que nadie lo supiera? ¿Y cómo se descubrió este misterio?

Opiniones

1. En su opinión, ¿por qué se fugó (*did flee*) ese hombre de su país natal?
2. ¿Cuál cree Ud. que es el secreto mencionado en la carta misteriosa?
3. ¿Cree Ud. que la persona que escribió la carta tenía algún motivo oculto para escribirla? En su opinión, ¿cree que se trata del chantaje (*blackmail*)?
4. Si Ud. se encontrara en la misma situación que ese hombre, ¿les revelaría el secreto a sus hijos y al resto de su familia? ¿Por qué sí o por qué no?

Paso 3. Ahora que sabe un poco más sobre lo que ocurrió hace cinco años, vuelva a revisar sus adivinanzas del Paso 1. ¿Puede ampliar sus predicciones sobre la trama de *Nuevos Destinos*?

ACTIVIDAD B • Una carta de Raquel Rodríguez

Paso 1. En la siguiente página hay una carta de Raquel Rodríguez, la abogada que don Fernando contrató hace cinco años. Lea la carta —¡y prepárese para un viaje de aventuras y misterio!

Paso 2. Con un compañero / una compañera de clase, hagan un resumen de los datos sobresalientes que supieron por medio de la carta de Raquel Rodríguez. ¿Tienen Uds. algunas ideas en lo que se refiere al secreto que se reveló en la carta que recibió don Fernando?

GOODMAN
POTTER &
MARTINEZ

11759 Wilshire Boulevard
Los Angeles, CA 90025
Telephone: (310) 555-3201 Fax: (310) 555-1212

Queridos estudiantes:

Me llamo Raquel Rodríguez y vivo en Los Ángeles, California. Soy abogada y trabajo en la firma de Goodman, Potter & Martínez.

Hace cinco años, trabajé en un caso muy interesante para la familia Castillo. Resulta que un señor mexicano, quien se llamaba Fernando Castillo Saavedra, había recibido una carta con unas noticias sorprendentes e inquietantes. Don Fernando consideró que era muy importante para él y para su familia verificar si la información en la carta era cierta o no. Su hermano, Pedro, era abogado, pero como ya no era joven, no quiso hacer él mismo la investigación. Pedro admiraba mis habilidades como investigadora y me pidió que yo hiciera ese trabajo. Nunca me imaginé que esa investigación iba a ser tan complicada y que me llevaría a tantos lugares... ¡y que me traería tantas sorpresas también!

En las próximas semanas Uds. van a descubrir el secreto de esa carta. También van a conocer a la familia Castillo y a otros personajes interesantes. Han pasado muchas cosas desde que trabajé en ese caso. Todavía mantengo contacto con algunos miembros de la familia, pero no los he visto recientemente porque tengo mucho trabajo aquí en Los Ángeles.

Me gusta que Uds. quieran mejorar su español y que deseen ampliar su conocimiento de nuestro idioma. Verán que el español es un idioma fascinante que goza de una gran herencia cultural, de la cual estoy muy orgullosa. Espero que disfruten de sus estudios y les deseo mucha suerte.

Cordialmente,

Raquel Rodríguez

Todo el mundo, incluso Ud., guarda secretos. Piense en un secreto que Ud. guarda o guardó en el pasado. Si Ud. fuera a revelarle ese secreto a alguien, ¿a quién escogería? ¿Se lo contaría a su padre o madre, a un hermano o una hermana, a un amigo íntimo / una amiga íntima? ¿Le exigiría a esa persona que también guardara el secreto? ¿En qué circunstancias revelaría Ud. ese secreto?

Conceptos gramaticales

P.1 • Los sujetos y los pronombres

¡Ya lo sabía Ud.!

En el habla general, a veces es necesario referirse a la persona que habla o a la persona o las personas de que se hablan. Estudie los pronombres que se presentan en el siguiente cuadro, fijándose en sus traducciones al inglés.

PRONOMBRES PERSONALES			
SINGULAR		PLURAL	
yo	I	**nosotros/as**	we
tú	you (*familiar*)	**vosotros/as**	you (*familiar plural*)
Ud. (usted)	you (*formal*)	**Uds. (ustedes)**	you (*formal plural*)
él	he	**ellos**	they (*masculino*)
ella	she	**ellas**	they (*femenino*)

Lo importante es saber a quién se refieren los pronombres personales. Y eso, ¡ya lo sabía Ud.!

Para saber más: ¿Yo? Sí, Ud.

Algunas observaciones sobre los sujetos y los pronombres

- Fíjese Ud. en que varios sujetos tienen una forma masculina y otra femenina: **él/ella, nosotros/nosotras, vosotros/vosotras, ellos/ellas.** Aquí hay una explicación de cómo y cuándo se usan estas variantes de pronombres personales. Se usa **nosotras,** por ejemplo, cuando habla un grupo de personas del sexo femenino. Las formas masculinas plurales se usan no solamente para referirse a un grupo de personas del sexo masculino sino también a un grupo de personas de ambos sexos.

- En español hay dos formas para referirse a la persona con quién hablamos directamente: **tú** y **Ud. Ud.** se usa generalmente para dirigirse a una persona con quien se tienen relaciones más o menos formales, de respeto. En cambio, el pronombre **tú** suele usarse entre personas que se tratan con familiaridad, como los hermanos, amigos o parientes.

- Es posible que Ud. use o haya oído del uso de **vos** (el voseo). **Vos** es un pronombre personal que se usa en algunos países latinoamericanos para dirigirse a una persona con quien se tiene confianza en el trato, es decir, en las circunstancias en que se trataría a una persona de **tú** (el tuteo). Las formas verbales para **vos** son diferentes de las formas verbales comunes. Aquí hay un ejemplo.

el tuteo:	¿**Sabes**? Tú **cantas** muy bien.
el voseo:	¿**Sabés**? Vos **cantás** muy bien.

  Por lo general, se usa el voseo en la Argentina y en el Uruguay, pero hay otros lugares de Latinoamérica donde también se oye. En algunos episodios de *Nuevos Destinos,* Ud. va a oír el voseo.

- **Uds.** es la forma plural de **tú** que se usa en los países latinoamericanos. En España, en cambio, la forma plural de **tú** es **vosotros** o **vosotras.** En ambos lugares, se usa **Uds.** como forma plural de **Ud.**

- En muchos casos, se puede omitir por completo los pronombres personales, con tal de que se sepa de quién o de quiénes se habla. Sin embargo, hay circunstancias cuando uno querrá incluir el pronombre personal para hacer contraste o para dar énfasis a la acción o condición presentada.

  Yo tengo mucha hambre. = Tengo mucha hambre.
  Papá no quiere comer, peró **yo** tengo mucha hambre.

Actividades gramaticales

ACTIVIDAD A • Tú, Ud. o vos: ¿Cuál se usa?

Con un compañero / una compañera de clase, indique si Ud. usaría **tú, Ud.** o **vos** en cada una de las siguientes situaciones. Justifiquen sus respuestas. También noten si sus respuestas difieren en algunas de las situaciones.

1. En una fiesta Ud. acaba de conocer a un joven mexicano que asiste a la misma universidad que Ud.
2. Ud. quiere matricularse en un curso de matemáticas, pero la clase ya está llena. Ud. decide pedirle permiso especial al profesor para entrar en el curso.

3. Mientras está de compras en un almacén, Ud. se encuentra con una niña que está llorando y aparentemente perdida.
4. Este mes Ud. no ha manejado bien su dinero y, como consecuencia, se encuentra sin un centavo. Ud. llama a su mejor amigo/a para pedirle un préstamo.
5. Ud. vuelve a la casa de su familia para pasar las Navidades. Su abuelita acaba de llegar y Ud. la saluda.
6. Ud. sube a un taxi en Buenos Aires y le pide al taxista que lo lleve a la calle Gorostiaga.

ACTIVIDAD B • Situaciones

Paso 1. En grupos de tres, piensen en una situación y escriban un diálogo entre el profesor Martínez y dos estudiantes, José y Ana. Posibles situaciones incluyen: la clase de español, un restaurante, un museo, etcétera. Si quieren incluir a otros personajes en el diálogo, claro que lo pueden hacer. ¿De qué van a hablar los personajes del diálogo? Acuérdense de usar las formas correctas de **tú** y **Ud.**

Paso 2. Ahora compartan su diálogo con los otros grupos de la clase. ¿Usaron las formas apropiadas de **tú** o **Ud.**?

P.2 • El modo indicativo
¡Ya lo sabía Ud.!

Por alguna razón u otra, Ud. ya tiene algún conocimiento del español. A lo mejor Ud. se familiarizó con el español cuando era muy joven, hablándolo o escuchándolo en su hogar o en casa de sus abuelos u otros parientes. Y es posible que Ud. hable español todos los días —¡incluso en los sueños! Sea como sea, las secciones gramaticales en este libro están orientadas a aumentar el conocimiento del español que Ud. ya tiene. Cuando Ud. habla, es muy probable que no piense en reglas gramaticales, especialmente en las reglas sobre conjugaciones verbales. Formas como **hablo, vivía** y **canté** le salen tan fácilmente que las usa casi sin pensar. En esta sección, Ud. va a aprender un poco sobre los verbos y el modo indicativo. (Se presentará más información en capítulos subsiguientes.) La clave es saber usar los verbos para comunicarse correctamente. Y eso, ¡ya lo sabía Ud.!

Para saber más: Me llamo Roberta y vivo en Colorado

Los modos gramaticales

En español, existen **dos modos gramaticales: el indicativo** y **el subjuntivo.**

El término **modo** se refiere a la manera en que se describen acciones o situaciones con respecto a la objetividad (el uso del **indicativo**) o sujetividad (el uso del **subjuntivo**) con que se expresan.

El modo indicativo se usa para expresar el estado verdadero de las cosas o de los acontecimientos. Mire los ejemplos del uso del modo indicativo a continuación.

> **Quiero** ir.
> Juan **sale** mañana.
> Fernando **guarda** un secreto.

En cambio, se usa el subjuntivo para expresar deseos, emociones, opiniones o incertidumbre con relación a cualquier situación o acción.

> Mi esposa se enoja de que yo **quiera** ir.
> Esperamos que Juan **salga** mañana.
> Es imposible que Fernando **guarde** un secreto.

El modo subjuntivo se presentará más adelante, en otro capítulo.

Los tiempos sencillos y los compuestos

Todos los idiomas tienen algún sistema que los hablantes usan para indicar la cronología de los acontecimientos. En lo que se refiere al modo indicativo, hay varios tiempos verbales que se usan para indicar precisamente la cronología de los acontecimientos, sean presentes, pasados o futuros. Estos tiempos consisten en tiempos sencillos y tiempos compuestos.

A. Los tiempos sencillos

Los tiempos sencillos constan de un solo verbo. A continuación hay algunos ejemplos de tiempos verbales sencillos que pertenecen al modo indicativo. Lea cada oración, fijándose en la forma verbal y en el nombre del tiempo verbal.

LOS TIEMPOS SENCILLOS	
presente:	Raquel **escribe** una carta.
imperfecto:	Fernando **vivía** en España.
pretérito:	La investigación **fue** una experiencia inolvidable para Raquel.
futuro:	Raquel **conocerá** a otro personaje importante.
condicional:	Le dijo que **grabaría** la historia de don Fernando.

B. Los tiempos compuestos

Los tiempos compuestos constan de más de un verbo. Hay dos tipos de tiempos compuestos: los tiempos perfectos y los tiempos progresivos.

Los tiempos perfectos. Los tiempos perfectos constan de una forma del verbo **haber** más un participio pasivo. Se forma el participio pasivo al añadir **-ado** a los verbos que terminan en **-ar** e **-ido** a los verbos que terminan en **-er** e **-ir.**

> hablar → **hablado**
> comer → **comido**
> vivir → **vivido**

A continuación hay algunos ejemplos de los tiempos perfectos.

LOS TIEMPOS PERFECTOS	
presente perfecto:	Raquel ya **ha investigado** el caso Castillo.
pluscuamperfecto:	Pedro **había admirado** el trabajo investigativo de Raquel.

Los tiempos progresivos. Los tiempos progresivos constan de una forma del verbo **estar** más un gerundio. Se forma el gerundio al añadir **-ando** a los verbos que terminan en **-ar** e **-iendo** a los verbos que terminan en **-er** o **-ir.** En inglés el gerundio se equivale a *-ing.*

hablar → **hablando**
comer → **comiendo**
vivir → **viviendo**

A continuación hay algunos ejemplos de los tiempos progresivos.

LOS TIEMPOS PROGRESIVOS	
presente progresivo:	Raquel **está pensando** en el caso Castillo.
imperfecto progresivo:	Raquel **estaba buscando** a una persona en España.

En los próximos capítulos, Ud. va a aprender más sobre los tiempos verbales del español. Pero antes de seguir, es importante acordarse de algo —¡ya lo sabía Ud.!

Actividades gramaticales

ACTIVIDAD A • ¿Presente, pasado o futuro?

Con un compañero / una compañera, lean el siguiente pasaje e indiquen si cada verbo está en el presente, en el pasado o en el futuro. Por ahora, no es necesario saber exactamente los nombres de los tiempos verbales.

Enrique *es*[1] un estudiante peruano que *vive*[2] ahora en los Estados Unidos. El año pasado *recibió*[3] una beca[a] de la facultad de derecho[b] de la Universidad de Chicago para hacer un trabajo de investigación sobre derecho internacional. Aunque *es*[4] muy trabajador y aplicado, *tiene*[5] que estudiar mucho para sobresalir[c] porque *no se defiende*[6] bien en inglés. Le *encanta*[7] la ciudad de Chicago aunque muchas veces *se queja*[8] del clima y *dice*[9] que *no puede*[10] aguantar[d] la nieve y el frío. *Es*[11] un joven de veinte años, atlético y amigable y *tiene*[12] un maravilloso sentido del humor. Los fines de semana, generalmente *da*[13] un paseo en los parques de la ciudad o *asiste*[14] a los partidos de béisbol. A veces *prefiere*[15] encontrarse con sus amigos para ver una película.

El verano pasado su hermano Jorge *se casó*[16] en Lima pero Enrique no *pudo*[17] ir a la boda porque *tenía*[18] una conferencia importante en la facultad. *Recibió*[19] una carta de Italia de los recién casados, lo cual *fue*[20] para Enrique una sorpresa muy agradable. En la carta le *decían*[21] que

[a]*scholarship* [b]facultad... *law school* [c]para... *to excel* [d]no... *he can't stand*

lo *estaban pasando*[22] estupendamente y que una noche
fueron[23] a un restaurante elegante donde *comieron*[24]
carne de res y langosta. Desgraciadamente no *pudieron*[25]
pagar la cuenta porque alguien les *había robado*[26] todo el
dinero y por eso *tuvieron*[27] que pasar la noche en la cárcel. Enrique *conoce*[28] bien a su hermano, *sabe*[29] que *es*[30]
muy chistoso y que le *fascina*[31] inventar cosas para hacer
reír a todos; por eso la carta le *pareció*[32] muy divertida.
A Enrique le *gustaría*[33] volver al Perú para visitar a su
hermano y para conocer a su nueva cuñada.

ACTIVIDAD B • ¿Cuándo ocurrió?

Paso 1. Con un compañero / una compañera, completen la siguiente narración con la forma correcta de los verbos entre paréntesis. Usen su intuición y
otras pistas (*clues*) para indicar los tiempos y las formas apropiados. (No se
preocupen si no dan con la forma correcta de todos los verbos. A lo largo del
libro, ¡Uds. recibirán muchas oportunidades de practicar la gramática!)

Alicia _____[1] (ser) una estudiante mexicana que _____[2] (llegar) a los Estados Unidos cuando _____[3] (tener) cinco años. Este año ella _____[4] (empezar) sus estudios en la Universidad de California en San Diego. Ayer,
ella _____[5] (llegar) a la universidad con sus padres porque la semana entrante ella _____[6] (asistir) a las clases de orientación para los nuevos estudiantes. Hasta ahora Alicia no _____[7] (haber) conocido a su compañera de
cuarto. Esta mañana, la recepcionista de la residencia le _____[8] (decir) que
la muchacha se _____[9] (llamar) Carlota Rodríguez. Seguramente, Alicia la
_____[10] (conocer) pronto.

La semana pasada, Alicia _____[11] (ir) a Monterrey, México, para visitar
a sus abuelos. Ella los _____[12] (visitar) cada año y pasa por lo menos una
semana en casa de ellos. Ella se _____[13] (sentir) un poco triste hoy porque
no pudo pasar más tiempo con ellos.

Esta noche, Alicia y su familia _____[14] (ir) a comer en un restaurante
mexicano. Después, sus padres _____[15] (volver) a casa. Y mañana _____[16]
(conocer) a otros estudiantes de la residencia.

Paso 2. En el Paso 1, Ud. y su compañero/a indicaron la forma correcta de los
verbos entre paréntesis. ¿Cómo sabían si el verbo estaba en el presente, en el
pasado o en el futuro? Pues, usaron otras palabras en la narración como guía.
Por ejemplo, palabras como **ayer, hoy** y **mañana** sirven para dar más información sobre los hechos —específicamente cuándo ocurren, ocurrieron u
ocurrirán. Con su compañero/a, vuelvan a leer el pasaje del Paso 1 e indiquen
las palabras que les señalaron cuándo ocurrieron los acontecimientos.

P.3 • El abecedario
¡Ya lo sabía Ud.!

El alfabeto español es muy parecido al abecedario inglés. Mientras el alfabeto
inglés tiene veintiséis letras, el alfabeto español consta de treinta. La **ch,** la **ll**
y la **rr** se consideran letras sencillas, aunque constan de grupos de dos letras.

La **ch** y la **ll** antes aparecían como letras apartes en los diccionarios, pero ahora se incluyen bajo la **c** y la **l,** respectivamente. La **rr** siempre se ha incluido bajo la **r,** ya que no hay ninguna palabra que empieza con **rr.** La **ñ** es la cuarta letra extra. Note que, en español, las letras **k** y **w** aparecen solamente en préstamos de otros idiomas, como **sándwich** y **kilómetro.** Lo clave del alfabeto español es saber el nombre de cada una de las letras, y eso, ¡ya lo sabía Ud.!

Actividades gramaticales

ACTIVIDAD A • ¿Cómo se llama esa letra?

Paso 1. Con un compañero / una compañera, indiquen el nombre de cada una de las letras del alfabeto español.

MODELOS: a: «a»
b: «be»
c: «ce»

a	f	l	p	u
b	g	ll	q	v
c	h	m	r	w
ch	i	n	rr	x
d	j	ñ	s	y
e	k	o	t	z

Paso 2. En grupos de tres o cuatro estudiantes, traten de encontrar palabras que contengan la mayor cantidad de las letras a continuación. Por ejemplo, la palabra «amarrábamos» (*"we were tying up"*) sería un buen ejemplo para la letra **a,** porque lleva cuatro.

1. a **2.** e **3.** m **4.** s **5.** o **6.** ll **7.** t **8.** d

Paso 3. Ahora comparen sus respuestas del Paso 2 con las de los otros estudiantes de la clase. ¡A ver si algún grupo les ganó con las palabras que encontró!

ACTIVIDAD B • «El ahorcado» (*"Hangman"*)

En grupos de cuatro estudiantes, jueguen a «El ahorcado». Cada grupo debe pensar en palabras en español y escribir un espacio que represente cada una de las letras que se encuentran en esa palabra. El otro grupo debe adivinar cuál es la palabra, letra por letra. Por cada letra equivocada, dibujen un segmento del cuerpo del ahorcado. ¡El primer grupo que adivine la palabra del otro grupo sin «ahorcar» al ahorcado gana!

MODELO:

____ E S T ____ N O S

(palabra: DESTINOS)

Así lo decimos • Las variaciones dialectales

El uso de *tú, vos* y *Ud.* en el mundo hispánico

Cuando uno habla del mundo hispánico, se refiere a una región geográfica vasta y extensa, compuesta de España, Norteamérica, Centroamérica y Sudamérica. Dado que el español se habla en varias regiones del mundo, algunas reglas gramaticales y sociolingüísticas varían de país en país. Y, aunque existen varios dialectos del español y a pesar de las diferencias lingüísticas, la comunicación entre un mexicano y un sevillano o un argentino es todavía posible. Cómo se mencionó en páginas anteriores de este capítulo, una de estas diferencias lingüísticas tiene que ver con el uso de **tú, usted (Ud.)** y **vos.**

Generalmente, **tú** se usa para indicar familiaridad y **Ud.** se usa para mostrar respeto. El uso de **vos** es muy parecido al de **tú. Vos** se encuentra principalmente en la Argentina y el Uruguay, pero se oye también en otras regiones de Latinoamérica. El uso de **tú, Ud.** o **vos** también depende de la edad, el rango[1] social o el estado socioeconómico de las personas. Por ejemplo, los profesores, maestros y padres suelen tratar de **tú** a los jóvenes, pero éstos, en cambio, suelen tratarlos de **Ud.** Sin embargo, un cambio abrupto de **tú** o **vos** a **Ud.** puede indicar un cambio de tono en una conversación. En Bogotá, Colombia, el uso de **tú** es muy limitado, reservándose mayormente para los padres, los abuelos o entre parejas.

El uso de **tú, Ud.** o **vos** puede indicar mucho en cuanto al tipo de relaciones que una persona quiere mantener con Ud. Por ejemplo, si alguien cambia de **Ud.** a **tú,** es indicio de que la persona quiere tener relaciones más cercanas con Ud. En cambio, si hay un cambio abrupto de **tú** a **Ud.,** es muy posible que esa persona le esté diciendo que más vale mantener una distancia respetuosa, o que Ud. le haya ofendido en alguna manera.

En *Nuevos Destinos* Ud. va a ver a hispanohablantes de todas partes del mundo hispánico. Mientras vea los episodios, fíjese en la manera en que las personas se comunican entre ellas. ¿Suelen usar **tú, Ud.** o **vos** y bajo qué circunstancias?

[1]*status*

ACTIVIDAD • ¿Cuánto comprendió?

Paso 1. Conteste las siguientes preguntas, basándose en la lectura.

1. Según el pasaje, ¿por qué existen tantas variedades del español?
2. ¿Es posible la comprensión entre un boliviano y un dominicano? ¿Por qué sí o por qué no?
3. Según lo que Ud. acaba de leer, ¿cuál es la diferencia entre **tú, Ud.** y **vos?**
4. ¿Cómo difiere el uso de **tú** y **Ud.** en Bogotá, Colombia de su uso en otras partes?
5. Si Ud. conoce a alguien en una fiesta y esa persona deja de tutearle y empieza a tratarle de **Ud.,** ¿qué mensaje cree Ud. que esa persona le da?

Paso 2. En grupos de dos o tres estudiantes, indiquen si se tratan de **tú** o de **Ud.** en su casa. ¿Hay alguien en la clase que use **vos?** ¿De dónde es y en qué circunstancias lo usa?

# ara escribir

En esta sección del libro, Ud. tendrá la oportunidad de expresarse por escrito. En el libro de texto se le presentarán algunas actividades para acercarle al tema. Pero es en el *Manual* que acompaña el libro de texto donde va a realizar la escritura de sus composiciones.

ACTIVIDAD A • Preparación

Paso 1. En los Estados Unidos, hay más de veintitrés millones de hispanos y esa cifra sigue subiendo todos los días. Siendo de ascendencia hispánica, a lo mejor Ud. sabe que existen dos perspectivas en cuanto a la inmigración hispánica a los Estados Unidos: una favorable y otra desfavorable. Con un compañero / una compañera de clase, piensen en las razones positivas de la inmigración hispánica a los Estados Unidos. ¿Por qué es beneficiosa para el país? ¿Qué es lo bueno que aporta a la nación? Por otro lado, como hispanos/as, Uds. deben enterarse de los argumentos en contra de la inmigración hispánica a este país. ¿Qué desventajas presenta tanta inmigración a este país? ¿Pesan más las ventajas que los inconvenientes? Hagan una lista, según el modelo.

MODELO:

VENTAJAS	DESVENTAJAS

Paso 2. Ahora comparen su lista del Paso 1 con las de los otros grupos de la clase. ¿Están todos de acuerdo con las ideas presentadas? ¿Por qué sí o por qué no?

ACTIVIDAD B • La otra cara de la moneda

Paso 1. Muchas veces cuando se piensa en las ventajas y desventajas de la inmigración, tiene que ver con el punto de vista del grupo mayoritario —es decir, de los anglosajones. Pero, cuando los inmigrantes llegan a este país, también encuentran muchas ventajas y desventajas. Con un compañero / una compañera, piensen en las ventajas y desventajas de ser inmigrante en este país.

VENTAJAS	DESVENTAJAS

Paso 2. Ahora compartan su lista del Paso 1 con las de los otros compañeros de clase. ¿Comparten todos las mismas ideas o hay diferencias de opinión? Justifiquen sus respuestas.

Volviendo al tema

ACTIVIDAD • La Gavia

En la primera página de este capítulo, Ud. vio la foto de un lugar que representaba el telón de fondo (*backdrop*) del vídeo *Nuevos Destinos*. Vuelva a mirar la foto y los comentarios que Ud. apuntó para la sección De entrada. A lo largo del capítulo, Ud. descubrió unos detalles importantes sobre esa hacienda, el dueño de la hacienda y sus hijos y una carta misteriosa. Compare lo que Ud. sabe ahora con las ideas que escribió entonces. ¿Acertó en algunas de sus suposiciones?

La historia de *Nuevos Destinos* empezó hace cinco años en La Gavia, una hacienda histórica situada cerca de Toluca, México. El dueño de La Gavia era un industrial de origen español que quería pasar el resto de su vida en paz. De pronto, un día recibió una carta misteriosa en que le fue revelado un secreto que había ocultado toda su vida. En los próximos capítulos, Ud. va a aprender más sobre este hombre y sobre el secreto que le atormentaba.

¿Cuál sería ese secreto trágico que no dejaba al dueño de la hacienda descansar en paz? ¿Por qué salió de su patria natal? ¿Qué le pasó allí? ¿Tendrá algo que ver con el secreto que ha guardado tanto tiempo? ¿Qué será ese secreto? En una hoja de papel aparte o en un cuaderno, apunte las ideas que Ud. tiene sobre el asunto. En los episodios subsiguientes del vídeo y en los capítulos de este libro, Ud. irá averiguando más y más sobre la historia de *Nuevos Destinos* y cómo el secreto les cambió la vida a muchas personas extendidas por muchas partes del mundo hispanohablante.

Ventana al mundo hispánico

Los Estados Unidos

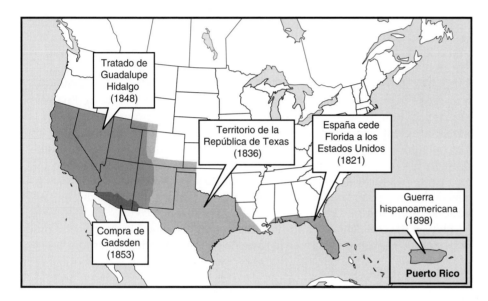

¡Qué interesante!

- Se calcula que algo más de 25 millones de hispanos viven en los Estados Unidos. El mayor grupo hispánico en este país es de origen mexicano.
- Se calcula que para el año 2000, el número de los hispanos residentes llegarán a 30 millones, sobrepasando el número de los afroamericanos, llegando a constituir así la minoría más numerosa de los Estados Unidos.
- Mientras que algunos prefieren identificarse como **latinos** en vez de **hispanos,** algunos de ascendencia mexicana prefieren usar el término **chicano.**
- Entre los hispanos más conocidos en los Estados Unidos están mexicoamericanos como el actor Edward James Olmos, el antiguo[1] político Henry Cisneros y la cuentista y poeta Sandra Cisneros; cubanoamericanos como las cantantes Celia Cruz y Gloria Estefan y el actor de cine Andy García; puertorriqueños como el percusionista Tito Puente, los actores Jimmy Smits, ya el fallecido[2] Raúl Julia y Rosie Pérez y el jugador de béisbol Roberto Clemente que, desafortunadamente, murió en un accidente de avión.

[1]*former* [2]muerto

Gente

La tormenta, por Gronk

Glugio Gronk Nicandro nació en Los Ángeles, California, en 1954. Sus padres, nacidos en México, se separaron cuando Gronk (así se conoce) era muy joven. Por lo tanto, su situación familiar fue muy difícil, causándole gran angustia. A los dieciséis años fue expulsado de la escuela. Pero su autodeterminación y curiosidad hicieron que explorara otros campos. Sus dibujos, que servían como una forma de escape de la realidad, incluían protestas pacifistas y celebraciones del Día de los Muertos. En general, las pinturas de Gronk se rebelan contra las normas tradicionales. En sus pinturas Gronk une variados aspectos de la cultura chicana y capta la intensidad del momento de una manera satírica. Hoy en día Gronk se considera como el «arqueólogo de cultura».

Pasatiempos y diversiones

Una celebración muy popular en los Estados Unidos es el Cinco de Mayo. A los mexicoamericanos el Cinco de Mayo les ofrece la oportunidad de compartir su cultura con otros grupos étnicos. Esta celebración se conmemora la victoria de los mexicanos sobre las tropas francesas en la Batalla de Puebla. El 5 de mayo de 1862, el General Ignacio Zaragoza dirigió un pequeño ejército de campesinos mestizos e indígenas zapotecas en el combate. Sin entrenamiento y con pocas armas, pelearon con tanto valor y con tanta resolución que los franceses se retiraron. El grito de «¡Viva el Cinco de Mayo!» inspiró a muchos mexicanos a venir en ayuda de su país durante cinco años más de la ocupación francesa. En pelearon con tanto valor y fuerza que los franceses se retiraron.

Hoy en día se celebra este acontecimiento tanto los mexicoamericanos como otros grupos hispánicos e incluso los que no son de ascendencia hispánica.

Las artes

El estilo colonial español es parte integral del paisaje urbano en muchas regiones norteamericanas. Desde Florida hasta California, la arquitectura hispánica hace resaltar su esplendorosa cultura. Pero hay los que dicen que el estado norteamericano con la mayor tradición hispánica es Nuevo México. Santa Fe, Nuevo México, es la capital más antigua del país y allí la arquitectura neomexicana se encuentra mezclada con las casas coloniales. Allí se encuentra también el edificio de gobierno más antiguo del país, el Palacio del Gobernador, cuya construcción empezó en 1610. Además, en Santa Fe se halla la Misión de San Miguel, construida en 1610. Es la iglesia de uso actual más antigua del país, con una campana que data del año 1356. Frente a la misión está la casa europea más antigua del país, construida sobre muros hechos por los indios pueblo en los siglos XII y XIII.

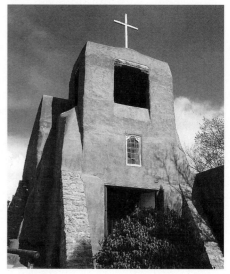

La Misión de San Miguel, Santa Fe

Dos abogadas

CAPÍTULO

¿Cuál será el secreto de esta carta?

De entrada

Mire la foto de la carta. Como Ud. ya sabe, la carta tiene que ver con un secreto importante —un secreto que ocupa la mente de don Fernando en sus últimos días. ¿Cuál será ese secreto?

# Hacia la comunicación

¡A conocernos mejor!

ACTIVIDAD A • ¿Cómo soy?

Llene un formulario como el siguiente con información sobre su persona.

Nombre: _____ Edad: _____
Estado/País de procedencia: _____
Lengua que hablamos en casa: _____
Mi familia es originalmente de _____.
Hay _____ personas en mi familia.
Mi padre se llama _____.
Mi madre se llama _____.
Mis hermanos se llaman _____.
Mi carrera o campo de especialización es _____.
Mis pasatiempos son _____.
Mis clases favoritas son _____.
Me gusta la música _____.
Mi comida favorita es _____.
Estudio español porque _____.
Tres adjetivos que me describen son _____.

ACTIVIDAD B • ¿Cómo somos?

Paso 1. En grupos de tres o cuatro estudiantes, entrevístense, averiguando la información que se presenta a continuación.

NOMBRE	EDAD	LUGAR DE ORIGEN	PASATIEMPOS	ESTUDIOS	¿CÓMO ERES?

Paso 2. Compartan con sus otros compañeros de clase la información que consiguieron. Si Uds. quieren, lo pueden hacer en forma de una presentación.

MODELO: Ella es Carmina Barajas y tiene 24 años. Es de Texas, pero sus padres nacieron en Chile...

Paso 3. Ahora la clase debe entrevistar al profesor / a la profesora para ver si él/ella tiene algo en común con los demás.

ACTIVIDAD C • Compucitas (*Computer dating*)

Paso 1. A continuación aparece parte de un formulario que se usa en una compañía de compucitas. Lea el formulario y conteste las preguntas en una hoja de papel aparte. ¡Sea honesto/a!

1. ¿Cuáles son cuatro características que describan sus rasgos físicos?

   _____ alto/a   _____ ojos azules   _____ pelo
   _____ bajo/a   _____ ojos castaños   moreno
   _____ delgado/a   _____ ojos claros   _____ pelo
   _____ gordo/a   _____ ojos negros   rubio
        _____ ojos verdes   _____ pelo
        negro
        _____ ¿otra?

2. ¿Cuáles son tres adjetivos que describan sus características personales?

   _____ activo/a   _____ cariñoso/a   _____ reservado/a
   _____ agresivo/a   _____ cruel   _____ serio/a
   _____ aplicado/a   _____ estudioso/a   _____ sociable
   _____ bromista   _____ perezoso/a   _____ ¿otro?

3. ¿Qué tipo de música le gusta más?

   _____ la bailable   _____ el jazz   _____ ¿otro?
   _____ la clásica   _____ el rock
   _____ el country-   _____ la salsa
   western

4. ¿Cuál es su pasatiempo favorito?

   _____ bailar   _____ leer   _____ ¿otro?
   _____ discutir la política   _____ oír música
   _____ hacer camping   _____ practicar deportes

5. ¿Le gustan los deportes?

   _____ mucho   _____ un poco   _____ nada

6. ¿Qué deporte le gusta más?

   _____ el béisbol   _____ el fútbol   _____ ¿otro?
   _____ el boliche   americano   _____ ninguno
   _____ el fútbol   _____ el golf

7. ¿Qué tipos de libros le gustan más?

   _____ de aventuras   _____ novelas de misterio   _____ que no
   _____ de ciencia ficción   _____ novelas   son de
   _____ de poesía   románticas   ficción
        _____ las obras maestras   _____ ¿otro?

8. ¿Qué programas de televisión le gustan más?

   _____ las comedias   _____ las entrevistas   _____ las
   _____ de deportes   _____ los juegos   telenovelas
   _____ los dibujos   _____ las noticias   _____ ¿otro?
   animados   _____ las películas   _____ ninguno
   _____ los dramas

9. ¿Qué películas le gustan más?

_____ de acción o aventuras	_____ de terror	_____ para adultos
_____ de ciencia ficción	_____ las cómicas	_____ ¿otra?
_____ de fantasía	_____ las dramáticas	_____ ninguna
	_____ las familiares	

10. ¿Hace Ud. ejercicio?

_____ siempre	_____ a veces	_____ nunca
_____ con frecuencia	_____ raras veces	

11. ¿Fuma Ud.?

_____ sí	_____ a veces, socialmente	_____ no

12. ¿Toma bebidas alcohólicas?

_____ sí	_____ a veces, socialmente	_____ no

13. ¿Es Ud. una persona atrevida o espontánea?

_____ sí, muy	_____ no	_____ en absoluto
_____ un poco		

14. ¿Qué clases de personas le gustan más?

_____ los artistas	_____ las personas comunes y corrientes
_____ los intelectuales	_____ las personas de la clase obrera
	_____ ¿otra?

Paso 2. Ahora comparta los resultados de su formulario con los otros estudiantes de la clase. ¿Hay alguien que tenga mucho en común con Ud.?

Paso 3. Utilizando sus respuestas del Paso 1, preséntese a sus compañeros de clase para que lo/la conozcan mejor.

El vídeo

Antes de ver el episodio

En el Episodio 1 del CD-ROM que acompaña *Nuevos Destinos* hay una variedad de actividades relacionadas con el Episodio 1 del vídeo.

ACTIVIDAD A • Malas noticias

Paso 1. En este episodio, Raquel Rodríguez recibe una carta que le trae algunas noticias. Con un compañero / una compañera, lean el fragmento de la carta (p. 23) y traten de adivinar lo que va a pasar en este episodio. Según su opinión, ¿dónde tendrá lugar el primer episodio? ¿De quién es la carta que Raquel recibe? ¿Qué noticias le trae? En su opinión, ¿cómo le van a afectar a Raquel las noticias que acaba de recibir?

Estimada Raquel:

Lamento tener que informarle de la muerte de mi tío Pedro. Ha sido algo inesperado que nos ha deja-do a todos profundamente consternados. Como Ud. bien sabe, Pedro no sólo era muy unido a todos nosotros, sino que también era el principal asesor de nuestra familia.

Una joven abogada de la filial de México, D.F., Lucía Hinojosa Dávila, ha sido nombrada albacea de Pedro y del resto de los asuntos testamentarios de mi padre. Le agradecería enormemente si Ud. pudiera dedicarle algún tiempo a la licenciada Hinojosa en los próximos días para informarle de los asuntos de mi padre y de la historia de su primera esposa.

Espero que Ud. esté bien de salud, y le agradezco de antemano su valiosa ayuda.

Un cordial saludo.

Ramón Castillo

Ramón Castillo

PALABRAS ÚTILES

consternados	dismayed
el asesor	legal advisor
la abogada	lawyer
la filial	branch office
la albacea	executrix[1]
testamen-	of a last
tarios	will and
	testament
la licenciada	lawyer

Paso 2. Ahora compartan sus opiniones con los otros estudiantes de la clase. ¿Están de acuerdo en cuanto a lo que creen que va a pasar?

ACTIVIDAD B • Preparación léxica

A continuación hay una lista de palabras que se relacionan con el primer episodio de *Nuevos Destinos*. Con un compañero / una compañera, traten de dar una definición completa en español para cada una de estas palabras.

1. consternados
2. el asesor
3. la abogada
4. la filial
5. la albacea
6. el testamento
7. la licenciada

Después de ver el episodio

ACTIVIDAD A • ¿Quiénes son?

Paso 1. En este episodio, Raquel recibió una carta importante. Mientras ella leía la carta, pensaba en lo que había sucedido desde hacía cinco años. A continuación hay una lista de personajes y otras cosas importantes que se relacionan con la acción principal de la historia. Con un compañero / una compañera, identifiquen a las siguientes personas o cosas y hagan una breve descripción de ellas.

1. Raquel
2. Lucía
3. Pedro Castillo
4. don Fernando Castillo
5. La Gavia
6. el secreto
7. Guernica
8. Rosario
9. la Sra. Suárez

Paso 2. Ahora comparen sus descripciones del Paso 1 con las de los otros es-tudiantes de la clase. ¿Se acordaron de todos los detalles?

---

[1]*woman appointed to carry out the provisions of a will*

ACTIVIDAD B • ¿Tiene Ud. buena memoria?

Paso 1. En este episodio, Raquel le dio a Lucía un resumen del recorrido que hizo hace cinco años mientras investigaba el caso de don Fernando. ¿Recuerda algunos de los detalles de ese resumen? Con un compañero / una compañera, hagan una lista de todos los detalles que puedan sobre la investigación de hace cinco años.

Paso 2. Ahora comparen lo que Uds. apuntaron con las listas que hicieron otros grupos de la clase. ¿Recordaron todos los detalles mencionados en este episodio?

ACTIVIDAD C • Vistazos del futuro

Paso 1. A continuación hay algunas fotos que muestran lo que le sucedió a Raquel mientras investigaba el caso de hace cinco años. Con un compañero / una compañera, traten de adivinar lo que ocurre en cada foto. ¡Usen su imaginación! No importa que se equivoquen —poco a poco sabrán lo que pasa en las fotos.

1.

2.

3.   4.

Paso 2. Ahora comparen sus respuestas del Paso 1 con las de otra pareja de estudiantes. ¿Son parecidas sus interpretaciones? ¿De qué manera? ¿En qué difieren?

ACTIVIDAD D • El episodio en breve

En grupos de dos o tres estudiantes, contesten las siguientes preguntas sobre el primer episodio de *Nuevos Destinos*.

1. En este episodio, Raquel recibe una carta que la deja bastante consternada. ¿De quién es la carta y qué noticias trae?

2. Después de leer las primeras oraciones de la carta, Raquel recuerda a don Pedro y pensó en el día en que él y su hermano, don Fernando, la contrataron para llevar a cabo una investigación muy importante. ¿Por qué la contrataron y qué le pidieron que investigara?

3. Por la carta se sabe que una joven abogada de la filial de México ha sido nombrada albacea de Pedro y del resto de los asuntos testamentarios de don Fernando. ¿Qué significa la palabra **albacea**? ¿Cuáles son las obligaciones de una persona que desempeña ese oficio?

4. ¿Cómo se llama la albacea de Pedro? ¿Y por qué quiere Ramón que Raquel se ponga en contacto con ella?

5. Al final del episodio, Raquel y Lucía hacen planes para verse más tarde. ¿Dónde se van a reunir? ¿Por qué lo van a hacer? ¿Qué preparativos tiene que hacer Lucía para poder reunirse con Raquel?

En este episodio, Lucía le pregunta a Raquel por qué don Pedro la había contratado para investigar el caso de don Fernando. Raquel le dice que don Pedro conocía muy bien el trabajo investigativo de ella y que la admiraba mucho. En su opinión, ¿por qué contrataron a Lucía para esta investigación en  vez de volver a contratar a Raquel? ¿Cree Ud. que habrá gato encerrado[1] en todo esto?

[1]habrá... *there is something fishy going on*

¿Divertirse y educarse a la vez?

Cuando en 1992 se estrenó la serie televisiva *Destinos: An Introduction to Spanish*, ésta causó una gran sensación tanto en los círculos académicos como entre los televidentes en general. Fue producida por WGBH, una estación de PBS en Boston, financiada por The Annenberg/CPB Project en colaboración con la casa editorial McGraw-Hill. El propósito de *Destinos* es enseñar español como segunda u otra lengua y, al mismo tiempo, entretener al público televidente.

La serie tiene el formato de una telenovela, entretenimiento que a muchos hispanos tanto les gusta. Por la rica representación de personajes interesantes y escenarios distintos en los países en donde se desarrolla la acción, esta serie promueve la lengua española y las culturas hispánicas. La serie original ha tenido gran aceptación tanto entre los hispanos como entre los anglosajones. Puede llamar a su estación local PBS para saber si ésta pasa la serie y, si no lo hace, ¡pídale que lo haga!

Conceptos gramaticales

1.1 • El presente de indicativo
¡Ya lo sabía Ud.!

En el Capítulo preliminar Ud. aprendió un poco sobre el sistema verbal en español. En esta sección, Ud. va a aprender más sobre la conjugación de los verbos en el tiempo presente de indicativo y la terminología que se relaciona con el sistema verbal. El aprendizaje de la terminología gramatical puede ser un poco agobiante para el principiante, pero con un poco de práctica le resultará bastante fácil. La habilidad clave en cuanto al sistema verbal es saber usar los verbos bien. Y eso, ¡ya lo sabe Ud.!

Para saber más: Pues sí, ¡lo hablo bien!

Formación y uso del presente de indicativo

A. Los infinitivos y las terminaciones en el presente
El infinitivo es una forma impersonal del verbo. Es decir, el infinitivo se re-

fiere únicamente a una acción o a un estado sin relacionarlo a ninguna persona. En español, los infinitivos se reconocen fácilmente porque terminan en **-ar, -er** o **-ir.**

Conjugar un verbo es enunciar en orden las distintas formas de un mismo verbo para señalar a la persona que ejecuta la acción o experimenta el estado: **hablo, hablas, habla,** etcétera. Note que las terminaciones de los verbos corresponden a los pronombres o sujetos **yo, tú, Ud.,** etcétera. Es precisamente por esta razón que no se suele usar los sujetos pronominales al hablar: las formas conjugadas indican la persona.

Las terminaciones verbales para el presente de indicativo de los verbos que terminan en **-ar, -er** e **-ir** se encuentran a continuación.

-ar		**-er**		**-ir**	
-o	-amos	-o	-emos	-o	-imos
-as	-áis	-es	-éis	-es	-ís
-a	-an	-e	-en	-e	-en

B. Usos del presente de indicativo

El tiempo presente de indicativo se usa para expresar tres categorías de acciones.

1. acciones que ocurren regularmente o repetidas veces:

   Hablo con mis amigos todas las noches.

2. acciones que están ocurriendo ahora mismo:

   —¿Qué **haces**?   —**Hago** mi tarea.

3. acciones que van a ocurrir en el futuro inmediato:

   Bueno, te **llamo** mañana.

Note Ud. que el presente de indicativo del español corresponde a las siguientes traducciones al inglés.

estudio	*I study* *I do study* *I am studying*	venden	*they sell* *they do sell* *they are selling*	vives	*you live* *you do live* *you are living*

Algunos verbos importantes

El gráfico en la siguiente página presenta algunos verbos regulares en el presente de indicativo. Estudie los verbos y trate de dar una traducción apropiada al inglés.

-ar	-er	-ir
bailar	aprender	abrir
buscar	beber	asistir*
cantar	comer	cubrir
charlar	comprender	describir
comprar	correr	descubrir
desear	creer	discutir*
enseñar	deber	escribir
escuchar	meter	insistir
estudiar	prometer	permitir
hablar	romper	prohibir
limpiar	temer	prometer
pagar	vender	recibir
practicar		subir
regresar		vivir
saltar		
tocar		
tomar		
trabajar		

*¡OJO! Estos verbos son cognados falsos. Es decir, son parecidos a verbos en inglés, pero significan algo distinto.

Actividades gramaticales

ACTIVIDAD A • Raquel Rodríguez habla de sí misma

En la siguiente narración, Raquel Rodríguez le cuenta un poco de su propia persona y de su familia. Complete la narración de Raquel con la forma apropiada de los verbos entre paréntesis.

Me _____[1] (llamar) Raquel Rodríguez y _____[2] (vivir) en Los Ángeles, California. _____[3] (Trabajar) con otros abogados en las oficinas de Goodman, Potter, and Martinez. Mi apartamento _____[4] (quedar) en el centro de la ciudad, no muy lejos de mi oficina. Tengo una vecina, Margarita Peña, que también _____[5] (trabajar) en el mismo edificio donde está mi oficina. Cuando hace buen tiempo, Margarita y yo _____[6] (caminar) juntas a la oficina. _____[7] (Deber: yo) hacer más ejercicio, pero con el trabajo que tengo, realmente no me _____[8] (quedar) mucho tiempo.

Mis padres también _____[9] (vivir) en Los Ángeles. Mi madre ya no _____[10] (trabajar) y mi padre se _____[11] (jubilar)[a] en dos meses. Mis padres se _____[12] (preocupar) mucho por mí y, como resultado, mi madre siempre se _____[13] (meter) mucho en mi vida. Hasta mi madre y yo nos _____[14] (pelear) de vez en cuando. Pero de todas maneras, yo los _____[15] (visitar) cada fin de semana. Mi madre _____[16] (preparar) unas comidas fantásticas, y siempre me _____[17] (invitar: ellos) a cenar con ellos. ¡A ver qué _____[18] (cocinar) mi madre esta semana!

[a]se... retires

ACTIVIDAD B • Investigando el caso

Paso 1. Con un compañero / una compañera, escriban preguntas originales en el presente de indicativo usando las indicaciones a continuación y otras palabras necesarias. Hay más de una pregunta posible en cada caso. **¡OJO!** En español, las preguntas van acompañadas de *dos* signos de interrogación (¿ ?).

MODELO: vivir/los hijos/don Fernando → ¿Dónde viven los hijos de don Fernando?

1. Lucía/investigar/caso
2. Raquel/leer/apuntes
3. Lucía/escribir
4. Raquel/recibir/carta
5. Lucía/viajar/Los Ángeles
6. Raquel/telefonear/Lucía

Paso 2. Ahora háganles a sus compañeros/as de clase las preguntas que Uds. escribieron en el Paso 1. Apunten las respuestas. ¿Cuáles son las preguntas y respuestas más originales de la clase?

1.2 • Los sustantivos y los adjetivos

¡Ya lo sabía Ud.!

Cuando Ud. habla de personas o cosas, muchas veces es necesario que dé más información sobre la persona o cosa de que habla. Por ejemplo, tal vez quiera indicar el color, el tamaño, de qué material están hechas o cómo son las cosas. Cuando uno habla de las personas, a lo mejor quiere indicar diferencias individuales, señalando rasgos físicos o características personales, como el color del pelo o de los ojos. Las palabras que se usan para describir mejor los **sustantivos** (personas, lugares o cosas) son los **adjetivos.** Ud. los usa todos los días cuando habla de su familia, de sus clases o de sus amigos. En esta sección Ud. va a aprender más sobre el uso de los sustantivos y adjetivos. Pero acuérdese de algo —¡ya lo sabía Ud.!

Para saber más: Los hijos de don Fernando son muy comprensivos

Concordancia entre el sustantivo y el adjetivo

A. Los sustantivos: el género

- Un **sustantivo** es una palabra que sirve para nombrar personas, lugares, objetos o conceptos. Todos los sustantivos en español son de género masculino o femenino. Note que el concepto de **género** es gramatical y no biológico. Las terminaciones de los sustantivos muchas veces indican si una palabra es masculina o femenina. Mire los cuadros en la siguiente página.

TERMINACIONES QUE INDICAN EL GÉNERO MASCULINO

1. **-o:** En su mayoría, las palabras que terminan en **-o** son masculinas: **el apartamento, el carro.** Entre las excepciones se incluyen **la foto, la mano, la moto.**
2. **-e:** Muchas palabras que terminan en **-e** son masculinas: **el eje, el gabinete.** Entre las excepciones se incluyen **la base, la clase, la gente.**
3. **-l:** La mayoría de las palabras que terminan en **-l** son masculinas: **el control, el fusil.** Entre las excepciones se incluyen **la cárcel, la sal.**
4. **-n:** La mayoría de las palabras que terminan en **-n** son masculinas: **el avión, el pan.** Entre las excepciones son las palabras que terminan en **-ción** o **-sión.**
5. **-r:** Muchas palabras que terminan en **-r** son masculinas: **el calor, el honor.** Una excepción común es **la flor.**
6. **-s/-z:** La mayoría de las palabras que terminan en **-s** y **-z** son masculinas: **el ciprés, el pez.** Entre las excepciones son las palabras que terminan en **-is** o **-iz.**

TERMINACIONES QUE INDICAN EL GÉNERO FEMENINO

1. **-a:** En su mayoría, las palabras que terminan en **-a** son femeninas: **la mesa, la silla.** Entre las excepciones se incluyen muchas palabras que terminan en **-ma, -pa** y **-ta: el planeta, el clima, el mapa, el problema,** y muchas que terminan en **-ista pueden ser de los dos géneros: el/la artista.**
2. **-d:** Muchas palabras que terminan en **-d** son femeninas: **la cantidad, la pared, la universidad.** Entre las excepciones se incluye **el césped.**
3. **-ción/-sión:** Las palabras que terminan en **-ción** o **-sión** son femeninas: **la acción, la lección, la presión.**
4. **-umbre:** Las palabras que terminan en **-umbre** son femeninas: **la costumbre, la muchedumbre.**
5. **-is/-iz:** Las palabras que terminan en **-is** o **-iz** son femeninas: **la artritis, la crisis, la nariz, la raíz.** Entre las excepciones se incluyen **el país, el lápiz, el énfasis.**

¡OJO! En la forma singular, los sustantivos femeninos que empiezan con **a-** o **ha-** acentuada llevan el artículo masculino para facilitar la pronunciación: *el* **agua oscura,** *el* **hacha afilada,** pero *las* **aguas oscuras,** *las* **hachas afiladas.**

-   Los sustantivos que se refieren a una persona o un animal generalmente son del género que corresponde al sexo de esa persona o ese animal: **el hombre, la mujer, el estudiante, la estudiante.** Sin embargo, **la persona** y **la víctima** siempre son femeninas, aun cuando se refieren a un ser masculino.
-   Algunas terminaciones no tienen reglas fijas. Se tiene que memorizar el género de las palabras que llevan tales terminaciones: **el reloj, el menú.**
-   Otras palabras se pueden clasificar bajo los dos géneros. Por lo general, el género depende de la región en que se usan estas palabras: **el/la azúcar, el/la mar, el/la sartén.**
-   Como se notaba en los cuadros, hay muchas excepciones a las reglas: **el día, la noche, la tarde, el camión, el/la indígena.** Hay que aprender tales palabras de memoria.

B. Los sustantivos: el número

Además de género, los sustantivos tienen **número,** es decir, formas singulares y plurales.

- Para convertir un sustantivo singular en plural, se le añade **-s** a una palabra que termina en vocal y **-es** a una palabra que termina en consonante.

  el carr**o** → los carr**os**   el estant**e** → los estant**es**
  la mes**a** → las mes**as**   la pare**d** → las pare**des**

- Cuando se hace plural una palabra que termina en **-z,** se le cambia la **-z** en **-c** antes de añadir **-es.**

  el lápi**z** → los lápi**ces**

- A veces, cuando se convierte una palabra en plural, es necesario añadir o quitar un acento escrito para mantener el énfasis en la sílaba apropiada.*

  el examen → los exámenes   la reunión → las reuniones

- Algunas palabras tienen la misma forma en el singular que en el plural.

  la crisis, las crisis   el lunes, los lunes
  la tesis, las tesis   el abrelatas, los abrelatas

C. Los adjetivos descriptivos

Cuando alguien quiere dar más detalles descriptivos sobre el sustantivo, es necesario usar **adjetivos.** Es esencial que Ud. reconozca el género del sustantivo y si éste es singular o plural, dado que los adjetivos deben concordar con el sustantivo que modifican. Estudie el siguiente cuadro.

---

1. En su mayoría, los adjetivos tienen cuatro formas.

masculino singular:	Don Fernando era un **hombre** dedicad**o.**
femenino singular:	La Gavia es una **hacienda** bonit**a.**
masculino plural:	Los **documentos** son complicad**os.**
femenino plural:	Esas **niñas** son moren**as.**

2. Los adjetivos que terminan en **-e** tienen dos formas, singular y plural.

   un hombre interesant**e**   unos hombres interesant**es**
   una mujer interesant**e**   unas mujeres interesant**es**

3. Los adjetivos que terminan en una consonante tienen dos formas, singular y plural.

   un examen fáci**l**   unos exámenes fáci**les**
   una tarea fáci**l**   unas tareas fáci**les**

---

* Ud. va a aprender más sobre los acentos escritos en Conceptos gramaticales 4.3 y en el *Manual.*

4. Los adjetivos de nacionalidad siguen las reglas anteriormente descritas.

el vino chilen**o**	los vinos chilen**os**
la bolsa chilen**a**	las bolsas chilen**as**
un muchacho nicaragüens**e**	unos muchachos nicaragüens**es**
una muchacha nicaragüens**e**	unas muchachas nicaragüens**es**
el carro alem**án**	los carros alem**anes**
la cerveza alem**ana**	las cervezas alem**anas**

¡OJO! A los adjetivos de nacionalidad que terminan en **-í** se les agrega **-es** en el plural.

el hombre marroqu**í**	los hombres marroqu**íes**
la mujer marroqu**í**	las mujeres marroqu**íes**

D. La posición de los adjetivos

- Por lo general, los adjetivos en español siguen al sustantivo.

un caballo **negro**	las naranjas **agrias**

Otros, como los números cardinales (**uno, dos...**) y ordinales (**primero, segundo...**), los adjetivos posesivos (**mi, tu, nuestro...**) y demostrativos (**este, esa, aquellos...**), siempre preceden al sustantivo.

aquella guerra	**mis primeros tres** días en México

Además, hay algunos que pueden seguir o preceder al sustantivo.

un amigo **viejo**	la gente **pobre**
un **viejo** amigo	la **pobre** gente

- Los adjetivos que siguen al sustantivo sirven para diferenciar entre el sustantivo modificado y otros sustantivos de la misma categoría. Estos adjetivos son **contrastivos.** Estudie Ud. los siguientes ejemplos.

Un libro **viejo.**	frente a	Un libro **nuevo.**
Un hombre **rico.**	frente a	Un hombre **pobre.**

- Las cláusulas* también pueden funcionar como adjetivos. Note Ud. en las siguientes oraciones que las cláusulas adjetivales a veces pueden sustituirse por un adjetivo.

Mercedes lee un libro **que es muy interesante.**	→	**interesante**
Ella conoce a muchas personas **que son bilingües.**	→	**bilingües**
Quiero alquilar un apartamento **que tenga muebles**	→	**amueblado**

---

* Una **cláusula** es un grupo de palabras que contiene un sujeto y un verbo; es parte de una oración compuesta o compleja.

- Muchas veces los adjetivos preceden los sustantivos para crear un tono poético. Considere las siguientes oraciones.

> Era un **triste día** de otoño.
> La **elegante princesa** se asomó al balcón.
> La **blanca nieve** caía silenciosamente sobre el campo.

- Algunos adjetivos cambian de significado según se coloquen después o antes del sustantivo que modifican. Compare los siguientes pares de oraciones. En su opinión, ¿cómo se traducirían al inglés? (Si Ud. se da por vencido/a, las traducciones se encuentran en la última página de este capítulo.)

una camisa de algodón **puro**	un hombre **triste**
una camisa de **puro** algodón	un **triste** hombre
un amigo **viejo**	un hombre **grande**
un **viejo** amigo	un **gran** hombre
un carro **nuevo**	una mujer **pobre**
un **nuevo** carro	una **pobre** mujer

Actividades gramaticales

ACTIVIDAD A • ¡Use la intuición!

Aunque se hayan presentado las reglas sobre el género masculino y femenino, los hispanohablantes muy a menudo pueden intuir si una palabra es masculina o femenina. Usando su intuición, indique cuál es el artículo definido (**el, la, los** o **las**) que se usa con las siguientes palabras. **¡OJO!** Se incluyen algunas excepciones a las reglas.

1. ____ mujer	11. ____ muchacho	20. ____ velocidad
2. ____ clase	12. ____ fotos	21. ____ noche
3. ____ problema	13. ____ cuaderno	22. ____ día
4. ____ industrias	14. ____ contribución	23. ____ conversación
5. ____ semillas	15. ____ suegra	24. ____ calor
6. ____ lápiz	16. ____ tarde	25. ____ sistemas
7. ____ águila	17. ____ país	26. ____ armas
8. ____ hombre	18. ____ nación	27. ____ tarjeta
9. ____ flor	19. ____ televisión	28. ____ hacha
10. ____ planeta		

ACTIVIDAD B • Descripciones

Paso 1. En grupos de tres o cuatro compañeros de clase, describan a los siguientes hispanos famosos de ahora y de antaño. Traten de usar tanto los adjetivos que describan su apariencia física como las que describan su personalidad.

Gloria Estefan	Ricardo Montalbán	Linda Ronstadt	Cristina
Geraldo Rivera	César Chávez	Celia Cruz	Tito Puente
Isabel Allende	Roberto Clemente	Desi Arnaz	Selena

Paso 2. Ahora, cada uno/a de Uds. debe describirles a las otras personas de su grupo a alguna persona a quien admira mucho. Puede ser una persona de la lista del Paso 1, un miembro de su familia o cualquier otra persona a quien Ud. le tiene mucho respeto.

ACTIVIDAD C • ¿Antes o después?

Paso 1. Mire Ud. las siguientes oraciones. Indique la razón por la cual los adjetivos o las cláusulas adjetivales se anteponen o se posponen a los sustantivos.

1. Es *una* oportunidad *fantástica* de conocer *mi* país de origen.
2. Yo también prefiero tratar de tú a *mis* colegas *jóvenes*.
3. Don Fernando era *el* hermano *mayor* de don Pedro.
4. *La* Gavia es *una* hacienda *colonial preciosa* y muy *grande*.
5. *El* apartamento *que tiene las paredes todas pintadas de rojo* se aquila por *un* precio *razonable*.
6. *Toda mi* vida ha sido *un buen* ejemplo *del* éxito que se les otorga a los que se esfuerzan por superar *las* dificultades.

Paso 2. ¿Cómo afectaría el sentido de cada oración del Paso 1 si se cambiaran de posición los adjetivos? ¿Es posible cambiar de posición todos los adjetivos? ¿Por qué sí o por qué no?

ACTIVIDAD D • Hacia la descripción

Utilizando la intuición que Ud. ya tiene sobre el español, explique el significado de los adjetivos que se encuentran en las siguientes oraciones.

1. Un brindis por los *viejos* amigos, ¡y por mí, un amigo *viejo*!
2. Mi abuelo nunca habló de la *triste* historia de su esposa, quien murió muy joven.
3. Todos los días, los políticos recibieron noticias *importantes*.
4. Ayer el médico nos trajo *malas* noticias.
5. Te voy a mostrar los más *importantes* lugares *históricos* y *culturales* de mi país.
6. Jorge Luis Borges fue uno de los *grandes* escritores *argentinos de este siglo*.
7. Y claro, hay médicos para *diferentes* tipos de enfermedades y diferentes pacientes.
8. Como muchas ciudades *grandes*, Bogotá, Colombia, consiste en tres partes principales.
9. México tiene una *rica* herencia *indígena* y *varias* civilizaciones ocupaban el centro del país.

A vista de pájaro

Antes de que existiera Nueva Inglaterra en territorio de lo que hoy es en los Estados Unidos, había una Nueva España. Y antes del establecimiento de Boston, Massachussetts, ya existía Santa Fe, Nuevo México. La enseñanza de la historia norteamericana generalmente empieza con la fundación y el desarrollo de las colonias británicas, la declaración del país como nación independiente en 1776 y la expansión y el desarrollo de los Estados Unidos desde el este hacia el oeste. Los libros de texto sobre la historia de este país suelen omitir toda referencia a la colonización significante que hizo España para el suroeste de los Estados Unidos del siglo XVI. Los habitantes del suroeste, una región que se extendía desde Texas a California, gozaban de su propia herencia cultural, su propia lengua, sus propias costumbres y tradiciones. Con el fin de la Guerra Mexicana (1846–1848), la población mexicoamericana de los Estados Unidos aumentó a una velocidad tremenda. Otros grupos mayores de hispanos que se encuentran hoy día en los Estados Unidos constan de inmigrantes de Cuba, Puerto Rico, España, Centroamérica y Sudamérica. A pesar de su

La Universidad Estatal de Louisiana (LSU), Baton Rouge

diversidad cultural y étnica, se conocen colectivamente como hispanos o latinos. Sin embargo, los individuos muchas veces prefieren identificarse de otra manera, indicando el orgullo que sienten hacia su herencia cultural: afrocubanoamericano/a, chicano/a, puertorriqueño/a, etcétera. ¿Cómo se identifica Ud.?

1.3 • Los verbos como gustar
¡Ya lo sabía Ud.!

Ud. ya sabe que el verbo **gustar** se usa para expresar los gustos o las preferencias personales. Por ejemplo, A Raquel **le gusta viajar** por el mundo; A Lucía **no le gustan las espinacas.** Es posible que Ud. use formas del verbo **gustar** todos los días cuando habla de su trabajo, sus clases o sus pasatiempos. En esta sección, Ud. va a aprender más sobre el verbo **gustar** y también sobre otros verbos o expresiones muy parecidos gramaticalmente al verbo **gustar.** Lo más difícil es saber usar los verbos como **gustar** correctamente, y eso, ¡ya lo sabía Ud.!

Para saber más: A mí no me gustan, pero a ella sí.

Los gustos y preferencias

- El verbo **gustar** en español se traduce muchas veces como *to like* en inglés. Sin embargo, las construcciones, gramaticalmente, son sumamente diferentes. Literalmente, **gustar** significa *to be pleasing to* en inglés. En español, **gustar** siempre se usa con uno de los pronombres de complemento indirecto (**me, te, le, nos, os, les**).* Estudie el siguiente cuadro, comparando las construcciones del español con las del inglés.

ESPAÑOL	TRADUCCIÓN LITERAL	INGLÉS HABLADO
A Lucía le gusta Los Ángeles.	*Los Angeles is pleasing to Lucía.*	*Lucía likes Los Angeles.*
A él le gustan las fiestas.	*Parties are pleasing to him.*	*He likes parties.*
No le gusta nadar.	*Swimming is not pleasing to her.*	*She doesn't like to swim.*

- Fíjese que, en los ejemplos anteriores, el sujeto de cada oración en español es el lugar, la actividad o la cosa que le gusta a alguien. Por eso, la conjugación de **gustar** cambia según el sujeto de la oración.

    A Lucía le **gusta** Los Ángeles. (Los Ángeles es el sujeto)
    A él le **gustan** las **fiestas.** (**las fiestas** es el sujeto)

- Cuando el sujeto es el infinitivo de un verbo, siempre se conjuga **gustar** en la tercera persona del singular.

    No le **gusta** nadar. (**nadar** es el sujeto)
    A Uds. les **gusta** ver programas en español, ¿no? (**ver** es el sujeto)

Más verbos como *gustar*

En español, hay varios verbos que se usan como **gustar.** Estudie Ud. los ejemplos a continuación, comparándolos con sus equivalentes en inglés.

INFINITIVO	ESPAÑOL	INGLÉS
doler	A mí me **duelen** los pies.	*My feet hurt.*
encantar	A ellos les **encanta** bailar.	*They love to dance.*
faltar	Todavía le **falta** mucho dinero.	*He still needs a lot of money.*
fascinar	A Beto le **fascinan** los deportes.	*Beto is fascinated with sports.*
importar	A ti te **importan** las buenas notas, ¿verdad?	*Good grades are important (matter) to you, right?*

---

* Ud. aprenderá más sobre los complementos indirectos en Conceptos gramaticales 5.2. Por ahora, sólo es necesario saber reconocerlos.

interesar	Le **interesa** saber mucho más.	*She is interested in knowing lots more.*
molestar	A Chela le **molesta** el humo.	*Chela is bothered by smoke.*
preocupar	A mi hermana le **preocupa** su novio.	*My sister is worried about her boyfriend.*
quedar	¿Cuánto tiempo le **queda**?	*How much time do you have left?*
sobrar	A mí me **sobra** mucho tiempo.	*I have a lot of time left.*

Actividades gramaticales

ACTIVIDAD A • Para los gustos no hay disgustos

Paso 1. En grupos de dos o tres estudiantes, háganse preguntas originales usando el verbo **gustar**. No se olviden de apuntar lo que Uds. averigüen sobre sus compañeros. Sigan el modelo.

MODELO: ¿las películas de terror? →
—¿A ti te gustan las películas de terror?
—Sí, a mí me gustan. (No, no me gustan.)

1. ¿las películas románticas?
2. ¿comer en restaurantes caros?
3. ¿la música salsa?
4. ¿la comida china?
5. ¿los taquitos?
6. ¿la cerveza?
7. ¿los animales domésticos?
8. ¿las matemáticas?/¿la clase de español?
9. ¿hacer ejercicio?
10. ¿las fiestas?

Paso 2. Ahora compartan con sus compañeros de clase la información que Uds. consiguieron en el Paso 1. ¿Tienen todos los mismos gustos?

ACTIVIDAD B • Una miniencuesta

Paso 1. Hágales preguntas a sus compañeros de clase usando la información a continuación. No se olvide de apuntar los resultados. (Puede dirigirse a sus compañeros en forma de Ud. si se siente más cómodo/a haciéndolo.)

MODELO: algo que les molesta a sus padres (hijos, abuelos...) pero a él/ella no →
ESTUDIANTE 1:* ¿Qué es algo que les molesta a sus hijos pero a ti/Ud. no?
ESTUDIANTE 2:* A mis hijos les molesta levantarse por la mañana, pero a mí me gusta madrugar a eso de las cinco.

1. algo que les gusta a sus amigos pero a él/ella no
2. algunas cosas que le molestan pero a su novio/a (esposo/a, compañero/a, mejor amigo/a...) no

---

* En actividades subsiguientes, ESTUDIANTE 1 y ESTUDIANTE 2 se abreviarán como E1 y E2, respectivamente.

3. una parte del cuerpo que le duele
4. el tipo de música que más le fascina
5. algo que le interesa aprender
6. algo que le encanta hacer en sus ratos libres
7. algo que le falta hacer hoy

Paso 2. Ahora comparta con sus compañeros de clase los resultados de su miniencuesta. ¿Son parecidos los miembros de su clase o son totalmente distintos?

Así lo decimos: Las variaciones dialectales

¡Voy mucho allí y casi nunca veo a nadie!

En este capítulo Ud. y sus compañeros de clase han hablado mucho de su rutina diaria y de las cosas que les gusta o no les gusta hacer. A lo mejor indicaron también la frecuencia con que se hace algo. En algunos dialectos del español que se hablan en el suroeste de los Estados Unidos, a veces se oye decir las palabras **muncho** por **mucho, cuasi** por **casi** y **nadien** o **naidien** por **nadie.** Pero, aunque hay personas que usan estas formas en el habla popular de algunos grupos, las formas modernas, **mucho, casi** y **nadie,** son las preferidas.

¿Usa Ud. o ha oído usar **muncho, cuasi** o **na(i)dien**? ¿Conoce otras palabras con variaciones parecidas? ¿Cuáles son?

Para escribir

· ·

En esta sección del libro, Ud. tendrá la oportunidad de expresarse por escrito. En el libro de texto se le presentarán algunas actividades para acercarle al tema. Pero es en el *Manual* que acompaña el libro de texto donde va a realizar la escritura de sus composiciones.

ACTIVIDAD • Mi vida diaria

Paso 1. Piense en su rutina diaria. ¿Hay cosas que Ud. hace todos los días? Indique lo que Ud. hace todos los días, apuntando sus actividades diarias.

LUNES	MARTES	MIÉRCOLES	JUEVES	VIERNES	SÁBADO	DOMINGO
8 AM _____	8 AM _____	8 AM _____	8 AM _____	8 AM _____	8 AM _____	8 AM _____
9 _____	9 _____	9 _____	9 _____	9 _____	9 _____	9 _____
10 _____	10 _____	10 _____	10 _____	10 _____	10 _____	10 _____

Paso 2. Ahora haga una lista de cosas que le gusta hacer para romper con su rutina diaria. ¿Le gusta ir al cine? ¿comer en restaurantes elegantes? ¿ir de compras? Si Ud. pudiera hacer cualquier cosa que quisiera, ¿qué haría?

Volviendo al tema

ACTIVIDAD • El secreto de don Fernando

En el Episodio 1 Raquel le contó a Lucía algunos detalles sobre don Fernando y el gran secreto contenido en la carta. ¿Cuánto más sabe Ud. ahora sobre ese secreto importante? Apunte todo lo que sabe del pasado oculto de don Fernando, de la persona que le escribió la carta a don Fernando y del secreto de la carta.

Con un compañero / una compañera, comparen sus apuntes sobre la información que obtuvieron en el Episodio 1. ¿Se acordaron Uds. de todos los detalles o hay algunos que todavía quedan por apuntar?

CONCEPTOS GRAMATICALES 1.2: LOS SUSTANTIVOS Y LOS ADJETIVOS	
ADJETIVOS QUE CAMBIAN DE SIGNIFICADO SEGÚN SIGUEN O PRECEDEN AL SUSTANTIVO	
una camisa de algodón **puro**	*a shirt made of fine cotton*
una camisa de **puro** algodón	*a shirt made entirely of cotton*
un amigo **viejo**	*an elderly (old) friend*
un **viejo** amigo	*a longtime (dear) friend*
un carro **nuevo**	*a new car*
un **nuevo** carro	*a car that's new to the owner*
un hombre **triste**	*a sad man*
un **triste** hombre	*a deplorable man*
un hombre **grande**	*a big man*
un **gran** hombre	*a great man*
una mujer **pobre**	*a poor woman*
una **pobre** mujer	*an unfortunate woman*

Ventana al mundo hispánico

- 1500 a.C.–300 d.C. — Civilización olmeca
- 300–900 d.C. — Civilización maya (período clásico)
- 1200–1525 d.C. — Civilización azteca
- 1521 — Conquista de Tenochtitlán por Hernán Cortés
- 1821 — Independencia de México
- 1846–1848 — Guerra entre los Estados Unidos y México
- 1848 — Tratado de Guadalupe Hidalgo
- 1910–1920 — Revolución mexicana
- 1994 — Tratado de Libre Comercio (con los Estados Unidos y el Canadá)

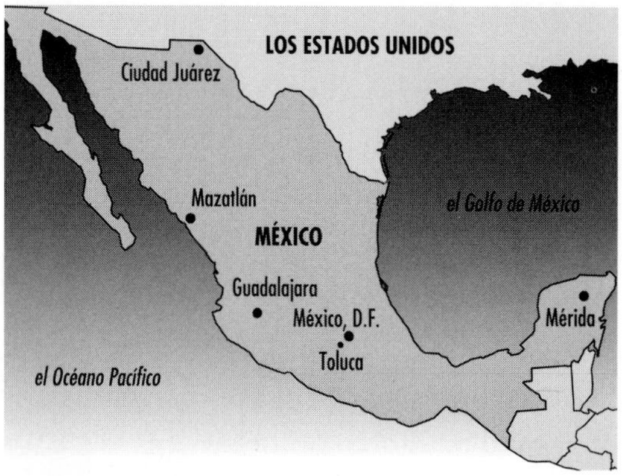

México

¡Qué interesante!

- En México hay más de 14.000 ruinas arqueológicas y continuamente hay nuevos descubrimientos.
- En la Ciudad de México y sus alrededores se encuentran ciudades aztecas y las famosas ruinas de Teotihuacán.
- El 21 de febrero de 1978, unos obreros de la compañía de electricidad encontraron en la Ciudad de México el Templo Mayor, el lugar más sagrado de los aztecas.
- La mayoría de las ruinas mayas están en la jungla de Chiapas y en la Península de Yucatán.
- México es el país más poblado de Latinoamérica con más de 93 millones de habitantes. Se calcula que el 60 por ciento de la población es mestiza (mezcla de sangre indígena y europea).
- Las desigualdades sociales que todavía prevalecen en México han causado la formación de organizaciones como el Ejército Zapatista de Liberación Nacional (EZLN), organizado por campesinos indígenas del estado de Chiapas. El grupo demanda cambios en la estructura política y la economía mexicanas para extender los derechos civiles a todo el pueblo mexicano. El EZLN ha montado varias luchas armadas contra el gobierno mexicano desde 1994.
- Algunos mexicanismos que se oyen con frecuencia son: «ándale pues» («apresúrate»), «¿mande?» («¿perdón?» o «¿diga?») y «órale» («bien» o «de acuerdo»).

Gente

Frida Kahlo (1907–1954) es una de las pintoras mexicanas más conocidas. La mayoría de las pinturas de Kahlo son retratos y autorretratos en los cuales ella ha combinado lo real con lo fantástico. En sus autorretratos, con frecuencia figuran clavos[1] y collares de espinas[2] que usa para demostrar el dolor físico y emocional que había sufrido toda su vida: a los seis años de edad contrajo poliomielitis y casi murió a los dieciocho años a causa de un accidente de tráfico. Muchas de sus pinturas se encuentran en el Museo Frida Kahlo, situado en Coyoacán, México, en la casa donde Frida vivió con su esposo, el famoso muralista mexicano Diego Rivera.

[1]*nails* [2]collares... *thorn necklaces*

Diego Rivera y Frida Kahlo

En casa

Uno de los platos más representativos de México es el mole, cuyo origen se basa en una leyenda. Según la historia, Juan de Palafox, Virrey[1] de la Nueva España y arzobispo de Puebla, visitó su diócesis en una ocasión, donde le fue ofrecido un banquete en su honor. Había tanto desorden en la cocina durante las preparaciones para la comida que el cocinero principal, Fray Pascual, se puso muy nervioso y comenzó a amontonar rápidamente en una bandeja todos los ingredientes para guardarlos. Por tener tanta prisa, tropezó con la cazuela[2] del pavo y cayeron en ésta los chiles, los trozos de chocolate y las más variadas especias, echando a perder la comida preparada para el Virrey. No había más remedio que servir el plato que, increíblemente, todos elogiaron.[3]

Esta leyenda fue tan acogida[4] que, en los pequeños pueblos, las amas de casa apuradas al cocinar todavía invocan la ayuda del fraile diciendo: «San Pascual Bailón, atiza[5] mi fogón.»

[1]*Viceroy*, persona que rige (*rules*) en nombre del rey [2]*earthen casserole dish* [3]*praised* [4]*accepted* [5]*stoke*

Enchiladas con mole

Las artes

México goza de una gran variedad de música. Existe la música indígena que usa instrumentos como el tambor, la flauta y el violín. También se oye la música regional, ya que cada región tiene su propio «son» o tipo de música. Entre éstos están el son calentano de Michoacán y Guerrero, el son mariachi de Jalisco, el son huasteco del noroeste y el son jarocho* de Veracruz. En el norte, los conjuntos norteños suelen comenzar las polcas con acordeón. En Yucatán, usan los instrumentos de viento mientras que en Tehuantepec prefieren la marimba. Se dice que la música ranchera del norte de México influyó mucho al parecido *country-western*.

---

* La canción «La Bamba», hecha famosa en los Estados Unidos por el músico mexicoamericano Ritchie Valens, es típica del son jarocho.

Encuentros

e entrada

Don Fernando les cuenta el secreto de la carta a los miembros de su familia. ¿Cómo reaccionarán ellos? ¿Cómo reaccionaría Ud. si se le revelara un secreto parecido? Apunte sus ideas al respecto.

¿Cómo reaccionarán los miembros de la familia Castillo cuando don Fernando les revela el secreto de la carta?

ℋacia la comunicación

Las familias hispánicas y las norteamericanas

ACTIVIDAD A • Una sola familia, dos culturas diferentes

Paso 1. La familia de Ud. es especial y, hasta cierto punto, única, porque pertenece a dos culturas diferentes. Es probable que su familia tenga a la vez características de las familias hispánicas así como aspectos típicamente norteamericanos. Apunte algunas de las características de su familia, indicando si reflejan aspectos norteamericanos o hispánicos.

CARACTERÍSTICAS NORTEAMERICANAS	CARACTERÍSTICAS HISPÁNICAS

Paso 2. Ahora comparta sus respuestas del Paso 1 con uno o dos otros estudiantes de la clase. ¿Están ellos de acuerdo con respecto a cuales son características norteamericanas y cuales son hispánicas? Justifiquen sus respuestas.

ACTIVIDAD B • Me considero hispano/a porque...

Paso 1. Piense en su propia persona e indique por qué se considera hispano/a. Al contestar esta pregunta, piense en sus inclinaciones personales y en las cosas que Ud. hace todos los días. Por ejemplo, ¿qué clase de comida prefiere? ¿Qué música le gusta escuchar? ¿Qué programas de televisión le gusta ver? Escriba un párrafo en el que explique sus ideas con respecto al tema.

MODELO: Me considero hispano/a porque...

Paso 2. Ahora compare su párrafo con el de un compañero / una compañera de clase. ¿Apuntaron Uds. algunas de las mismas razones por las cuales se consideran hispanos/as? ¿Están de acuerdo en lo que hace un hispano típico / una hispana típica? Expliquen sus razones.

ACTIVIDAD C • Las estereotipos

Paso 1. A continuación hay una lista de características que suelen atribuirse a los hispanos o a los anglosajones. Lea la lista e indique si, en general, esas características se asocian con los hispanos o con los anglosajones.

1. Hablan español en casa.
2. Sólo piensan en el dinero.
3. Van a misa todos los domingos.
4. Los miembros de la familia son muy unidos.
5. Pasan todo el tiempo viendo televisión.
6. Siempre duermen la siesta.
7. Son muy trabajadores.
8. Son individualistas.
9. Respetan mucho a los mayores.
10. Dependen demasiado de sus parientes.
11. Toman vino con la cena.

Paso 2. En grupos de dos o tres estudiantes, comenten cada una de las características de la lista del Paso 1. ¿Coinciden en cuanto a lo que consideran características hispánicas o anglosajonas? ¿Creen Uds. que estas caracterizaciones representan estereotipos? En su opinión, ¿para qué sirven los estereotipos? ¿Son beneficiosos o dañinos? ¿Por qué?

El vídeo

En el Episodio 2 del CD-ROM que acompaña *Nuevos Destinos* hay una variedad de actividades relacionadas con el Episodio 2 del vídeo.

Antes de ver el episodio

ACTIVIDAD A • Raquel y Lucía: Al día con la familia Castillo

A continuación hay una lista de los personajes principales que aparecieron en el primer episodio de *Nuevos Destinos*. Con un compañero / una compañera de clase, identifiquen a cada persona de la lista.

1. Raquel Rodríguez
2. Lucía Hinojosa
3. don Fernando Castillo
4. don Pedro Castillo
5. Ramón
6. Rosario del Valle

ACTIVIDAD B • ¿Qué pasó?

Con un compañero / una compañera, contesten las siguientes preguntas sobre el Episodio 1 de *Nuevos Destinos*.

1. En el episodio anterior, Raquel recibió una carta que la dejó bastante desconcertada. ¿De quién era la carta y qué noticias le traía?
2. Después de leer las primeras líneas de la carta, Raquel recuerda a don Pedro y se pone a pensar en el día en que él la contrató para llevar a cabo una investigación muy importante. ¿Por qué la contrató y qué le pidió a Raquel que investigara?
3. Por medio de la carta, se sabe que una joven abogada de la sucursal de México ha sido nombrada albacea de Pedro y de los asuntos testamentarios restantes de don Fernando. ¿Qué significa la palabra **albacea?** ¿Cuáles son las obligaciones de una persona que desempeña ese oficio?
4. ¿Cómo se llama la albacea de Pedro? ¿Y por qué quiere Ramón que Raquel se ponga en contacto con esa persona?
5. Al final del episodio anterior, Raquel y Lucía hacen planes para verse el día siguiente. ¿Por qué motivo se van a reunir? ¿Qué preparativos tiene que hacer Lucía para poder reunirse con Raquel?

ACTIVIDAD C • Vocabulario útil

PALABRAS ÚTILES

el orfanato	orphanage
inválido/a	handicapped
la herencia	inheritance
el codicilo	codicil
	(*attachment to a will*)
el bombardeo	bombing

Paso 1. A continuación hay una lista de palabras que aparecen en el Episodio 2. En grupos de dos o tres estudiantes, den una definición en español para cada palabra.

1. el testamento
2. el codicilo
3. el bombardeo
4. el orfanato
5. inválido/a
6. la herencia

Paso 2. Ahora, comparen sus definiciones con las de los otros grupos de la clase. ¿Están todos de acuerdo con las definiciones que escribieron?

Después de ver el episodio

ACTIVIDAD A • Algo más sobre la familia Castillo

Paso 1. En este episodio, Raquel habla con Lucía sobre la historia de don Fernando. También le da detalles importantes sobre cada uno de los hijos de don Fernando y de La Gavia, la hacienda familiar. Ahora imagínese que Ud. es Lucía y apunte todos los detalles que Raquel le dio sobre la familia Castillo y sobre La Gavia. Debe incluir datos como: dónde y en qué trabajan los miembros de la familia, su estado civil y si tienen hijos o no.

1. don Fernando
2. Ramón
3. Mercedes
4. don Pedro
5. Carlos
6. Juan
7. La Gavia

Paso 2. Ahora compare la información que apuntó en el Paso 1 con lo que escribieron los otros estudiantes de la clase. ¿Apuntaron la misma información? ¿Hay algo que Ud. quisiera añadir a sus descripciones?

ACTIVIDAD B • El episodio en breve

Paso 1. Conteste las siguientes preguntas, basándose en la información del Episodio 2 de *Nuevos Destinos*.

1. ¿Quién es Lucía y cómo se describe a sí misma? ¿De qué nacionalidad es?

2. Al conocerse mejor, Raquel y Lucía descubren que tienen algo en común. ¿Qué es?

3. ¿Quién es Rosario del Valle? En este episodio se ve a Rosario como una aparición que ronda La Gavia vestida de novia. ¿Cree Ud. que esta imagen tiene algún significado?

4. ¿Qué es La Gavia y a quién(es) le(s) pertenece ahora?

5. Raquel habla de un codicilo en el testamento de don Fernando. ¿Qué es un codicilo y qué especifica el codicilo en el testamento de don Fernando?

6. Raquel le indica a Lucía que la investigación original se debió a la existencia de un objeto. ¿A qué se debió la investigación? ¿Por qué fue tan complicada la investigación?

7. Mientras hojea un libro sobre La Gavia, Lucía encuentra un artículo sobre don Fernando. ¿De qué habla el artículo y qué información revela sobre don Fernando?

Paso 2. A continuación aparecen algunas citas del Episodio 2 de *Nuevos Destinos*. En grupos de dos o tres personas, indiquen si el comentario lo hace Raquel o Lucía. (No haga caso de las palabras en letra cursiva. Trabajará con ellas en el Paso 3.)

1. «Sí, yo soy *mexicana;* mi familia y yo vinimos a California cuando yo era una niña.»

2. «Sí, hay un *codicilo* en su testamento en que le deja parte de la herencia a su familia puertorriqueña.»

3. «Todo mi viaje y mis aventuras por España, Argentina, Puerto Rico y México se deben a *la escrupulosa conciencia de don Fernando.*»

4. «Después de recibir la carta de Teresa Suárez, la amiga de Rosario, su esposa española, don Fernando quiso *contarles el secreto a sus hijos.*»

5. «Pero ahora, *la tragedia de su juventud en España* vuelve a ocupar su mente en sus últimos días.»

6. «¡Ahí está! Léelo; es muy interesante, pues habla de *las industrias de don Fernando* y de cómo ganó tanto dinero.»

7. *«No todos los emigrantes tienen tanta suerte.»*

Paso 3. Ahora comenten brevemente sobre las palabras o expresiones en letra cursiva en el Paso 2. ¿Qué creen Uds. que quieren decir los personajes con estos comentarios?

ACTIVIDAD C • La herencia cultural (Optativo)

En el Episodio 2, Lucía y Raquel hablan de su herencia cultural. Como Ud. sabe, Raquel nació en Los Ángeles y es mexicoamericana. Algunos de ascendencia mexicana se llaman a sí mismos «chicanos», mientras que otros grupos rechazan ese término. Con un compañero / una compañera de clase, contesten las siguientes preguntas.

1. ¿Qué significa, para Uds., la palabra **chicano?** Si no son de ascendencia mexicana, ¿qué creen que significaría ese término para una persona que sí lo es?
2. ¿Creen Uds. que la palabra **chicano** se refiere solamente a las personas de ascendencia mexicana que han nacido en los Estados Unidos? Expliquen.
3. ¿Opinan Uds. que la palabra **chicano** significa lo mismo para un mexicoamericano que vive en California que para uno que se ha criado en Texas? ¿Por qué sí o por qué no?
4. En su opinión, ¿conlleva la palabra **chicano** ciertas connotaciones peyorativas? ¿políticas? Expliquen.

PARA PENSAR

Piense Ud. en el secreto que don Fernando les acaba de revelar a sus hijos. En su opinión, ¿por qué guardó don Fernando ese secreto por tantos años? ¿Cree Ud. que habría sido mejor si don Fernando les hubiera contado todo antes? ¿Por qué sí o por qué no? ¿Qué habría hecho Ud. si hubiera sido don Fernando? ¿Por qué?

Conceptos gramaticales

2.1 • Verbos que cambian de ortografía*

¡Ya lo sabía Ud.!

Siendo el español su lengua nativa, Ud. ya sabe bastante sobre el uso de las formas verbales. Sin embargo, es muy probable que Ud. hable con sus ami-

---

* La **ortografía** es similar al **deletreo.** Es decir, la ortografía es la manera de escribir correctamente las palabras de una lengua y el estudio de las reglas para el uso de las letras y los otros signos.

gos o parientes sin fijarse en reglas gramaticales. Las formas verbales como **busco, conozco** y **protejo** son palabras que a lo mejor Ud. usa con frecuencia pero nunca tiene que escribir. En esta sección Ud. va a aprender más sobre los verbos y la manera en que se escriben. Pero lo importante es saber usarlos con facilidad. Y eso, ¡ya lo sabía Ud.!

Para saber más: Pues sí, conozco a la familia Castillo

Verbos con cambios ortográficos en el presente

Acuérdese de que el presente de indicativo se usa para indicar acciones o situaciones que ocurren ahora (**Quiero** un sándwich), acciones o situaciones habituales (**Manejo** el coche a la universidad todos los días) o acciones o situaciones que van a ocurrir en el futuro inmediato (**Regreso** a Los Ángeles mañana).

En lo que se refiere a la conjugación de los verbos en el presente de indicativo, hay algunos verbos que cambian ortográficamente, generalmente para mantener el sonido original del infinitivo. A continuación se presentan las convenciones ortográficas que se usan con determinados verbos al formar el presente de indicativo.

- Los siguientes cambios ortográficos se efectúan en la primera persona del singular (**yo**).

CAMBIOS ORTOGRÁFICOS			
TERMINACIÓN DEL INFINITIVO	CAMBIO EFECTUADO	EJEMPLOS	
-cer	c → zc	conocer, merecer	→ conozco, merezco
-cir	c → zc	deducir, reducir	→ deduzco, reduzco
consonante + **-cer/-cir**			
-ncer	c → z	vencer	→ venzo
-rcir	c → z	esparcir	→ esparzo
-ger	g → j	proteger, escoger	→ protejo, escojo
-gir	g → j	elegir, exigir	→ elijo,* exijo
-guir	gu → g	extinguir, distinguir	→ extingo, distingo

*El radical (La raíz) del verbo **elegir** cambia de e → i en todas las formas del presente de indicativo menos las de **nosotros** y **vosotros** (yo elijo, tú eliges, nosotros elegimos...). Ud. va a aprender más sobre los verbos que cambian de radical en Conceptos gramaticales 2.2.

- Los verbos que terminan en **-uir** (menos los que terminan en **-guir**) sufren el cambio de i → y en todas las formas menos las de **nosotros** y **vosotros**, en las que i → í.

CAMBIOS ORTOGRÁFICOS				
TERMINACIÓN DEL INFINITIVO	CAMBIO EFECTUADO	EJEMPLOS		
-uir	**i → y**	contribuir, sustituir	→	contribuyo, sustituyes
		construir, huir	→	construye, huyen
pero	**i → í**			contribuímos, sustituís, construímos, huís

Actividades gramaticales

ACTIVIDAD A • ¡A conocernos mejor!

Paso 1. Escriba una pregunta para cada una de las siguientes frases, usando la forma de **tú** del presente de indicativo.

MODELO: proteger a tus hermanitos → ¿Proteges a tus hermanitos?

1. conducir a la universidad todos los días
2. contribuir mucho a la comunidad
3. traducir cuentos del inglés al español
4. merecer saber si tu familia guarda un secreto importante
5. conocer a muchas personas hispánicas en la universidad
6. exigir mucho de ti mismo/a

Paso 2. Con un compañero / una compañera de clase, háganse las preguntas que Uds. escribieron para el Paso 1. Contesten las preguntas, prestando atención a los cambios ortográficos.

MODELO: E1: ¿Proteges a tus hermanitos?
E2: No, no protejo a mis hermanitos—¡no tengo ninguno!

ACTIVIDAD B • Para contestar

Conteste las siguientes preguntas con oraciones completas, prestando atención a las formas verbales que cambian ortográficamente. Hay algunas formas que cambian de ortografía y otras que no. Use la intuición en cuanto a la conjugación de otros verbos que puedan aparecer dentro de la misma oración.

1. ¿Conoce Ud. a un buen abogado / una buena abogada que pueda ayudarle a Lucía con las decisiones respecto al testamento de don Fernando?
2. ¿A qué atribuye Lucía la muerte de Pedro?
3. ¿Escoge Lucía ir a California a reunirse con Raquel, o consigue por teléfono la información que necesita?
4. ¿Conduce Lucía a Los Ángeles o va allí por avión?
5. Si su novio/a (esposo/a, mejor amigo/a...) guarda un secreto importante que le afecta a Ud. personalmente, ¿merece Ud. saber la verdad? ¿Por qué sí o por qué no?
6. ¿Dirige Ud. los asuntos legales de su familia o le parece mejor que alguien más se encargue de hacerlo?

ACTIVIDAD C • ¡A la búsqueda!

Paso 1. Utilizando las preguntas de la lista a continuación, hágales preguntas a sus compañeros de clase. No se olvide de apuntar toda la información que obtenga.

¿Quién en esta clase...

1. conduce todos los días a la universidad?
2. obedece siempre a sus profesores?
3. les ofrece ayuda a los desconocidos cuando la necesitan?
4. se parece más a su madre que a su padre?
5. padece de muchas enfermedades durante el invierno?
6. traduce para los hispanohablantes que no entienden bien el inglés?
7. se compadece de (*sympathizes with*) los que tienen problemas que no pueden solucionar fácilmente?
8. merece una «A» en la clase de español?

Paso 2. Ahora, comparta con los otros estudiantes de la clase la información que obtuvo en el Paso 1.

2.2 • Verbos que cambian de radical; algunos verbos irregulares

¡Ya lo sabía Ud.!

Cuando Ud. habla con sus amigos o con su familia es probable que reconozca y use palabras como **sirve, cuenta, empieza, juega,** etcétera. Por otro lado, cuando Ud. realiza estas acciones con otra persona, Ud. dice: **servimos, contamos, empezamos** y **jugamos,** respectivamente. Ud. también suele usar varios verbos con formas irregulares como **voy (ir), salgo (salir)** y **pongo (poner).** Quizá no lo haya pensado antes, pero Ud. usa en la conversación diaria muchos verbos que sufren cambios sistemáticos. En esta sección, Ud. va a aprender más sobre estos verbos, pero lo de emplearlos, gracias a la intuición, ¡ya lo sabía Ud.!

Para saber más: ¿Quieres conocer mi cultura?

Verbos que cambian de radical

En el presente de indicativo, hay algunos verbos que sufren cambios vocálicos en su raíz. Por ejemplo, el verbo **querer** tiene dos raíces que a lo mejor le son familiares a Ud.: **quer**er, **quier**o, **quier**en, **quer**emos. A continuación hay ejemplos de algunos verbos que cambian de radical.

CAMBIOS RADICALES					
o → ue v**o**lver		**e → ie** pr**e**ferir		**e → i** s**e**rvir	
v**ue**lvo	volvemos	pr**e**fiero	preferimos	s**i**rvo	servimos
v**ue**lves	volvéis	pr**e**fieres	preferís	s**i**rves	servís
v**ue**lve	v**ue**lven	pr**e**fiere	pr**e**fieren	s**i**rve	s**i**rven

Note que todas las personas menos en **nosotros** y **vosotros** sufren este cambio vocálico. Las tres clases de verbos que cambian de radical siguen el mismo patrón.

• A continuación hay una lista de verbos muy comunes que cambian de radical. ¿Puede Ud. pensar en otros verbos parecidos?

CAMBIOS RADICALES					
o → ue		**e → ie**		**e → i**	
acostarse*	sentarse*	cerrar	extender	competir	repetir
almorzar	mover	comenzar	perder	medir	servir
contar	poder	confesar	querer	pedir	sonreír†
costar	resolver	despertarse*	divertirse*	reír†	vestirse*
encontrar	volver	empezar	mentir		
mostrar	dormir	pensar	preferir		
recordar	morir	entender	sentirse*		

*Éstos son verbos reflexivos: **me acuesto, te sientas, se divierte,** etcétera. Ud. va a aprender más sobre los verbos reflexivos en Conceptos gramaticales 7.1.
†Los verbos **reír, sonreír** y verbos parecidos requieren un acento escrito sobre la **i** en todas las formas del presente indicativo: **río, ríes, ríe; sonreímos, sonreís, sonríen.** Ud. va a aprender más sobre los usos del acento escrito en Conceptos gramaticales 4.3 y en la sección Así lo escribimos en el *Manual*.

• Cabe mencionar aquí que el raíz del verbo **jugar** cambia de **u** a **ue** en el presente de indicativo, siguiendo el mismo patrón que los verbos ya mencionados (**jue**go, **jue**gas, *pero* **jug**amos). Note también que la raíz del verbo **adquirir** cambia de **i** a **ie** en el presente (**adquie**ro, **adquie**res, *pero* **adqui**rimos). Los verbos **jugar** y **adquirir** son los únicos que llevan los cambios **u → ue** e **i → ie**, respectivamente.
• Los verbos **llover** (o → ue) y **nevar** (e → ie) se conjugan, por lo general, sólo en la tercera persona del singular: —¿Qué tiempo hace allí? — ¡**Llueve** a cántaros (*cats and dogs*)! / —**Nieve** por el momento.
• Hay otros verbos que sufren cambios radicales y que también cambian ortográficamente en la primera persona del singular.

DECIR (**e → i**)		SEGUIR (**e → i**)		TENER (**e → ie**)		VENIR (**e → ie**)	
di**g**o	decimos	si**g**o	seguimos	ten**g**o	tenemos	ven**g**o	venimos
dices	decís	sigues	seguís	tienes	tenéis	vienes	venís
dice	dicen	sigue	siguen	tiene	tienen	viene	vienen

Algunos verbos irregulares

- La primera persona singular (**yo**) de los siguientes verbos es irregular. Las otras formas de estos verbos se conjugan de manera regular.

DAR		HACER		PONER	
doy	damos	**hago**	hacemos	**pongo**	ponemos
das	dais	haces	hacéis	pones	ponéis
da	dan	hace	hacen	pone	ponen

SALIR		TRAER		VER	
salgo	salimos	**traigo**	traemos	**veo**	vemos
sales	salís	traes	traéis	ves	veis
sale	salen	trae	traen	ve	ven

- Los siguientes verbos son completamente irregulares. Es muy probable que Ud. conjugue estos verbos sin pensar en la irregularidad de sus formas.

ESTAR		IR		SER	
estoy	estamos	voy	vamos	soy	somos
estás	estáis	vas	vais	eres	sois
está	están	va	van	es	son

Verbos relacionados

Los verbos relacionados con los que tienen cambios radicales o relacionados con los irregulares sólo en la primera persona singular cambian de igual manera.

cerrar: encerrar
decir: bendecir, predecir
hacer: deshacer, rehacer
mover: conmover, promover
poner: imponer, oponer
salir: sobresalir
seguir: conseguir, perseguir
tener: contener, detener, mantener
traer: atraer, extraer
venir: convenir, provenir
ver: prever
volver: devolver, revolver

Actividades gramaticales

ACTIVIDAD A • Verbos que cambian de radical

Paso 1. Complete el cuadro en la siguiente página con las formas apropiadas del presente de indicativo de los infinitivos que se encuentran a continuación. No se olvide de las formas irregulares y de los cambios vocálicos.

INFINITIVO	YO	TÚ	UD./ÉL/ELLA	NOSOTROS	UDS./ELLOS/ELLAS
pedir:			pide		
elegir:				elegimos	
decir:		dices			
sonreír:					sonríen
tener:	tengo				
invertir:			invierte		
freír:					fríen
seguir:		sigues			
repetir:				repetimos	
jugar:		juegas			
adquirir:					adquieren
venir:			viene		

Paso 2. Con un compañero / una compañera de clase, háganse por lo menos cinco preguntas originales para obtener información sobre aspectos de la vida de su compañero/a. Deben usar verbos que cambian de radical.

MODELO: E1: ¿Sigues las noticias en la televisión?
E2: No, no sigo las noticias en la televisión. Sigo las noticias en la radio.

ACTIVIDAD B • AMAS: Historia, cultura y diversidad

Los estudiantes de AMAS no solamente se divierten sino que también sirven a la comunidad.

A continuación se presenta información sobre un grupo hispánico estudiantil en la Universidad de Texas en Arlington. Con un compañero / una compañera, lean el siguiente pasaje y conjuguen los verbos indicados con la forma correcta del presente de indicativo. Cuidado con las formas que tienen cambios vocálicos.

La Asociación México-Americana de Estudiantes (AMAS), en la Universidad de Texas en Arlington, (tener)[1] como meta principal la preservación y avance de las culturas mexicoamericana e hispánicas. (Decir)[2] un socio:[a] «En esta universidad uno (encontrar)[3] muchos estudiantes de descendencia hispánica que (sentir)[4] la necesidad de formar parte de un grupo cuyos miembros los (entender)[5]». Otro socio (confesar)[6] que el grupo le (resolver)[7] ese sentimiento ambivalente de ser de descendencia hispánica y vivir en un ambiente anglosajón. Luego añade: «A veces yo no me (sentir)[8] ni totalmente hispano ni totalmente estadounidense».

Muchos hispanos buscan el respeto por su historia, su cultura y sus costumbres, y AMAS (servir)[9] mayormente para promover la preservación de las culturas hispánicas. Pero esto no (querer)[10] decir que AMAS se (encerrar)[11] en su propio mundo: los miembros (sentir)[12] la obligación de contribuir algo positivo tanto para la universidad como para la comunidad. «Se (poder)[13] considerar a AMAS como una de las organizaciones

[a]miembro (de una organización o un club)

más activas de la universidad», (decir)[14] dos miembros del club. La asociación (querer)[15] funcionar a nivel académico y social, proporcionando una meta común para los que (tener)[16] interés en conocer con más profundidad las culturas hispánicas. AMAS (mantener)[17] relaciones constantes con el alumnado y los patrocinadores[b] y (promover)[18] esas relaciones patrocinando varias actividades recreativas dentro de la universidad. También patrocina servicios sociales y actividades culturales en la comunidad. «Entre todas nuestras actividades», dice un miembro, «yo (preferir)[19] las Corridas de Camas, en las que nosotros los competidores, en vez de correr, (competir)[20] con camas de ruedas que empujamos por las calles. La situación se (volver)[21] aún más complicada cuando (llover),[22] pero todo el mundo se (divertir)[23]».

¿(Tener)[24] Uds. alguna asociación parecida en su universidad? ¿(Ser)[25] Ud. socio/a de esa organización? Si contesta que no, ¿(pensar)[26] hacerse socio/a? ¿Qué beneficios personales cree Ud. que (ir)[27] a recibir al juntarse con esa organización? ¿Qué (poder)[28] Ud. aportar a la comunidad?

[b]*sponsors*

2.3 • Los adjetivos y pronombres demostrativos

¡Ya lo sabía Ud.!

En el capítulo anterior, Ud. aprendió algo sobre los sustantivos y los artículos definidos e indefinidos. También sabe que a veces es necesario dar más información sobre la persona o cosa de que se habla como, por ejemplo, la proximidad del objeto al hablante o al oyente. Si alguien habla de «**esta** casa» y de «**esa** casa», Ud. entiende que hay dos casas y que una de ellas está más lejos del hablante que la otra. En esta sección Ud. va a aprender más sobre las palabras que se usan para señalar a los sustantivos, pero lo más importante es entender a qué se refieren. Y eso, ¡ya lo sabía Ud.!

Para saber más: ¿Viven en este edificio o en ése?

Los adjetivos demostrativos

- Un **adjetivo demostrativo** sirve para señalar un sustantivo, indicando la proximidad relativa entre las personas que hablan o que escuchan y el objeto o la persona a que se refiere. Esta proximidad puede estar en el espacio, el tiempo o el pensamiento. Los adjetivos demostrativos preceden el sustantivo que modifican y concuerdan con éste en género y número. A continuación se presentan las tres categorías de adjetivos demostrativos en español.

A. Adjetivos demostrativos que señalan cercanía del sustantivo a la persona que habla

---

ESTE/ESTA/ESTOS/ESTAS (*THIS/THESE*)

Este artículo habla sobre las industrias de don Fernando. (el que tengo en mano)
Esta semana recibió una carta de la Sra. Suárez. (la semana en que estamos)
Estos libros le pertenecen a Raquel. (los que están aquí en mi escritorio)
Creo que **estas** ideas no son correctas. (las que tengo sobre la familia Castillo)

B. Adjetivos demostrativos que señalan cercanía del sustantivo a la persona que escucha

Estos adjetivos también se emplean al aludir a un sustantivo no muy distante de las personas que se comunican.

ESE/ESA/ESOS/ESAS (*THAT/THOSE*)

Ese hombre es el hermano de don Fernando. (el que está al otro lado del cuarto)
Esa señora es la albacea de don Pedro. (con la cual Ud. está conversando)
Esos documentos son muy importantes para el caso. (los que Ud. tiene allí)
No había escuchado **esas** mentiras antes. (las que me acabas de comunicar)

C. Adjetivos demostrativos que señalan lejanía en general del sustantivo

---

AQUEL/AQUELLA/AQUELLOS/AQUELLAS (*THAT/THOSE* [*OVER THERE*])

En **aquel** tiempo Raquel y su madre discutían mucho. (hace cinco años)
Aquella hacienda se ha convertido en un orfanato. (la que está allá por México)
Aquellos temores eran sin base. (los de don Fernando)
Creo que **aquellas** camisas son más bonitas. (las que vimos en la otra tienda)

- En el habla popular, es posible colocar los adjetivos demostrativos después del sustantivo. **¡OJO!** Este uso de adjetivos demostrativos crea un tono despectivo o peyorativo. Mire las siguientes oraciones.

El hombre **ese** no se preocupa por los demás.

La mujer **esa** no acepta las diferencias culturales.

Los pronombres demostrativos

- Los **pronombres demostrativos** tienen las mismas formas que los adjetivos demostrativos. La única diferencia es que llevan acento ortográfico sobre la sílaba tónica (acentuada): **éste, ésa, aquéllos,** etcétera. Los pronombres demostrativos reflejan el género y número de los sustantivos que reemplazan. Véase los ejemplos a continuación, en que se distinguen los adjetivos y pronombres demostrativos.

ADJETIVOS DEMOSTRATIVOS	PRONOMBRES DEMOSTRATIVOS
Don Fernando me regaló **este** libro...	y don Pedro me regaló **éste.**
Esta carta es de la Sra. Suárez...	y **ésta** es de Ramón.
Estos documentos son de Raquel...	y **éstos** son de Lucía.
Estas fotos son de Rosario, la primera esposa de Fernando...	y **éstas** son de Carmen, su segunda esposa.

- Cabe mencionar que también existen tres pronombres demostrativos neutros que se usan para reemplazar conceptos o ideas generales que no pertenecen ni al género masculino ni al femenino. Las tres formas neutras son **esto, eso** y **aquello** y, por lo tanto, no llevan acento ortográfico sobre la sílaba tónica. Considere los siguientes ejemplos.

¿Qué tiene que ver **esto** con la situación de Ramón?

Eso no lo aguanta nadie.

Todo **aquello** le ha causado mucho sufrimiento a don Fernando.

Actividades gramaticales

ACTIVIDAD A • ¿Quiénes son?

Con un compañero / una compañera, identifiquen a los siguientes personajes de *Nuevos Destinos* según su relación con don Fernando. Usen adjetivos demostrativos en sus respuestas, siguiendo el modelo.

MODELO: E1: ¿Quién es esta mujer?
E2: Esa mujer es Mercedes, la hija de don Fernando.

1.

2.

3.   4.   5.

ACTIVIDAD B • Charlando con Raquel

Imagínese que Ud. es Lucía. Conteste las preguntas de Raquel, usando la forma correcta de los pronombres demostrativos. (Note que Raquel y Lucía se tratan de **tú.**) Siga el modelo.

MODELO: RAQUEL: ¿Quieres ver estas fotos de don Fernando?
                UD.: No. Quiero ver éstas que tengo aquí. (Quiero ver aquéllas en la mesa.)

1. ¿Te gustaría leer este artículo sobre don Fernando?
2. ¿Deseas usar esta computadora aquí?
3. ¿Necesitas revisar este testamento?
4. ¿Quieres leer estas cartas?
5. ¿Quieres usar este teléfono?

LOS HISPANOS EN LOS ESTADOS UNIDOS

Panorama de la diversidad étnica

Los hispanos representan uno de los grupos minoritarios más grandes de los Estados Unidos. Según el censo de 1990 su número se aproxima a los 22,4 millones de habitantes. El 60 por ciento de estos hispanos tiene sus raíces en México. La palabra **hispano** no se refiere a una raza o nacionalidad específica. Se refiere más bien a la lengua materna y la herencia cultural. La agrupación hispánica está constituida por personas de una gran diversidad de orígenes. Entre ellos, hay hispanoafroamericanos, hispanos indígenas e hispanos de origen europeo cuyos antepasados han vivido en las Américas por varias generaciones. Los hispanos no se consideran un grupo homogéneo porque hay que reconocer su gran diversidad cultural, demostrado por el continuo mantenimiento de tradiciones y costumbres del país de

origen de sus antepasados. En cuanto a los mexicoamericanos, aquéllos cuyos antepasados vivían en el suroeste antes de la guerra

San Antonio, Texas

entre México y los Estados Unidos, reconocen a los Estados Unidos como su país de origen. Aunque los hispanos se encuentran en todas partes de los Estados Unidos, el 86 por ciento de los mexicoamericanos vive en el suroeste del país: Texas, California, Nuevo México, Arizona y Colorado.

Así lo decimos • Las variaciones dialectales

a y *ha*

En español, las palabras **a** y **ha** se confunden fácilmente porque se pronuncian de la misma manera. Por lo tanto, los hispanos pueden tener dificultades en distinguir entre «va a haber», «va a ver» y otras formas parecidas. Aunque **a** y **ha** suenan igual en el habla, se usan de varias maneras diferentes. A continuación se presentan algunas reglas para ayudarlo/la a diferenciar correctamente entre estos homónimos.*

- *a* **preposicional:** La preposición **a** tiene varios usos en español.

  1. **a** con verbos como **gustar:**

     A Carlos **le gusta** estudiar español.
     A Raquel **le parece** muy interesante la historia de don Fernando.

  2. **a** + complemento indirecto:

     Ramón **le** escribió una carta **a** Raquel.
     Raquel **le** da mucha información **a** Lucía.

  3. **a** + complemento directo de persona:

     Lucía ve **a Raquel** en su despacho en Los Ángeles.

  4. **a** con verbos como **aprender a, ir a, llegar a, venir a,** etcétera:

     Voy a contarle todos los detalles.
     Lucía **llega a** enterarse del caso de la familia Castillo.

- *ha* **auxiliar:** El verbo **ha** tiene un uso principal.
  Ha es la tercera persona singular del presente de indicativo del verbo **haber.** Se usa en su mayoría con el presente perfecto.[†] Véase los siguientes ejemplos.

     Lucía **ha hecho** todos los preparativos para su vuelo a Los Ángeles.
     Raquel no **ha visto** a Ramón últimamente.

ACTIVIDAD • ¡A ayudar a un amigo!

Con un compañero / una compañera, ayuden a un amigo con un mensaje de correo electrónico (*e-mail*) que le escribe a una amiga mexicana. Traduzcan al español las frases inglesas en letra cursiva.

PARA: amalia@uam.mex.edu
DE: Rgarcia@utarlg.uta.edu
TEMA: ¡Una sorpresa!

¡Hola, Amalia!
    Me imagino que este e-mail *is going to be*[1] una sorpresa para ti. Por fin conseguí mi cuenta electrónica en la universidad. Ahora que los dos tenemos e-mail, *it is going to be*[2] muy fácil mantener la comunicación.

---

* Un **homónimo** (*homonym*) es una de dos o más palabras que suenan igual y, con frecuencia, se deletrean igual, pero que se difieren en cuanto al significado.
† Ud. ya vio un ejemplo de este tiempo en Conceptos gramaticales P.2., bajo Los tiempos compuestos. Va a aprender más sobre el presente perfecto en Conceptos gramaticales 5.1.

Esta noche *there is going to be*[3] una fiesta en mi casa. Estamos celebrando el cumpleaños de mi hermana. Hemos invitado a muchas personas de la universidad. Mi hermana no sabe nada de la fiesta: es una fiesta sorpresa. A las cuatro, ella *is going to see* a tu hermano Antonio. Y creo que Antonio *is going to invite her to see*[5] una película y después, la va a traer a la fiesta. ¿*Have you gone*[6] a muchas fiestas recientemente?

Antonio me dijo que vas a venir a Dallas en agosto. *It is going to be very hot then.*[7] Últimamente, el clima *has been*[8] sumamente desagradable, hasta *there have been*[9] muchas tormentas violentas. Espero que no haya tormentas cuando vengas.

Bueno, esto es todo por ahora. Hoy *has been*[10] un día muy duro para mí y quiero descansar antes de la fiesta. Escríbeme cuando puedas.

Ricardo

Para escribir

En esta sección del libro, Ud. tendrá la oportunidad de expresarse por escrito. En el libro de texto se le presentarán algunas actividades para acercarle al tema. Pero es en el *Manual* que acompaña el libro de texto donde va a realizar la escritura de sus composiciones.

ACTIVIDAD • Una celebración familiar conmemorativa

Piense en la última celebración que hubo en su familia. Describa todo lo que pasó durante esta celebración. ¿Qué celebraban? ¿Quiénes estaban allí? ¿Qué hacían? ¿Estaban contentos todos los miembros de su familia? ¿Era un acontecimiento que solamente celebran las familias hispánicas o era una fiesta que celebran por todo este país? ¿Cómo se sentía Ud. durante esta celebración? Haga un bosquejo (*outline*) de los acontecimientos de esa celebración. Va a usarlo para escribir su composición en el *Manual*.

Volviendo al tema

ACTIVIDAD • La tragedia de don Fernando

En el Episodio 2, Raquel le contó a Lucía algunos detalles sobre la tragedia oculta de don Fernando. ¿Cuáles serían las reacciones si un secreto parecido fue revelado en la familia de Ud.? Vuelva a mirar los comentarios que Ud. apuntó para la sección De entrada en la primera página de este capítulo. Compare lo que escribió allí con las reflexiones sobre su propia familia que haya hecho a lo largo de este capítulo. Añada más detalles a su comentario si pueda.

Literatura

Antes de leer

Luis Romero es un escritor español que ha ganado varios premios por sus obras literarias. Romero nació en Barcelona, España, en el año 1916. Es uno de los autores más prolíficos del país y es conocido por sus novelas, cuentos, poesías y por sus libros sobre historia, arte y viajes. «Aniversario» es de su colección de cuentos titulada *Esas sombras del trasmundo*.

ACTIVIDAD • Vosotros sí

La trama de «Aniversario» se presenta en su mayoría por medio del diálogo, el cual sirve para dar una representación fiel del intercambio verbal entre los personajes. La familia del cuento es española y, por lo tanto, usa la forma de **vosotros** cuando habla entre sí. Como Ud. sabe, **vosotros** es la forma plural de **tú** que se usa principalmente en España.

En los trozos de diálogo que siguen, hay varias formas verbales que reflejan el uso de **vosotros**. Léalos y cambia las construcciones de **vosotros** por la forma correcta de **Uds.,** forma que se emplearía en Latinoamérica.

1. ¿Qué pensáis hacer esta tarde? ¿Por qué no os vais al cine?
2. Mamá, no sé cómo no os aburrís los dos toda la santa tarde en casa.
3. Vais a tener frío en el fútbol.
4. ¿No os habéis enterado aún de que los periódicos no dicen más que tonterías?

Aniversario

Papá preside la mesa; al otro extremo, como siempre, está mamá. Lola y Joaquín se sientan del lado del balcón. Ninguno ha cambiado de lugar. En el centro humea la sopera.[1] Fuera, en la calle, hace frío, y a través de los cristales se adivina el triste mediodía de invierno.

5   Joaquín tiene prisa; esta tarde se celebra un partido de fútbol importante. Continúa tan aficionado al fútbol como de costumbre. Pero físicamente ha cambiado mucho en estos años; ha crecido, ha ensanchado.[2] Se ha convertido en un hombre. Papá está silencioso, las arrugas alrededor de la boca se le han acentuado hasta lo increíble.

10   —¿Queréis alguno un poco más de sopa?

    Mamá tiene ya el cabello completamente blanco. Lola está distraída; a media tarde va a ir al cine con su novio. Me resulta extraño que Lola pueda ya tener novio; si apenas era una niña... Lola come poco, pues no quiere engordar. Mamá le ha servido otro cazo de sopa en el plato, y ella ha iniciado una

15   protesta.

[1]humea... *the soup bowl is steaming* [2] *filled out*

—Cada día estás más flaca. Vas a terminar por enfermar.

La criada viene y se lleva la sopera. Esta chica se llama Jacinta; no llegué a conocerla. La anterior, Teresa, se casó, y ésta es del mismo pueblo. Es una vieja historia familiar; las chicas sirven unos cuantos años, y cuando se casan, viene para sustituirlas una prima, la hermana pequeña, o una moza cualquiera del mismo pueblo. Ésta no tiene novio todavía. Por la tarde irá a reunirse con otras sirvientas a casa de unos paisanos que son porteros.

Por el balcón penetra una luz blanquecina que empalidece[3] los rostros.

—Todavía no se sabe bien quién es el asesino; pero parece ser que la Policía ya tiene una pista.

A mi hermano Joaquín, además del fútbol le interesan los sucesos. No hace muchos días han cometido un crimen en la ciudad; una muchacha ha aparecido estrangulada. Mi madre también lee la página de los sucesos.

—Seguramente ha sido ese novio que tenía...

Papá calla. En su oficina, una diferencia ha perturbado la exactitud de la contabilidad,[4] y hasta que dé con el error, estará muy preocupado.

—Otra vez merluza,[5] mamá. Siempre comemos lo mismo.

A Lola no le gusta la merluza; no le gusta casi nada. Pero desde que era pequeña, papá le impuso la obligación de comer cuanto le sirvieran.

—Todo estaba carísimo ayer en la plaza. Los sábados no se puede comprar.

Papá levanta los ojos del mantel,[6] y exclama:

—¡Así se hacen ricos los sinvergüenzas!

Joaquín se sirve una copa de vino; un vino rojo que nos traían de un pueblo de la provincia en unas grandes garrafas.[7] Este debe ser todavía el mismo vino de entonces.

Lola está con mucho cuidado separando las espinas del pescado; siempre ha tenido miedo a que se le atragantaran las espinas.[8]

—¿Qué pensáis hacer esta tarde? ¿Por qué no os vais al cine? En el *Príncipe* proyectan una película muy bonita; yo la vi cuando la estrenaron...

Mamá suspira; después sirve a Joaquín otro trozo de merluza. Vuelve a suspirar.

—No, hija; tu padre y yo nos quedaremos en casa.

Lola se mira en el espejo del aparador[9] y se compone el peinado. Mi hermana es una muchacha muy hermosa y hace unos años era delgaducha y poco agraciada; nadie hubiese podido prever entonces que se convertiría en lo que es ahora. Lola se parece al retrato de mamá que hay en la sala, pero se la ve más ágil, más joven, aunque mamá, cuando se retrató, era todavía soltera y debía tener la misma edad que ahora tiene mi hermana.

—Mamá, no sé cómo no os aburrís los dos toda la santa tarde en casa.

Papá calla y mira hacia el balcón; luego exclama de forma casi impersonal:

—Vais a tener frío en el fútbol.

Mamá en seguida piensa que Joaquín se va a resfriar, que tal vez atrapará una pulmonía, que puede incluso morirse.

—Joaquín, llévate la bufanda gris.

Él se ríe mientras se frota las manos.

—Pero si apenas hace frío, y estar al aire libre es sano.

De la pared ya no cuelga aquel cuadro enmarcado por falso bambú que representaba el morral[10] de un cazador, dos perdices[11] y un conejo, colocados so-

---

[3]*makes pale* [4]*accounting* [5]*hake (type of fish)* [6]*tablecloth* [7]*decanters* [8]*se... she might choke on the bones* [9]*sideboard* [10]*game bag* [11]*pheasants*

bre una mesa. En su lugar hay una copia de la *Cena*, de Leonardo, con marco[12]
65 dorado.

Jacinta entra con una fuente de carne y la deja sobre el mantel. Se ha derramado un poco de salsa.

—¡Jacinta... !

Ha dicho mamá en tono de reconvención. Joaquín está impaciente.

70 —Mamá, sírveme pronto, que si no voy a llegar tarde.

Papá le contempla con cierta extrañeza, como si no acabara de comprenderle bien.

Lola dice de pronto:

—He pensado que no pudo ser el novio el que mató a esa chica. Al fin y al
75 cabo, ¿para qué iba a matarla, si no la quería, si la acababa de abandonar?

Joaquín contesta con la boca llena:

—Tú eres tonta. ¿Qué sabes si la quería o no?

Mis hermanos nunca se llevaron bien. Acostumbraban a aliarse conmigo por turnos para atacarse. Una vez, Joaquín pegó a Lola con un cinturón, y mamá
80 le castigó un mes seguido sin postre. Pero entonces eran todavía unos niños.

—Yo sé lo mismo que tú; lo que dicen los periódicos.

Papá levanta los ojos del plato.

—¿No os habéis enterado aún de que los periódicos no dicen más que tonterías?

85 Ayer, a pesar de ser sábado, por la tarde acudió a la oficina. Estuvo repasando todas las sumas con su ayudante. No pudieron hallar el error, y papá se puso tan nervioso, que apenas ha podido dormir en toda la noche. Mamá hace años que casi no duerme por las noches.

—¡Jacinta, traiga el postre en seguida! El señorito tiene prisa. Va a llegar
90 tarde al partido.

Jacinta estaba hablando por la ventana de la cocina con la criada del primero, que es de un pueblo de la misma provincia.

—Manuel quiere establecerse por su cuenta. Va a despedirse del empleo a fin de este mes.

95 Manuel es el novio de mi hermana Lola.

—¡Hija! ¿Qué dices? Es muy arriesgado hacer semejante cosa en estos tiempos. Un sueldo, grande o pequeño, siempre es un ingreso seguro.

Lola yergue el busto.[13]

—Pero ya sabéis que gana una miseria; con eso nunca podríamos casarnos.

100 —Con mucho menos nos casamos tu padre y yo, y bien hemos vivido.

Mi hermano tiene la boca llena. Al salir de casa ha de ir a tomar el autobús, que le deja todavía bastante lejos del campo de fútbol; y sólo falta media hora para que comience el partido. A él, Manuel no le es antipático, pero tampoco le parece nada del otro jueves. Lleva gafas y es de esos que leen libros de
105 los que enseñan a triunfar en la vida.

Joaquín se pasa la servilleta por los labios, y se levanta sacudiéndose las migas del regazo.[14] Luego dice:

—Lola tenía razón. ¿Por qué no os vais esta tarde al cine? Con el frío que hace parece que da gusto ir al cine. Además, no es cuestión de que os paséis
110 la vida encerrados.

[12]*frame* [13]yergue... *straightens up* [14]sacudiéndose... *shaking the crumbs off his lap*

A mamá se le entristece el rostro; por un momento he temido que se pusiera a llorar.

—¿Es que no os acordáis de qué día es hoy? Hoy precisamente hace cinco años de que vuestro pobre hermano...

115 Se le han saltado las lágrimas, pero se domina. Papá se mira las uñas obstinadamente. Lola juguetea nerviosa con el tenedor. Joaquín se ha quedado serio.

—Perdón, mamá; no me había acordado... Hace ya cinco años. ¡Cómo ha corrido el tiempo!

Mamá suspira:

120 —¡Pobre hijo mío!

Joaquín se acerca y la besa en la frente. Lola se levanta y apoya una mano en el hombro de mamá.

—Bueno; no te entristezcas ahora. Tú misma acabas de decirlo: hace ya cinco años.

125 En la cocina, Jacinta está canturreando[15] una canción de moda al compás de una radio que se oye por el patio. Papá continúa mirándose obstinadamente las uñas.

[15]*humming*

Después de leer

ACTIVIDAD • Comprensión y opinión

Con un compañero / una compañera de clase, contesten las siguientes preguntas sobre el cuento.

1. ¿Qué clase de símbolos se encuentran en los dos primeros párrafos que indiquen el tono que predominará a lo largo del cuento? ¿Son optimistas? ¿pesimistas? ¿realistas? ¿alegres? ¿tristes? ¿ ? Identifiquen todos los símbolos que puedan.

2. ¿Cuáles son algunos de los ejemplos que cita el narrador que indican que todo sigue siendo más o menos igual que siempre?

3. ¿Por qué asunto se preocupa el padre del cuento? ¿Creen Uds. que, a lo largo del cuento, el padre puede pensar en algo más o creen que está muy distraído? ¿Por qué será esto?

4. ¿Por qué hace tantos años que la madre no duerme bien por las noches? En su opinión, ¿es una reacción común a lo que le ha sucedido a ella?

5. ¿Cómo reaccionan los otros miembros de la familia al saber que hoy es un aniversario importante? ¿Por qué es apropiado el título de esta narración?

6. ¿Quién es el narrador del cuento? ¿Por qué se interesaría tanto por esta familia? Justifiquen sus respuestas.

7. ¿Opinan Uds. que el narrador es omnisciente? Es decir, ¿sabe los pensamientos de los demás o sólo reporta lo que ve como testigo de la acción? ¿Cómo sería diferente el cuento si el narrador fuera omnisciente? Apoyen sus ideas.

8. ¿Creen Uds. que todos los miembros de la familia han aceptado por fin la muerte del hermano? Expliquen.

El viaje comienza

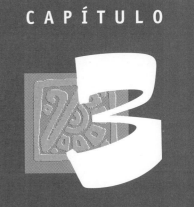

CAPÍTULO 3

«Siento mucho molestarla. Pero necesito hablar con la Sra. Suárez.»

De entrada

En este episodio, Raquel conoce a una señora que le va a revelar algo sobre la Sra. Teresa Suárez. ¿Quién se imagina Ud. que será esa persona? ¿Qué le dirá a Raquel que será tan importante? Apunte algunas ideas.

Las profesiones y los oficios

1. 2. 3. 4.

ACTIVIDAD A • ¡Hay que ganarse la vida!

Paso 1. Con un compañero / una compañera de clase, identifiquen las profesiones y los oficios que se ven en los dibujos de arriba. ¿Cuáles son las destrezas (*skills*) o cualidades necesarias para prepararse para tales profesiones u oficios?

Paso 2. De las profesiones y los oficios representados en los dibujos, ¿cuáles son los dos que a Uds. les parecen más atractivos y los que les parecen menos atractivos? ¿Por qué opinan así? Es decir, ¿qué buscan en una carrera?

Paso 3. Ahora, cada uno/a de Uds. debe escoger la profesión o el oficio que más le gustaría ejercer. Puede hacer su selección a base de los dibujos o escoger otra profesión u oficio, si quiere. Indique las razones por las cuales optó por ese tipo de profesión. (Si ya tiene carrera, indique las razones por las cuales escogió esa profesión.) Es decir, ¿escogió su carrera a base del sueldo que podría ganar, por el prestigio que ofrece la profesión, por el poder o la fama, etcétera?

Paso 4. Comparta con el resto de la clase sus ideas con respecto a la profesión que ya tiene o que le gustaría tener. ¿A cuántos de Uds. les importan las mismas cosas en cuanto a las profesiones?

ACTIVIDAD B • Lo/La admiro porque...

Paso 1. ¿A quién más admira Ud.? Piense en alguien que más admira (puede ser una persona famosa, un miembro de su familia, un amigo / una amiga, un[a] colega del trabajo o de la universidad, etcétera) y anote todas las cualidades admirables que tiene esa persona. Debe indicar también la profesión que ejerce esa persona y si aquélla tiene que ver con la admiración que Ud. siente por él/ella.

Paso 2. En grupos pequeños, compartan las ideas que apuntaron en el Paso 1. ¿Cuántos de Uds. admiran más a una persona hispánica que a las personas de otros grupos étnicos? ¿Cuántos de Uds. admiran a las personas famosas? ¿a un miembro de su familia?

Paso 3. Ahora comenten sus ideas con toda la clase. ¿Se puede hacer generalizaciones sobre lo que más estiman los miembros de su clase?

ACTIVIDAD C • Se solicita...

Paso 1. Con un compañero / una compañera, lean los anuncios que se encuentran a continuación. ¿Cuáles son las cualidades más importantes para tener éxito en esos trabajos?

Buscamos a una chica/señora de 30 años de edad máximo para **cuidar a dos niños en Suecia durante un año.** Se requiere mínimo de dos años de experiencia con referencias. Debe hablar español e inglés. Ofrecemos buen pago y estudios (suecos). Dirección: Dag Andersson Hovås Länsmansväg, 35A 36 2235 Hovås (Gotemburgo) SUECIA Teléfono Anuncio +46-55-453222 Email: carlos@suissnet.com

---

IMPORTANTE EMPRESA DE CONFECCIONES EN JEANS
• Requiere Operarias en máquinas especiales con experiencia en índigos.
• Requiere Operarias con experiencia en camisería. Se ofrecen buen salario y absoluta reserva.[1] Mínimo: tres años de experiencia.
• Requiere Jefe de Producción con experiencia en pantalonería. Se ofrecen excelente salario y absoluta reserva. Interesados ENVIAR TRES CARTAS DE RECOMENDACION Y HOJA DE VIDA CON FOTO A Calle 42 No. 1-30, Cali, Colombia.

EMPRESA IMPORTANTE REQUIERE
Servicio de los siguientes profesionales: **médico, psicólogo, ingeniero, electricista.** Requisito: indispensable experiencia en salud ocupacional. Interesados presentar currículum vitae al Apartado Aéreo 90143, Bogotá, Colombia. O llamar al 465676 y preguntar por el Dr. Jorge Rodríguez.

SE NECESITAN
Profesores licenciados en Español, Literatura Hispanoamericana, Ciencias Naturales y Ciencias Sociales. Experiencia con la enseñanza a nivel universitario. A algunos solicitantes se le ofrecerá el puesto con posibilidad de permanencia garantizada después de un período de prueba. Salario negociable y buenos beneficios. Enviar currículum vitae con tres cartas de recomendación al Dr. Juan Socórafos; Decano, Universidad Nacional de Guayaquil, Guayaquil, Ecuador.

GRAN PELUQUERIA Unisex solicita manicurista con conocimientos de uñas acrílicas, postizas,[2] excelente profesionalismo, experiencia. Calle 15 #631-509 Local 43-77 Centro Comercial Cañaveralejo 4698165.

NECESITO DISCOMANO Música discoteca, baladas americanas y españolas, rancheras. Se requiere su propio equipo con tablilla giratoria.[3] Bar La Pantera Rosa, 5264536 Zacatecas, México.

---

[1]absoluta... *strictest confidence* [2]*fake (nails)* [3]tablilla... *turntable*

Paso 2. Ahora imagínese que Ud. y su compañero/a acaban de comprar un restaurante de comida típica española. El restaurante está a punto de abrir y Uds. necesitan un gerente. Escriban un anuncio para el periódico, indicando todas las cualidades que esta persona debe tener y las funciones que desempeñará como parte del oficio.

El vídeo

En el Episodio 3 del CD-ROM que acompaña *Nuevos Destinos* hay una variedad de actividades relacionadas con el Episodio 3 del vídeo.

Antes de ver el episodio

ACTIVIDAD A • Un breve repaso

Con un compañero / una compañera de clase, contesten las siguientes preguntas sobre el episodio anterior de *Nuevos Destinos*.

1. En el episodio anterior, Raquel recibe una visita en su despacho. ¿Quién la visita y por qué quiere hablar con Raquel?

2. Raquel le da a Lucía información muy importante sobre cada miembro de la familia Castillo. Identifiquen Uds. a los miembros de la familia Castillo e indiquen dónde viven, en qué trabajan, cuál es su estado civil y si tienen hijos o no.

3. Raquel y Lucía hablan sobre el testamento de don Fernando, especialmente con referencia a un codicilo. ¿Qué especifica el codicilo en el testamento de don Fernando?

4. Lucía encuentra un artículo sobre don Fernando. ¿De qué habla el artículo y qué información revela sobre don Fernando?

5. Según Raquel, Ramón y Mercedes todavía viven en La Gavia, la hacienda familiar. ¿Qué otros datos le revela Raquel a Lucía sobre el estado actual de La Gavia?

ACTIVIDAD B • ¿Qué va a pasar?

Paso 1. En la siguiente página aparecen fotos de algunas escenas del Episodio 3 de *Nuevos Destinos*. Basándose en las fotos y en la lista de Palabras útiles, Ud. y un compañero / una compañera deben hacer predicciones sobre lo que Uds. opinan que va a pasar en el episodio. ¿Dónde tendrá lugar la mayoría del episodio? ¿A quiénes va a conocer Raquel? ¿Qué tendrán que ver esas personas con la búsqueda de Teresa Suárez?

1.

2.

3.

4.

Paso 2. Compartan sus ideas con otra pareja de estudiantes. ¿Están de acuerdo en sus predicciones sobre el Episodio 3 o tienen los dos grupos ideas completamente distintas? También deben indicar el porqué de sus predicciones.

Después de ver el episodio

ACTIVIDAD A • Detalles importantes

En este episodio, Raquel sigue contándole a Lucía la historia de don Fernando. También le habla sobre su viaje a España y de su búsqueda de la Sra. Suárez. Imagínese que Ud. es Lucía. Apunte todos los detalles que Raquel le dio sobre las personas que ella conoció mientras estaba en España. Debe apuntar también la importancia que tienen estos personajes con respecto a la búsqueda de Raquel.

1. Elena Ramírez
2. Miguel Ruiz
3. Miguel (hijo)
4. Jaime
5. Federico
6. Alfredo Sánchez

ACTIVIDAD B • ¿Quién lo dijo?

Paso 1. A continuación hay algunas citas del Episodio 3 de *Nuevos Destinos.* Con un compañero / una compañera de clase, indiquen quién hace los siguientes comentarios.

1. «Ando buscando a una señora, la Sra. Teresa Suárez. ¿La conocen?»
2. «Posiblemente le haya mencionado algo a mi esposo.»
3. «Nada de "peros". Dile a esa señorita que vaya a verme a Madrid.»
4. «Conmigo está la ganadora del premio especial de la Organización Nacional de Ciegos... »
5. «Me tiene que perdonar si le hago muchas preguntas. Soy reportero.»
6. «Mi madre está muy agradecida y quiere invitarla a cenar con nosotros en casa esta noche.»

Paso 2. Ahora con su compañero/a, indiquen la importancia que tiene cada una de las citas del Paso 1. ¿Qué información saca Raquel que puede ayudarla a encontrar a la Sra. Suárez?

ACTIVIDAD C • El episodio en breve

Conteste las siguientes preguntas, basándose en la información del Episodio 3 de *Nuevos Destinos.*

1. En este episodio, Raquel está en Sevilla buscando a Teresa Suárez. El taxista lleva a Raquel al Barrio de Triana, pero ella no logra hablar con la Sra. Suárez. ¿Por qué?
2. Mientras busca a la Sra. Suárez, Raquel conoce a dos niños. ¿Quiénes son y cómo ayudan a Raquel en su búsqueda de la Sra. Suárez?
3. Los niños van al mercado para buscar a su madre, Elena Ramírez. ¿Por qué los acompaña Raquel?
4. ¿Cómo se relaciona Elena con la Sra. Suárez y qué le dice Elena a Raquel sobre ella?
5. Por la noche, Raquel se reúne con la familia Ruiz en una cervecería. ¿Por qué va allí y qué le dice Miguel Ruiz sobre la Sra. Suárez?
6. ¿Qué tiene que hacer Raquel para hablar con la Sra. Suárez?
7. Mientras viaja en el rápido para Madrid, Raquel conoce a un hombre. ¿Quién es y por qué se interesa tanto en Raquel al principio? ¿Qué dice este hombre en cuanto al propósito de Raquel de estar en España?
8. Al final del episodio, Raquel conoce a otro hombre en la recepción del hotel. ¿Quién es y adónde la invita a ir?

PARA PENSAR

En este episodio, Raquel conoce a un hombre en el rápido. ¿Quién es y por qué le hace tantas preguntas a Raquel? ¿Cree Ud. que este hombre tiene algún motivo oculto que a lo mejor explicaría su actitud? ¿Cómo reacciona Raquel cuando él le hace tantas preguntas en el comedor del tren? ¿Por qué se imagina Ud. que se presentó en el hotel donde se hospeda Raquel? ¿Fue por pura casualidad o no? ¿Qué quiere este hombre?

ENTRE BASTIDORES

La Gavia

Sámano le dio el nombre de «Hacienda de Nuestra Señora de la Candelaria».[3] Sin embargo, la hacienda se conocía más bien por el nombre de «La Gavia». La gavia es una de las partes de una nave donde muy a menudo se posan[4] las gaviotas[5] para descansar.

La Gavia es una hacienda restaurada que se ubica[1] cerca del pueblo mexicano de Toluca. La historia de la hacienda y del terreno donde se encuentra actualmente puede trazarse a lo largo de varios siglos. En la época antes de la llegada de los españoles, la región que rodeaba lo que ahora es La Gavia era el sitio de la tribu indígena otomí, cuyos miembros se dedicaban al cultivo de la tierra. Cuando llegaron los españoles a esa región, dividieron los territorios conquistados en estados. Por el clima riguroso e inclemente del área y por la escasez de minerales y metales preciosos, el terreno era de poco valor para los españoles, y no se interesaron en desarrollarlo tal como lo hicieron con los otros estados de México.

El primer dueño de La Gavia, don Juan de Sámano, patrocinado por el virreinato español, usaba el terreno para el apacentamiento de ganado.[2]

La Revolución mexicana infligió muchas pérdidas en La Gavia, dejándola casi en la ruina total. En 1913, los dueños de la hacienda de esa época decidieron vender parcelas del terreno a viejos habitantes de la hacienda o a aparceros[6] que antes trabajaban en La Gavia.

Durante la filmación de *Destinos* (la serie original), la hacienda pertenecía a un industrialista mexicano muy rico llamado don José Ramón Albarrán y Pliego. Se dice que en la verdadera hacienda La Gavia, tal como en la hacienda de *Destinos*, hay un fantasma: el espíritu de una mujer joven vestida de novia que se aparece por la noche, y que se ve caminando por el patio y rondando la capilla de la hacienda.

---

[1]se... está [2]apacentamiento... *cattle grazing* [3]Nuestra... uno de los nombres que se le dan a la Virgen María [4]se... *perch* [5]*seagulls* [6]personas que trabajan una parcela alquilada de terreno

Conceptos gramaticales

3.1 • Formación y uso de los tiempos progresivos: *estar* + *-ando* / *-iendo*

¡Ya lo sabía Ud.!

Como hispanohablante, es muy probable que Ud. use los tiempos verbales con tanta facilidad que nunca tiene que pensar en la gramática para expresarse o comunicarse con otras personas. Por lo tanto, Ud. sabe que la selección de una u otra forma verbal puede cambiar el sentido de la oración. ¿Cuál es la diferencia entre los siguientes pares de oraciones?

> Elena **compra** verduras en el mercado de Triana.
> Elena **está comprando** verduras en el mercado de Triana.

> Raquel **habló** con Elena al lado del Río Guadalquivir.
> Raquel **estuvo hablando** con Elena al lado del Río Guadalquivir.

> Jaime y Miguel **hacían** la tarea en la cocina.
> Jaime y Miguel **estaban haciendo** la tarea en la cocina.

Es necesario saber usar correctamente los distintos tiempos verbales para expresarse de manera eficaz y sucinta. En esta sección, Ud. va a aprender más sobre la formación y el uso de los tiempos progresivos en general, y sobre el presente progresivo en particular. Pero la meta principal es la de poder expresar lo que está pasando en este momento. Y eso, ¡ya lo sabía Ud.!

Para saber más: ¿Qué estás haciendo?

Formación de los tiempos progresivos

Por lo general, los **tiempos progresivos** se forman con el verbo **estar** y un gerundio. Los gerundios se reconocen fácilmente por las terminaciones **-ando** e **-iendo.** Estudie el cuadro a continuación.

A. Tiempos progresivos con *estar*

VERBOS REGULARES					
INFINITIVO	RAÍZ		SUFIJO		GERUNDIO
hablar	habl-	+	-ando	=	hablando
beber	beb-	+	-iendo	=	bebiendo
recibir	recib-	+	-iendo	=	recibiendo

VERBOS -er/-ir CON VOCALES CONTIGUAS					
INFINITIVO	RAÍZ		SUFIJO		GERUNDIO
leer	le-	+	-yendo	=	leyendo
creer	cre-	+	-yendo	=	creyendo
caer	ca-	+	-yendo	=	cayendo
huir	hu-	+	-yendo	=	huyendo

VERBOS -ir QUE CAMBIAN DE RADICAL			
CAMBIO DE RADICAL: e → i			
INFINITIVO	GERUNDIO	INFINITIVO	GERUNDIO
decir	diciendo	reír	riendo
divertirse	divirtiéndose*	repetir	repitiendo
mentir	mintiendo	seguir	siguiendo
pedir	pidiendo	sentir	sintiendo
preferir	prefiriendo	venir	viniendo
CAMBIO DE RADICAL: o → u			
INFINITIVO	GERUNDIO		
dormir	durmiendo		
morir	muriendo		

*El pronombre reflexivo puede juntarse al participio o puede colocarse antes de la conjugación de **estar: se** está divirtiendo = está divirtiéndo**se.** Ud. va a saber más de los usos de los verbos y pronombres reflexivos en Conceptos gramaticales 7.1.

- Fíjese que el verbo **poder** también sufre un cambio en el gerundio: **pudiendo.** Sin embargo, se encuentra esta forma muy poco en español.
- El verbo **ir** tiene una forma irregular del participio: **yendo.** Esta forma tampoco se usa mucho.

B. Tiempos progresivos con otros verbos
Los tiempos progresivos también pueden formarse combinando el gerundio con los verbos **andar, continuar, ir, seguir,** y **venir.**

> Raquel y el reportero **siguen charlando** en el rápido.
> Lucía **continúa*** **investigando** el caso de don Fernando.
> Jaime **viene corriendo** por la calle con su perro.

---

* Cuando se conjuga en el tiempo presente, el verbo **continuar** lleva acento ortográfico en algunas formas en que, por lo general, otros verbos no lo usan: **continúo, continúas, continúa,** (*pero* **continuamos, continuáis** [forma regular]), **continúan.**

Usos de los tiempos progresivos

- Los **tiempos progresivos** se usan para expresar acciones en curso, actuales. El verbo **estar** puede conjugarse en cualquier tiempo verbal (el presente, el imperfecto, el pretérito, el futuro o el condicional), pero el presente progresivo y el imperfecto* progresivo ocurren con mayor frecuencia. Mire los ejemplos a continuación.

LOS TIEMPOS PROGRESIVOS	
EL PRESENTE PROGRESIVO	**Estoy viendo** las noticias.
EL IMPERFECTO PROGRESIVO	Lucía **estaba tomando** apuntes sobre el caso.

- El futuro* progresivo puede usarse para expresar probabilidad. En inglés, equivale a *to wonder* or *probably*. También se puede emplear literalmente.

¿Quién **estará llamando** a esta hora?	*I wonder who could be calling at this hour?*
¿Qué **estarán haciendo** en este momento?	*What could they possibly be doing right now?*
Cuando llegues, te **estaré esperando.**	*When you arrive, I'll be waiting for you.*

Actividades gramaticales

ACTIVIDAD A • ¿Qué están haciendo?

Con un compañero / una compañera de clase, lean las siguientes oraciones y cambien las formas verbales en letra cursiva al presente progresivo.

1. Raquel y Lucía *repasan* los detalles de la investigación.
2. Elena *compra* verduras en el mercado.
3. Raquel y Jaime *comen* dulces en la confitería.
4. La Sra. Suárez *visita* a otro hijo en Barcelona.
5. Elena *dice* que no sabe nada de la historia de don Fernando.
6. Raquel *pide* otro refresco.
7. El perro de Jaime *duerme* bajo un árbol.

---

* El imperfecto se presenta en el Capítulo 4 y el futuro en el Capítulo 13. Por ahora, sólo es necesario reconocer las formas del imperfecto y el futuro cuando Ud. las vea.

ACTIVIDAD B • ¿Qué está pasando?

Paso 1. Mire el dibujo a continuación. Luego escriba una lista con oraciones completas de todo lo que está pasando en él. Use el presente progresivo. Debe nombrar por lo menos diez actividades.

Paso 2. Comparta su lista con un compañero / una compañera. ¿Pueden Uds. añadir algunas oraciones a sus listas?

ACTIVIDAD C • Siga contando la historia

Paso 1. Con un compañero / una compañera de clase, escriban de nuevo las siguientes oraciones, usando los verbos **andar, continuar, ir, seguir,** o **venir** según convenga. Sigan el modelo.

MODELO: Alfredo y Raquel *charlan* mientras esperan el taxi. →

Alfredo y Raquel siguen charlando mientras esperan el taxi.

1. Raquel *graba* información sobre su viaje a España para Lucía.
2. Raquel y el taxista *buscan* a la Sra. Suárez en el Barrio de Triana.
3. Poco a poco nosotros *comprendemos* mejor la historia de la carta de la Sra. Suárez.
4. Jaime y Miguel *juegan* por las calles de Triana.
5. Elena y Raquel *corren* por el Barrio Santa Cruz. Buscan a Jaime y su perro.
6. Lucía *se entera* del caso de don Fernando.

Paso 2. Con su compañero/a, inventen por lo menos cuatro oraciones originales en las que describan lo que están haciendo los otros personajes de la historia.

MODELO: Don Fernando sigue preocupándose por saber si la información de la carta es cierta o no.

3.2 • Los complementos directos y los pronombres de complemento directo

¡Ya lo sabía Ud.!

Cuando Ud. habla con sus amigos o con miembros de su familia, muy a menudo usa palabras para referirse a algo o a alguien que ya se había mencionado en la conversación. A continuación hay dos fragmentos del diálogo entre Raquel y Miguel hijo. Trate de indicar a lo que se refiere el uso de la palabra **la** en las oraciones.

1. RAQUEL: Ando buscando a una señora, la Sra. Teresa Suárez. ¿**La** conocen [Uds.]?
   MIGUEL: Sí. Es mi abuela.

2. RAQUEL: ¿Y saben su dirección en Madrid?
   MIGUEL: No. Pero **la** sabe mi madre.

En el ejemplo número 1, **la** sirve para evitar la repetición innecesaria de **la Sra. Teresa Suárez.** En el segundo ejemplo, **la** se refiere a **dirección.** Es muy probable que Ud. use **la** y otros pronombres de complemento directo sin pensar en las reglas gramaticales que rigen su uso. En esta sección, va a aprender más sobre los complementos directos y de los pronombres de complemento directo, de los cuales ¡ya lo sabía Ud.!

Para saber más: ¿Ud. la conoce? ¡Claro que la conozco!

Los complementos directos

El **complemento directo** se refiere a la palabra en la oración que recibe directamente la acción del verbo: José lee **un libro.** El complemento directo, en este caso, es **el libro.** Por lo general, es posible identificar el complemento directo haciéndole al verbo las preguntas **¿qué?** o **¿a quién?** Mire los ejemplos a continuación e indique los complementos directos.

1. Fernando recibió una carta de una señora española, Teresa Suárez.
2. Mamá, esta señorita busca a la abuela Teresa.
3. Antes de la Guerra Civil, don Fernando conoció a una mujer joven y bella.
4. Raquel dejó su cartera en el taxi.

Los pronombres de complemento directo

- Los complementos directos pueden ser reemplazados por **pronombres de complemento directo.** Generalmente se usan los pronombres de complemento directo para evitar la repetición del sustantivo. Fíjese en que los pronombres de complemento directo concuerdan en género y número con el sustantivo que reemplazan. Mire los siguientes ejemplos.

Lucía lee **el artículo.** →   Lucía **lo** lee.
Raquel tiene **una foto de la**   Raquel **la** tiene.
   familia Castillo. →
Raquel conoce **a Jaime y**   Raquel **los** conoce.
   a Miguel. →
Lucía cambia **las reservaciones.** →   Lucía **las** cambia.

LOS PRONOMBRES DE COMPLEMENTO DIRECTO	
me	nos
te	os
lo/la	los/las

- Es importante notar que los pronombres de complemento directo o preceden los verbos conjugados o se juntan a los infinitivos. Cuando se usan con el presente progresivo, los pronombres o pueden colocarse delante del verbo conjugado (**andar, estar, seguir,...**) o se puede juntar al gerundio.

    ¿La carta? Todavía **la** tengo que escribir. (Todavía tengo que escribir**la**.)

    —¿Ya encontraste **el número** de teléfono de Paula?
    —No. **Lo** sigo buscando. (Sigo buscándo**lo**.)

La topicalización

Los complementos directos a veces se anteponen al verbo. Este fenómeno se llama **la topicalización.** Si esto ocurre, se necesita un pronombre de complemento directo (**lo, la, los, las**) redundante antes del verbo conjugado. Mire los siguientes ejemplos.

El artículo **lo** leyó Lucía.
La carta **la** escribió la Sra. Suárez.
Los documentos **los** tiene Ramón.
Las grabaciones **las** hizo Raquel.

¿Notó que el pronombre de complemento directo redundante concuerda con el complemento directo a que se refiere?

Actividades gramaticales

ACTIVIDAD A • Hispanos que ayudan

Paso 1. En la siguiente página se presenta un artículo sobre una Cámara de Comercio para hispanos en los Estados Unidos. Con un compañero / una compañera, lean el siguiente pasaje e indiquen los complementos directos. Deben encontrar veintitrés complementos directos.

Durante los últimos años, la Cámara de Comercio para hispanos ha extendido su misión para incluir a la comunidad. La misión principal de la Cámara es la de crear y aumentar las oportunidades de negocios para la comunidad hispana. «Nosotros tenemos muchos líderes latinos que se preocupan por nuestra ciudad y por sus ciudadanos», informa Pilar Montoya, dueña de Comunicaciones Montoya y presidenta actual de la Cámara. Los socios han establecido varios programas cuyo propósito es ayudar a los hispanohablantes recién llegados a este país. «Muchos de los hispanos que vienen a vernos quieren encontrar trabajo», agrega Montoya. Para ayudarlos a realizar esta meta, la organización ofrece seminarios y coloquios. El director del programa ayuda a los participantes a identificar sus habilidades y a reconocer sus debilidades en cuanto al trabajo que pueden hacer. Ayudan a los participantes a planear su carrera, a escribir su currículum vitae, y a solicitar cartas de recomendación. También organizan entrevistas simuladas para que los aspirantes a un empleo tengan la experiencia de entrevistarse antes de tener una entrevista de verdad. Intentan darles a los aspirantes la confianza que necesitan para poder sobresalir en su búsqueda de trabajo.

Paso 2. Ahora indiquen los pronombres de complemento directo que corresponden a los complementos directos sustantivos que Uds. señalaron en el Paso 1. **¡OJO!** Hay dos pronombres de complemento directo ya incluidos en el párrafo.

ACTIVIDAD B • La carta de Javier

A continuación hay una carta que Javier Alonso, un estudiante universitario español, le escribió a su hermana Amalia. En grupos de dos o tres estudiantes, expresen la información de la carta de otra manera, usando pronombres de complemento directo en lugar de las palabras y frases en letra cursiva. **¡OJO!** No se olviden de colocar los pronombres apropiadamente.

Querida Amalia:
Escribo esta carta desde mi nuevo apartamento en Madrid. Tengo que escribir *la carta*[1] rápidamente, porque mis amigos esperan *a mí*[2] a las nueve y ya son las ocho... Te gustaría el apartamento. Mario, mi compañero de piso,[a] y yo alquilamos *el apartamento*[3] hace ocho días y llevamos toda la semana poniendo las cosas en orden. ¡Hemos cambiado *el apartamento*[4] por completo! Por ejemplo, las paredes eran un desastre. Pintamos *las paredes*[5] el jueves. También necesitábamos una nueva alfombra. Instalamos *la alfombra nueva*[6] el viernes. De veras, ¡es como si fuera un lugar totalmente distinto! La dueña del piso está muy satisfecha —quiere invitar *a Mario y a mí*[7] a cenar mañana.

En tu última carta me preguntabas sobre Marisol, la chica con quien salí hace unas semanas. Bueno, como te decía, conocí *a Marisol*[8] en el bar de la facultad,[b] donde los dos tomamos unas cañas.[c] Mientras tomábamos *las cañas*,[9] hablábamos de las cosas que teníamos en común, como la música. ¿Sabes? Ella baila en el ballet folklórico. ¿Recuerdas que tú y yo vimos *el ballet folklórico*[10] el verano pasado? Pues, ¡ése fue el mismo! Ella también hablaba mucho de sus padres. No he conocido a *sus padres*[11]

[a]apartamento (*Sp.*) [b]*school* [c]cervezas (*Sp.*)

todavía, pero vienen a Madrid a visitar *a Marisol*[12] el próximo mes. Tal vez vaya a conocer a *sus padres*[13] entonces.

Bueno, ¡mis amigos esperan *a mí*![14]

Besos y abrazos,
Javier

3.3 • Las preposiciones *por* y *para*

¡Ya lo sabía Ud.!

Las preposiciones suelen causarles mucha dificultad a las personas que aprenden otros idiomas. En cambio, los hablantes nativos las usan con mucha facilidad. Las siguientes oraciones son del Episodio 3 de *Nuevos Destinos*. Léalas, prestando atención a las preposiciones **por** y **para.**

1. «¿Podría yo hablar con su madre **por** teléfono?»
2. «Voy a ver si puedo salir **para** Madrid mañana.»
3. «¿Sabe cuánto falta **para** llegar a Madrid?»
4. «Yo soy abogada, y también hago muchas preguntas **por** mi trabajo.»
5. «¿Hay algún mensaje **para** mí?»
6. «Mi hermano Miguel ha llamado **para** contarnos de Ud.»

En esta sección, va a aprender más sobre los usos de las preposiciones **por** y **para,** de las cuales ¡ya sabía Ud.!

Para saber más: ¡Por supuesto!

Las preposiciones **por** y **para** en muchas situaciones equivalen a la preposición *for* en inglés. Pero, como se verá en esta sección, no son intercambiables en español. La selección entre **por** y **para** depende mayormente de la idea que el hablante quiere comunicar. A continuación se encuentran las reglas generales para los usos de **por** y **para.**

Usos de *por*

1. La preposición **por** se usa para indicar medio de transporte o comunicación.

Equivalentes en inglés: *by, on*

Raquel viaja a México **por** avión.
Ramón habló con Lucía **por** teléfono.

2. Se usa para expresar la causa o el motivo de una acción.
   Equivalentes en inglés: *because of, on behalf of, for the sake of, on account of*

   > Don Fernando hacía todo lo posible **por** sus hijos.
   > Llegamos cansados **por** el viaje.

3. Se usa para expresar los sentimientos hacia algo o alguien.
   Equivalentes en inglés: *for, towards*

   > Raquel siente mucha admiración **por** don Fernando.

4. Se usa ante sustantivos para indicar precio, cambio o equivalencia.
   Equivalente en inglés: *for*

   > Ramón contrató a un electricista **por** treinta mil nuevos pesos.
   > Pidió 100.000 pesetas **por** el coche.

5. Se usa para expresar un tiempo indeterminado o la hora general del día.
   Equivalentes en inglés: *around, at, during, in*

   > La historia sucedió **por** aquellos años.
   > Lucía llegó a Los Ángeles **por** la noche.

6. Se usa para expresar movimiento dentro, a través o a lo largo de un lugar.
   Equivalentes en inglés: *through, by, along*

   > Raquel y Lucía pasearon **por** el parque.
   > A Raquel le gusta caminar **por** el centro de Sevilla.

7. Se usa también en la formación de la voz pasiva.
   Equivalente en inglés: *by*

   > La carta misteriosa fue escrita **por** una vieja amiga de Rosario.

8. Se usa después de algunos verbos de movimiento, como **ir** y **venir**, para indicar el motivo de la acción.
   Equivalente en inglés: *for*

   > Cuando don Pedro no se sentía bien, Ramón fue **por** el médico.
   > Vine **por** mi carpeta que dejé en su oficina.

9. Se usa con **estar** y un infinitivo para indicar la inminencia de una acción.
   Equivalente en inglés: *about to*

   > Lucía estaba **por** llamar a Raquel cuando sonó el teléfono.

- A continuación hay una lista de varias expresiones idiomáticas que llevan la preposición **por**. Léalas y trate de indicar la expresión equivalente en inglés. Si se da por vencido/a, las respuestas se encuentran al final de este capítulo.

al por mayor	por decirlo así	por fin	por otra parte
al por menor	por desgracia	por gusto	por qué / ¿por qué? / porque
por adelantado	por Dios	por las nubes	por regla general
por ahora	por ejemplo	por lo general	por si acaso
por aquí/allí	por encima	por lo menos	por suerte
por casualidad	por escrito	por lo tanto	por supuesto
por completo	por eso	por lo visto	por todas partes
por consiguiente	por favor	por ningún motivo	

- **¡OJO!** Hay algunos verbos en inglés que requieren la preposición *for* ante un sustantivo. Sin embargo, los verbos equivalentes en español no emplean ninguna preposición.

INGLÉS	EQUIVALENTE EN ESPAÑOL	EJEMPLOS
to look for	buscar	*This lady is looking for Grandma.* Esta señorita **busca** a la abuela.
to wait for	esperar	*Elena is waiting for her husband.* Elena **espera** a su esposo.
to pay for	pagar	*Miguel Ruiz will pay for the meal.* Miguel Ruiz **pagará** la comida.
to ask for	pedir	*Lucía asked Raquel for a favor.* Lucía le **pidió** un favor a Raquel.
to feel sorry for	sentir	*She is sorry for what happened.* **Siente** lo que ocurrió.

Usos de *para*

1. La preposición **para** se usa antes de un infinitivo para indicar el propósito de una acción.
   Equivalentes en inglés: *in order to, to*

   Lucía va a Los Ángeles **para** escuchar toda la historia de don Fernando.
   Soy Raquel Rodríguez y vengo **para** hablar con la Sra. Teresa Suárez.

2. Se usa para indicar movimiento hacia algún lugar o destino.
   Equivalentes en inglés: *to, toward, for*

   Al final de la Guerra Civil don Fernando se fue **para** México.
   Raquel sale mañana **para** Madrid.

3. Se usa para indicar destinatario o recipiente de una acción u objeto.
   Equivalente en inglés: *for*

   Compré este regalo **para** mi nieta.
   Lupe, la criada, cocina **para** la familia.

4. Se usa para localizar una cosa o acción precisamente dentro del tiempo o para indicar una fecha tope (*deadline*).
   Equivalentes en inglés: *by, for*

   Tengo un pasaje de regreso a México **para** mañana a las ocho.
   Lucía tiene que tener listos los documentos **para** el martes.

5. Se usa para comparar una cosa con el estándar aceptado o describirla según ese estándar, especialmente cuando se expresa un punto de vista, una opinión o una perspectiva personal.
   Equivalentes en inglés: *for, in spite of being*

   La Gavia es demasiado grande **para** una familia de dos personas.
   Hace mucho frío **para** julio.
   Para todos, la muerte de Pedro ha sido muy difícil.

6. Se usa con el significado de **en cuanto a** y **en lo que se refiere a.**
   Equivalentes en inglés: *as for, with regard to*

   > **Para** los huérfanos, La Gavia resulta agradable.
   > **Para** mí, la sopa de mariscos, por favor.

7. Se usa para indicar lugar o empresa de empleo.

   > Raquel trabaja **para** Goodman, Potter & Martinez.

Actividades gramaticales

ACTIVIDAD A • ¡Por Dios!

En grupos de dos o tres estudiantes, lean el siguiente pasaje y determinen por qué se usa **por** o **para** en las frases preposicionales. Fíjense en las reglas que se presentan a continuación sobre el uso de **por** y **para.**

A. Usos de *por*:

1. medio de transporte o comunicación
2. causa o motivo de una acción
3. para expresar sentimientos
4. precio, cambio o equivalencia
5. tiempo indeterminado; hora del día
6. movimiento dentro, a través o a lo largo de un lugar
7. voz pasiva
8. con verbos de movimiento, indicando motivo
9. con **estar** + infinitivo (*about to*)
10. expresión idiomática

B. Usos de *para*:

1. propósito de una acción
2. lugar o destino
3. destinatario, recipiente
4. localización precisa dentro del tiempo; fecha tope
5. comparación
6. sinónimo de **en cuanto a, en lo que se refiere a**
7. empleo

> Raquel viaja *por*[1] avión desde México a Sevilla *para*[2] buscar a la Sra. Teresa Suárez. Es importante que vaya a Sevilla *para*[3] investigar lo de la carta que recibió don Fernando. En Sevilla, Raquel toma un taxi que la lleva a la dirección de la carta, pero *por*[4] lo visto, no hay nadie en casa. Una vecina le dice que la persona que reside en el edificio está de compras pero que debe de estar *por*[5] llegar.
>
> Entonces el taxista lleva a Raquel a la iglesia *para*[6] ver la famosa imagen de la Virgen de la Esperanza. Al volver a la que se supone que es la casa de Teresa Suárez, Raquel se encuentra con dos niños que, *por*[7] casualidad, son los nietos de la Sra. Suárez. Jaime y Miguel llevan a Raquel al mercado *para*[8] que hable con su madre, Elena Ramírez, que *por*[9] suerte, todavía está en el mercado.
>
> Raquel y Elena se pasean *por*[10] la orilla del Río Guadalquivir mientras Raquel le cuenta toda la historia y le explica *por*[11] qué necesita hablar con

la Sra. Suárez. También le dice que la familia Castillo está bastante preocupada *por*[12] la salud de don Fernando. Elena no sabe nada de la historia pero sugiere que Raquel vaya a una cervecería que está *por*[13] allí a las ocho *para*[14] hablar con su esposo, Miguel Ruiz, el hijo de la Sra. Suárez.

Por[15] la noche, Raquel se reúne con la familia de Elena Ramírez *para*[16] hablar con Miguel. Miguel le dice que no sabe nada de Rosario pero que esa tarde habló con su madre *por*[17] teléfono. Teresa Suárez insiste en que Raquel salga *para*[18] Madrid *para*[19] que la conozca en persona. Pero, *por*[20] desgracia, la Sra. Suárez está en Barcelona, donde vive otro hijo. *Por*[21] eso, Raquel va a viajar *por*[22] tren a Madrid pasado mañana.

ACTIVIDAD B • En Sevilla...

Paso 1. Una vez en el hotel, Raquel se pone a escribir sobre sus experiencias en Sevilla, especialmente sobre un incidente que ocurrió el día en que Raquel y la familia Ruiz fueron al mercadillo de los animales. Lea el siguiente pasaje e indique si las oraciones requieren **por** o **para,** según convenga.

Ayer la familia Ruiz y yo salimos (por/para)[1] el famoso mercadillo de los animales de Sevilla. Estábamos todos un poco cansados (por/para)[2] haber pasado tanto tiempo anoche en la cervecería. (Por/Para)[3] ir al mercadillo, tuvimos que caminar (por/para)[4] unas calles empedradas[a] hasta que llegamos a una plaza enorme donde se encuentra el mercado. Definitivamente paseábamos (por/para)[5] la parte antigua de la ciudad. (Por/Para)[6] mí, el mercado era muy interesante. (Por/Para)[7] lo visto, allí se podía encontrar todo tipo de animales.

En el mercadillo de los animales, Miguel compró un perro (por/para)[8] Jaime. El vendedor le pidió cinco mil pesetas pero (por/para)[9] fin, Miguel le dio cuatro mil (por/para)[10] el perro. (Por/Para)[11] los españoles, es muy común regatear[b] en los mercados. Todos queríamos ponerle el nombre Einstein al perro pero Jaime decidió llamarlo Osito. (Por/Para)[12] desgracia, Jaime y Osito se perdieron (por/para)[13] el barrio de Santa Cruz. Los buscamos (por/para)[14] todas partes. (Por/Para)[15] fin los encontré y luego fuimos a la Catedral (por/para)[16] encontrarnos con el resto de la familia. Debo acostarme ahora porque mañana salgo (por/para)[17] Madrid (por/para)[18] ver a la Sra. Suárez.

[a]*cobblestone* [b]*to haggle, bargain*

Paso 2. Ahora con un compañero / una compañera, determinen los usos de **por** y de **para** en las oraciones del Paso 1, usando las indicaciones de la Actividad A.

ACTIVIDAD C • Mi amigo, un reportero dedicado

Paso 1. ¿Cómo llega la gente a interesarse por la profesión u oficio que tiene? A continuación hay un pasaje en que José habla de Juancho, un reportero de Univisión y buen amigo suyo. Al leer el pasaje, indique si las oraciones requieren **por** o **para,** según convenga.

Mi mejor amigo Juancho es un reportero que trabaja (por/para)[1] la sucursal de Univisión en Miami. Tiene todas las cualidades necesarias (por/para)[2] ser un buen reportero, dado que es una persona muy dinámica y ambiciosa. Siempre anda en busca de noticias sensacionales.

El padre de Juancho antes trabajaba de fotógrafo (por/para)[3] la misma cadena televisiva. Y Juancho siempre sintió mucha admiración (por/para)[4] su padre y (por/para)[5] el trabajo que éste hacía. Cuando Juancho llegó a los quince años, le pidió a su padre una cámara como regalo de cumpleaños. A su padre se le ablandó el corazón[a] y compró una cámara (por/para)[6] su hijo.

(Por/Para)[7] lo general, a Juancho le fascina el periodismo, y se siente muy entusiasmado (por/para)[8] su vida profesional. (Por/Para)[9] él, Miami es el lugar ideal (por/para)[10] un reportero. Dice que sólo hay que caminar (por/para)[11] las calles (por/para)[12] unos minutos (por/para)[13] encontrar alguna noticia que sirva (por/para)[14] un buen reportaje. ¡A ver qué escribirá (por/para)[15] mañana!

[a]A... *His father's heart melted*

Paso 2. Ahora con un compañero / una compañera, determinen los usos de **por** y de **para** en las oraciones del Paso 1, usando las indicaciones de la Actividad A.

LOS HISPANOS EN LOS ESTADOS UNIDOS

El Álamo: Una muestra de la arquitectura hispánica

El Álamo

Los españoles que llegaron a lo que es hoy los Estados Unidos no solamente trajeron su lengua y sus tradiciones, sino también aportaron la arquitectura típica de su país. La influencia arquitectónica hispánica se evidencia más en el sur, el suroeste y el oeste del país. En el suroeste de los Estados Unidos, especialmente en Texas y en Nuevo México, hay buenos ejemplos de la arquitectura hispánica. Por ejemplo, en San Antonio, Texas, se encuentra El Álamo. Conocido originalmente por el nombre San Antonio de Valero, El Álamo se fundó en el año 1718, y fue la primera de cinco misiones fundadas en San Antonio. El propósito de la misión era educar y cristianizar a los indígenas de la zona, los residentes originales de San Antonio. Más tarde se convirtió en una fortaleza militar. Tal vez Ud. haya oído de la gran batalla de El Álamo de febrero de 1836 en la que una banda de 189 voluntarios tejanos desafiaron un ejército mexicano de miles de soldados durante trece días de cerco.[1] Los defensores tejanos murieron luchando contra el dictador mexicano, Antonio López de Santa Anna. Según la historia, entre los que murieron allí se encontraban los norteamericanos William Travis, Davy Crockett y Jim Bowie.

[1]*siege*

Así lo decimos • Las variaciones dialectales

El leísmo

En este capítulo se ha presentado información sobre los pronombres de complemento directo (Conceptos gramaticales 3.2). Acuérdese de que el pronombre de complemento directo **lo** en inglés puede significar *you, him, it.* Como masculino y cuando se designa a una persona, en España y en algunas regiones de Latinoamérica, a veces se usa **le** en vez de **lo.** Este fenómeno se llama **leísmo.** Compare los siguientes ejemplos.

INGLÉS	USO GENERAL	LEÍSMO
Raquel met him in Sevilla.	Raquel **lo** conoció en Sevilla.	Raquel **le** conoció en Sevilla.
She saw you on the express train.	Ella **lo** vio en el rápido.	Ella **le** vio en el rápido.
They looked for him.	**Lo** buscaron.	**Le** buscaron.
Lucía read it (el artículo).	Lucía **lo** leyó.	Lucía **lo** leyó.

Aunque la mayoría de los españoles prefiere usar **le** en estos casos, la Real Academia Española y la mayoría de los latinoamericanos prefieren el uso de **lo.**

ACTIVIDAD • El leísmo

Paso 1. Con un compañero / una compañera de clase, lean las siguientes oraciones e indiquen los pronombres de complemento directo que ejemplifican el leísmo.

1. Sí señor, *le* vi esta mañana.
2. ¿Jaime? Pues, *lo* buscamos por todas partes de la ciudad.
3. Puse el artículo en aquella mesa. Allí *lo* encontrarás.
4. ¿Mi hermano? ¡No me gusta besar*le* jamás!
5. Esta mañana *le* di el dinero sobrante al cura.
6. Yo sé quién es don Fernando, pero nunca *le* conocí.
7. Teresa Suárez se lleva muy bien con su hijo y *le* llama todos los días por teléfono.
8. ¿Todavía no recibió la carta que *le* escribí?
9. Miguel Ruiz tiene un buen amigo llamado José, y siempre *le* invita a la cervecería.

Paso 2. Usando las oraciones del Paso 1, cambien los pronombres que ejemplifican el leísmo por los pronombres de complemento directo del sistema tradicional.

Para escribir

ACTIVIDAD • El viaje a España

Paso 1. Imagínese que Ud. es el secretario / la secretaria de Raquel en el despacho de Los Ángeles y acaba de recibir un mensaje electrónico. Lea el mensaje antes de continuar con el Paso 2.

PARA: _____
DE: Raquel Rodríguez
TEMA: Mi viaje a España

Estimado/a _____:
¿Podrías hacerme el favor de escribir un resumen de mi viaje a España para Lucía Hinojosa? Me gustaría describirle cómo por fin llegué a localizar a la Sra. Teresa Suárez. Creo que también sería útil darle una breve descripción de todas las personas que conocí mientras estaba en Sevilla y decirle cómo éstas se relacionan con la Sra. Suárez y con el caso que yo investigaba. Me gustaría enviarle esta información tan pronto como sea posible. Gracias por tu ayuda.

Raquel Rodríguez

Paso 2. Ahora, en grupos de dos o tres estudiantes, hagan una lista de los datos importantes que Uds. deberían incluir en el resumen del viaje. No se olviden de dar una breve descripción de las personas más importantes y cómo se relacionan con la Sra. Suárez y el caso que investigaba Raquel.

En esta sección del libro, Ud. tendrá la oportunidad de expresarse por escrito. En el libro de texto se le presentarán algunas actividades para acercarle al tema. Pero es en el *Manual* que acompaña el libro de texto donde va a realizar la escritura de sus composiciones.

Volviendo al tema

ACTIVIDAD • La Sra. Suárez

Aunque en el Episodio 3 Raquel todavía no había resuelto el misterio de la carta que la Sra. Suárez le escribió a don Fernando, ella iba acumulando muchos detalles sobre el caso. Siendo abogada, siempre apunta toda la información en la computadora para luego repasar los detalles. Imagínese que Ud. es Raquel y apunte toda la información que Elena Ramírez y Miguel Ruiz le revelaron sobre la Sra. Suárez. ¿Es posible inferir algo sobre la personalidad de la Sra. Suárez basándose en la información que le dieron a Raquel? ¿Por qué le habrá escrito ella una carta a don Fernando? ¿Qué quiere ella? Indique sus pensamientos al respecto.

CONCEPTOS GRAMATICALES 3.3: LAS PREPOSICIONES *por* Y *para*			
EXPRESIONES IDIOMÁTICAS CON *por*			
al por mayor	*wholesale*	por fin	*finally*
al por menor	*retail*	por gusto	*for the fun of it*
por adelantado	*in advance*	por las nubes	*sky-high (price)*
por ahora	*for now*	por lo general	*generally*
por aquí/allí	*around here/ there*	por lo menos	*at least*
		por lo tanto	*therefore*
por casualidad	*by chance*	por lo visto	*apparently*
por completo	*completely*	por ningún	*under no*
por consiguiente	*therefore*	motivo	*circumstances*
por decirlo así	*so to speak*	por otra parte	*on the other hand*
por desgracia	*unfortunately*	por qué /	*why/why?/because*
por Dios	*for heaven's sake*	¿por qué? / porque	
por ejemplo	*for example*	por regla	*as a rule*
por encima	*quickly, hastily*	general	
por escrito	*in writing*	por si acaso	*just in case*
por eso	*for that reason*	por suerte	*luckily*
por favor	*please*	por supuesto	*of course*
		por todas partes	*everywhere*

Timeline (left margin):

- **2000–700 a.C.** — Los íberos, fenicios, celtas y griegos en la Península Ibérica
- **200 a.C.** — Los romanos llegan a la Península
- **419 d.C.** — Invasión de los visigodos
- **711–1492** — Dominación musulmana en la Península
- **1492** — Reconquista de Granada; expulsión de los judíos y los moros de España; primer viaje de Cristóbal Colón
- **1500–1700** — El Siglo de Oro
- **1588** — La Armada invencible
- **1808–1814** — Ocupación napoleónica de España
- **1814–1833** — Colonias españolas de América consiguen su independencia, con excepción de Cuba y Puerto Rico
- **1898** — Guerra hispanoamericana termina con los restos del imperio colonial español, España cede a los Estados Unidos Cuba, Puerto Rico y las Filipinas
- **1936–1939** — Guerra Civil española
- **1939–1975** — Dictadura de Francisco Franco
- **1975** — Empieza la monarquía constitucional; rey: Juan Carlos I
- **1986** — España se integra a la Comunidad Europea (ahora la Unión Europea)
- **1992** — Feria Mundial de Sevilla; Juegos Olímpicos en Barcelona; celebración del quinto centenario del viaje de Colón

España

¡Qué interesante!

- El arte de torear está arraigado[1] en España desde hace muchos siglos, ya que se encuentran figuras del toro en pinturas rupestres[2] de cuevas prehistóricas en España.
- La corrida de toros es un espectáculo en que el hombre arriesga su vida y desata[3] pasiones en el ritual del arte y de la muerte.
- Además del castellano, se hablan los idiomas catalán, gallego y vascuence en España.
- La música y baile del flamenco aporta elementos árabes, cristianos y gitanos.[4]
- A los judíos de origen español se los llama los **sefardíes.** El nombre proviene de la palabra **Sefarad,** que significa «España» y «patria» en hebreo.
- El escritor Tirso de Molina, un sacerdote, creó el personaje y arquetipo del Don Juan en su obra *El burlador de Sevilla,* en el siglo XVII.
- El único cuadro histórico por Diego Velázquez (1599–1660), artista de la corte de Felipe IV, fue *La rendición[5] de Breda,* también conocida como *Las lanzas.* En el cuadro Velázquez capta el momento alegórico en que Justino de Nassau, líder de las fuerzas holandesas, se rinde ante el general Ambrosio de Spínola, genovés[6] al servicio de la corona española.

[1]*deep-rooted* [2]*pinturas... cave paintings* [3]*unleashes* [4]*gypsy* [5]*surrender* [6]de Génova, Italia

Gente

Federico García Lorca (1898–1936) nació en Granada. Es una de las figuras más famosas del grupo de escritores y filósofos de la llamada «Generación del 27». Las obras de Lorca han tenido mucho éxito en el extranjero, especialmente sus obras dramáticas *Bodas de sangre* (1933), *Yerma* (1934) y *La casa de Bernarda Alba* (1936), poemas de tema gitano como *Poema del cante jondo* (1931) y su colección de poemas titulada *Primer romancero gitano* (1928). La popularidad de sus obras se puede atribuir a la forma en que presenta los temas universales del amor y de la muerte. Lorca también trata con gran sensibilidad y compasión a los pobres y a los marginados[1] de la sociedad. Muchos de sus poemas ejemplifican el uso del ritmo y de imágenes de color para crear una visión poética, intensa y dramática, demostrando su afición a la música y a la pintura. Pocos días después de que empezara la Guerra Civil en 1936, Lorca fue asesinado en Granada por los derechistas.

Canción de jinete[2]

Córdoba.
Lejana y sola.

Jaca[3] negra, luna grande,
y aceitunas en mi alforja.[4]
Aunque sepa los caminos
yo nunca llegaré a Córdoba.

Por el llanto, por el viento,
jaca negra, luna roja.
La muerte me está mirando
desde las torres de Córdoba.

¡Ay qué camino tan largo!
¡Ay mi jaca valerosa!
¡Ay que la muerte me espera,
antes de llegar a Córdoba!

Córdoba.
Lejana y sola.

[1]outcasts [2]horseman [3]Pony [4]saddlebag

Nota histórica

El 12 de octubre de 1492, día en que Cristobal Colón llegó al Nuevo Mundo, fue una de las fechas más significativas durante el reinado de los Reyes Católicos (Fernando e Isabel). El hecho de que Colón ofreciera sus servicios a los Reyes, aunque no era de origen español, no fue accidental. En aquel entonces Portugal y Castilla (España) estaban muy avanzados en la exploración de rutas mercantiles y Sevilla era un importante centro marítimo. Como las rutas africanas permanecían cerradas para Castilla en favor de Portugal, la única puerta hacia rutas alternativas eran las Islas Canarias. Por lo tanto, la oferta de Colón para explorar el Nuevo Mundo fue aceptada de buena gana.[1] Durante su viaje a Asia, sus naves[2] tropezaron con el continente americano. Como los españoles estaban bien preparados para conquistar, ocupar y explotar nuevas tierras, América se convirtió en la nueva tierra prometida para aquella gente lista para afrontar el reto.[3] A mediados del siglo XVI, los conquistadores habían establecido en América dos de los virreinatos más importantes: México y Perú. Hoy en día el 12 de octubre se conmemora el Día de la Raza, poniendo énfasis en el encuentro de las culturas españolas e indígenas.

[1]de... readily [2]ships [3]afrontar... face the challenge

Las artes

En el año 711 los musulmanes invadieron España y siete años más tarde lograron conquistar la mayor parte de la península. Establecieron su capital en Córdoba, ciudad que se convirtió en uno de los grandes centros intelectuales de la cultura islámica y de Europa. Durante esta época, fue allí donde se hicieron grandes avances en las letras, ciencias, agricultura, artesanías, arquitectura y urbanismo.

Una de las maravillas del arte islámico es la mezquita de Córdoba. A mediados del siglo VIII este templo musulmán, uno de los más hermosos del Islam, comenzó a construirse sobre una antigua iglesia visigótica. En varias ocasiones la mezquita fue ampliada y embellecida hasta que finalmente fue terminada en el siglo X. Las abundantes columnas de mármol[1] y jaspe[2] dan la aparencia de un denso bosque de concreto. Durante el reinado de Carlos V en 1523, una iglesia cristiana fue construida en la mezquita, así mezclando dos culturas y religiones distintas.

La Alhambra, otra maravilla de la arquitectura árabe, domina la ciudad de Granada. Este hermoso castillo-fortaleza de los reyes moros de Granada se comenzó a construir en 1238. Su nombre se refiere al color de sus muros: «al hamra» en árabe significa **el (castillo) rojizo.** La fortaleza incluía palacios reales, viviendas, baños, mezquitas y edificios públicos. A través de las fuentes y los bellos jardines, fue combinado el placer por las artes decorativas con la naturaleza.

[1]*marble* [2]*jasper*

La mezquita de Córdoba

La Alhambra

Datos importantes

¿Qué le dirá la Sra. Suárez a Raquel?

De entrada

En este episodio, Raquel llega a conocer a la Sra. Teresa Suárez, la mujer que le escribió la carta misteriosa a don Fernando. ¿Puede Ud. anticipar lo que la Sra. Suárez le va a decir a Raquel sobre Rosario? Apunte cinco cosas posibles.

acia la comunicación

En la universidad

ACTIVIDAD A • ¿Cómo es su universidad?

Mire las siguientes fotos y conteste las preguntas a continuación.

1. En estas fotos se ven escenas típicas de universidades, tanto de los Estados Unidos como de un país hispanohablante. ¿Es posible adivinar qué foto representa una escena en una universidad hispánica y cuál es de una universidad norteamericana? ¿De qué indicios se valió Ud. para llegar a tal conclusión?
2. En su opinión, ¿son parecidas las materias universitarias norteamericanas a las de los países hispanohablantes? ¿Por qué sí o por qué no?
3. ¿Qué hacen generalmente los estudiantes universitarios de los Estados Unidos y los universitarios de los países latinoamericanos entre clase y clase o durante sus horas de descanso? ¿Adónde van por lo general a reunirse con los amigos?
4. En su opinión, ¿dónde estudian generalmente los estudiantes latinoamericanos por la noche? ¿Y los estudiantes norteamericanos? ¿Por qué cree así? ¿Qué implica esto en cuanto a la experiencia universitaria?
5. ¿Qué actividades extraescolares tienen los estudiantes norteamericanos y cuáles tienen los estudiantes de los países hispanohablantes? ¿Son diferentes o parecidas? Explique.
6. A su parecer, ¿en qué aspectos difiere el sistema universitario de los países latinoamericanos del sistema universitario de los Estados Unidos?

ACTIVIDAD B • Las calificaciones

Paso 1. A continuación hay dos grupos de calificaciones, uno de Raquel Rodríguez y el otro de Lucía Hinojosa. Con un compañero / una compañera, comparen los dos grupos de calificaciones. Comparen los cursos que tomaban, las notas que recibieron y el sistema de calificaciones que se usa en los Estados Unidos y en México. ¿A qué conclusiones pueden llegar Uds. en cuanto al sistema universitario de los dos países?

LUCÍA HINOJOSA (UNAM)

Cursos:	Horas/Semana:	Calificación:
Biología	5	9
Español	5	10
Religión	3	10
Matemáticas	5	8

RAQUEL RODRÍGUEZ (UCLA)

Cursos:	Horas/Semana:	Calificación:
Freshman English	3	A+
Intro to Math	3	B−
Intro to Sociology	3	A
Psychology	3	A
Intro to Geology	4	A−

Paso 2. Ahora comparen sus respuestas con las de los otros grupos de la clase. ¿Están todos de acuerdo? Justifiquen sus comparaciones.

ACTIVIDAD C • Mis clases predilectas

Paso 1. Con un compañero / una compañera de clase, indiquen lo que les gusta y lo que no les gusta con respecto a las clases que toman este semestre/trimestre. También indiquen qué clases probablemente les van a servir más en el futuro y por qué. Apunten sus opiniones y las de su compañero/a en un cuadro como el que sigue.

LAS CLASES QUE TOMO/TOMA	LO QUE ME/LE GUSTA	LO QUE NO ME/LE GUSTA	LAS CLASES QUE ME/LE VAN A SERVIR MÁS
1.			
2.			
...			

Paso 2. Ahora busquen a otros compañeros de su clase que tomen las mismas materias que Uds. ¿Opinan ellos lo mismo de esas clases?

ACTIVIDAD D • Consejos

Paso 1. Con un compañero / una compañera de clase, imagínense que Uds. son consejeros y que tienen una columna en el periódico de su universidad bajo el nombre «Sr. Sabelotodo». Uds. acaban de recibir la carta en la siguiente página de una estudiante anónima. Lean la carta y escriban una respuesta apropiada.

Querido Sr. Sabelotodo:

Mi amiga (la llamo «Laura») y yo éramos amigas íntimas en nuestro pueblo y ahora somos compañeras de cuarto en la universidad. Este semestre, Laura ha cambiado totalmente. Antes era muy aplicada pero ahora apenas estudia. Sé que suspende[1] todos los cursos y que ha hecho trampa[2] en algunos exámenes. Hace un mes conoció a un hombre que es mujeriego y desde entonces la situación va de mal en peor. Se emborrachan todos los días y temo que Laura quede embarazada. ¿Qué puedo hacer para que ella no llegue a la ruina total?

Sinceramente,

Una amiga fiel

Querida Amiga Fiel:

_____

Sinceramente,

Sr. Sabelotodo

[1]_she's failing_ [2]_ha... she's cheated_

Paso 2. Ahora comparen su respuesta a Amiga Fiel con las de los otros estudiantes de la clase. ¿Coinciden en sus respuestas? ¿Qué harían ellos en semejante situación?

ACTIVIDAD E • Los uniformes

Paso 1. En muchos colegios latinoamericanos se requiere que los alumnos lleven uniforme a clase. Recientemente en los Estados Unidos ha habido mucha discusión en cuanto a las ventajas o desventajas de que los estudiantes lleven uniforme. Con un compañero / una compañera de clase, apunten las ventajas y desventajas que presenta el uso de uniformes.

Paso 2. Ahora comparen sus respuestas con las de los otros estudiantes de la clase. ¿Qué opina la mayoría de los estudiantes?

Paso 3. (Optativo) ¿Llevaba Ud. uniforme en el colegio? ¿Le gustó o no? Cuente sus experiencias y cómo le hacía sentir.

ACTIVIDAD F • ¿Colegios mixtos o no?

Paso 1. En España y en los países de Latinoamérica, la mayoría de los colegios particulares son para uno u otro sexo. Los colegios mixtos son pocos. En cambio, la mayoría de los colegios en los Estados Unidos son para estudiantes de ambos sexos. Con un compañero / una compañera de clase, apunten las ventajas y desventajas que presenten los colegios no mixtos.

Paso 2. Ahora comparen sus respuestas con las de los otros estudiantes de la clase. ¿Preferirían que sus hijos asistieran a un colegio mixto o a uno no mixto? ¿Por qué sí o por qué no?

Paso 3. (Optativo) ¿Asistió Ud. a un colegio mixto? ¿Le gustó o no? Cuente sus experiencias y por qué le gustó o no.

 l vídeo

Antes de ver el episodio

En el Episodio 4 del CD-ROM que acompaña *Nuevos Destinos* hay una variedad de actividades relacionadas con el Episodio 4 del vídeo.

PALABRAS ÚTILES

la Secretaría de Hacienda y Crédito Público	Department of the Treasury
la propiedad de interés nacional	property or estate of national interest
la reclamación	claim or demand made by petition
la estancia	farm, ranch
el certificado de nacimiento	birth certificate

ACTIVIDAD • Al tanto de las cosas

Con un compañero / una compañera de clase, contesten las siguientes preguntas sobre el episodio anterior de *Nuevos Destinos.*

1. En el episodio anterior, Raquel fue a Sevilla para buscar a la Sra. Teresa Suárez. Desafortunadamente, no logró hablar con ella. ¿Por qué?

2. Mientras Raquel y el taxista buscaban a la Sra. Suárez, conocieron a dos muchachos. ¿Quiénes eran y cómo ayudaron a Raquel en su búsqueda?

3. Por la noche, Raquel fue con la familia Ruiz a la cervecería. ¿Por qué fueron allí y qué le dijo Miguel Ruiz sobre la Sra. Suárez?

4. ¿Por qué no era posible que Raquel saliera para Madrid al día siguiente para hablar con Teresa Suárez?

5. Mientras viajaba en el rápido para Madrid, Raquel conoció a un hombre que se interesaba mucho en ella. ¿Quién era y por qué quería hablar con Raquel?

6. Al final del episodio, un hombre llegó al hotel para hablar con Raquel. ¿Quién era y por qué la invitó a su casa?

Después de ver el episodio

ACTIVIDAD A • Detalles importantes

En este episodio, Raquel sigue contándole a Lucía la historia de don Fernando. ¿Qué le contó? Con un compañero / una compañera de clase, identifiquen a los personajes o lugares en la siguiente página que mencionó Raquel. Deben incluir los datos más importantes sobre cada uno de ellos.

1. la Secretaría de Hacienda
   y Crédito Público
2. Teresa Suárez
3. Federico Ruiz
4. Rosario
5. Ángel Castillo
6. la estancia Santa Susana
7. Buenos Aires

ACTIVIDAD B • ¿Quién lo dijo?

Paso 1. A continuación hay algunas citas del Episodio 4 de *Nuevos Destinos*. Con un compañero / una compañera de clase, indiquen quién hace los siguientes comentarios y a quién se los hace.

1. «El gobierno mexicano reclama La Gavia como propiedad de interés nacional.»

2. «A veces pienso que en nuestro trabajo siempre hay una crisis.»

3. «Muy cerca de Buenos Aires. La última carta que recibí de ella fue cuando se casó de nuevo.»

4. «Necesito obtener el certificado de nacimiento del hijo de Rosario.»

5. «Posiblemente ellos piensan que La Gavia pertenece a Ángel, el hijo mayor de don Fernando,... »

6. «Hay algo más en la vida que el trabajo. Hay que dedicarle tiempo al corazón.»

Paso 2. Ahora indiquen de qué se trata cada uno de los comentarios del Paso 1.

ACTIVIDAD C • Malas noticias

En este episodio Lucía abre el paquete urgente que le envió Ramón. En grupos de dos o tres estudiantes, lean las cartas del paquete y contesten las preguntas que las siguen.

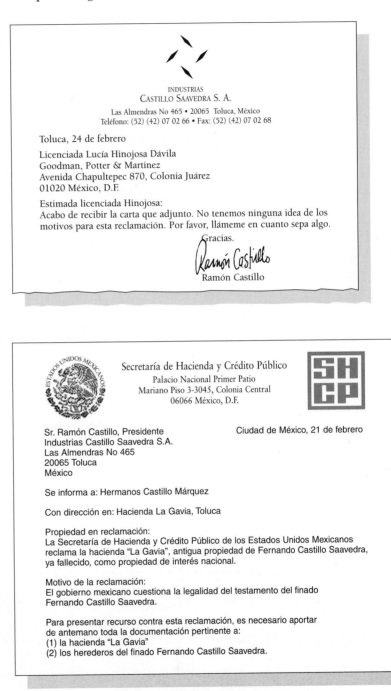

INDUSTRIAS
CASTILLO SAAVEDRA S. A.

Las Almendras No 465 • 20065 Toluca, México
Teléfono: (52) (42) 07 02 66 • Fax: (52) (42) 07 02 68

Toluca, 24 de febrero

Licenciada Lucía Hinojosa Dávila
Goodman, Potter & Martinez
Avenida Chapultepec 870, Colonia Juárez
01020 México, D.F.

Estimada licenciada Hinojosa:
Acabo de recibir la carta que adjunto. No tenemos ninguna idea de los motivos para esta reclamación. Por favor, llámeme en cuanto sepa algo.

Gracias.

Ramón Castillo
Ramón Castillo

Secretaría de Hacienda y Crédito Público

Palacio Nacional Primer Patio
Mariano Piso 3-3045, Colonia Central
06066 México, D.F.

Sr. Ramón Castillo, Presidente   Ciudad de México, 21 de febrero
Industrias Castillo Saavedra S.A.
Las Almendras No 465
20065 Toluca
México

Se informa a: Hermanos Castillo Márquez

Con dirección en: Hacienda La Gavia, Toluca

Propiedad en reclamación:
La Secretaría de Hacienda y Crédito Público de los Estados Unidos Mexicanos reclama la hacienda "La Gavia", antigua propiedad de Fernando Castillo Saavedra, ya fallecido, como propiedad de interés nacional.

Motivo de la reclamación:
El gobierno mexicano cuestiona la legalidad del testamento del finado Fernando Castillo Saavedra.

Para presentar recurso contra esta reclamación, es necesario aportar de antemano toda la documentación pertinente a:
(1) la hacienda "La Gavia"
(2) los herederos del finado Fernando Castillo Saavedra.

---

1. ¿Por qué le envía Ramón una carta urgente a Lucía mientras ella está en Los Ángeles?
2. ¿Qué quiere Ramón que haga Lucía?

3. ¿Por qué será que la familia Castillo está tan preocupada por lo de la carta oficial?

4. Basándose en la información de la carta oficial, ¿por qué reclama el gobierno la propiedad de la familia Castillo? ¿Hay una respuesta definitiva?

5. Según la carta de la Secretaría, ¿qué debe hacer la licenciada Hinojosa?

6. Si Uds. fueran Lucía, ¿qué clase de documentación buscarían para presentar recurso contra la reclamación del gobierno?

ACTIVIDAD D • El episodio en breve

Conteste las siguientes preguntas sobre el Episodio 4.

1. Al principio del Episodio 4 Raquel y Lucía están en el despacho, comentando el caso de don Fernando, cuando Lucía recibe una carta. ¿De quién es la carta y qué noticias le trae a ella?

2. Lucía le indica a Raquel que el gobierno mexicano reclama La Gavia como propiedad de interés nacional. ¿Por qué motivo reclama La Gavia?

3. ¿Por qué es necesario que Lucía vuelva a México inmediatamente?

4. Raquel le cuenta a Lucía que por fin logró hablar con Teresa Suárez. ¿Qué le reveló la Sra. Suárez sobre el hijo de don Fernando?

5. Según la Sra. Suárez, ¿adónde fue Rosario después de la Guerra Civil española? ¿Por qué?

6. La Sra. Suárez también le informó a Raquel que Rosario se había casado de nuevo. ¿Con quién se casó y dónde vivía en esa época?

7. ¿Cómo supo la Sra. Teresa Suárez que don Fernando vivía en México?

8. Al volver al hotel, Raquel llamó a Elena Ramírez, la nuera de la Sra. Suárez. ¿Qué le pidió a Elena que hiciera?

9. Al final del episodio, Raquel se acuerda de Teresa Suárez y del consejo que le había dado a Raquel. ¿Qué le aconsejó la Sra. Suárez? ¿Cree Ud. que ese consejo lleva importancia en la historia de *Nuevos Destinos*? ¿Cuál será?

PARA PENSAR

Piense Ud. en el secreto que don Fernando les reveló a sus hijos. Si Ud. fuera hijo o hija de don Fernando, ¿cómo reaccionaría al saber que su padre había tenido otra esposa y que él nunca se lo dijo ni a Ud. ni a los otros miembros de su familia? ¿Cree que estas noticias cambiarían sus relaciones con su padre para siempre? ¿Por qué?

Conceptos gramaticales

4.1 • El imperfecto y el pretérito

¡Ya lo sabía Ud.!

Cuando Ud. habla con sus amigos o con sus parientes, por lo general usa dos tiempos verbales para expresar diferentes clases de acciones que ocurrieron en el pasado. En inglés hay un solo tiempo verbal sencillo para expresar una acción o situación ocurrida en el pasado. En cambio, en español hay dos: **el imperfecto** y **el pretérito.** En esta sección Ud. va a aprender a formar estos dos tiempos pasados del español y a distinguir entre los usos del pretérito y del imperfecto. Por ejemplo, cuando Ud. quiere describir algo o a alguien en el pasado, muchas veces usa el imperfecto. Lea las siguientes oraciones.

> Don Fernando **era** un hombre inteligente y trabajador.
> **Quería** mucho a su familia.
> Carmen **era** la segunda esposa de don Fernando.

En cambio, si Ud. quiere señalar una acción o una situación que ocurrió o existió una vez en el pasado, muchas veces usa el pretérito.

> Raquel **golpeó** la puerta pero no **contestó** nadie.
> Federico **llevó** a Raquel a la casa de la Sra. Suárez.

En este capítulo, Ud. va a aprender más sobre el uso del imperfecto y del pretérito. Pero antes de empezar, acuérdese de algo... ¡Ya lo sabía Ud.!

Para saber más: Eran las siete cuando llamó

El imperfecto

A. Formación del imperfecto

- A continuación se presentan las terminaciones que se emplean en la formación del imperfecto de indicativo.

VERBOS REGULARES					
-ar		**-er**		**-ir**	
cantaba	cantábamos	tenía	teníamos	partía	partíamos
cantabas	cantabais	tenías	teníais	partías	partíais
cantaba	cantaban	tenía	tenían	partía	partían

- El imperfecto es uno de los tiempos verbales con menos irregularidades en español. Existen solamente tres verbos irregulares en el imperfecto: **ir, ser** y **ver.**

VERBOS IRREGULARES					
ir		**ser**		**ver**	
iba	íbamos	era	éramos	veía	veíamos
ibas	íbais	eras	erais	veías	veíais
iba	iban	era	eran	veía	veían

B. Usos del imperfecto

Hay una variedad de usos del imperfecto en español. A continuación hay algunos de los más comunes.

El imperfecto de indicativo se usa...

1. para expresar acciones habituales en el pasado.

   > Fernando y Rosario **salían** de paseo con frecuencia.
   > Durante los veranos, siempre **íbamos** a la playa.

2. para hacer descripciones del estado físico o mental de algo o alguien.

   > Rosario **era** muy atractiva y simpática.

3. para describir una acción cuyo desarrollo no ha terminado. Implica el estado de las cosas que no han llegado a su fin en el momento al que se refiere el hablante.

   > Rosario también **creía** que Fernando **había** muerto.

4. para expresar tiempo, edad, hora y fechas de acontecimientos ocurridos en el pasado.

   > **Hacía** bastante calor ese verano.
   > **Tenía** ocho años en aquel entonces.
   > **Era** el año 1936 cuando empezó la Guerra Civil española.
   > **Eran** las nueve de la mañana cuando Lucía llegó a la oficina de Raquel.

El pretérito

A. Formación del pretérito

La formación del pretérito es algo complicado en comparación con la del imperfecto. Esto se debe a la existencia de muchos verbos irregulares que cambian de radical y otros con cambios ortográficos en el pretérito.

Los verbos regulares. A continuación se presentan las terminaciones que se emplean en la formación del pretérito de indicativo de los verbos regulares.

VERBOS REGULARES					
-ar		**-er**		**-ir**	
canté	cantamos	bebí	bebimos	partí	partimos
cantaste*	cantasteis	bebiste*	bebisteis	partiste*	partisteis
cantó	cantaron	bebió	bebieron	partió	partieron

*Note que algunos hablantes nativos añaden **-s** al final de la segunda persona gramatical singular (**tú**) del pretérito por influencia de los otros tiempos verbales que llevan **-s** final en esta persona. Por lo tanto, no sería raro oír **cantastes, bebistes,** y **partistes.** La **-s** final en esta forma no se considera estándar y por lo tanto se recomienda usar la forma sin **-s** en el pretérito.

Los verbos irregulares. Hay muchos verbos irregulares en el pretérito de indicativo. Estudie los siguientes verbos irregulares en el pretérito.

VERBOS IRREGULARES	
andar:	anduve, anduviste, anduvo, anduvimos, anduvisteis, anduvieron
caber:	cupe, cupiste, cupo, cupimos, cupisteis, cupieron
dar:	di, diste, dio, dimos, disteis, dieron
estar:	estuve, estuviste, estuvo, estuvimos, estuvisteis, estuvieron
haber:	hube, hubiste, hubo, hubimos, hubisteis, hubieron
hacer:	hice, hiciste, hizo,* hicimos, hicisteis, hicieron
ir:[†]	fui, fuiste, fue, fuimos, fuisteis, fueron
poder:	pude, pudiste, pudo, pudimos, pudisteis, pudieron
poner:	puse, pusiste, puso, pusimos, pusisteis, pusieron
querer:	quise, quisiste, quiso, quisimos, quisisteis, quisieron
saber:	supe, supiste, supo, supimos, supisteis, supieron
ser:[†]	fui, fuiste, fue, fuimos, fuisteis, fueron
tener:	tuve, tuviste, tuvo, tuvimos, tuvisteis, tuvieron
venir:	vine, viniste, vino, vinimos, vinisteis, vinieron
ver:	vi, viste, vio, vimos, visteis, vieron

*Para mantener el sonido original del infinitivo **hacer,** se escribe **-z-** en vez de **-c-** delante de la **-o.**
[†]**Ir** y **ser** comparten las mismas formas en el pretérito. El contexto casi siempre clarifica el significado: Ayer **fui** a San Francisco en plan turístico. **Fue** un día maravilloso.

VERBOS IRREGULARES CON RADICAL QUE TERMINA EN –j	
conducir:	conduje, condujiste, condujo, condujimos, condujisteis, condujeron
decir:	dije, dijiste, dijo, dijimos, dijisteis, dijeron
traer:	traje, trajiste, trajo, trajimos, trajisteis, trajeron

Note que la terminación para la tercera persona plural del pretérito de todos estos verbos es **–eron** y no **–ieron,** como otros verbos **–er/–ir.** Otros verbos parecidos incluyen: **atraer, bendecir, contraer, distraer, introducir, producir, reducir, traducir.**

Verbos que cambian de radical. Cabe mencionar que los verbos terminados en **–ir** que cambian de radical en el presente de indicativo también experimentan un cambio en la tercera persona singular y plural del pretérito. Mire los verbos a continuación.

VERBOS –ir QUE CAMBIAN DE RADICAL	
o → u	
dormir:	dormí, dormiste, durmió, dormimos, dormisteis, durmieron
morir:	morí, moriste, murió, morimos, moristeis, murieron
e → i	
pedir:	pedí, pediste, pidió, pedimos, pedisteis, pidieron
preferir:	preferí, preferiste, prefirió, preferimos, preferisteis, prefirieron
sentir:	sentí, sentiste, sintió, sentimos, sentisteis, sintieron
servir:	serví, serviste, sirvió, servimos, servisteis, sirvieron

Otros verbos que pertenecen a esta categoría incluyen: **advertir, digerir, elegir, freír, hervir, medir, mentir, perseguir, reír, seguir, sonreír, sugerir, vestir.**

Verbos que cambian de ortografía. Algunos verbos cambian de ortografía en el pretérito de indicativo. Tal como Ud. aprendió en el Capítulo 2, estos verbos cambian para mantener el sonido original del infinitivo o para observar ciertas reglas de ortografía.

VERBOS –ar QUE CAMBIAN DE ORTOGRAFÍA ANTES DE –é		
c → qu	**aplicar:**	apliqué, aplicaste, aplicó,...
g → gu	**pagar:**	pagué, pagaste, pagó,...
g → gü	**averiguar:**	averigüé, averiguaste, averiguó,...
z → c	**comenzar:**	comencé, comenzaste, comenzó,...

Otros verbos parecidos incluyen: **atacar, indicar, tocar; entregar, jugar, rogar; apaciguar, atestiguar; almorzar, empezar, gozar.**

VERBOS –er/–ir CON RADICAL QUE TERMINA EN VOCAL	
caer:	caí, caíste, cayó, caímos, caísteis, cayeron
construir:	construí, construíste, construyó, construimos, construisteis, construyeron
oír:	oí, oíste, oyó, oímos, oísteis, oyeron

Otros verbos que pertenecen a esta categoría incluyen: **creer, destruir, huir, incluir, leer.**

B. Usos del pretérito

El pretérito se usa en su mayoría para expresar una acción ya terminada o una serie de hechos acabados.

> Raquel **recibió** algo muy importante en el hotel.
> La Sra. Suárez le **contó** toda la historia a Raquel.
> Raquel **llegó** al hotel, **subió** a su habitación y **llamó** a Elena en Sevilla.

El imperfecto y el pretérito

A. Usando el imperfecto y el pretérito juntos

Al narrar en el pasado, se puede combinar descripciones (imperfecto) con hechos cumplidos (pretérito), aun en la misma oración. Los usos del imperfecto y del pretérito son los descritos anteriormente: el imperfecto da descripciones de fondo o muestra acciones en proceso, mientras que el pretérito indica acciones cumplidas. Fíjese en los ejemplos a continuación.

> Mientras el rápido **seguía** su curso hacia Madrid, Raquel **conoció** a Alfredo Sánchez, un reportero.
> Anoche yo **estaba** preparando la cena cuando de repente **sonó** el teléfono.

B. Verbos que cambian de significado

Algunos verbos en español cambian de significado según se usen en el imperfecto o el pretérito. Mire los ejemplos a continuación.

VERBOS QUE CAMBIAN DE SIGNIFICADO		
	IMPERFECTO	PRETÉRITO
conocer	*knew, was familiar with* Raquel no **conocía** Sevilla antes.	*met* Raquel **conoció** a Alfredo en el tren.
poder	*was able**	*could (and did)* Por fin **pudo** comunicarse con la casa de Pedro, pero él no estaba.
no poder	*was not able* **No podía** creerlo: ¡tenía otro hijo!	*couldn't (and didn't), failed* Lo intenté, pero **no pude** hablar con él.
querer	*wanted* Siempre **quería** ser veterinaria.	*tried* **Quiso** sacar buenas notas esta vez.
no querer	*didn't want* **No quería** confundir el asunto.	*refused* **No quisieron** asistir a la función por el precio de las entradas.
saber	*knew facts, information* A los doce años, ya **sabía** todas las ciudades capitales de Latinoamérica.	*found out* Raquel **supo** lo de don Pedro por medio de la carta de Ramón.
tener	*had (ongoing possession)* **Tenía** dos gatos y un perro.	*received* Hoy **tuve** una carta de mis abuelos.

*No es frecuente el uso del imperfecto de **poder** en oraciones sencillas para hacer declaraciones afirmativas. Muchas veces se sustituye ese verbo por **saber**: De niña, Raquel **podía** esquiar bien. → De niña, Raquel **sabía** esquiar bien. Se ve el imperfecto de **poder** más en las oraciones compuestas: **Podía** haber hecho mi tarea, pero se me escapó el tiempo. (Véase Conceptos gramaticales 5.1 para más información sobre los tiempos compuestos.)

Actividades gramaticales

ACTIVIDAD A • De niño

Completar el siguiente párrafo con la forma correcta del imperfecto de indicativo de los verbos indicados.

Cuando yo (ser)[1] muy joven, mi familia (vivir)[2] cerca de la playa. Todos los días mis hermanos y yo (ir)[3] a la playa para pescar[a] porque nos (gustar)[4] muchísimo el pescado fresco. Mi mamá (saber)[5] prepararlo de muchas formas diferentes, pero nosotros lo (comer)[6] con limón y salsa picante. Después de comer, yo (ayudar)[7] a mis hermanos a lavar los platos mientras mis padres (dormir)[8] la siesta. Por la tarde, mi padre y yo (caminar)[9] por la playa y (ver)[10] los pájaros marinos[b] que pescaban también.

[a]*fish* [b]pájaros... *sea birds*

ACTIVIDAD B • Una entrevista

Paso 1. Con un compañero / una compañera de clase, túrnense para hacerse las siguientes preguntas sobre su niñez. Contesten las preguntas usando el imperfecto de indicativo. Apunten las respuestas de su compañero/a.

1. ¿Dónde vivían sus padres cuando naciste?
2. ¿Recuerdas cómo se llamaba tu mejor amigo/a en la escuela primaria?
3. De niño/a, ¿veías a tus abuelos con mucha frecuencia?
4. Cuando eras joven, ¿peleabas mucho con tus hermanos o tus amigos?
5. ¿Caminabas a la escuela o ibas en autobús?
6. ¿Era lejos de tu casa la escuela a que asistías?
7. ¿Qué comida te gustaba comer cuando eras niño/a?
8. ¿Iban tú y tu familia a algún lugar especial los domingos en el verano? ¿Adónde iban?
9. ¿Te gustaba comer lo que servía la cafetería de la escuela o preferías llevar el almuerzo contigo?
10. ¿Tenías novio/a? ¿Cómo se llamaba y cómo era?

Paso 2. Ahora cuénteles al resto de la clase las respuestas de su compañero/a.

ACTIVIDAD C • ¿Qué dijeron?

Con un compañero / una compañera de clase, conjuguen los verbos indicados en las oraciones a continuación, usando la forma correcta del pretérito de indicativo. Todas las declaraciones son del Episodio 4 de *Nuevos Destinos*.

1. «Sí, sí... Yo le *escribir* una carta a él.»
2. «En su carta Ud. le dice que Rosario no *morir* en la guerra.»
3. «También en su carta, Ud. le dice que Rosario *tener* un hijo.»
4. «Después de la guerra se *ir* [ella] a vivir a la Argentina.»
5. «¿Cómo *saber* [Ud.] que don Fernando vivía en México?»
6. «Al día siguiente, *comprar* [yo] mi pasaje de avión para Buenos Aires.»
7. «[Yo] *Ir* a cenar con ellos y luego me *despedir*.»

8. «Cuando [yo] *volver* a mi hotel, el recepcionista me *dar* algo muy importante.»
9. «[Yo] *Poder* visitar el Museo del Prado.»

ACTIVIDAD D • ¡Excusas, excusas!

Complete el siguiente párrafo con la forma correcta del pretérito de indicativo de los verbos entre paréntesis.

Yo (querer)[1] estudiar anoche pero no (poder).[2] Primero (venir)[3] unos amigos a verme y me (traer)[4] una cerveza. Luego me (invitar)[5] a salir con ellos a tomar otra cerveza, pero yo les (decir)[6] que no. Entonces, ellos me (pedir)[7] cinco dólares como préstamo y se (ir).[8] Entonces (entrar)[9] mi compañero de cuarto y él se (poner)[10] furioso cuando (ver)[11] el desorden. Así que me (hacer)[12] limpiarlo inmediatamente. Después de limpiar el cuarto, yo (empezar)[13] a estudiar otra vez, pero estaba tan cansado que pronto me (dormir).[14] Como si eso no fuera suficiente,[a] me (olvidar)[15] de poner el despertador y me (levantar)[16] tarde. Por eso no estoy preparado para el examen.

[a]Como... *As if that weren't enough*

ACTIVIDAD E • Otra entrevista

Paso 1. Con un compañero / una compañera de clase, háganse las siguientes preguntas, usando el pretérito de indicativo. Apunten las respuestas de su compañero/a. (*Optativo:* Intenten sacarle más detalles a su compañero/a.)

MODELO: E1: ¿Sacaste un vídeo el fin de semana pasado?
E2: Sí, saqué un vídeo.
(*Optativo*)
E1: ¿Qué vídeo sacaste?
E2: Saqué el nuevo vídeo de Edward James Olmos.
E1: ¿Y te gustó?
E2: Sí,...

1. ¿A qué hora almorzaste ayer?
2. Si no naciste en los Estados Unidos, ¿a qué edad empezaste a estudiar en este país?
3. ¿Entregaste la tarea cuando el profesor / la profesora se la pidió?
4. ¿Alcanzaste a ver las noticias anoche?
5. La última vez que comiste en un restaurante con amigos, ¿pagaste tú la cuenta?

Paso 2. Ahora cuénteles al resto de la clase las respuestas de su compañero/a. Si sacó más detalles, indíquelos.

MODELO: Susana sacó un vídeo el fin de semana pasado. Vio el nuevo vídeo de Edward James Olmos, y dice que le gustó muchísimo...

ACTIVIDAD F • En casa de la Sra. Suárez

Paso 1. Con un compañero / una compañera de clase, completen la siguiente narración con el imperfecto o el pretérito de los verbos entre paréntesis, según convenga.

Por fin Raquel (conocer)[1] a la Sra. Suárez en su casa y ésta le (contar)[2] la historia de Rosario. La Sra. Suárez le (revelar)[3] a Raquel que Rosario no (morir)[4] en la guerra tal como don Fernando (pensar).[5] También le (decir)[6] a Raquel que Rosario (creer)[7] que Fernando (morir)[8] en el bombardeo. Además, le (informar)[9] que Rosario (tener)[10] un hijo, Ángel Castillo, que (nacer)[11] en Sevilla donde Rosario y ella se (conocer)[12] hacía muchos años.

Después de la guerra, Rosario y su hijo se (mudar)[13] a la Argentina y ella se (casar)[14] de nuevo, con un hacendado argentino, Martín Iglesias. Para verificar su historia, la Sra. Suárez le (mostrar)[15] a Raquel varias cartas de Rosario que (indicar)[16] su dirección en la estancia Santa Susana, cerca de Buenos Aires. La Sra. Suárez también le (dar)[17] una carta a Raquel que ella le (escribir)[18] a Rosario. Para Raquel, la visita a la Sra. Suárez (ser)[19] muy informativa.

Paso 2. Con un compañero / una compañera de clase, determinen si hay algunos verbos del Paso 1 que puedan conjugarse tanto en el imperfecto como en el pretérito. Indiquen en cada uno de estos casos cómo cambia el sentido de la oración.

4.2 • Construcciones temporales con *hace*

¡Ya lo sabía Ud.!

Cuando Ud. conoce a alguien por primera vez es muy posible que Ud. le vaya a hacer preguntas sobre su vida, su profesión o sus estudios. Por ejemplo, si Ud. quiere saber cuánto tiempo lleva viviendo en los Estados Unidos, probablemente le pregunte: «¿Cuánto tiempo hace que Ud. vive en este país?» Las construcciones temporales con **hace** corresponden a *how long?* o *ago* en inglés. En esta sección, Ud. va a aprender más sobre este uso de **hace** con expresiones temporales. Pero, acuérdese de algo... ¡ya lo sabía Ud.!

Para saber más: ¿Cuánto tiempo hace que... ?

A. En español, la construcción **hace** + *período de tiempo* + **que** + *el tiempo presente* se usa para expresar una acción que empezó en el pasado pero que continúa en el presente. Mire los ejemplos a continuación.

Hace dos horas que Elena **lee**.	*Elena has been reading for two hours.*
Hace un mes que la Sra. Suárez **vive** en Madrid.	*La Sra. Suárez has been living in Madrid for a month.*

Note que **hace** siempre se conjuga en la tercera persona singular, incluso cuando el período de tiempo es plural (**dos años, tres días, varios meses...**).

Para sacarles este tipo de información a los demás se hace la pregunta **«¿Cuánto tiempo hace que... ?»**. Fíjese en que se puede contestar esta pregunta de manera abreviada.

—¿**Cuánto tiempo hace que vives** en este país?
—(**Hace**) Quince años.

B. Para indicar una acción en el pasado que no continúa en el presente, se usa la expresión **hace** + *período de tiempo* + **que** + *pretérito*.

Hace dos años que tomé cursos de francés.	*I took French two years ago.*
Hace más de **sesenta años que terminó** la Guerra Civil española.	*The Spanish Civil War ended over sixty years ago.*

Para sacarles este tipo de información a los demás, generalmente se les pregunta **«¿Cuándo** + *pretérito***?»** o **«¿Hace cuánto tiempo (que)** + *pretérito***?»** Muchas veces se omite la conjunción **que** de esta pregunta.

—¿**Cuándo compraste** esas botas?
o —¿**Hace cuánto tiempo (que) compraste** esas botas?
—Sólo **hace dos días** (que las compré).

C. Se puede omitir **que** cuando la oración no empieza con **hace**.

Enseño español **hace tres años**.	*I've been teaching Spanish for three years.*
Saqué la licencia de manejar **hace diez años**.	*I received my driver's license ten years ago.*

Actividad gramatical

ACTIVIDAD • ¿Cuánto tiempo hace que... ?

Paso 1. Con un compañero / una compañera de clase, háganse preguntas, usando construcciones temporales con **hace... que**.

1. vivir en este estado
2. estudiar en la universidad

3. no visitar un país hispanohablante
4. hablar inglés
5. estudiar español
6. trabajar en...
7. vivir en su casa / apartamento / la residencia estudiantil

Paso 2. Ahora háganse preguntas para saber cuánto tiempo hace desde que hicieron las siguientes actividades. **¡OJO!** Van a usar el pretérito en las preguntas y respuestas.

1. aprender a andar en bicicleta
2. aprender a manejar un auto
3. graduarse de la escuela secundaria
4. empezar a hablar inglés
5. comenzar a trabajar
6. comer algo
7. llegar a la universidad hoy

4.3 • La colocación del acento escrito; los diptongos

¡Ya lo sabía Ud.!

Cuando Ud. dice las palabras hablar, nación, mamá, o abuelo, sabe por experiencia qué sílaba se pronuncia con mayor intensidad que las demás. A pesar de saber pronunciar estas palabras correctamente, es muy posible que Ud. no sepa si la palabra lleva acento escrito o no. En esta sección va a aprender a reconocer las palabras que llevan acento escrito, fijándose en tres reglas básicas. Acuérdese de una cosa: el mayor desafío de cualquier idioma es el de pronunciar las palabras bien. Y esto, ¡ya lo sabe Ud.!

Para saber más: Sí, si él va a comprar el pan...

El acento escrito

- A continuación se presentan las reglas sobre la acentuación general y el uso del acento escrito en español.

1. Si una palabra termina en vocal, o en **n** o **s,** la acentuación por lo general recae sobre la penúltima sílaba, es decir, la sílaba antes de la última sílaba. Estas palabras no requieren acento escrito.

   som-**bre**-ro   vi-**si**-tan   **vi**-ves

2. Si la palabra termina en cualquier otra consonante, la acentuación generalmente recae sobre la última sílaba. Estas palabras tampoco requieren acento escrito.

   pa-**pel**   es-cu-**char**   fe-**roz**

3. Cualquier palabra en la que el énfasis no corresponda a las reglas anteriores lleva acento ortográfico sobre la vocal acentuada.

| can-**tó** | a-**quí** | A-**mé**-ri-ca | a-le-**mán** |

- las palabras interrogativas y exclamativas llevan acento escrito sobre la vocal que tiene la mayor intensidad.

| ¿**cómo**? | ¿**cuándo**? | ¿**dónde**? | ¿**cuánto**? | ¡**Qué** bonito! |

- Aunque no se usen directamente como interrogativos, los adverbios, adjetivos y pronombres que expresan cantidad, propósito, lugar, manera, etcétera, con sentido interrogativo indirecto también llevan acento escrito. Fíjese en los siguientes ejemplos. ¿Puede Ud. notar las diferencias entre los contextos en que se emplea acento escrito y los en que no se emplea?

> **Como** iba a tener éxito, no me preocupaba.
> Me dijo **cómo** iba a tener éxito en su empresa.
>
> Te voy a dar **cuanto** puedo de mi dinero.
> No sé **cuánto** dinero voy a necesitar.
>
> Ella va a estudiar **donde** no hay mucho ruido.
> No sabe **dónde** puede conseguir las entradas.
>
> La mujer de **quien** hablo viene mañana.
> Dígame **quién** viene mañana.

- Cabe mencionar también que se les añade acento escrito a los verbos que llevan juntos los pronombres de complemento directo e indirecto.* Esto se hace para mantener la acentuación original del verbo sin pronombre.

> ¡Mira el gato! → ¡**Míralo**!
> Diga la verdad. → **Dígale** la verdad a su amiga.

- ¡OJO! En español hay varias palabras que cambian de significado o de uso según lleven o no acento escrito. Estudie las siguientes oraciones.

> Y **tú** José, ¿vas a traer a **tu** amigo a la fiesta?
> Maricarmen, **te** dije que no tomaras más **té**.
> Raquel va a comentar **el** asunto con **él**.
> Lucía quiere que Raquel le **dé** todos los detalles antes **de** volver a México.
> **Sí** señor, me oyó bien cuando le dije que no sé **si** vaya.
> No **sé** si **se** han hecho todos los preparativos.
> Sí, hay **más** leche, **mas**† no te la tragues toda.

Los diptongos

- Los diptongos son combinaciones de dos vocales que forman una sola sílaba. Cuando el diptongo se compone de una vocal fuerte (**a, e, o**) más una vocal débil, (**i, u**) la vocal fuerte lleva la mayor acentuación. Cuando

---

*Ud. va a aprender más sobre los pronombres de complemento indirecto en Conceptos gramaticales 5.2. Para un repaso de los pronombres de complemento directo, véase Conceptos gramaticales 3.2.

†**Mas** (sin acento escrito) en este contexto significa **pero.** Se usa con más frecuencia en obras literarias.

el diptongo se compone de las dos vocales débiles (**iu** o **ui**), la que está en posición secundaria lleva la mayor acentuación en esa sílaba. ¿Cómo se pronuncian los diptongos en las siguientes palabras?

bueno	siete	Luis
seis	cuaderno	viuda

- Note que las vocales fuertes, aunque estén contiguas, nunca se combinan en diptongo. Siempre son sílabas distintas. Por ejemplo, la palabra **aéreo** consiste en cuatro sílabas.

- A veces dos vocales contiguas, que generalmente formarían diptongo, no lo forman porque cada una de ellas pertenece a una sílaba diferente. En muchos casos de este tipo se usa un acento ortográfico para indicar la acentuación de la vocal débil. Compare la pronunciación de los siguientes pares de palabras.

hacia	dais	deudo
hacía	país	reúno

Actividades gramaticales

ACTIVIDAD A • Hacia la acentuación

Las siguientes oraciones de *Nuevos Destinos* no tienen los acentos escritos necesarios. Lean las oraciones y determinen qué palabras necesitan acento y no lo tienen. Haga las correcciones necesarias. (Si Ud. no está seguro/a si alguna palabra necesite acento escrito o no, pronúnciela en voz alta y ¡use su intuición!)

1. Su esposa mexicana habia muerto y el ya no podia ocultar mas la tragedia de su vida durante la Guerra Civil española.
2. Lucia, ¿quiere un cafe?
3. ¡Ahi esta! Leelo; es muy interesante, pues habla de las industrias de don Fernando y de como gano tanto dinero.
4. Pero antes de tener sus propias fabricas, el trabajo en la industria de la construccion en el Distrito Federal.

ACTIVIDAD B • ¿Cómo son?

Paso 1. En grupos de dos o tres estudiantes, hagan una lista de palabras que describan a algunos de los personajes principales de *Nuevos Destinos*.

1. Raquel es...
2. Don Fernando es...
3. Lucía es...
4. La Sra. Suárez es...

Paso 2. Usando las palabras que Uds. escribieron en el Paso 1, indiquen la sílaba acentuada de cada palabra y determinen si necesita acento escrito o no.

Paso 3. Comparen sus respuestas del Paso 2 con las reglas que se presentaron sobre la colocación del acento escrito. ¿Acertaron bien en las respuestas del Paso 2?

LOS HISPANOS EN LOS ESTADOS UNIDOS

El movimiento chicano

Durante los años 60, los mexicoamericanos de California empezaron a organizarse para conseguir mejores condiciones de vida. Ese movimiento, motivado por la promoción de los derechos civiles por el Dr. Martin Luther King, Jr., llegó a conocerse como «el movimiento chicano». La meta principal del movimiento era cambiar la realidad social y económica de los mexicoamericanos en los Estados Unidos. Los mexicoamericanos que se asociaban con ese movimiento empezaron a llamarse «Miembros de la Raza» o «chicanos». Se supone que la palabra **chicano** es un derivado de **mexica** (que se pronunciaba mes**ch**ica), el nombre que los aztecas se daban a sí mismos. La palabra **azteca** significaba para ellos «habitantes de Aztlán», una región que, según los investigadores, se localizaba en el suroeste de los Estados Unidos.

Así lo decimos • Las variaciones dialectales

Los préstamos del inglés al español de los Estados Unidos

En los países donde se hablan dos o más idiomas, es evidente una influencia lingüística recíproca. Por ejemplo, en los Estados Unidos, el inglés y el español coexisten, resultando en una variedad de préstamos entre los dos idiomas. Muchas veces los hispanohablantes de países latinoamericanos o de España no están familiarizados con estas palabras, lo cual puede impedir la comprensión.

- A continuación hay una lista de algunos préstamos muy comunes que se usan en los dialectos del español de los Estados Unidos. Note que la mayoría de las palabras del siguiente cuadro son palabras españolas, pero con otro significado. Por ejemplo, una **librería** es la tienda donde se compran los libros y no significa *library*. Las palabras indicadas con asterisco (*) no existen en el español estándar. ¿Puede Ud. indicar el significado en el español estándar que tienen las palabras prestadas?

PRÉSTAMOS DEL INGLÉS AL ESPAÑOL: SUSTANTIVOS		
INGLÉS	DIALECTOS DEL ESPAÑOL EN LOS ESTADOS UNIDOS	ESPAÑOL ESTÁNDAR
application form	aplicación	solicitud, formulario
argument	argumento	discusión, pelea
bunch	bonche*	montón
elevator	elevador	ascensor
gang	ganga	banda, pandilla
grade (in a class)	grado	nota
*Palabra que no existe en el español estándar.		

PRÉSTAMOS DEL INGLÉS AL ESPAÑOL: SUSTANTIVOS		
INGLÉS	DIALECTOS DEL ESPAÑOL EN LOS ESTADOS UNIDOS	ESPAÑOL ESTÁNDAR
grocery	grocería[†]	tienda de comestibles
hobby	joby*	diversión, pasatiempo
laundry	londri,* washatería*	lavandería
lecture	lectura	conferencia
library	librería	biblioteca
lunch	lonche*	almuerzo
market	marqueta*	mercado
notice	noticia	aviso
nurse	norsa*	enfermera
paragraph	paragrafo*	párrafo
policy	policía	política; póliza (de seguros)
question	cuestión	pregunta
yard	yarda	patio; jardín

*Palabra que no existe en el español estándar.
[†]En el español estándar, se deletrea esta palabra así: **grosería**, pero significa **vulgarity**.

- A continuación hay una lista de expresiones en inglés que han pasado a los dialectos del español de los Estados Unidos.

PRÉSTAMOS DEL INGLÉS AL ESPAÑOL: EXPRESIONES Y VERBOS		
INGLÉS	DIALECTOS DEL ESPAÑOL EN LOS ESTADOS UNIDOS	ESPAÑOL ESTÁNDAR
to call back	llamar para atrás	volver a llamar
to come back	venir para atrás	volver, regresar
to flunk	flonquear	suspender, reprobar
to gain weight	ganar peso	aumentar de peso
to have a good time	tener un buen tiempo	divertirse
to have good memories	tener buenas memorias	tener buenos recuerdos de
to introduce	introducir	presentar
to "put to sleep"	poner a dormir	anestesiar, sacrificar
to spend time	gastar tiempo	pasar tiempo
to have a chance	tener (un) chance	tener una oportunidad
to make a mistake	hacer un error	cometer un error / una falla
to order	ordenar	pedir
to pick up	levantar	recoger
to push	puchear, pushar	empujar
to rent	rentar	alquilar
to take advantage of	tomar ventaja de	aprovechar
to type	taipiar	escribir a máquina
to watch	guachar	mirar, ver, observar

ACTIVIDAD • Un día típico estudiantil

Paso 1. Carmen es una estudiante mexicoamericana que asiste a la Universidad de Texas. Acaba de empezar sus estudios universitarios este semestre. Lea la carta siguiente que Carmen le escribió a su familia e indique los anglicismos. **¡OJO!** Hay algunos anglicismos que no se presentaron en la explicación de Así lo decimos.

> Querida familia:
> Hace mucho tiempo que no les escribo. Espero que todos estén bien. Esta noche tengo tiempo para escribirles unos cuantos paragrafos para contarles lo que me ha pasado últimamente.
> En la última carta les hablaba de Marta, mi compañera de cuarto. Pues, este sábado fuimos a una fiesta y ella me introdujo a muchos estudiantes nuevos. Realmente tuvimos un buen tiempo. Al día siguiente, aunque estábamos tan cansadas, gastamos todo el tiempo arreglando el apartamento nuevo que rentamos la semana pasada. Eran las 11:30 de la noche cuando nos dimos cuenta de que no teníamos grocerías. Ordenamos una pizza y después, nos quedamos viendo la televisión.
> Mañana mi profesor de sociología nos devuelve el primer examen del semestre. Creo que hice muchos errores. Si flonqueo el examen, me imagino que tendré que dropear la clase. También tenemos que escribir muchos papeles y el profesor los quiere taipiados. ¡Bien saben Uds. que esto no me gusta para nada!
> Mañana voy a una taquería para llenar una aplicación de trabajo. No sé si se acuerdan de ese restaurante. Está al otro lado de la calle cerca del londri donde lavo la ropa. ¡Deséenme suerte!
> Bueno, esto es todo por ahora. Tengo que ir a la librería para estudiar con unos amigos. Tenemos un examen mañana en la clase de química.
> Los quiere mucho,
> Carmen

Paso 2. Ahora, cambie al español estándar los préstamos o anglicismos que encontró en el Paso 1. ¿Puede sugerir palabras en el español estándar para reemplazar los anglicismos que no se presentaron en la explicación de Así lo decimos?

Para escribir

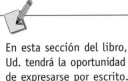

En esta sección del libro, Ud. tendrá la oportunidad de expresarse por escrito. En el libro de texto se le presentarán algunas actividades para acercarle al tema. Pero es en el *Manual* que acompaña el libro de texto donde va a realizar la escritura de sus composiciones.

ACTIVIDAD • El primer día de escuela

Piense en su primer día de escuela primaria. ¿Dónde estaba esa escuela, en los Estados Unidos o en un país hispanohablante? ¿Cómo se sentía Ud. ese día? ¿Estaba contento/a? ¿entusiasmado/a? ¿frustrado/a? ¿lleno/a de miedo? ¿Hablaba Ud. inglés cuando empezó a asistir a la escuela? Si no, ¿cómo le afectó el hecho de no saber hablar inglés en una escuela norteamericana?

¿Cómo reaccionó Ud. cuando vio a su maestro/a por primera vez? ¿Le pareció amable? ¿Le gustaban a Ud. sus compañeros de clase? ¿Fue para Ud. una experiencia positiva o negativa? ¿Por qué sí or por qué no? Haga una lista en la que anota sus impresiones de su primer día de escuela. Use un cuadro como el siguiente.

MIS IMPRESIONES			
LA ESCUELA	MIS SENTIMIENTOS	ASPECTOS POSITIVOS	ASPECTOS NEGATIVOS

Volviendo al tema

ACTIVIDAD • La historia de Rosario

En el Episodio 4, Ud. presenció la conversación que Raquel tuvo con la Sra. Suárez. Vuelva a mirar la foto en la primera página de este capítulo y las ideas que Ud. apuntó en la sección De entrada. Ahora que vio el episodio, compare lo que Ud. sabe ahora con lo que escribió antes de verlo. ¿Acertó en sus suposiciones? ¿Qué sabe Ud. ahora sobre la historia de *Nuevos Destinos* que no sabía antes de ver el Episodio 4? Apunte sus respuestas.

Literatura

Antes de leer

Saúl Sánchez es un escritor mexicoamericano que vive en Texas. La siguiente lectura, «El primer día de escuela», viene de una colección de cuentos suyos publicados bajo el título *Hay plesha lichans tu di flac*. Esta colección fue escrita en español y luego se tradujo al inglés. Este cuento consta de dos estilos literarios: la narración y el diálogo. El diálogo es una técnica que el escritor usa para dar una representación fiel del habla coloquial de la gente. Por medio del diálogo se puede apreciar el dialecto de muchos mexicoamericanos que viven en los Estados Unidos.

ACTIVIDAD • ¿Inglés o español?

En el cuento hay algunas oraciones formadas tanto con palabras del inglés como del español. Lea las siguientes oraciones, prestando atención a las palabras en letra cursiva. En su opinión, ¿existen palabras en español que comuniquen la misma idea? ¿Cuáles son?

a. Pero cuando más gustoso se sintió fue cuando vio allá en una de las esquinas del *playground*[1] un cuadro de pelota con un *backstop*[2] de alambre y bastantes chamaquitos pa' hacer hasta dos *teams*.[3]

b. —¡*Pichéale*[4] bien, Queso!

c. —¡Qué *out*[5] ni qué nada! ¡Fue *safe*![6]

El primer día de escuela

Al principio lo que había sentido era miedo porque como era la primerita vez que iba a la escuela no estaba seguro qué esperar. Pero cuando vio que andaban muchos muchachitos como él jugando allí en el playground se le fue quitando el miedo y le comenzó a entrar el gusto. Por donde quiera que miraba se veían chamaquitos[1] correteando en todas direcciones y nomás[2] se oía el griterío y las risas y los alaridos[3] donde se andaban resbalando y columpeando y persiguiendo unos a los otros. Pero cuando más gustoso se sintió fue cuando vio allá en una de las esquinas del playground un cuadro de pelota con un backstop de alambre y bastantes chamaquitos pa'[4] hacer hasta dos teams. Creía que iba a poder comenzar a jugar pelota luego luego[5] porque en su barrio todo el tiempo era uno de los primeros que escogían los otros chamaquitos cuando hacían un team.

—¡Pichéale bien, Queso!
—¿Pos[6] qué más quieres, bato[7]? Te la estoy tirando al mero base.[8]
—La estás tirando muy bajito. La quiero así mira, aquí así.
—Ahí te va... ves, ¿qué más quieres? Esa fue strike.
—¡Fue bola!

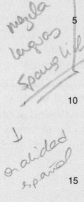

(anotaciones manuscritas al margen: mezcla de lenguas Spanglish; oralidad español)

---

[1]chicos [2]sólo [3]*shrieks* [4]para [5]luego... inmediatamente [6]Pues [7]vato (*dude* [*coll.*]) [8]al... *right over the plate*

—Ándale Kique, pégale. Yo también quiero pegar antes que suene la campana.

—Ése no pega.

20 —Ahí te va. Te voy a volar por arriba, cabrón.[9] Vas a verlo.

—¡AAAh! ¡Bad wort! ¡Bad wort! ¡Dijo un bad wort!

—No pega.

—¡Tírala a primera,[10] Fito! ¡Tírala a primera!

—¡OUT!

25 —¡Qué out ni qué nada! ¡Fue safe!

—¡Out! ¡Fue out!

—¿Tú qué sabes, Pepina? ¡Fue safe!

—Así sí ganan, rajones.[11]

—Los rajones son ustedes...

30 De repente sonó la campana y todos arrancaron corriendo; se acabó el juego de pelota y a él ni le habían hecho caso. Entonces, como no sabía adónde debía de ir, se arrancó corriendo él también pa' donde iban los que habían estado jugando pelota en el cuadro. Vio que se estaban poniendo en línea enfrente de uno de los cuartitos blancos que se parecían a las casitas que la compañía de
35 tomate le ponía a la gente cuando iban a la pisca[12] de tomate en Wisconsin, nomás que éste era más grande. Las dos puertas del cuartito estaban abiertas y en el escalón de mero arriba[13] estaba parada una vieja americana que tenía el pelo amarillusco.[14] Se habían apaciguado[15] todos así que pudo oírla decir algo que no entendió. Entonces todos los que estaban en la línea donde él se
40 había parado se voltearon hacia un lado y se fijó que tenían una mano en el pecho. Comenzaron a decir algo todos juntos mientras miraban una bandera que estaba colgando de un tubo y él hizo lo mismo.

Hay plesha lishans tu di flac, off di june aires taste off America; en tu di reepablic for huish eet estans, guan nayshan, andar got, wits liverty en yastes for oll.

45 No entendió lo que habían dicho pero pensó que era porque adrede[16] estaban hablando inglés porque allí estaba la americana. Cuando comenzaron a meterse pa' adentro sintió otra vez que tenía miedo. La maestra no le había caído bien desde que la vio porque se miraba como que era muy mala.

Adentro del cuarto casi ninguno de los chamaquitos ni chamaquitas se había
50 sentado. Andaban casi todos fuera de sus asientos brinqueteando[17] pa' arriba y pa' abajo y estaban hable y hable[18] unos con otros, riéndose y nomás haciendo ruido adrede aunque estaba hablando la maestra y había comenzado a escribir algo en el pizarrón. Yo creo que porque no se apaciguaban dio como dos o tres patadas en el piso y comenzó a gritar. Levantó una varita[19] del es-
55 critorio como las que compraba él en el banco de madera pa' hacer flechas[20] y la comenzó a menear[21] en el aire y seguía hablando recio[22] como que estaba bien enojada con alguien. Con la varita les comenzó a apuntar a unos de los chamaquitos y les decía algo y luego apuntaba a una mesita con sillas que estaba a un lado del cuarto. Cuando le apuntó a él con la varita le comenzó a
60 palpitar más recio el corazón y ni entendió lo que había dicho pero como quiera[23] fue y se sentó con los demás en la mesita. Sobre la mesita había unos libritos de pasta colorada[24] con un güerquito[25] gringo de pantalones cortos azules y una ame-ricanita[26] de vestido blanco y zapatos negros de charol.[27]

Ni sintió cuando la maestra se arrimó[28] adonde estaban ellos sentados. Era
65 la primera vez que la miraba tan cerquita y notó que usaba medias y tenía los

[9]*bastard* [10]*a... to first base* [11]cobardes [12]cosecha [13]*de... right above him* [14]*yellowish* [15]pacificado [16]con intención [17]brincando (*leaping*) [18]hable... hablando mucho [19]*little stick* [20]*arrows* [21]*wave* [22]fuerte [23]como... de cualquier manera [24]*de... red hardback* [25]muchacho rubio (*towhead*) [26]niña norteamericana [27]cuero brillante [28]se... se acercó

chamorros[29] bien gordotes y los zapatos parecían que se le iban a reventar.[30]
Dijo algo y con la varita le apuntó a una de las chamaquitas en la página donde
tenía que leer.

—Look, Jane. Look, look.
70 See Spot. See Spot go.
—Go on to next page.
—Come, Dick. Come, come.
—Come, Spot. Come, come.
Come play, Dick.
75 Come play, Spot.
Come, come.
—Okay. Olivia, your turn.
—Look, Jane. Look, look.
See Spot. See Spot go.
80 —Go on to next page.
—Come, Dick. Come, come.
Come, Spot. Come, come.
Come play, Dick.
Come play, Spot.
85 Come, come.
—Elias, you're next.
Look, Jane. Look, look.
See Spot. See Spot go.
—Go on to next page.
90 —Come, Dick. Come, come.
Come, Spot. Come, come.
Come play, Spot.
Come, come.

Se oía como que todos estaban diciendo lo mismo, pero él no entendía. La
95 verdad era que a él ni se le había ocurrido que le iban a pedir que leyera porque
como era su primer día creía que la maestra lo iba a parar en frente del cuarto
y decir su nombre pa' que supieran quién era y pa' que los demás chamaquitos
se hicieran amiguitos de él como hacían las maestras allá en el norte con sus
hermanitas que iban a la escuela. Pero no, no fue así. Después de que habían
100 leído los demás chamaquitos, la maestra le picó a él en el libro con su varita.
Entonces se dio cuenta que la maestra le estaba diciendo que leyera a él también. No sabía qué hacer pero lo que pasó le hizo odiar a la vieja americana y
se le grabó en la mente para siempre. Le agarró la mano y se la tendió con la
palma pa' abajo y le dio tres varejonazos[31] bien dados en los huesitos. Había
105 tenido ganas de llorar pero se había aguantado por no avergonzarse. Pero esta
vez no se pudo aguantar y reventó en un llanto mudo como cuando le pegaba
su papá con la faja[32] y le decía que si lloraba le pegaba más.

No leyó pero tampoco se fue pa' la casa a mediodía como había pensado
porque uno de los otros chamaquitos que tampoco habían dejado jugar pelota
110 lo invitó a ir a comer con él a la cafetería de la escuela. Pitó el pito del tanque
del agua[33] anunciando las doce y luego al ratito sonó la campana y todos
salieron del cuarto corriendo. Él se fue detrás del muchachito que le había dicho que fuera a comer con él. Se llamaba Amado. Se puso en línea con Amado
abajito de los escalones del vagón del tren que servía de cafetería. Del vagón

---

[29]pantorrillas (*calves*) [30]*burst* [31]golpes [32]cinturón [33]Pitó... *The whistle on the water tower blew*

115 salía un olorcito a comida recién servida. Subieron los escalones y a la entrada
de la cafetería estaba una señora americana sentada detrás de una mesita donde
estaba un rollo de tíquetes como los que les daban en el cine mejicano los domingos que iban a las vistas.[34] Los que iban pasando por enfrente de donde estaba
ella sentada le iban poniendo una peseta[35] en la mesita y ella la echaba en una
120 cajita de puros[36] y luego le daba una mitad del tíquete. Él no traía dinero ni
sabía que les iban a estar cobrando porque como era la cafetería de la escuela.
Y pos ahora no sabía qué hacer, así que agachó[37] la cabeza y se fue bajando
por los escalones aunque tenía muchas ganas de comer allí porque decían que
servían comida americana y el olorcito que venía de allí de adentro estaba bien
125 padre.[38] Ya cuando iba poco retiradito del vagón volteó para atrás a ver si lo
estaban viendo pero ya se habían metido todos. Como no había más qué hacer
se metió las manos a la bolsa[39] y se fue andando pa' la casa.

[34]películas [35]moneda [36]cigarros [37]bajó [38]bien... muy agradable (*coll.*) [39]a... en los bolsillos

Después de leer

ACTIVIDAD A • Comprensión

Conteste las siguientes preguntas según la lectura.

1. ¿Qué sentía el niño cuando llegó a la escuela aquel día? Dé citas del
cuento para apoyar sus respuestas.
2. ¿Cómo reaccionó el niño al ver a los otros muchachos jugando en el
playground de la escuela? ¿Por qué cree Ud. que se sentía así?
3. Al entrar en la escuela, ¿con qué comparó el muchacho los cuartitos
blancos antes de entrar en la sala de clase? ¿Qué revela sobre la vida
de su familia esta descripción?
4. ¿Por qué no le cae bien la maestra al muchacho? ¿Cómo describe a ella?
5. ¿Cómo describe a Dick y Jane, los personajes principales del librito?
6. ¿Por qué se sorprendió el niño cuando la maestra le picó a él en el libro con su varita? ¿Qué pensaba él que iba a suceder?
7. ¿Cómo reaccionó la maestra al ver que el niño no leyó el pasaje?
8. ¿Por qué el niño trató de aguantarse cuando sintió ganas de llorar?
¿Cómo tenía que ver esto con su padre?
9. ¿Qué le pasó al niño a la hora de almorzar?
10. ¿Qué hizo el niño cuando se dio cuenta de que los demás se habían
metido en la cafetería? ¿Por qué lo hizo?

ACTIVIDAD B • ¿Qué opina Ud.?

1. ¿Cree Ud. que la maestra se dio cuenta de la frustración del niño?
¿Por qué sí o por qué no? ¿Qué opina de la reacción de ella?
2. ¿Cree Ud. que los administradores y maestros de las escuelas estigmati-
zan a los niños hispanos cuando éstos no entienden el inglés? ¿Por qué?
3. En los Estados Unidos durante los años 50 y 60 era prohibido que los
estudiantes hablaran otro idioma que no fuera el inglés en las escuelas
públicas. En su opinión, ¿cree Ud. que esta prohibición era justa? ¿Por
qué sí o por qué no?
4. ¿Qué opina del debate sobre la educación bilingüe que se presenta
hoy día en este país? Explique brevemente su opinión.

¿Quién es este hombre con Raquel? ¿Qué tiene que ver él con la búsqueda de Rosario y de Ángel Castillo?

De entrada

En este episodio, Raquel viaja a la Argentina para seguir buscando a Rosario y a Ángel. ¿Quién es el hombre con Raquel en la foto? ¿Será un amigo de Rosario y de Ángel? ¿un pariente? Apunte algunas ideas.

La comida y la nutrición

ACTIVIDAD A • De compras

Con un compañero / una compañera, miren las fotos y contesten las preguntas a continuación.

Cuenca, Ecuador

Otavalo, Ecuador

1. En estas fotos se ven dos zonas comerciales. La primera foto es de un supermercado moderno de Latinoamérica y la otra es de un mercado al aire libre. Con un compañero o compañera de clase, comparen y contrasten las dos escenas. ¿Cuáles son algunas diferencias principales entre los dos tipos de mercado?

2. En su opinión, ¿reflejan fielmente estas fotos los hábitos de consumo de la persona típica latinoamericana? ¿Por qué sí o por qué no? ¿En qué se basan sus opiniones?

3. Por lo que se ve en las fotos, ¿qué clase de productos se puede conseguir en los supermercados que no se venden en los mercados al aire libre? ¿Qué pueden indicar Uds. en cuanto a la manera de comprar en los dos tipos de mercado? Piensen en los precios fijos y en el regateo (*bargaining, haggling*).

4. ¿Cómo son las personas que van de compras a los supermercados en Latinoamérica? ¿Son diferentes de las que hacen sus compras en los mercados al aire libre? ¿Es posible hacer generalizaciones con respecto a la clase socioeconómica a la que pertenecen esas personas? ¿Qué se puede inferir en cuanto a sus valores, costumbres, ingresos, etcétera?

5. En su opinión, ¿cuáles son las ventajas y desventajas de hacer las compras en un mercado al aire libre? ¿Se puede inferir algo sobre la calidad de los productos que se consiguen allí, los precios, los vendedores, etcétera?

ACTIVIDAD B • La pirámide de la nutrición

Paso 1. La siguiente pirámide presenta gráficamente lo que uno debiera comer todos los días para mantenerse en buena salud. Con un compañero / una compañera de clase, analicen la pirámide y comparen la información dietética con su propia dieta. Hagan una lista de los alimentos saludables y los que no son tan saludables que Uds. comen. ¿Concuerda su propio régimen con las sugerencias de la pirámide?

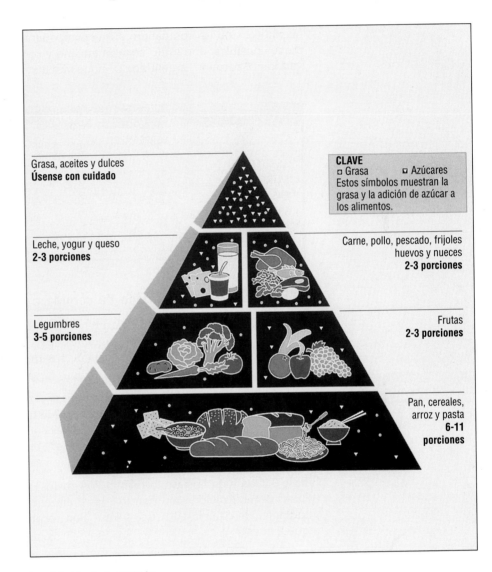

La pirámide de la nutrición

COMIDA SALUDABLE QUE COMO	COMIDA NO MUY SALUDABLE QUE COMO

Paso 2. El régimen de los estudiantes suele cambiar radicalmente a causa de varios factores. Con un compañero / una compañera de clase, indiquen si ha cambiado su régimen desde que llegaron a la universidad, cómo ha cambiado y cuáles son los factores que contribuyen a esos cambios. ¿Qué alimentos comen ahora que jamás comían antes? ¿Tratan Uds. de mantener una alimentación equilibrada? ¿Cómo lo hacen?

Paso 3. Imagínense que Uds. van a preparar una comida especial para sus compañeros de clase. Uno/a de Uds. quiere servir comida típica norteamericana, mientras que el otro / la otra quiere preparar comida de algún país hispánico. Con un compañero / una compañera de clase, preparen dos menús posibles, uno estilo norteamericano y otro estilo mexicano (salvadoreño, peruano, argentino...). ¿Qué van a servir?

EL MENÚ		
	MENÚ NORTEAMERICANO	MENÚ HISPÁNICO (PAÍS: _____)
APERITIVO		
ENTREMÉS		
ENSALADA		
SOPA		
ENTRADA		
POSTRE		

ACTIVIDAD C • ¿Qué tipo de comida prefiere Ud.?

Paso 1. ¿Qué tipo de comida es la preferida de Ud.? ¿Será algún plato norteamericano? ¿de su país de origen (del país de origen de sus antepasados)? ¿de otra cultura? Haga una lista de sus tres platos favoritos, indicando lo que más le gusta de ellos.

Paso 2. Comparta su lista con un compañero / una compañera. ¿Tienen Uds. gustos parecidos en cuanto a la comida? ¿Qué tipo de comida prefieren, la hispánica, la norteamericana u otra? ¿Cuáles son las características que tienen sus platos favoritos? ¿Son saludables? ¿bien condimentadas (*well-seasoned*)? ¿fáciles de preparar? ¿ ?

Paso 3. Con toda la clase, comenten los gustos culinarios de todos. ¿Se puede hacer generalizaciones en cuanto a las preferencias gastronómicas de los estudiantes de esta clase? ¿Cuáles son? ¿Son sorprendentes los resultados? ¿De qué manera?

Paso 4. (*Optativo*) En casa, prepare uno de los platos favoritos que Ud. mencionó en los pasos anteriores y tráigalo a clase. No se olvide de escribir la receta y de proporcionársela a sus compañeros de clase. ¡Buen provecho! (*Enjoy your meal!*)

l vídeo

En el Episodio 5 del CD-ROM que acompaña *Nuevos Destinos* hay una variedad de actividades relacionadas con el Episodio 5 del vídeo.

Antes de ver el episodio

ACTIVIDAD • Al tanto de las cosas

Con un compañero / una compañera de clase, contesten las siguientes preguntas sobre el episodio previo de *Nuevos Destinos*.

1. En el episodio previo, Lucía recibió una carta urgente de México. ¿De quién era la carta y qué noticias traía?
2. ¿Por qué motivo reclama el gobierno mexicano La Gavia como propiedad de interés nacional?
3. Según la Sra. Suárez, ¿adónde fue Rosario, la ex esposa de don Fernando, después de la Guerra Civil española? ¿Por qué?
4. ¿Qué le contó la Sra. Suárez a Raquel sobre el hijo de don Fernando?
5. La Sra. Suárez también le informó a Raquel que Rosario se había casado de nuevo. ¿Con quién se casó y dónde vivía cuando se casó?
6. ¿Cómo supo la Sra. Suárez que don Fernando vivía en México?
7. ¿Por qué necesitaba Raquel una copia del certificado de nacimiento del hijo de don Fernando y Rosario? ¿Qué va a hacer con esa copia?
8. Al final del episodio previo, Raquel se acordó de Teresa Suárez y del consejo que le dio a Raquel. ¿Qué le aconsejó la Sra. Suárez a Raquel?

PALABRAS ÚTILES

expropiar	to expropriate, take possession of
recreativo/a	recreational

Después de ver el episodio

ACTIVIDAD A • Más información

Paso 1. En este episodio, Raquel sigue contándole a Lucía la historia de don Fernando y de su viaje a la Argentina. Apunte cualquier información nueva que Raquel haya revelado sobre los siguientes personajes.

1. Rosario
2. Arturo Iglesias
3. Ángel Castillo
4. el padrastro de Ángel
5. la madre de Raquel

Paso 2. Compare sus respuestas con las de un compañero / una compañera de clase. ¿Se acordaron Uds. de todos los detalles sobre esos personajes?

ACTIVIDAD B • ¿Quién... ?

Paso 1. Indique a qué o a quién(es) se refieren los siguientes comentarios.

1. Cirilo dice que ellos vivieron en la calle Gorostiaga.
2. Es el medio hermano de Ángel.
3. Se embarcó como marinero y se fue de Buenos Aires.
4. Reclama La Gavia como propiedad de interés nacional.
5. Van al cementerio a ver la tumba de Rosario y de Martín Iglesias.
6. Sufrió un ataque cardíaco después de una pelea con su hijastro.
7. Quería que Ángel estudiara ciencias económicas.
8. No perdonó a Ángel por lo que sucedió hace muchos años.
9. Quiere que Raquel no trabaje tanto y que vaya a su casa a cenar.
10. Va a dormir muy poco por lo de La Gavia.
11. Le envía a Raquel un *fax* de un artículo de el *Excelsior*.

Paso 2. Ahora compare sus respuestas del Paso 1 con las de los otros estudiantes de la clase. ¿Acertó bien en sus respuestas?

ACTIVIDAD C • Las diferencias irreconciliables

Paso 1. En este episodio, Arturo le dijo a Raquel que jamás había perdonado a su hermano, Ángel. Con un compañero / una compañera de clase, indiquen por lo menos tres razones por las cuales Arturo debía haber perdonado a su hermano. También indiquen todo lo malo que puede resultar como consecuencia de las diferencias irreconciliables entre hermanos o hermanas.

Paso 2. Comparen sus respuestas del Paso 2 con las de los otros estudiantes de la clase. ¿Se les ocurrió algo a ellos que a Uds. no se les ocurrió?

ACTIVIDAD D • El episodio en breve

Conteste las siguientes preguntas sobre el Episodio 5 de *Nuevos Destinos*.

1. Cuando Raquel llega a la estancia Santa Susana, habla con un gaucho llamado Cirilo. ¿Qué le dice Cirilo sobre Rosario y su hijo?
2. Mientras busca a Rosario en Buenos Aires, Raquel entra en el consultorio de un psiquiatra. ¿Quién es él? ¿Por qué entra allí Raquel?
3. ¿Qué le muestra Raquel a Arturo para convencerlo de que lo que le contaba era realmente la verdad?
4. Mientras Raquel graba la historia, alguien llama por teléfono. ¿Quién es y qué quiere? ¿Cuál es la reacción de Raquel?
5. La madre de Raquel le habla de un señor llamado Luis. En su opinión, ¿quién es Luis y por qué a Raquel no le interesa verlo?
6. ¿Adónde lleva Arturo a Raquel y por qué?

7. ¿De qué manera era muy estricto Martín Iglesias?
8. Según Arturo, ¿qué pasó esa noche cuando su padre supo que Ángel había abandonado los estudios?
9. Arturo y Ángel perdieron contacto hace muchos años. ¿Por qué?
10. Arturo se ofrece para ayudar a Raquel a encontrar a Ángel. ¿Por qué se interesa Arturo en ver a su medio hermano después de tantos años? ¿Qué piensa hacer Arturo?
11. Al final del episodio, Lucía le envía un *fax* a Raquel. ¿De qué es el *fax* y qué información contiene?

PARA PENSAR

Si Ud. fuera Arturo y creyera que su padre sufrió un ataque al corazón debido a algo que su hermano hizo o dijo, ¿habría reaccionado Ud. como Arturo? ¿Qué le diría a su hermano? ¿Le guardaría rencor? ¿Por qué sí o por qué no?

ENTRE BASTIDORES:

Liliana Abud («Raquel Rodríguez»)

Liliana Abud es una de las actrices más conocidas de México. Además de su renombre como actriz, Liliana también es escritora, productora y directora de programas de televisión. Por muchos años, Liliana desempeñó el papel principal en una telenovela popular de México. Liliana fue escogida para el papel de Raquel en *Destinos* (la serie original que estrenó[1] en 1992) mayormente por su habilidad de hablar sinceramente enfrente de las cámaras durante los repasos que se presentan al final de los episodios. Liliana era perfeccionista, en el buen sentido de la palabra, dado que se fijaba en todos los detalles relacionados con la filmación de *Destinos*. Era incansable cuando se trataba de ayudarlos a los otros actores a comprender los conceptos pedagógicos[2] de la serie. También los ayudaba a los actores a memorizar y a practicar los renglones[3] para cada episodio.

¿Se acuerda Ud. de Maricarmen, la nieta de don Fernando? Es la niña que canta en el regazo de don Fernando en el primer episodio de *Nuevos Destinos*. Pues, el papel de Maricarmen lo hizo Paula, la hija de Liliana en la vida real.

[1]*debuted* [2]*que tienen que ver con la enseñanza* [3]*lines*

onceptos gramaticales

5.1 • Los tiempos perfectos: *haber* + participio pasivo

¡Ya lo sabía Ud.!

Recuerde que en el capítulo anterior se presentó información sobre dos tiempos verbales que se usan para hablar de lo ocurrido en el pasado, el pretérito y el imperfecto. En español, hay otros tiempos verbales, los tiempos perfectos, que se usan para hablar de acciones que sucedieron en el pasado o que ocurrieron antes de otra acción. Lea las siguientes oraciones y compare el uso del pretérito con el de los tiempos perfectos de indicativo.

EL PRETÉRITO	EL PRESENTE PERFECTO DE INDICATIVO	EL PLUSCUAM-PERFECTO DE INDICATIVO
¿Leíste el artículo sobre La Gavia?	**¿Has leído** el artículo sobre La Gavia?	**¿Habías leído** el artículo sobre La Gavia antes?
¿Habló Ud. con Raquel esta mañana?	**¿Ha hablado** Ud. con Raquel esta mañana?	**¿Había hablado** Ud. con Raquel antes de llegar a Los Ángeles?
Raquel **grabó** la historia para Lucía.	Raquel **ha grabado** la historia para Lucía.	Raquel **había grabado** la historia para Lucía antes de la llegada de ésta.

En esta sección va a aprender más sobre la formación y el uso de los tiempos perfectos de indicativo en español. Lo más difícil de los tiempos perfectos es saber usarlos, y Ud. los usa todos los días. Al leer la sección que sigue, acuérdese de una cosa —¡ya lo sabía Ud.!

Para saber más: No señor, ¡no lo he visto nunca!

Formación de los tiempos perfectos

A. El participio pasivo

Los tiempos perfectos se forman con el verbo auxiliar **haber** más el participio pasivo de otro verbo. El término **perfecto** con referencia a las formas verbales en español indica el uso de un participio pasivo.

- Es fácil reconocer el participio pasivo de los verbos regulares porque termina en **-ado** o **-ido.** A continuación se presenta la formación de los participios pasivos de los verbos regulares. Note que se añade un acento ortográfico a los participios pasivos de verbos **-er/-ir** con radical que termina en **-a, -e,** u **-o.**

FORMACIÓN DEL PARTICIPIO PASIVO: VERBOS REGULARES			
INFINITIVO	RAÍZ	+ TERMINACIÓN	PARTICIPIO PASIVO
cantar	cant-	+ -ado	cant**ado**
vender	vend-	+ -ido	vend**ido**
salir	sal-	+ -ido	sal**ido**
caer	ca-	+ -ido	ca**ído**

- Por cierto, hay algunos verbos cuyos participios pasivos son irregulares. A continuación se presentan los participios pasivos con formas irregulares.

PARTICIPIOS PASIVOS IRREGULARES	
INFINITIVO	PARTICIPIO PASIVO
abrir	**abierto**
cubrir	**cubierto**
decir	**dicho**
descubrir	**descubierto**
escribir	**escrito**
freír	**frito**
hacer	**hecho**
morir	**muerto**
poner	**puesto**
resolver	**resuelto**
romper	**roto**
ver	**visto**
volver	**vuelto**

Note que, con pocas excepciones, cualquier verbo que tenga la misma raíz que uno de estos verbos tendrá la misma forma irregular en el participio pasivo. Por ejemplo: pre**decir:** pre**dicho;** com**poner:** com**puesto;** satis**facer:** satis**fecho.**

B. El presente perfecto
Como Ud. ya sabe, se forma el presente perfecto con el verbo **haber** en el presente más el participio pasivo. A continuación hay las formas de **haber** en el presente de indicativo.

EL PRESENTE DE **HABER**

he	**hemos**
has	**habéis**
ha	**han**

C. El pluscuamperfecto

Se forma el pluscuamperfecto con el imperfecto del verbo **haber** más el participio pasivo. A continuación se presentan las formas de **haber** en el imperfecto.

EL IMPERFECTO DE **HABER**

había	habíamos
habías	habíais
había	habían

Usos de los tiempos perfectos

A. El presente perfecto de indicativo

Se usa el presente perfecto de indicativo para referirse a acciones sucedidas en el pasado reciente o en un pasado más lejano relativo al presente momento. En inglés este tiempo verbal se equivale a *to have (done something)*. Mire los ejemplos a continuación.

Arturo no **ha hablado** con su hermano desde hace muchos años.	*Arturo hasn't spoken with his brother for many years.*
Raquel **ha comenzado** a grabarle la historia a Lucía.	*Raquel has begun to record the story for Lucía.*

B. El pluscuamperfecto de indicativo

Se usa el pluscuamperfecto de indicativo para indicar una acción que pasó antes de un momento específico en el pasado. En inglés se equivale a *had (done something)*. Mire los ejemplos a continuación.

Antes de asistir a esta universidad, no **había estudiado** sociología.	*Before attending this university, I hadn't studied sociology.*
Antes de mudarse aquí, mis sobrinos siempre **habían vivido** en Oklahoma.	*Before moving here, my nieces and nephews had always lived in Oklahoma.*

Otros usos del participio pasivo

Además de emplear el participio pasivo en los tiempos perfectos, también se puede usarlo como adjetivo. Note que, como adjetivo, el participio pasivo concuerda con el sustantivo que modifica. Mire los siguientes ejemplos.

En boca **cerrada** no entran moscas.
La caja está **abierta.**
Los vasos **rotos** me costaron poco.

El participio pasivo también puede usarse en construcciones pasivas. ¿Cuál es el significado de las siguientes oraciones?

La carta **fue escrita por** Teresa Suárez.
El caso **fue investigado por** Raquel.

No habrá práctica explícita de construcciones pasivas en este capítulo. Por ahora, es suficiente saber reconocer esas construcciones cuando las vea.

Actividades gramaticales

ACTIVIDAD A • Los participios pasivos

Indique la forma correcta del participio pasivo de los verbos a continuación.
¡Cuidado con las formas irregulares!

1. cocinar
2. agregar
3. describir
4. lavar
5. servir
6. preparar

7. devolver
8. suponer
9. contradecir
10. descubrir
11. freír
12. deshacer

ACTIVIDAD B • ¿Qué has hecho tú?

Paso 1. Con un compañero / una compañera, háganse preguntas empleando
el presente perfecto de indicativo según las indicaciones a continuación. No
se olviden de apuntar las respuestas de su compañero/a.

MODELO: cenar recientemente en un restaurante elegante
E1: ¿Has cenado recientemente en un restaurante elegante?
E2: Sí. Anoche cené en el Stars Café con mi esposo.

1. preparar una comida estilo argentino
2. comprar verduras en un mercado al aire libre
3. encontrar una receta fenomenal
4. ver un programa en la televisión recientemente sobre gastronomía
5. tener una cena romántica con alguien especial
6. volver a comer en un restaurante que le gustaba a un amigo / una
   amiga pero a Ud. no
7. almorzar hoy en la cafetería de la universidad

Paso 2. Ahora cuénteles a los demás los resultados de su entrevista.

MODELO: Graciela y su esposo han cenado recientemente en el Stars
Café, un restaurante muy elegante.

ACTIVIDAD C • ¿Quién en esta clase... ?

Paso 1. En una hoja de papel aparte, escriba la siguiente lista de actividades.
Luego, pregúnteles a sus compañeros de clase si han hecho las actividades o
no. Sus compañeros deben contestarle con oraciones completas. Cuando alguien le conteste que sí, pídale que firme su hoja de papel al lado de la actividad mencionada.

MODELO: E1: ¿Has viajado alguna vez a la Argentina?
E2: No, no he viajado nunca a la Argentina.

E1: Gracias. (*A otro estudiante*:) ¿Has viajado alguna vez a la Argentina?

E3: Sí. Fui a la Argentina hace varios años para visitar a mis abuelos.

E1: ¡Firma aquí, por favor!

1. solicitar trabajo en un restaurante hispánico
2. ver las pirámides en México
3. hacer trampa en un examen
4. pasar toda la noche en vela (*to stay up all night*) estudiando
5. practicar el paracaidismo (*parachuting*)
6. comer algo asqueroso (*disgusting*) como resultado de una apuesta (*bet*)
7. andar en motocicleta
8. servir comida española en casa

Paso 2. Ahora pregúnteles a los compañeros que firmaron en el Paso 1 si habían hecho esas actividades antes de asistir a la universidad.

MODELO: E1: ¿Habías viajado a la Argentina antes de asistir a la universidad?

E3: Sí, había viajado a la Argentina antes de asistir a la universidad. Asistía a una escuela en Buenos Aires.

Paso 3. Ahora a todos les toca compartir su información con el resto de la clase. ¿Hay alguien en la clase que haya hecho más de esas actividades que nadie? ¿Hay algunas actividades que nadie haya hecho? ¿Cuáles son?

5.2 • Los complementos indirectos y los pronombres de complemento indirecto

¡Ya lo sabía Ud.!

Cuando Ud. habla con sus amigos o con miembros de su familia, es muy probable que Ud. use las palabras **me, te, le, nos (os)** y **les** para referirse a las personas de quienes habla. A continuación hay algunas oraciones del Episodio 5 de *Nuevos Destinos*. Léalas y trate de determinar a lo que se refieren las palabras indicadas.

«...comencé a contar**le** a Arturo la historia de mi viaje a España y de cómo la Sra. Suárez **me** había dado la dirección de su madre y de su hermano.»

«Da**le** un beso a papá y otro para ti.»

«**Le** dije a Arturo que su madre pensaba que don Fernando Castillo había muerto... »

A lo mejor Ud. se dio cuenta de que las palabras indicadas son pronombres de complemento indirecto y que se refieren a las personas que reciben cierta cosa o acción. En esta sección, aprenderá más sobre el uso de los complementos indirectos y de los pronombres de complemento indirecto. Es muy probable que ya los use porque ¡ya lo sabía Ud.!

Para saber más: Pobre Lucía. Esto le va a quitar el sueño por un tiempo.

Los complementos indirectos

El **complemento indirecto** generalmente se refiere a la persona o cosa para quien o a quien se hace o se dice algo: La Sra. Suárez **le** dio la dirección **a Raquel.** En este caso, el complemento indirecto es Raquel, a quien se refiere el pronombre **le.** Para clarificar a quién se refiere, se añade **a Raquel** a la oración. Por lo general, es posible identificar el complemento indirecto preguntándole al verbo «¿para quién?» o «¿a quién?»

Mire los ejemplos a continuación. ¿Puede señalar los complementos indirectos y los pronombres de complemento indirecto?

> Lucía le envió un artículo a Raquel.
> Don Fernando tenía que decirles la verdad a sus hijos.
> Raquel le hace varias preguntas a Arturo.
> Lucía les escribe a sus parientes muy a menudo.

Los pronombres de complemento indirecto

- Los complementos indirectos siempre son representados por pronombres de complemento indirecto. Los pronombres de complemento indirecto son muy parecidos a los pronombres de complemento directo (Conceptos gramaticales 3.2). Las únicas formas diferentes son las de la tercera persona, singular y plural: **le** y **les.** Mire el cuadro a continuación.

LOS PRONOMBRES DE COMPLEMENTO INDIRECTO	
me	nos
te	os
le	les

Cabe mencionar que hay varias maneras de traducir al inglés los pronombres de complemento indirecto **le** y **les.** Mire los ejemplos a continuación.

Voy a mandar**le** un cassette con la información.	*I am going to send you (him, her) a cassette with the information.*
Quiero explicar**les** mi caso.	*I want to explain my situation to you (them).*

Dado que los pronombres **le** y **les** tienen varios equivalentes, muchas veces se aclaran o se enfatizan con una de las siguientes frases preposicionales: **a Ud., a él, a ella; a Uds., a ellos, a ellas.**

> Voy a mandar**le a ella** un cassette con la información.
> Quiero explicar**les a Uds.** mi caso.

- Aun cuando se nombra el sustantivo que sirve de complemento indirecto, éste siempre se usa junto con el pronombre de complemento indirecto. Es decir que el uso de los pronombres de complemento indirecto *no es optativo.*

> Voy a enviar**le** una carta **(a Lucía).**
> El profesor **les** va a hacer muchas preguntas **(a Jaime y Miguel).**

- Note que los siguientes verbos se usan con frecuencia con los pronombres de complemento indirecto: **dar, decir, escribir, explicar, hablar, mandar, ofrecer, pedir, preguntar, prestar, prometer, recomendar, regalar, servir.**
- Se evidencia una diferencia entre el inglés y el español en algunas construcciones. Compare Ud. las frases indicadas en español con las traducciones al inglés.

Miguel Ruiz **le** quitó el juguete **a Jaime.**	*Miguel Ruiz took the toy **away from Jaime.***
Elena **le** compró las verduras **al vendedor.**	*Elena bought vegetables **from the vendor.***
Don Fernando no quería ocultar**les** la verdad **a sus hijos.**	*Don Fernando didn't want to hide the truth **from his children.***

Note que en español se usa la preposición **a** mientras que en inglés se usa *from.* ¿Puede Ud. explicar la diferencia de significado entre los siguientes pares de oraciones? Si se da por vencido/a, las respuestas están al final de este capítulo.

1. Le robaron los dulces a Roberto.
   Le robaron los dulces de Roberto.
2. La Sra. Suárez le envió la carta a Rosario.
   La Sra. Suárez le envió la carta de Rosario.
3. Jaime le quitó el hueso al perro.
   Jaime le quitó el hueso del perro.

Actividades gramaticales

ACTIVIDAD A • ¿A quién se refiere?

Trabajando con un compañero/una compañera, lean las siguientes oraciones de *Nuevos Destinos.* Identifiquen los pronombres de complemento indirecto e indiquen a quién(es) se refieren. Sigan el modelo.

MODELO: Raquel, lamento tener que informarle de la muerte de mi tío Pedro. → le, Raquel

1. La Sra. Suárez le dice a Fernando que Rosario tuvo un hijo de él.
2. Fernando le pide ayuda a su hermano Pedro para encontrar a Rosario.
3. Mira, aquí tengo un libro sobre la Gavia que me regaló don Fernando.
4. Hay un codicilo en que le deja parte de la herencia a la familia puertorriqueña.
5. Don Fernando nunca le contó a nadie la triste historia de Rosario.
6. Don Fernando necesita hablar con sus hijos para contarles que es posible que ellos tengan otro hermano.
7. Miguel, ¿Elena le ha contado lo de la carta?
8. Federico, ofrécele algo a la Srta. Rodríguez.

9. Hay que dedicarle tiempo al corazón.
10. Pobre Lucía. Esto le va a quitar el sueño por un tiempo.

ACTIVIDAD B • En el restaurante

¿Qué pasó durante la última visita a un restaurante que hicieron Benito y Verónica, su novia? Forme oraciones completas, usando las indicaciones a continuación y pronombres de complemento indirecto. ¡OJO! Tendrá que usar el pretérito en sus oraciones y añadir las otras palabras necesarias.

MODELO: mesero / indicar / mesa → El mesero les indicó la mesa.

1. mesero / dar / menú
2. también / explicar / especialidades del día
3. Benito / pedir / botella de champán / mesero
4. Verónica / preguntar / mesero / sobre / platos franceses / en el menú
5. mesero / recomendar / lomo de cerdo (*pork loin*) con puré de papas
6. pero / los dos / pedir / bistec con champiñones / ensalada verde
7. después / Benito / ofrecer / mano / Verónica
8. ¡regalar / anillo de compromiso (*engagement*) / ella!
9. para celebrar / mesero / ofrecer / postre gratis
10. Benito y Verónica / prometer / mesero / regresar al restaurante / primer aniversario de su boda

ACTIVIDAD C • Oraciones originales

Escriba dos oraciones originales para cada verbo a continuación. No se olvide de indicar a quién o a quiénes beneficia la acción. Es decir, hay que usar los complementos indirectos.

1. preguntar
2. dar
3. decir
4. enviar
5. pedir
6. comprar
7. leer
8. vender

LOS HISPANOS EN LOS ESTADOS UNIDOS

Edward James Olmos

Edward James Olmos es uno de los actores hispánicos más conocidos del cine y de la televisión. Nació el 24 de febrero de 1947, el segundo de tres hijos de un inmigrante mexicano. Olmos pasó parte de su vida en el Este de Los Ángeles.

Consiguió el papel principal en la película *Zoot Suit,* que se basa en la sentencia de unos jóvenes mexicoamericanos por un asesinato que no cometieron. La fama de Olmos se atribuye mayormente a su actuación como el teniente[1] Martín Castillo en la popular serie de la televisión, *Miami Vice* (1984–1989). En 1985, ganó un premio Emmy de televisión, y en 1986, un premio Golden Globe por su actuación en esa misma serie. Otras películas famosas en que ha actuado Olmos son *Stand and Deliver, American Me* y *Blade Runner.* También fue nominado para un premio Oscar por su interpretación de un maestro fuera de lo común en la película *Stand and Deliver.* Entre sus películas recientes están: *The Limbic Region, Mirage* y *Roosters.* En la televisión, Olmos desempeñó el papel principal en *Dead Man's Walk,* una miniserie que abrió paso a *Lonesome Dove;* la película de Showtime *Slave of Dreams* y la miniserie *Menéndez: A Murder in Beverly Hills.* El papel más reciente de Olmos ha sido en la película *Selena.* La película se refiere a la vida y a la muerte inesperada de Selena, la cantante famosa de música tejana. Olmos desempeñó el papel de Abraham Quintanilla, Jr., el padre de Selena.

Olmos también es un participante activo en la comunidad de Los Ángeles. Después de los motines[2] que hubo en Los Ángeles como resultado del proceso[3] de Rodney King (1992), Olmos ayudó a reunir la comunidad hispánica en la reconstrucción de esa ciudad. También narró un documental titulado *Lives in Hazard* (*Vidas en peligro*). En el documental, Olmos habla del Este de Los Ángeles y de las pandillas[4] violentas que amenazan la seguridad y el futuro de este país.

[1]*lieutenant* [2]*riots* [3]*trial* [4]*gangs*

Así lo decimos • Las variaciones dialectales

A. El uso de *vos* en los países latinoamericanos

En este episodio de *Nuevos Destinos* Raquel va a la Argentina donde conoce a Arturo Iglesias, el medio hermano de Ángel Castillo. En varios países hispanohablantes se practica lo que se llama **el voseo.** El voseo consiste en usar el pronombre **vos** en vez de **tú** al dirigirse a un amigo o a cualquier persona de confianza. El siguiente anuncio del Internet se dirige a los niños argentinos. Lea el anuncio, fijándose en las formas verbales de **vos.**

El voseo tiene formas verbales distintas de las del sistema verbal español común y corriente. Compare lo siguiente.

-ar:	(Vos) **Te levantás** tarde.	(Tú) **Te levantas** tarde.
-er:	(Vos) **Comés** temprano.	(Tú) **Comes** temprano.
-ir:	¿Cuándo **venís** (vos)?	¿Cuándo **vienes** (tú)?

En cuanto a los mandatos, se quita la **-d** final de la forma de vosotros, con el acento en la sílaba final del verbo.

-ar:	**Levantá** los pies.
-er:	**Promete**me.
-ir:	¡**Deci**me la verdad!

¿Usa Ud. el voseo? Si contesta que no, trate de distinguir algunas formas de **vos** en los episodios que siguen.

- La cueca es el baile nacional de Chile y se baila durante las festividades patrias.
- Durante los tiempos de la colonia, la capital del Paraguay, Asunción, era conocida como el «paraíso de Mahoma[5]» por la gran cantidad de mujeres indígenas que había allí.
- El Paraguay es un país bilingüe donde el español y el guaraní se hablan por igual.
- Punta del Este, en el Uruguay, es uno de los centros de veraneo[6] más populares de la zona rioplatense,[7] y atrae a muchísimos turistas.

[5]*Muhammad,* fundador del islamismo [6]*de... summer vacation* [7]del Río de la Plata

Gente

Pablo Neruda (1904–1973), cuyo verdadero nombre era Neftalí Ricardo Reyes Basoalto, nació en Parral, un pequeño pueblo del sur de Chile. En 1920 escribió un poema titulado «Hombre», el cual firmó con el nombre de Pablo Neruda, un pseudónimo que utilizaría por el resto de su vida. En 1921 logró su primer triunfo literario con el poema «La canción de la fiesta» y su primer libro de poesía, *Crepusculario,* fue publicado en 1923. A los 20 años de edad fue considerado uno de los poetas jóvenes más promisorios por su libro *Veinte poemas de amor y una canción desesperada.*

Como diplomático chileno, Neruda viajó por varios países del Oriente. Durante este período escribió una de sus obras cumbre,[1] el primer volumen de su libro *Residencia en la Tierra.* También vivió en España durante la Guerra Civil española, ya que había sido nombrado cónsul en Madrid. Allí conoció a muchas de los poetas de la llamada «Generación del 27», incluso a Federico García Lorca. En 1945, fue elegido senador por el Partido Comunista y ganó el Premio Nacional de su país. Tres años después el gobierno prohibió el partido y persiguió a Neruda, lo cual hizo que éste buscara refugio en varios países. El 10 de diciembre de 1971, el poeta recibió el Premio Nobel de Literatura. Regresó a Chile a fines de 1972. Neruda murió el año siguiente en la ciudad de Santiago, poco después del derrocamiento[2] del gobierno constitucional de Salvador Allende.

[1]*best* [2]*defeat*

En casa

Un gaucho argentino toma mate.

El mate es una bebida muy popular en la región del Cono Sur. Según la leyenda, la diosa Luna y su compañera la diosa Nube le dieron las semillas de la yerba mate a un indígena guaraní quien fue muy amable y generoso con ellas cuando bajaron al bosque de los guaraníes. Por medio de esta yerba la diosa permitió que la hija del indígena pudiera mantener para siempre su inocencia y bondad. Por lo tanto, el mate es símbolo de la amistad.

En la actualidad el mate es un ingrediente muy común en los remedios caseros[1] de los guaraníes. El mate se prepara poniendo una cantidad bastante grande de hojas de la yerba en agua fría.

[1]*home*

Luego se les vierte[2] agua caliente una y otra vez hasta extraerles toda la esencia. Para filtrar y beber la infusión se utiliza una bombilla, o sea, una pajilla[3] hecha de madera o metal. Esta bebida, que se sirve fría o caliente, contiene una fuerte dosis de cafeína. Su popularidad y tradición cultural todavía se mantienen al beberse entre amigos.

[2]pour [3]straw

Diversiones

Uno de los deportes más populares en Sudamérica es el fútbol. Este juego está basado en el fútbol del rugby pero la diferencia principal es que en el juego de fútbol no se permite manejar la pelota con las manos. Inglaterra introdujo el juego moderno del fútbol en el siglo XIX. Aparentemente, el juego se inició en una reunión de la Federación de Fútbol de Londres, la cual prohibió manipular la pelota con las manos durante el juego. La popularidad global del fútbol comenzó cuando comerciantes, marineros y obreros británicos llevaron este deporte por todo el mundo. Rápidamente los argentinos, uruguayos y brasileños se hicieron fanáticos de este deporte, apoyando a las ligas profesionales para que establecieran el primer campeonato mundial, la Copa Mundial, en 1930. Este campeonato tuvo lugar en el Uruguay y el equipo de este país fue el vencedor.[1]

Rubén Sosa, de la selección uruguaya

Aunque el campeonato por la Copa Mundial solamente se juega cada cuatro años, el torneo se ha vuelto uno de los eventos más populares del mundo. El torneo de 1994 tuvo lugar en los Estados Unidos y el vencedor fue el equipo del Brasil. (En 1998, Frainca derrocó a Brasil en el partido final.) La competencia es de tal importancia que en los días en que juega la selección nacional, nadie trabaja, ni hay movimiento en las calles: todos se reúnen con amigos y parientes para ver o celebrar el partido.

[1]ganador

La búsqueda

¿Quién será el hombre de la foto?

De entrada

En este episodio, Raquel y Arturo empiezan la búsqueda de Ángel Castillo. ¿Cómo va a resultar la búsqueda? ¿Van a encontrar a Ángel? ¿Dónde cree Ud. que se encuentra Ángel? Apunte sus ideas.

Hacia la comunicación

La ciudad y el campo

ACTIVIDAD A • La ciudad y el campo

En el último episodio de *Nuevos Destinos*, Ud. vio a Raquel en el campo, buscando a Rosario en la estancia Santa Susana. En este episodio, va a verla caminando por las calles de Buenos Aires, la capital cosmopolita de la Argentina. A continuación hay algunas fotos de la ciudad y del campo. Con un compañero / una compañera de clase, mire las fotos y conteste las preguntas a continuación.

México, D. F.

San Juan Chamula, Chiapas, México

1. Definitivamente existen contrastes entre los pueblos y las ciudades. Describan lo que ven en las fotos. ¿En qué se parecen las fotos? ¿En qué son diferentes?
2. En su opinión, ¿cuáles son las ventajas y desventajas de vivir en una ciudad grande? ¿Cuáles son las ventajas y desventajas de vivir en el campo?
3. En caso de tener una familia, ¿creen Uds. que es mejor criar a los niños en la ciudad o en un área rural? ¿Por qué?
4. Una diferencia notable entre los Estados Unidos y Latinoamérica son los hábitos de migración. En Latinoamérica, la gente del campo suele irse a vivir a las ciudades grandes del país. En cambio, en los Estados Unidos, hoy en día las personas tienden a abandonar las ciudades grandes para irse a vivir en las afueras. En su opinión, ¿por qué será así?
5. ¿Prefieren Uds. vivir en la ciudad o en el campo? ¿Por qué?
6. Casi todas las ciudades grandes y cosmopolitas tienen servicios públicos, como los de transporte público. ¿Qué otros tipos de servicios se encuentran en la ciudad que no se encuentran en el campo?

ACTIVIDAD B • El medio ambiente

Paso 1. ¿Cree Ud. que el progreso engendra ciudades o que con las ciudades viene el progreso? Con la industrialización de los Estados Unidos, muchas personas abandonaron las áreas rurales y el campo para irse a vivir a las ciudades grandes. Aunque para muchas personas la construcción de fábricas significaba más oportunidades de mejorar la vida, también significaba más contaminación ambiental. En grupos de dos o tres estudiantes, contesten las siguientes preguntas.

1. En su opinión, ¿cuáles son los problemas ecológicos que más amenazan el medio ambiente hoy en día? ¿Cuáles son los problemas medioambientales más graves de su comunidad?
2. ¿Cómo imaginan Uds. el mundo en el año 2100 si no se buscan soluciones adecuadas a los problemas ecológicos más amenazantes de hoy?
3. ¿Qué hacen Uds. para proteger el medio ambiente? ¿Reciclan? ¿Ahorran agua y energía en su casa o apartamento? ¿Limitan el uso de objetos de plástico, vidrio o papel para no producir más basura?
4. ¿Qué medidas ha tomado su comunidad para reducir los efectos dañinos de la basura en el medio ambiente?
5. ¿Creen Uds. que la contaminación de las ciudades grandes llega a afectar las áreas rurales, ríos, arroyos y océanos? ¿Por qué sí o por qué no?

Paso 2. Ahora escriban por lo menos cinco recomendaciones indicando qué se debe hacer para reducir los efectos dañinos de la contaminación medioambiental.

Paso 3. Comparen sus respuestas del Paso 2 con las de los otros grupos de la clase. ¿Se les ocurrió algo a ellos que a Uds. no se les ocurrió?

ACTIVIDAD C • Una campaña publicitaria

Paso 1. Imagínese que Ud. y dos o tres compañeros de clase son miembros de un grupo cuyo propósito es el de educar a los demás para que cooperen en reducir la contaminación en su comunidad. Van a crear un cartel (*poster*) destinado a promover su campaña ecológica. Primero, piensen en el tema que quieren promocionar. A continuación hay algunas sugerencias.

la conservación de la energía	la promoción del transporte
la contaminación del agua/aire	público
la promoción de fuentes de	la protección de los bosques /
energía alternativas	zonas agrícolas
	el reciclaje

Paso 2. Ahora creen el cartel. Piensen en una lema (*slogan*) llamativa que capte la atención del público vidente (*viewing*). No se olviden de que el uso de los colores también puede ser muy eficaz.

Paso 3. Con la clase entera, evalúen los carteles de todos los grupos. ¿Qué grupo produjo el cartel más llamativo? ¿más serio? ¿más humorístico? A su parecer y según los carteles, ¿cuál es el problema ecológico más grave en su comunidad?

El vídeo

Antes de ver el episodio

En el Episodio 6 del CD-ROM que acompaña *Nuevos Destinos* hay una variedad de actividades relacionadas con el Episodio 6 del vídeo.

ACTIVIDAD A • ¿Su hermano?

Paso 1. En el episodio previo, Raquel conoció a Arturo Iglesias, el medio hermano de Ángel Castillo. ¿Cómo fue ese encuentro? ¿Cómo llegaron a conocerse los dos? Con un compañero / una compañera de clase, hagan una lista de los datos más sobresalientes para describir lo que hizo Raquel para conocer a Arturo. Empiecen con lo que Raquel descubrió en España.

Paso 2. Ahora comparen sus listas con las que hicieron los otros estudiantes de la clase. ¿Faltan algunos datos sobre el encuentro? ¿Cuáles son?

ACTIVIDAD B • Un breve repaso

Conteste las siguientes preguntas sobre el Episodio 5 de *Nuevos Destinos*.

1. En el episodio previo, Raquel habló con un gaucho llamado Cirilo en la estancia Santa Susana. ¿Qué le dijo Cirilo sobre Rosario y el hijo de ella?
2. Buscando a Rosario en Buenos Aires, Raquel entró en el consultorio de un psiquiatra. ¿Por qué decidió ir allí? ¿Quién era el psiquiatra?
3. Para convencer a Arturo de que lo que le contaba era realmente verdad, ¿qué le mostró Raquel a Arturo?
4. ¿Adónde fueron Arturo y Raquel y por qué?
5. ¿Por qué le dijo Arturo a Raquel que el padre de él, Martín Iglesias, era muy estricto?
6. Según Arturo, ¿qué pasó cuando el padrastro de Ángel supo que éste había abandonado los estudios?
7. Arturo le dijo a Raquel que había perdido contacto con Ángel desde hacía muchos años. ¿Por qué no se han vuelto a hablar?
8. ¿Por qué se interesa Arturo por ver a su hermano después de tantos años?

PALABRAS ÚTILES

el título de propiedad	deed, certificate of ownership
invertir (ie, i)	to invest
los impuestos	taxes
gratuito/a	free (of charge)

Después de ver el episodio

ACTIVIDAD A • ¿Qué saben?

Paso 1. En este episodio, Raquel y Arturo hablan con muchas personas para ver si conocen a Ángel. A continuación hay una lista de las personas con quienes hablaron. Con un compañero / una compañera, apunten lo que cada persona les dijo sobre Ángel o les recomendó que hicieran a Raquel y a Arturo.

1. el vendedor de pescado
2. la dependienta de la tienda de comestibles
3. Mario, el dueño de la tienda de antigüedades
4. doña Flora, la esposa de José
5. José, el marinero

Paso 2. Ahora comparen su lista con la de otros compañeros de clase. ¿Apuntaron la misma información? ¿Están todos de acuerdo con lo que sabían o sugirieron los personajes?

ACTIVIDAD B • ¡Qué sorpresa!

Paso 1. En este episodio, Raquel recibió una llamada de su ex novio, Luis. Ud. escuchó solamente lo que decía Raquel durante la conversación. Con un compañero / una compañera de clase, lean lo que dice Raquel e indiquen lo que Uds. creen que dijo Luis.

RAQUEL: ¿Bueno?

LUIS: Raquel, habla Luis.

RAQUEL: Ah, Luis. [...]

LUIS:

RAQUEL: Sí, es una sorpresa después de cinco años. ¿Cómo estás?

LUIS:

RAQUEL: Sí, estoy bien. ¿Qué pasa?

LUIS:

RAQUEL: Pues, gracias por acordarte de mí. ¿Qué tal va tu trabajo?

LUIS:

RAQUEL: Me alegro. Yo sigo trabajando en la misma firma. Y también me va bien.

LUIS:

RAQUEL: Lo siento, Luis, pero esta semana me viene fatal. Tengo muchísimo trabajo.

LUIS:

RAQUEL: Sí, quizás podamos almorzar uno de estos días, pero no esta semana.

LUIS:

RAQUEL: Mejor yo te llamo en cuanto pueda.

LUIS:

RAQUEL: Cómo no. Hasta pronto.

Paso 2. Ahora comparen lo que Uds. escribieron en el Paso 1 con lo que escribieron los estudiantes de los otros grupos. ¿Escribieron casi lo mismo?

Paso 3. La comunicación entre personas muchas veces va mucho más allá del significado literal de las palabras que usamos. Por ejemplo, se sabe que, además de todo lo que se puede expresar con el tono de la voz, lo que *no* dice una persona a veces significa mucho. Con un compañero / una compañera de clase, vuelvan a leer lo que Raquel le dijo a Luis. Busquen los comentarios que ella hizo que, a su parecer, indican que ella ya no tiene interés en él. Piensen también en dos o tres cosas que *no* dijo Raquel que probablemente hubiera dicho si quisiera reanudar relaciones con Luis. ¿Creen Uds. que Luis entendió lo que ella trataba de comunicarle?

ACTIVIDAD C • Vocabulario útil

Paso 1. La siguiente lista contiene palabras que son necesarias para comprender mejor lo que pasa en el Episodio 6. Dé una definición en español para cada una de esas palabras.

1. el título de propiedad
2. invertir
3. los impuestos
4. gratuito/a
5. el esplendor
6. frecuentar
7. embarcar

Paso 2. Ahora compare sus definiciones con las de un compañero / una compañera de clase. ¿Están de acuerdo con las definiciones que escribieron?

ACTIVIDAD D • El episodio en breve

Conteste las siguientes preguntas, basándose en la información del Episodio 6 de *Nuevos Destinos*.

1. Al empezar el Episodio 6, Ud. vio a Lucía en su despacho leyendo algunos documentos. ¿Qué documentos leía y por qué son importantes para el caso Castillo?
2. ¿Adónde fueron Raquel y Arturo a buscar a Ángel? ¿Por qué creían que a lo mejor alguien lo podría conocer allí?
3. Entre todas las personas que Raquel y Arturo entrevistaron, ¿quién de ellas reconoció a Ángel?
4. Mientras Raquel grababa la historia de la búsqueda de Ángel, ella recibió una llamada telefónica. ¿Quién la llamó y por qué quería hablar con ella esa persona?
5. Al final del episodio, Raquel recuerda a Arturo y sus relaciones con él. ¿En qué pensaba? En su opinión, ¿cómo eran las relaciones entre ellos? ¿Cómo cree Ud. que son sus relaciones ahora?

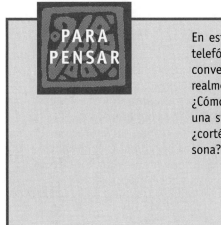
PARA PENSAR

En este episodio, Raquel recibió una llamada telefónica de Luis, su ex novio. Durante la conversación, llegamos a saber que a Raquel realmente no le interesa volverlo a ver. ¿Cómo reaccionaría Ud. si se encontrara en una situación semejante? ¿Sería Ud. amable? ¿cortés? ¿distante? ¿Qué le diría a esa persona? ¿Qué *no* le diría?

Conceptos gramaticales

6.1 • Los pronombres de doble complemento

¡Ya lo sabía Ud.!

En el Capítulo 3 aprendieron sobre el uso de los pronombres de complemento directo. También estudiaron los pronombres de complemento indirecto en el Capítulo 5. En este capítulo, van a aprender más sobre los complementos directos e indirectos, especialmente cuando hay pronombres directos e indirectos en la misma oración. Mire las oraciones a continuación.

Arturo me mostró la fotografía de Ángel.	Arturo **me la** mostró.
Raquel me dio un artículo sobre La Gavia.	Raquel **me lo** dio.
Arturo le regaló una copia de la foto a Raquel.	Arturo **se la** regaló.

A lo mejor las construcciones anteriores le parecen tan naturales que las usa casi sin tener que pensar en las reglas gramaticales. En esta sección va a aprender más sobre las oraciones que tienen a la vez pronombres de complemento directo e indirecto. Lo más desafiante de todo esto es saberlos usar correctamente, y eso, ¡ya lo sabía Ud.!

Para saber más: ¿Por qué no se la muestra en el negocio de al lado?

• Cuando hay en una misma oración un pronombre de complemento directo y otro de complemento indirecto, el pronombre de complemento indirecto siempre se antepone al pronombre de complemento directo. Las reglas sobre la posición de los complementos dobles en la oración son las mismas que estudiaron para los pronombres sencillos. A continuación hay oraciones que tienen pronombres de complemento directo e indirecto. Léalas y señale los complementos directos y los indirectos.

—¿El hombre de la foto? ¡Claro que lo conozco!
—¿Por qué no me lo dijo antes?

—¿Trae Ud. la foto?
—Sí, acaban de mostrármela.

—¿Quieres que te prepare brochetas?
—¿Dónde me las vas a preparar?
—Pues, te las preparo en mi propia parrilla, ¡claro!

- Cuando ambos pronombres empiezan con la letra **l**, el pronombre de complemento indirecto se convierte en **se**. Esto se hace para evitar la pronunciación torpe (*awkward*) de los dos pronombres. Mire los siguientes ejemplos.

Le compró **merluza** al   **Se la** compró (a él).
    pescadero. →
Ramón **le** envió **los**   Ramón **se los** envió
    documentos a Lucía. →   (a Lucía / a ella).

- Fíjese en que las reglas de la acentuación son las mismas que para los pronombres de complementos sencillos.

¿La cartera? **Dámela,** por favor.
¿El vídeo? Estoy **mostrándoselo** en este momento.

Actividades gramaticales

ACTIVIDAD A • Detalles de la historia

Paso 1. Indique si los siguientes detalles de la historia de *Nuevos Destinos* son ciertos (**C**) o falsos (**F**).

C F **1.** Raquel les contó la historia a los hijos de Elena Ramírez.
C F **2.** Raquel le reveló el propósito de su viaje al reportero Alfredo Sánchez.
C F **3.** La Sra. Suárez le mostró a Raquel cartas de Rosario.
C F **4.** La Sra. Suárez le consiguió la copia del certificado de nacimiento de Ángel a Raquel.
C F **5.** Alfredo le trajo la cartera perdida a Raquel.
C F **6.** Raquel le sacó una foto de la tumba de Ángel a don Fernando.
C F **7.** José el marinero les dijo a Arturo y a Raquel que conocía a Ángel.

Paso 2. Con un compañero / una compañera de clase, háganse preguntas con **sí** o **no**, basadas en las oraciones del Paso 1. La persona que contesta las preguntas debe reemplazar los complementos directos por pronombres, según el modelo.

MODELO: E1: ¿Le contó Raquel la historia de Rosario a Elena?
            E2: No, no se la contó. (La Sra. Suárez le contó la historia de Rosario a Raquel.)

ACTIVIDAD B • ¿Lo vas a hacer?

Con un compañero / una compañera, háganse preguntas sobre sus actividades en las próximas semanas. Cambien los complementos directos por pronombres.

> MODELO: E1: ¿Le vas a entregar la composición al profesor / a la profesora? →
> E2: Sí, se la voy a entregar (voy a entregársela).

En las próximas semanas...

1. ¿les vas a preparar tu receta favorita a tus amigos?
2. ¿le vas a contar la historia de *Nuevos Destinos* a tu compañero/a de cuarto (esposo/a, amigo/a, vecino/a...)?
3. ¿les vas a escribir una carta a tus padres (hijos, abuelos...)?
4. ¿le vas a hacer un regalo de cumpleaños a un amigo / una amiga?
5. ¿le vas a enviar correo electrónico a un amigo / una amiga?
6. ¿le vas a recomendar una película en español a un amigo / una amiga (compañero/a de clase...)?

ACTIVIDAD C • En busca de ayuda

Imagínese que un(a) estudiante tuvo que faltar a una clase, y pasaron muchas cosas el día que estuvo ausente. Él/Ella le pide a Ud. ayuda con algunas cosas. Con un compañero / una compañera de clase, hagan turnos haciendo y contestando preguntas, cambiando los complementos directos por pronombres.

> MODELO: E1: ¿Me puedes dar ayuda con la lección que falté?
> E2: Sí, te la puedo dar (puedo dártela). (No, no te la puedo dar [no puedo dártela] en este momento.)

1. ¿Me puedes resumir la historia del último episodio?
2. ¿Me puedes dar los apuntes que tomaste?
3. ¿Me puedes explicar la nueva lección de gramática?
4. ¿Me puedes decir la fecha del próximo examen?
5. ¿Me puedes enseñar la tarea que el profesor / la profesora te devolvió?

6.2 • Usos del infinitivo

¡Ya lo sabía Ud.!

Ud. sabe intuitivamente que las formas verbales conjugadas expresan la persona gramatical que realiza la acción, como, por ejemplo, **canto, comprendemos, salimos, bailan, vive, corres.** También sabe que algunas formas verbales no son personales. Es decir, hay formas que no indican ninguna persona en particular. **El infinitivo** es una forma verbal que no señala ni persona, ni número, ni tiempo. Las formas **ir, romper** y **enviar** no comunican quién realiza la acción ni el tiempo en que ésta ocurre. En esta sección vas a aprender más sobre el uso del infinitivo en español —y eso, ¡ya lo sabía Ud.!

Para saber más:
«Querer es poder.»

- Ud. ya sabe que el infinitivo es una forma verbal que no señala ni persona, ni número, ni tiempo. El infinitivo se reconoce fácilmente porque siempre termina en **-ar**, **-er** o **-ir**. Los hispanohablantes de segunda o tercera generación en los Estados Unidos a veces confunden el uso del infinitivo en español con el uso del gerundio (**correr** frente a **corriendo**). Esto se debe a la influencia del inglés. A continuación hay ejemplos de los varios usos del infinitivo en español. Lea las siguientes oraciones y tradúzcanlas al inglés. **¡OJO!** Algunas oraciones no se traducen literalmente, palabra por palabra, al inglés. (Si Ud. se da por vencido/a, las respuestas están en la última página de este capítulo.)

  1. Lucía quiere saber por qué el gobierno reclama La Gavia.
  2. A Raquel no le gusta el fumar.
  3. Ver es creer.
  4. Dejó de llover.

  ¿Notó que a veces los infinitivos se traducen al inglés usando la preposición *to* y otras veces con la forma del gerundio *-ing*? Aunque el gerundio (**fumando, creyendo, lloviendo**) sí existe en español, no se usa tanto como en inglés. Lea las siguientes oraciones en inglés e indique como se traducirían al español. (Las respuestas también se dan al final del capítulo.)

  1. *Smoking is not permitted.*
  2. *Reading is fundamental.*
  3. *She likes exercising.*
  4. *He stopped looking for her.*

- Se usa el infinitivo en español en las siguientes situaciones.

  1. El infinitivo puede usarse como el sujeto de una oración, así como Ud. vio en los ejemplos anteriores. En estos casos, el uso del artículo definido masculino es optativo.

     (**El**) **Manejar** en las ciudades grandes puede ser peligroso.
     Una de las pasiones de mi abuela es (**el**) **leer**.

  2. El infinitivo es la única forma verbal que se usa después de un verbo conjugado en una oración. Cuando se usa con verbos como **gustar, fascinar, encantar,** etcétera, el infinitivo se convierte en sujeto de la oración.

     Quiero **salir**.
     Esperan **encontrar**lo en La Boca.
     A Raquel no le gustaría **salir** con Luis.

  3. El infinitivo es la única forma verbal que se puede usar después de las preposiciones. Las preposiciones con las cuales se usa más comúnmente son: **a, de, en, con, por, para, sin**.

     Lucía acaba **de volver** a México.
     Fueron a La Boca **para buscar** a Ángel.
     No debes salir **sin comer**.

El siguiente cuadro presenta una lista de verbos comunes que llevan una preposición seguida por un infinitivo.

a	
acostumbrarse a	decidirse a
alcanzar a	empezar (ie) a
aprender a	invitar a
atreverse a	ir a
ayudar a	llegar a
comenzar (ie) a	
con	
amenazar con	soñar (ue) con*
casarse con	
de	
acabar de	enamorarse de*
acordarse (ue) de	olvidarse de
alegrarse de	parar de
cansarse de	terminar de
deber de	tratar de
dejar de	
en	
consistir en	persistir en
insistir en	tardar en
pensar (ie) en*	
por	
decidirse por	ir por
esforzarse (ue) por	luchar por
estar por	optar por
interesarse por	

*Estas preposiciones llevan significados distintos cuando acompañan estos verbos: **soñar con** = *to dream* ***about;*** **enamorarse de** = *to fall in love* ***with;*** **pensar en** = *to think* ***about***. La preposición **con** en **casarse con** no se traduce al inglés: **casarse con** = *to marry*.

4. Algunos verbos requieren **que** antes de un infinitivo, como **hay que** y **tener que.**

   Hay que ver a Héctor.
   Tienen que hablar con Héctor.

5. Se usa el infinitivo después de la contracción **al** para expresar *on/upon* (*doing something*).

   Raquel llamó a Lucía **al leer** la carta de Ramón.
   Al llegar a Buenos Aires, Raquel fue directamente al hotel.

Actividades gramaticales

ACTIVIDAD A • En Buenos Aires

Lea las siguientes oraciones y exprese de otra manera la palabra o palabras en letra cursiva, incorporando la información entre paréntesis. Siga el modelo.

> MODELO: Arturo *quiere* ver a su hermano. (soñar con)
> Arturo *sueña con ver* a su hermano.

1. *Sigo* investigando cuál es la situación con respecto al primer hijo de don Fernando. (tener que)
2. Después de hablar del caso, fuimos y *vimos* las tumbas de los padres de Arturo. (para)
3. Al día siguiente *buscamos* a Ángel en La Boca, una zona de Buenos Aires. (empezar a)
4. Entonces, *búsquenlo* donde trabaja —en el barco. (ir a*)
5. Después de saber a lo que había venido Raquel, Arturo *ayudó* en la búsqueda de Ángel. (insistir en)

ACTIVIDAD B • Para conocerme mejor

Paso 1. En grupos de dos o tres estudiantes, usen los siguientes verbos para revelar algo especial de Uds. No usen ningún verbo más de una vez. ¡OJO! Algunas expresiones requieren una preposición antes del infinitivo.

acostumbrarse	insistir	tardar
prepararse	dejar	olvidarse
aprender	negarse (ie)	empezar (ie)

Paso 2. Ahora compartan con los otros estudiantes de la clase la información que averiguaron sobre sus compañeros en el Paso 1. Los estudiantes deberán adivinar de quién hablan.

ACTIVIDAD C • Consejos para Raquel

Paso 1. Ya saben que Luis, el ex novio de Raquel, la ha llamado para pedirle que saliera con él. Con un compañero / una compañera de clase, hagan oraciones originales, dándole consejos a Raquel y empleando algunos de los verbos de la siguiente lista. También pueden usar la lista de expresiones útiles a continuación. ¡OJO! Algunas expresiones requieren una preposición antes del infinitivo.

Verbos: consentir (ie), cuidar, decidir, dejar, esforzarse (ue), insistir, hacer bien/mal, luchar, optar, pensar (ie), tener, tratar

Expresiones útiles: creemos que... , debes... , intenta... , trata de...

Paso 2. Ahora compartan con los otros grupos los consejos que escribieron en el Paso 1. ¿Están todos de acuerdo en cuanto a los pasos que debe tomar Raquel?

---

* En Conceptos gramaticales 8.1 Ud. va a estudiar más sobre los mandatos en español. ¿Cuál es el mandato en la tercera persona del plural (Uds.) del verbo **ir**? ¡Use su intuición!

Así lo decimos • Las variaciones dialectales

¿Me se o se me?

En este capítulo aprendió más sobre los pronombres de doble complemento. En algunos dialectos del español de Latinoamérica y también de los Estados Unidos, es frecuente el uso de **me se** y **te se** en vez de **se me** y **se te,** respectivamente. Por ejemplo, a veces se usan las siguientes construcciones.

> **Me se** olvidó el libro en casa.
> **Te se** cayeron las llaves.

A pesar de que hay quienes usen las expresiones **me se** y **te se,** se recomienda el uso de **se me** y **se te.** Aprenderá más sobre las construcciones con el pronombre **se** en el próximo capítulo.

ACTIVIDAD • ¿Qué les pasó?

Con un compañero / una compañera de clase, indiquen que les ha pasado inesperadamente, usando las expresiones **se me** y **se te,** según el modelo. Incorporen el pretérito de los verbos entre paréntesis al formar sus oraciones. **¡OJO!** Fíjense en que se conjugan los verbos según lo que se pierde, se rompe, etcétera.

MODELOS: ¡Mi taza de café! (caer) →
Se me cay**ó.**
¡Mis llaves! (perder/esta mañana) →
Se me perd**ieron** esta mañana.

1. ¡Tus libros! (caer)
2. ¡Tus zapatos! (quedar / en casa)
3. ¡Mi billetera! (olvidar / en casa)
4. ¡Tu torta! (quemar)
5. ¡Mis platos! (romper)

....

LOS HISPANOS EN LOS ESTADOS UNIDOS

Selena

Los mexicoamericanos de Texas recuerdan con horror el momento en que oyeron la noticia de que la estrella de la música tejana, Selena (pronunciado *Selina*), había sido asesinada a los 24 años. El 31 de marzo de 1995, Yolanda Saldívar mató a tiros a Selena, ganadora de un premio *Grammy,* durante una discusión violenta que tuvieron en el cuarto de un hotel. Saldívar, que se creía amiga de Selena, dejó su trabajo como presidenta del Club de aficionados de Selena para desempeñar el cargo de gerente de varias boutiques que la cantante había establecido. Según las declaraciones, Selena despidió a Saldívar por haber ésta malversado[1] varios miles de dólares del negocio, abusando del cargo que tenía.

Selena nació en Lake Jackson, Texas, en 1971. Su padre, Abraham Quintanilla, Jr., un ex miembro de la banda original Los Dinos, proveyó de un buen hogar y de un ambiente musical a Selena y al resto de la familia. Selena empezó su carrera musical a los nueve años. A pesar de las dificultades profesionales que tuvo al iniar su carrera como cantante, con el tiempo, Selena llegó a ser un nombre muy conocido entre los mexicoamericanos de Texas.

En 1981, con la ayuda de su padre, Selena organizó su propia banda llamada Selena y Los Dinos. Aunque las canciones de su primer álbum no le trajeron tanto renombre a Selena, sí sirvieron para darle una buena fundación a su carrera. El éxito le llegó en 1986, año en que recibió dos premios: el de «La cantante del año» y el de «Intérprete musical del año». Desde 1986, Selena ha sido una de los intérpretes más célebres de la música tejana, recibiendo premios en varias categorías año tras año.

Entre 1993 y 1994 a Selena le fueron otorgados premios en las categorías «Cantante femenina del año», «Canción del año» y «Álbum del año» por su tema «Entra a mi mundo». En 1994, su álbum *Selena Live* y su canción «Amor prohibido» llegaron a alcanzar el estatus de *double platinum* (por ventas de más de dos millones de ejemplares) y *quadruple platinum* (ventas de más de cuatro millones), respectivamente.

El talento musical de Selena parecía no tener límites. Selena revelaba lo más profundo de su ser durante sus conciertos, cantando con muchísima emoción, sentimiento y pasión. Por sus canciones en español y por las en inglés, Selena ha sido considerada una de las cantantes mexicoamericanas más famosas de los Estados Unidos, no solamente por el público de habla hispana, sino por el de habla inglesa también. En 1997 salió la película *Selena*, que trataba la vida y el éxito de la cantante. La película fue protagonizada por Jennifer López como Selena y Edward James Olmos como su padre Abraham.

[1]*embezzled*

Para escribir

En esta sección del libro, Ud. tendrá la oportunidad de expresarse por escrito. En el libro de texto se le presentarán algunas actividades para acercarle al tema. Pero es en el *Manual* que acompaña el libro de texto donde va a realizar la escritura de sus composiciones.

ACTIVIDAD • Mi lugar favorito

Piense en su sitio o lugar favorito. ¿Se encuentra en la ciudad o en el campo? Describa lo que más le gusta de su lugar predilecto. ¿Cómo es? ¿Por qué le gusta ir allí? ¿Va allí para descansar o para divertirse? ¿Cómo le hace sentir ese sitio Ud.? Complete un cuadro como el siguiente con la información apropiada.

Mi lugar favorito es: _____
Ese lugar se encuentra: _____
Lo que hay allí: _____
Me gusta porque: _____
Cuando estoy allí, yo: _____
Voy allí cuando me siento: _____
Otras personas que saben que éste es mi lugar favorito: _____

ACTIVIDAD • El barrio La Boca

En el Episodio 6, Raquel y Arturo encontraron a algunas personas que ayudaron a adelantar su búsqueda de Ángel. Vuelva a mirar la foto en la primera página de este capítulo y los comentarios que Ud. apuntó en la sección De entrada. Compare lo que Ud. sabe ahora con las ideas que escribió entonces. ¿Acertó en algunas de sus suposiciones? ¿Qué sabe Ud. ahora sobre la historia de *Nuevos Destinos* que no sabía antes de ver el Episodio 6? ¿Qué le queda por saber todavía sobre Ángel Castillo? Apunte sus respuestas.

CONCEPTOS GRAMATICALES 6.2: USOS DEL INFINITIVO	
TRADUCCIONES DEL ESPAÑOL AL INGLÉS	
1. Lucía quiere saber por qué el gobierno reclama La Gavia.	*Lucía wants to know why the government is reclaiming La Gavia.*
2. A Raquel no le gusta el fumar.	*Raquel doesn't like smoking.*
3. Ver es creer.	*Seeing is believing.*
4. Dejó de llover.	*It stopped raining.*
TRADUCCIONES DEL INGLÉS AL ESPAÑOL	
1. *Smoking is not permitted.*	Se prohíbe fumar.
2. *Reading is fundamental.*	Leer es fundamental.
3. *She likes exercising.*	A ella le gusta hacer ejercicio.
4. *He stopped looking for her.*	Él dejó de buscarla.

Literatura

Antes de leer

Alfonsina Storni (1892–1938) es una de las figuras más ilustres de la literatura argentina. Storni nació en Suiza mientras sus padres estaban de vacaciones en ese país. Aprendió a leer a los seis años, y a los doce años se aficionó tanto a la poesía que escribió sus primeros versos, —el inicio de una extensa creación literaria. Después de obtener su diploma en pedagogía, Storni consiguió el puesto de maestra en una escuela primaria de Rosario, en la Argentina. Durante esta época, se enamoró de un periodista y político local que fue el padre de su único hijo, Alejandro. Antes de que éste naciera, Storni se mudó a Buenos Aires donde trabajó como cajera en una tienda y colaboró en la revista *Caras y Caretas.* Durante su carrera literaria, Storni obtuvo el premio anual del Consejo Nacional de Mujeres por *El canto a los niños* (1917) y el Premio Nacional de Literatura por *Languidez* (1920). En 1935, fue operada de un tumor canceroso en el pecho. A los pocos años, volvió el cáncer y, en un estado de desesperación, Storni se suicidó arrojándose al Mar del Plata.

El siguiente poema *«Hombre pequeñito»* apareció en su obra *Irremediable* (1919). El poema refleja una de las preocupaciones mayores de la poeta: las relaciones entre los hombres y las mujeres.

ACTIVIDAD • El conflicto entre los sexos

Paso 1. ¿Cuáles son algunos de los conflictos que existen entre los hombres y las mujeres? Piense Ud. en las relaciones entre los sexos. Haga una lista de los conflictos más sobresalientes o comunes que hay entre hombres y mujeres. Luego, escriba una oración explicando el conflicto y los problemas que pueden surgir como resultado de ese conflicto.

> MODELO: la comunicación → Puede haber problemas cuando los hombres y las mujeres no se comunican exactamente lo que quieren o piensan. Habrá malentendidos (*misunderstandings*) porque...

Paso 2. Comparta su lista con un compañero / una compañera de clase. ¿Escribió él/ella algunas ideas que a Ud. no se le ocurrieron? ¿Cuáles de esos temas piensan Uds. que van a aparecer en el poema?

«Hombre pequeñito»

Hombre pequeñito, hombre pequeñito,
Suelta a tu canario que quiere volar...
Yo soy el canario, hombre pequeñito,
Déjame saltar.

Estuve en tu jaula, hombre pequeñito,
Hombre pequeñito que jaula me das.
Digo pequeñito porque no me entiendes,
Ni me entenderás.

Tampoco te entiendo, pero mientras tanto
10 Ábreme la jaula que quiero escapar;
Hombre pequeñito, te amé media hora,
No me pidas más.

Después de leer

ACTIVIDAD A • Impresiones

Paso 1. En grupos de dos o tres estudiantes, contesten las siguientes preguntas, indicando sus impresiones del poema.

1. ¿Cuál es el tono que emplea Storni en su poema? ¿Qué adjetivos se podrían usar para describir el estado mental de su protagonista? ¿Cómo se sentiría la mujer que se expresa en estos versos?
2. En su opinión, ¿qué es lo que pide la persona que habla? ¿Cuáles son sus intenciones? ¿Opinan Uds. que se quedará con su esposo (novio, amante) o que se siente incapaz de cambiar de vida? ¿Por qué creen así?
3. ¿Cómo son simbólicos la jaula y el canario en cuanto a la situación de la protagonista del poema?
4. ¿Opinan Uds. que la situación en que se encontraba la mujer en esa época ocurre hoy en día? ¿Por qué sí o por qué no?
5. Si Uds. fueran amigos de la protagonista del poema, ¿qué consejos le darían para poder escapar de la situación en que se encontraba?

Paso 2. Ahora comparen Uds. las listas que hicieron en Antes de leer con lo que ya saben del poema. ¿Indicó alguno/a de Uds. la falta de libertad como un problema en las relaciones entre los sexos?

ACTIVIDAD B • ¡Poeta es Ud.!

Paso 1. Piense en la situación de la mujer tal como Storni la describió en «Hombre pequeñito». Ahora escriba su propio poema (de ocho a diez versos) indicándole a la mujer del poema lo que debe hacer para escaparse de esa situación. No importa que los versos no rimen —lo importante son los consejos que le da.

Paso 2. Comparta su poema con los otros estudiantes de la clase. ¿Cuántos consejos diferentes le dieron Uds. a la mujer del poema? ¿Cuántos opinan que la mujer debería dejar a su amado? ¿Cuántos opinan que no debe hacerlo?

Consejos

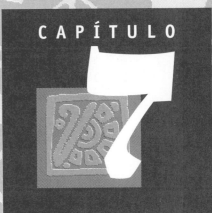

De entrada

¿Puede este hombre ayudar a Raquel y Arturo en su búsqueda de Ángel?

En este episodio, Raquel y Arturo siguen buscando a Ángel. ¿Qué habrán descubierto? ¿Dónde estará? ¿Qué estará haciendo? Apunte sus ideas.

Hacia la comunicación

De viaje

ACTIVIDAD A • ¡Vamos de vacaciones!

A Ud., ¿qué le gusta hacer cuando está de vacaciones? ¿Le gusta ir a algún sitio? ¿O prefiere quedarse en casa disfrutando del descanso de los estudios y del trabajo? Mire los siguientes dibujos y conteste las preguntas a continuación.

1.   2.   3.   4.

1. En estos dibujos se ven varios lugares de vacaciones muy visitados por los turistas. Mírelos y describa los diferentes lugares. ¿En qué se parecen algunos? ¿En qué son diferentes?
2. ¿Qué estaciones del año se representan en los dibujos? Por lo general, ¿en qué estaciones del año va la gente de vacaciones a estos lugares? ¿Hay algunos lugares que se puede visitar en cualquier estación del año?
3. ¿Cuáles son algunas de las actividades que Ud. asocia con las vacaciones? Por lo general, ¿prefiere las vacaciones de mucha acción? ¿poca acción? ¿de playas tropicales? ¿de zonas más frías?
4. ¿Ha ido Ud. de vacaciones últimamente? ¿Adónde fue? ¿Qué hizo allí? ¿Con quién(es) pasó sus vacaciones? Por lo general, ¿prefiere ir de vacaciones a solas (*alone*) o con otras personas, como amigos o parientes? ¿Por qué?
5. ¿Cómo prefiere viajar? ¿Prefiere viajar por tren? ¿por avión? ¿en coche? ¿en barco? ¿ ?
6. Hay muchas personas que tienen miedo de viajar en avión. ¿Es Ud. una de esas personas? Si contesta que sí, ¿puede explicar por qué?
7. Si Ud. se ganara un viaje a Europa y, además de la ropa y los artículos del aseo personal, no pudiera llevar más de tres cosas, ¿qué llevaría y por qué?

ACTIVIDAD B • ¡Visítenos en... !

Paso 1. En grupos de dos o tres estudiantes, piensen en un lugar turístico que han visitado o que les gustaría visitar. Apunten las varias atracciones o espectáculos que hay allí. ¿Serán las playas de Cancún? ¿las ruinas de Machu Picchu? ¿ ? Pónganse de acuerdo en cuanto a este destino turístico.

Paso 2. Imagínense que Uds. trabajan para una agencia de viajes y su jefe les ha pedido que diseñen un folleto que describa el sitio que escogieron en el Paso 1. ¿Cómo será su folleto? Diséñenlo, tomando en cuenta que van a usarlo para atraer a la gente a ese sitio.

Paso 3. Ahora hagan un concurso con los otros grupos de la clase para ver cuál es el mejor folleto. Su profesor(a) va a servir de mediador(a) y anunciar el mejor folleto.

ACTIVIDAD C • Consejos: Vacaciones seguras

Con un compañero / una compañera de clase, lean el siguiente artículo de *La Nación*, un periódico publicado en San José, Costa Rica, y completen los ejercicios a continuación.

Vacaciones seguras

Aplique los consejos dados por los jefes de seguridad de importantes hoteles

Durante sus vacaciones, o en un viaje de negocios, el hecho de que Ud. se esté alojando en un hotel de prestigio no es excusa para que no tome medidas de protección personales, sugeridas por los jefes de seguridad de los mejores hoteles del mundo:

1. Si, cuando Ud. llega a su habitación, la puerta está abierta, llame a la recepción y pídale a un empleado que revise la habitación con Ud.

2. Si alguien, alegando que es un empleado, le toca la puerta y Ud. no lo reconoce como tal, pídale el nombre y chequéelo en la recepción.

3. Cada vez que salga de la habitación y entre en ella, échele una mirada a sus maletas.

4. No coloque su dinero, sus joyas o cualquier artículo valioso en la habitación, sino en la caja de seguridad del hotel (a menos que su habitación tenga su propia caja de seguridad).

5. Tenga con Ud. una linterna pues, si se van las luces, tendrá resuelto el problema y no sufrirá muchos inconvenientes.

6. No sienta vergüenza de llamar a la recepción si ve a alguien sospechoso por los corredores o si cree que alguien ha intentado abrir la puerta.

7. Nunca salga a la calle con la llave de su habitación. Mejor dejarla con el recepcionista del hotel.

Paso 1. Con un compañero / una compañera de clase, busquen en el artículo lo que se debe o no se debe hacer cuando se está de vacaciones.

LO QUE SE DEBE HACER	LO QUE NO SE DEBE HACER

Paso 2. Ahora piensen en otras cosas que no ha mencionado el autor del artículo. ¿Hay algo que no mencionó que realmente es importante que sepan los viajeros? ¿Tienen Uds. otras sugerencias en cuanto a lo que se debe o no se debe hacer cuando se está en un hotel?

Paso 3. Compartan las sugerencias que escribieron en el Paso 2 con las de los otros grupos de la clase. ¿Se les ocurrió algo a ellos que a Uds. no se les ocurrió?

El vídeo

Antes de ver el episodio

En el Episodio 7 del CD-ROM que acompaña *Nuevos Destinos* hay una variedad de actividades relacionadas con el Episodio 7 del vídeo.

ACTIVIDAD • Un breve repaso

Con un compañero / una compañera de clase, contesten las siguientes preguntas sobre el episodio previo de *Nuevos Destinos.*

1. En el episodio previo, Lucía revisó unos documentos importantes que Ramón Castillo le había enviado. ¿Qué eran los documentos y qué tenían que ver con el caso?
2. Raquel y Arturo comenzaron la búsqueda de Ángel en una zona de Buenos Aires llamada La Boca. ¿Por qué creían que allí encontrarían a alguien que reconocería a Ángel?
3. Raquel y Arturo hablaron con muchas personas en La Boca. ¿Con quiénes hablaron y quién o quiénes reconocieron a Ángel?
4. Luego, Raquel y Arturo fueron a un barco para hablar con alguien que probablemente reconocería a Ángel. ¿Quién era esa persona y qué les aconsejó que hicieran?
5. Mientras Raquel grababa la historia de la búsqueda de Ángel, ella recibió una llamada telefónica de Luis. ¿Quién es Luis y por qué quería hablar con ella?
6. Al final del episodio, Raquel recuerda a Arturo y lo que pasó entre ellos en la Argentina. ¿En qué pensaba? Según Ud., ¿cómo eran las relaciones entre ellos? ¿Cómo cree Ud. que son ahora?

Después de ver el episodio

PALABRAS ÚTILES	
la anomalía	anomaly, irregularity
el barco de carga	cargo ship
el/la atorrante	bum, hobo

ACTIVIDAD A • Detalles importantes

Paso 1. En la siguiente página hay una lista de palabras o expresiones clave que aparecieron en el Episodio 7. Escriba una definición breve en español de las siguientes palabras o conceptos.

1. las provisiones	4. el barco de carga	7. el extranjero
2. aconsejar	5. el/la atorrante	8. fechado/a
3. la anomalía	6. el cuadro	9. la reconciliación

Paso 2. Con un compañero / una compañera de clase, comparen sus definiciones. ¿Están de acuerdo con las definiciones que dieron?

ACTIVIDAD B • Héctor Condotti

Paso 1. Con un compañero / una compañera de clase, terminen las siguientes oraciones lógicamente, basándose en lo que pasó en el Episodio 7 de *Nuevos Destinos*.

1. Héctor se acuerda muy bien de Ángel porque...
2. Héctor les informa a Raquel y a Arturo que él había recibido...
3. Héctor cree que Ángel...
4. Héctor le da a Arturo...
5. Al final de la conversación con Héctor, éste les dice a Raquel y Arturo que...

Paso 2. Ahora comparen sus oraciones del Paso 1 con las de los otros grupos. ¿Están todos de acuerdo?

ACTIVIDAD C • Querido Héctor:

Paso 1. Con un compañero / una compañera de clase, lean parte de la carta que Ángel le escribió a Héctor y contesten las preguntas a continuación.

San Juan, 8 de noviembre de 1960

Querido Héctor:

Quiero agradecerte la recomendación que me diste para trabajar de marinero. Estuve casi un año en el barco y fue una experiencia interesante.

Pude ver Francia, Inglaterra y Alemania. También visité España, pero descubrí que ya no había nada para mí en mi tierra natal. Pero tenías razón; no soy un verdadero marinero.

1. ¿Dónde vivía Ángel cuando le escribió la carta a Héctor?
2. ¿Cuánto tiempo trabajó Ángel en el barco?
3. ¿Qué países había visitado Ángel cuando era marinero?
4. ¿Cómo reaccionó Ángel al volver a España, su país de origen?

Paso 2. Ahora miren la fecha de la carta. Hace muchos años que Ángel escribió la carta, ¿no? ¿Cómo creen Uds. que es la vida de Ángel ahora? ¿Seguirá viviendo en Puerto Rico? ¿Tendrá una nueva familia allí? ¿Sequirá pintando y ganándose la vida como pintor? Apunten sus ideas al respecto.

ACTIVIDAD D • El episodio en breve

Conteste las siguientes preguntas, basándose en la información del Episodio 7 de *Nuevos Destinos*.

1. Al empezar el Episodio 7, Raquel revisa su correo. ¿Qué carta recibe y de quién es?
2. En el episodio previo, José les recomendó que hablaran con Héctor, un hombre que había vivido siempre en La Boca. ¿Adónde tuvieron que ir Raquel y Arturo para poder hablar con Héctor?
3. Según Héctor, ¿cómo llegó él a conocer a Ángel?
4. Héctor les dijo que hace muchos años él había recibido una carta de Ángel. ¿Recuerda Héctor en dónde vivía Ángel en esa época?
5. ¿Por qué no le dio inmediatamente Héctor a Arturo la carta que él había recibido de Ángel?
6. Al final de su conversación, Héctor le dio algo a Arturo como recuerdo de su hermano Ángel. ¿Qué le regaló y por qué?
7. Después de unos días, Raquel y Arturo fueron a reunirse con Héctor otra vez. ¿Adónde fueron y por qué?
8. ¿Qué información traía la carta de Ángel?
9. Al final del episodio Lucía llama a Raquel desde su despacho en el Distrito Federal. ¿Por qué la llama? ¿Qué consejos le da Raquel a Lucía?

ACTIVIDAD E • Raquel y Arturo (Optativo)

Paso 1. Mientras no estaban buscando a Ángel, Raquel y Arturo hacían otras cosas en el tiempo que les sobraba. En grupos de dos o tres estudiantes, miren las fotos y describan lo que hacían Raquel y Arturo para pasar el tiempo. En su opinión, ¿creen que existe una atracción mutua entre ellos? Si Uds. creen que sí, ¿cuándo empezó a manifestarse esa atracción mutua? ¿Qué siente Raquel por Arturo y Arturo por ella?

Expresiones útiles: andar en mateo (*to take a carriage ride*), hacer un *picnic*

Paso 2. Ahora comparen sus respuestas del Paso 1 con las de los otros grupos de la clase. ¿También ellos creen que hay una atracción mutua entre Raquel y Arturo? ¿Cuándo empezaron a darse cuenta de eso?

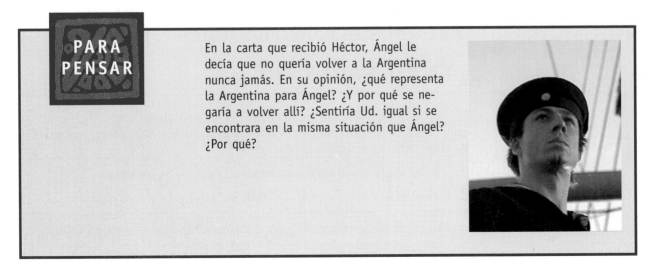

PARA PENSAR

En la carta que recibió Héctor, Ángel le decía que no quería volver a la Argentina nunca jamás. En su opinión, ¿qué representa la Argentina para Ángel? ¿Y por qué se negaría a volver allí? ¿Sentiría Ud. igual si se encontrara en la misma situación que Ángel? ¿Por qué?

ENTRE BASTIDORES

Augusto Benedico («don Fernando»)

Augusto Benedico fue el primer actor a quien se le dio un papel en la serie original de *Destinos.* En México, Augusto era muy conocido y querido por el público. Había desempeñado varios papeles en el teatro, en la televisión y en varias películas populares mexicanas. Mientras leía los renglones[1] del guión durante su audición para *Destinos,* y precisamente el pasaje en que don Fernando habla sobre su vida, el equipo cinematográfico de los Estados Unidos quedó asombrado cuando Augusto les dijo: «¡Pero si Uds. están haciendo la historia de mi vida!» Augusto nació en España y allí vivió con su familia durante muchos años. Después de la muerte de su primera esposa y después de la Guerra Civil española, Augusto emigró a México y allí volvió a casarse.

Después de filmar el episodio piloto de *Destinos,* y cuando aún faltaba filmar los 52 episodios de la serie original, Augusto tuvo un ataque cardíaco. Tanto los actores como los miembros del equipo cinematográfico esperaban ansiosamente la recuperación de Augusto. Todos se regocijaron[2] cuando Augusto se mejoró lo suficiente como para poder hacer el papel de don Fernando. Desafortunadamente, Augusto murió a mediados de enero de 1992, justamente un año después de filmar las escenas en México. Aunque Augusto Benedico ha muerto, seguirá viviendo en los corazones y en la memoria de las personas que lo querían.

[1]*lines* [2]*se... rejoiced*

Conceptos gramaticales

7.1 • Las construcciones reflexivas
¡Ya lo sabía Ud.!

Ud. ya ha aprendido algo sobre el uso del pronombre **se** como, por ejemplo, para reemplazar los pronombres **le** y **les** cuando aparecen dos pronombres de complemento en una sola oración.

> Ramón **le** envió los documentos a Lucía. → **Se** los envió.

En esta sección va a aprender el uso de **se** como pronombre reflexivo. Las construcciones reflexivas se usan para hablar de ciertas acciones personales que las personas se hacen a o para sí mismas. Mire los ejemplos a continuación. ¿Sabe cuál es la diferencia entre las oraciones?

Yo **me despierto** a las ocho.

Yo **despierto** a mis hijos a las ocho y media.

Carlota **se acuesta** tarde.

Carlota **acuesta** a los niños más temprano.

Lo más desafiante para muchos es saber cuándo y cómo usar los verbos reflexivos, y eso, ¡ya lo sabía Ud.!

Para saber más: Se quedó a vivir al extranjero

Las construcciones reflexivas

- Las construcciones reflexivas se usan para indicar una acción que vuelve de un modo u otro sobre el sujeto que la realiza. En inglés esta construcción con frecuencia, aunque no siempre, equivale a *self*/*-selves*. A continuación se presentan los pronombres reflexivos.

despertarse (ie)	
me despierto	**nos** despertamos
te despiertas	**os** despertáis
se despierta	**se** despiertan

Fíjese en que, igual que los pronombres de complemento directo e indirecto, los pronombres reflexivos se anteponen a la forma conjugada del verbo. También se pueden adherir al infinitivo y al gerundio.

¿**Te** vas a comprar una moto? = ¿Vas a comprar**te** una moto?
Me estoy lavando la cara. = Estoy lavándo**me** la cara.

- A continuación se presentan los verbos reflexivos más comunes en español. Léalos e indique cómo se traducirían al inglés. Si Ud. se da por vencido/a, mire las traducciones que se encuentran en la última página de este capítulo.

acostarse (ue)	dormirse (ue, u)	ponerse / ponerse + *adj.*
afeitarse	ducharse	quitarse
bañarse	lavarse	sentarse (ie)
despertarse (ie)	levantarse	sentirse (ie, i) + *adj.*
divertirse (ie, i)	llamarse	vestirse (i, i)

Note que muchos verbos reflexivos también cambian de radical. (Para repasar los cambios radicales, véase Conceptos gramaticales 2.2.)

- Muchos de estos verbos también pueden emplearse en forma no reflexiva. Algunos de estos verbos tienen un cambio de significado entre su forma reflexiva y la forma no reflexiva. ¿Cuál es el significado del verbo en cada una de las siguientes oraciones?

Raquel **duerme** ocho horas por noche.
Raquel siempre **se duerme** con facilidad.

Lucía **pone** los documentos de don Fernando en su archivo.
Lucía **se pone** frustrada cuando lee la última carta del gobierno mexicano.
Lucía **se pone** abrigo y guantes cuando hace frío.

Actividades gramaticales

ACTIVIDAD A • Un día típico estudiantil

A continuación hay una descripción de un día típico en la vida de Olga Rodríguez y su esposo. Complete la descripción con la forma correcta de los verbos entre paréntesis.

Generalmente yo _____[1] (despertarse) a las seis todos los días. Mi esposo prefiere _____[2] (quedarse) en cama hasta las nueve o diez pero él también tiene que _____[3] (levantarse) temprano. Después de _____[4] (ponerse: yo) la bata[a] y mis zapatillas,[b] bajo a la cocina para preparar el desayuno. Durante la semana, mi esposo y yo desayunamos ligeramente pero los fines de semana _____[5] (prepararse: nosotros) huevos con tocina, papitas, fruta y pan tostado. Después del desayuno, mi esposo sube al baño. Mientras él _____[6] (bañarse) y _____[7] (afeitarse) yo _____[8] (ponerse) a limpiar la cocina. Luego, yo _____[9] (ducharse), _____[10] (maquillarse) y _____[11] (vestirse) rápidamente para no llegar tarde al trabajo. Así es un día típico para nosotros.

[a](bath)robe [b]slippers

ACTIVIDAD B • Mi rutina diaria

Paso 1. ¿Cómo es su rutina diaria? Escriba un párrafo, indicando lo que Ud. hace los días de entresemana (*on weekdays*). Use los verbos de la siguiente lista u otros, si quiere. Debe usar también palabras transicionales como **primero, segundo, luego, después,** etcétera.

MODELO: Primero, me despierto a las seis, pero no me levanto hasta las seis y cuarto. Luego,...

Verbos: acostarse (ue), afeitarse, bañarse, ducharse, despertarse (ie), divertirse (ie, i), dormirse (ue, u), levantarse, ponerse, quitarse, sentarse (ie), sentirse (ie, i), vertirse (i, i), ¿ ?

Paso 2. Ahora intercambie su párrafo con el de un compañero / una compañera de clase. Comparta con el resto de la clase el párrafo de su compañero/a, haciendo los cambios necesarios.

MODELO: Primero, Jaime se despierta a las seis, pero no se levanta hasta las seis y cuarto. Luego,...

7.2 • Más usos de *se*

¡Ya lo sabía Ud.!

Además de usar el pronombre **se** cuando hay dos pronombres de complemento en la misma oración y en construcciones reflexivas, hay varios usos más de **se**. ¿Cuál es la diferencia entre los usos de **se** en las siguientes oraciones?

> A Raquel **se** le perdió la cartera.
> **Se** dice que Ángel vivía antes en La Boca.
> Arturo y Ángel ya no **se** hablan.

Oraciones como éstas son muy naturales para Ud., y es muy probable que las use sin pensar en las reglas gramaticales. En esta sección va a aprender más sobre estos usos de **se**. Para muchas personas, lo más difícil de todo esto es saberlo emplear correctamente, y eso, ¡ya lo sabía Ud.!

Para saber más: Llámame si se te ocurre algo

Se para accidentes o acontecimientos inesperados

Los acontecimientos inesperados o accidentales se expresan, por lo general, usando el pronombre **se** y la tercera persona singular de algún verbo. Mire los siguientes ejemplos. ¿Cómo se traducirían al inglés?

> **Se** cayó la carta.
> **Se** olvidó el libro.
> **Se** rompió el vaso.

¿Notó que las oraciones que acaba de leer realmente no señalan a ninguna persona en particular? Sin embargo, en español, para señalar una víctima o sea, a la persona que se encuentra involucrada en la acción, se puede introducir un pronombre de complemento indirecto entre **se** y el verbo. Mire los siguientes ejemplos.

> Raquel perdió la cartera.   A Raquel **se le** perdió la cartera.
> Arturo rompió los vasos.   A Arturo **se le** rompieron los vasos.

Note que en la construcción con **se,** cuando el objeto es singular (**la cartera**), el verbo también es singular. Cuando el objeto es plural (**los vasos**), el verbo también es plural.

El efecto de usar esta construcción es de quitarle la culpa de alguna acción inesperada a la persona que la comete. El primer ejemplo anterior indica que fue Raquel quien cometió la acción de perder la carta. La construcción con **se** indica que la cartera le fue perdida a Raquel, es decir, que ella no cometió el error o que, por lo menos, lo hizo sin querer. Este uso se equivale en inglés a *Raquel's wallet got lost.* Suena más suave que *Raquel lost the wallet,* ¿no?

Algunos de los verbos y las frases verbales más comunes que se usan con esta construcción son: **acabar, caer, olvidarse de, perder (ie), quedar, romper.**

Las construcciones impersonales con **se**

- El pronombre **se** se usa frecuentemente en español para hablar del estado general de las acciones. No importa quién es la persona que hace la acción. El sujeto del verbo equivale a *one, you* (*indefinite*), o *they* (*indefinite*) de inglés. Mire los siguientes ejemplos y trate de expresar su significado en inglés.

  > **Se vive** bien en México.
  > **Se puede ver** el mar desde aquí.
  > En Madrid no **se cena** hasta las diez.

- En las construcciones impersonales el verbo siempre se conjuga en la tercera persona singular.
- Cuando se forma una construcción impersonal con los verbos reflexivos, se puede incluir **uno** en la oración para indicar que la acción no se refiere a ninguna persona en particular.

  > En España **uno se acuesta** muy tarde, por lo general.
  > **Uno** debe **tratarse** bien a sí mismo.

El **se** pasivo

- El **se** pasivo es muy semejante al **se** impersonal en que no importa quién hace la acción. Pero, a diferencia del **se** impersonal, siempre hay un complemento directo del verbo y el verbo se conjuga de acuerdo con este sustantivo, que es la cosa afectada por la acción. El complemento sirve de sujeto de la oración y el verbo equivale a *is / was* + participio pasivo. Mire los siguientes ejemplos y trate de expresar su significado en inglés.

  > **Se habla** español en México.
  > **Se venden** boletos en el aeropuerto.
  > **Se prohíbe** fumar.

- Note que, en muchos casos, se puede expresar el **se** pasivo en términos impersonales. Mire el siguiente ejemplo.

  > **Se cambian** cheques aquí.

  > **se** pasivo: *Checks are cashed here.*
  > **se** impersonal: *They cash checks here.*

Las acciones recíprocas

Se puede expresar las acciones recíprocas con los pronombres reflexivos plurales **nos, os** y **se.** Las acciones recíprocas por lo general se expresan en inglés como *each other* o *one another*.

> Raquel y Arturo **se miran** amorosamente, aunque parece que apenas **se conocen.**

Actividades gramaticales

ACTIVIDAD A • ¡Pobre José Miguel!

A José Miguel, un estudiante universitario del Ecuador, todo le salió fatal hoy. Haga oraciones completas según las indicaciones para expresar el día horrible que tuvo. ¡OJO! Ud. va a usar el pretérito en sus oraciones.

MODELO: José Miguel / perder / llaves →
A José Miguel se le perdieron las llaves.

1. José Miguel / caer / taza de café
2. también / quedar / libros en casa
3. José Miguel / olvidarse de / ir / clase de informática (*computer science*)
4. esta mañana / acabar / tiempo para estudiar / para el examen de filosofía
5. en la universidad / perder / composición para la clase de inglés
6. por la noche / romper / dos floreros (*flower vases*)

ACTIVIDAD B • Se dice que...

Paso 1. Lea las siguientes oraciones e indique el uso de **se** que se encuentra en cada una. Use la siguiente clave como guía. ¡OJO! A veces hay más de una respuesta correcta.

a) **se** como pronombre de complemento indirecto
b) **se** en construcciones reflexivas
c) **se** para acciones inesperadas o accidentales
d) **se** en construcciones impersonales
e) **se** pasivo
f) **se** para acciones recíprocas

1. Se ven muchos rascacielos en Nueva York.
2. Se nos acabó la leche esta mañana, así que tendré que ir al mercado.
3. Paula y Josefina se sientan para tomar un café.
4. Es obvio que Uds. se quieren mucho.
5. ¿Ud. no tiene la dirección? ¡Pero si se la di esta mañana misma!
6. Se dice que se come mucha carne en la Argentina.
7. Al Sr. Casiano se le olvidó una cita muy importante esta tarde.
8. Cuando dos personas se conocen por primera vez, es normal que se den la mano.
9. ¿Por qué no me manda Ud. el formulario por *fax* y se lo devolveré cuanto antes?
10. No se duerme muy bien cuando hace calor.

Paso 2. Ahora comparta sus respuestas del Paso 1 con un compañero / una compañera de clase. Si no están de acuerdo con algo, deben justificar sus respuestas.

LOS HISPANOS EN LOS ESTADOS UNIDOS

Los puertorriqueños (I)

Los puertorriqueños han vivido en los Estados Unidos continentales desde los años 30 del siglo XIX. En esa época había mucho comercio de importación y exportación entre la Isla y la ciudad de Nueva York, pero la migración puertorriqueña a los Estados Unidos no era tanta como lo es hoy en día. A finales del siglo había aproximadamente 1.500 puertorriqueños en los Estados Unidos.

La Guerra hispanoamericana cambió el estatus de la Isla, convirtiéndola en una posesión de los Estados Unidos. En 1917, por medio del decreto «Jones» les fue concedida la ciudadanía estadounidense a los puertorriqueños, a pesar de que éstos no la habían pedido. Durante los próximos veintitrés años, miles de puertorriqueños llegaron a establecerse en los Estados Unidos. Ya en 1940, había aproximadamente 70.000 puertorriqueños en este país, la mayoría de ellos concentrada en Nueva York.

Pero la gran corriente migratoria puertorriqueña no empezó sino después de la Segunda Guerra Mundial. El precio de los boletos de avión en esa época era tan razonable que a muchos se les hizo posible el viaje a los Estados Unidos y, como resultado, la cantidad de inmigrantes puertorriqueños se triplicó. Para el año 1992, el número de puertorriqueños establecidos en el continente había llegado a los 2,75 millones.

Así lo decimos • Las variaciones dialectales

Expresiones con *hacer*

En el Capítulo 4 se presentó información sobre construcciones temporales en español con **hace.** Ud. aprendió que las construcciones temporales con **hace** corresponden a *how long?* o *ago* en inglés. Acuérdese que, en estas construcciones impersonales, siempre se usa la tercera persona del singular (**hace**), incluso cuando el período de tiempo se expresa en plural (dos años, tres días, varios meses...).

En español, se usa el verbo **hacer** para formar varias otras expresiones idiomáticas. Estudie la siguiente lista y trate de dar una explicación de lo que significa cada expresión. Si Ud. se da por vencido/a, mire las respuestas en la última página de este capítulo.

hacer la vida imposible (a alguien)	ser el que hace y deshace
hacer otro tanto	A lo hecho, pecho.
hacer polvo algo	¡Buena la has hecho!
hacer una de las suyas	El que la hace la paga.
hacerse el bobo	Haz bien y no mires a quien.
hacerse el olvidadizo	Más hace el que quiere que el
hacerse el sueco	que puede.

ACTIVIDAD • Expresiones con *hace*

Paso 1. Con un compañero / una compañera de clase, escriban cinco oraciones originales usando expresiones con **hacer**. Traten de relacionar el contenido de las oraciones con lo que pasa en *Nuevos Destinos*.

Paso 2. Ahora comparen las oraciones que escribieron en el Paso 1 con las de los otros grupos de la clase. ¿Escogieron la mayoría los mismos dichos con el verbo **hacer**? ¿Qué grupo tiene las oraciones más originales?

Para escribir

En esta sección del libro, Ud. tendrá la oportunidad de expresarse por escrito. En el libro de texto se le presentarán algunas actividades para acercarle al tema. Pero es en el *Manual* que acompaña el libro de texto donde va a realizar la escritura de sus composiciones.

ACTIVIDAD • Mis vacaciones favoritas

Piense en las mejores vacaciones que Ud. ha tenido. ¿Viajó a algún lugar? ¿Adónde fue? ¿Fue solo/a, con su familia o con unos amigos? ¿Qué hizo mientras estuvo allí? Describa esas vacaciones y lo que más le gustó de todo. ¿Por qué quería ir allí? ¿Piensa volver en el futuro? ¿Cómo se sentía en ese sitio? Apunte sus ideas sobre esas vacaciones.

Mis vacaciones favoritas fueron:
Ese lugar se encuentra:
Fui con:
Fui en avión (barco, carro, autobús...):
Lo que vi allí:
Me gustó porque:
Mientras estaba allí, yo:
Pienso volver en:

Volviendo al tema

ACTIVIDAD • Una carta de Ángel

El el Episodio 7, Raquel y Arturo conocen a un señor que, hace muchos años, recibió una carta de Ángel desde Puerto Rico. Con un compañero / una compañera de clase, vuelvan a mirar la foto en la primera página de este capítulo y los comentarios que Uds. apuntaron en la sección De entrada. Comparen lo que ahora saben Uds. con las ideas que escribieron entonces. ¿Acertaron en sus suposiciones? ¿Qué saben Uds. ahora sobre la historia de *Nuevos Destinos* que no sabían antes de ver el Episodio 7? Apunten sus respuestas.

CONCEPTOS GRAMATICALES 7.1: LAS CONSTRUCCIONES REFLEXIVAS

TRADUCCIONES DE LOS VERBOS

acostarse	*to go to bed*	levantarse	*to get (oneself) up*
afeitarse	*to shave (oneself)*	llamarse	*to call oneself / to be called*
bañarse	*to take a bath / bathe oneself*	ponerse	*to put on (clothing)*
despertarse	*to wake up*	ponerse + adj.	*to become (adj.)*
divertirse	*to have a good time*	quitarse	*to take off (clothing)*
dormirse	*to fall asleep*	sentarse	*to sit (oneself) down*
ducharse	*to take a shower*	sentirse + adj.	*to feel (adj.)*
lavarse	*to wash (oneself)*	vestirse	*to get dressed / dress oneself*

ASÍ LO DECIMOS...

TRADUCCIONES DE EXPRESIONES IDIOMÁTICAS CON *hacer*

hacer la vida imposible (a alguien)	*to make life impossible (for someone)*
hacer otro tanto	*to do the same thing*
hacer polvo (algo)	*to smash (something) to pieces*
hacer una de las suyas	*to be up to one's old tricks*
hacerse el bobo	*to act the fool*
hacerse el olvidadizo	*to feign forgetfulness*
hacerse el sueco	*to pretend not to understand*
ser el que hace y deshace	*to be the one who rules the roost*
A lo hecho, pecho.	*What's done is done.*
¡Buena la has hecho!	*It's a fine mess you've gotten us into!*
El que la hace la paga.	*He who does the deed pays the price.*
Haz bien y no mires a quien.	*Do well and dread no shame.*
Más hace el que quiere que el que puede.	*Desire is stronger than ability.*

Puerto Rico

¡Qué interesante!

el Océano Atlántico

San Juan

Mayagüez

PUERTO RICO

Caguas

Ponce

- Puerto Rico está situado unas mil millas al sureste de Miami.
- En la Isla viven aproximadamente 3.6 millones de puertorriqueños, mientras que casi tres millones viven en los Estados Unidos.
- Los puertorriqueños son ciudadanos estadounidenses sin plenos[1] derechos políticos.
- Las tres alternativas políticas que tienen los puertorriqueños son: la estadidad (condición de estado federal), la condición de Estado Libre Asociado y la independencia total. De momento, han decidido mantener su condición actual, la de ser Estado Libre Asociado.
- Uno de los asuntos más candentes[2] con respecto a la estadidad de Puerto Rico ha sido el debate en torno del establecimiento del inglés como idioma oficial. Es evidente que los puertorriqueños desean conservar su propio idioma, el español, como la única lengua oficial.
- Los taínos, indígenas de Puerto Rico, llamaban a la Isla Borinquen.
- El coquí, una ranita autóctona[3] de Puerto Rico, llena las noches de la Isla con su melodiosa serenata. Su nombre imita el sonido que hace, «co-quí», que según una leyenda quiere decir «te quiero».

[1]*full* [2]*burning* [3]indígena

Gente

En 1948 José Luis Alberto Muñoz Marín se convirtió en el primer gobernador elegido directamente por los puertorriqueños. Muñoz Marín (1898–1980) nació en San Juan, Puerto Rico. Desde su juventud, Muñoz Marín demostró tener conciencia política y conocía la situación de los trabajadores a nivel mundial, sobre todo en Puerto Rico. En 1938 fundó el Partido Popular Democrático e intensificó su campaña en las zonas rurales, enfatizando la virtualidad del voto

1493 Cristóbal Colón llega a Puerto Rico

1898 Guerra hispanoamericana (entre los Estados Unidos y España); España cede la Isla a los Estados Unidos

Se establece el sufragio[1] universal para los mayores varones[2] de 21 años de edad

1900 La Ley Foraker, por la cual se establece la Cámara de Delegados de Puerto Rico

1904

1917 La Ley Jones otorga la ciudadanía estadounidense a las personas nacidas en Puerto Rico

1929 Se concede el derecho al voto a las mujeres

1948 José Luis Alberto Muñoz Marín llega a ser el primer gobernador electo por el pueblo de Puerto Rico

1952 Puerto Rico es declarado Estado Libre Asociado de los Estados Unidos

1998 El Proyecto Young, el cual celebra en la Isla el primer plebiscito[3] con aval[4] federal durante el centenario de la entrada de los Estados Unidos a Puerto Rico

[1]el derecho al voto [2]hombres [3]*plebiscite (vote in which a population exercises the right of national determination)* [4]*endorsement*

José Luis Alberto Muñoz Marín

como medio para cambiar las condiciones del país y para elegir un gobierno comprometido con la justicia social. Durante su gobierno, fue aprobada la constitución de Puerto Rico, lo cual transformó la Isla en Estado Libre Asociado de los EE.UU. El éxito de su política lo hizo muy popular entre el pueblo puertorriqueño, y fue elegido gobernador cuatro veces.

En casa

Las damas puertorriqueñas del siglo XIX y principios del siglo XX acostumbraban asistir a bailes. Pero siempre iban acompañadas de una chaperona quien solía ser su madre u otra persona adulta. El propósito de estas celosas[1] chaperonas era velar[2] el comportamiento de las damas. Para poder comunicarse con sus pretendientes sin ser vistas por las chaperonas, las jóvenes tuvieron que inventarse un medio de comunicación codificado. Usaban su abanico[3] en diferentes formas para transmitir los mensajes que deseaban. Por ejemplo, si la dama se abanicaba el pecho lentamente, significaba: «Soy soltera, no tengo novio». Si movía el abanico con movimientos cortos y rápidos sobre su pecho, quería decir: «Estoy comprometida» o «tengo novio, sigue tu camino». Si abría y cerraba el abanico y lo acercaba a su mejilla, le indicaba al joven: «Me gustas». Si miraba al joven sugestivamente cubriéndose la boca con el abanico, significaba que le estaba enviando un beso y, obviamente, el joven sabía que él era el escogido.

[1]*zealous* [2]*to watch over* [3]*(hand-held) fan*

Las ciencias

El Observatorio Ionosférico de Arecibo, en Puerto Rico, diseñado y operado por la Universidad de Cornell desde 1963, se encuentra en lo alto de los

mogotes.[1] Es el radio telescopio más grande del mundo, con una plataforma colgante[2] que pesa aproximadamente 600 toneladas. El instrumento principal del observatorio es un radiotelescopio compuesto de 38.778 paneles individuales. Éstos son adheridos a una red de cables de acero estirada[3] a través de un valle natural, creado por los mogotes. El telescopio permite que los científicos investiguen la ionósfera, los planetas y la luna mediante el uso de sus poderosas señales de radar.

[1]montes pequeños [2]*hanging* [3]*stretched*

El Observatorio Ionosférico de Arecibo

Malas noticias

En Puerto Rico, Raquel conoce a otra persona.
¿Sabrá esta persona algo de Ángel Castillo?

De entrada

¿Quién es la mujer que aparece en la foto con Raquel? ¿Será pariente de Ángel? ¿amiga de él? ¿Sabrá algo de él? Apunte sus ideas.

# acia la comunicación

La mujer en la sociedad de hoy

ACTIVIDAD A • La mujer actual

Con un compañero / una compañera, miren las siguientes fotos y contesten las preguntas a continuación.

1. Éstas son unas imágenes de la mujer de antaño (*yesteryear*) y de la mujer de hoy en día. ¿Qué ven Uds. en las imágenes? En su opinión, ¿ha cambiado el papel de la mujer en nuestra sociedad durante las últimas décadas? ¿De qué forma?

2. ¿Creen Uds. que las mujeres que ven en las fotos tienen empleos u ocupaciones «tradicionales»? ¿Por qué sí o por qué no?

3. ¿Conocen Uds. a mujeres que tienen empleos u ocupaciones «tradicionales»? ¿Quiénes son y qué hacen? ¿Conocen a mujeres que desempeñan empleos u ocupaciones no «tradicionales»? ¿Quiénes son ellas y qué hacen?

4. ¿Opinan Uds. que el papel de la mujer latinoamericana es más tradicional comparado con el de la mujer anglosajona? ¿En qué sentido son parecidos sus papeles? ¿En qué son diferentes?

5. En su opinión, ¿es muy fácil que una mujer compita con los hombres en cuanto al tipo de profesión que tienen? Expliquen.

6. ¿Creen Uds. que los cambios que ha habido en los Estados Unidos en cuanto a los papeles de los hombres y de las mujeres han causado problemas a las parejas? ¿Por qué sí o por qué no?

7. Piensen Uds. en la situación de Raquel y Arturo. Ambos son profesionales: Raquel es abogada y Arturo es psiquiatra. ¿Cree Ud. que el mero hecho de tener cada uno su profesión pueda interferir en sus relaciones? ¿En qué sentido?

VALOR PERSONAL

Los soldados desarrollan su habilidad, disciplina y confianza en sí mismos.

ACTIVIDAD B • Trabajo de hombre, trabajo de mujer

Paso 1. En grupos de dos o tres estudiantes, lean la siguiente lista de profesiones. ¿Con qué sexo se relaciona cada una de ellas? ¿Hay carreras que se asocian solamente con las mujeres y otras que se consideran sólo para hombres? Apoyen sus respuestas.

maestro/a de primaria	dentista	piloto/a
abogado/a	farmacéutico/a	profesor(a)
médico/a	bombero, mujer bombero	cocinero/a
presidente/a de un país	soldado, mujer soldado	veterinario/a

Paso 2. Ahora piensen en los quehaceres domésticos y hagan una lista de los que se consideran típicamente femeninos y otra de los que se consideran masculinos.

Paso 3. Compartan sus respuestas del Paso 2 con las de los otros grupos de la clase. ¿Están todos de acuerdo en sus respuestas? ¿Pensaron ellos en otros quehaceres domésticos que no se les ocurrieron a Uds.?

Paso 4. (*Optativo*) ¿Conocen Uds. a parejas que no sean «tradicionales»? ¿En qué sentido se salen de lo tradicional? ¿Son Uds. así? En pequeños grupos o con toda la clase, comenten este tema, dando ejemplos para justificar su punto de vista.

El vídeo

En el Episodio 8 del CD-ROM que acompaña *Nuevos Destinos* hay una variedad de actividades relacionadas con el Episodio 8 del vídeo.

Antes de ver el episodio

ACTIVIDAD A • Vistazos del episodio previo

Paso 1. En grupos de dos o tres estudiantes, miren las siguientes fotos e identifiquen lo que ocurrió en el episodio anterior.

1.   2.   3.

Paso 2. Ahora escriban tres preguntas que hasta ahora no se han contestado en *Nuevos Destinos* y que Uds. creen que se contestarán en este episodio. También, piensen en tres cosas importantes que Uds. creen que *no* se revelarán en este episodio.

Paso 3. Comparen lo que Uds. escribieron en el Paso 2 con las respuestas de los otros estudiantes de la clase. ¿Tienen ellos otras ideas?

ACTIVIDAD B • Un breve repaso

Conteste las siguientes preguntas sobre el episodio previo de *Nuevos Destinos*.

1. En el episodio previo, Raquel recibió una carta que, por lo visto, la ha dejado bastante preocupada. ¿Qué noticias cree que le trae? ¿Supone que la carta tendrá alguna implicación en las relaciones de Raquel con Arturo?
2. En su búsqueda de Ángel, Raquel y Arturo hablaron con un marinero que lo conocía. ¿Quién fue ese hombre y cómo conocía a Ángel?
3. El marinero les dijo a Raquel y Arturo que hacía años que no recibía ninguna carta de Ángel. Según él, ¿dónde vivía Ángel en esa época?
4. Dos días después, Raquel y Arturo fueron a buscar al marinero otra vez. ¿Adónde fueron y por qué?
5. ¿Qué información contenía la carta de Ángel?
6. Al final del episodio, Lucía llamó a Raquel para pedirle consejos. ¿Por qué motivo la llamó en particular? ¿Qué consejos le dio Raquel a Lucía?

Después de ver el episodio

ACTIVIDAD A • Detalles importantes

Paso 1. En este episodio Raquel sigue grabando la historia de su búsqueda de Ángel, búsqueda que ocurrió hace cinco años. A continuación hay una lista de palabras clave que aparecieron en el Episodio 8 de *Nuevos Destinos*. Escriba una definición en español de las siguientes palabras o expresiones, basándose en lo que ocurre en el episodio.

1. tentador(a)
2. el vacío
3. como pez fuera del agua
4. presionar
5. reponerse
6. aguantar
7. la expropiación
8. el/la finado/a
9. el citatorio

Paso 2. Ahora compare las definiciones que escribió en el Paso 1 con las de los otros estudiantes de la clase. ¿Son parecidas las definiciones o son diferentes? ¿Apuntaron la misma información?

ACTIVIDAD B • Personas, lugares o cosas

Paso 1. En grupos de dos o tres estudiantes, identifiquen lo que saben de las siguientes personas, lugares o cosas, basándose en el episodio.

1. San Juan
2. Ángel
3. la esposa de Ángel
4. el antiguo cementerio
5. Ángela
6. Roberto
7. doña Carmen

Paso 2. Ahora comparen sus respuestas del Paso 1 con las de los otros grupos de la clase. ¿Están todos de acuerdo?

ACTIVIDAD C • Sospechas

LUCÍA: No sé por qué tengo la sensación de que no hay ningún error en todo este asunto, sino de que aquí hay algo oculto. Y es posible que Raquel sepa más de todo esto.

Paso 1. En este episodio Lucía llega a saber que el testamento de don Fernando tiene dos codicilos, lo cual hace que Lucía sospeche de Raquel. En grupos de dos o tres estudiantes, escriban tres razones por las cuales creen que Raquel le ocultaría a Lucía algunos detalles importantes sobre el caso Castillo. ¿Creen Uds. también que hay algo oculto en todo este asunto?

Paso 2. Ahora comparen sus respuestas con las de los otros grupos de la clase. ¿Creen ellos también que Raquel oculta algo? ¿Por qué creen así?

ACTIVIDAD D • Entre líneas

Paso 1. Cuando las personas se encuentran en una situación delicada, especialmente cuando se trata de las relaciones personales, tratan de comunicar las ideas con tacto para no lastimar a la otra persona. Y así a veces hay que leer entre líneas para saber lo que pasa en la mente de una persona. A continuación aparece la carta que Arturo le escribió a Raquel. En grupos de dos o tres estudiantes, lean la carta y analicen las partes subrayadas. ¿Qué implican los comentarios de Arturo? ¿Creen Uds. que hay algo oculto en todo este asunto?

el 23 de febrero

Querida Raquel:

Perdona que no te haya llamado antes. Te escribo esta carta porque <u>es más fácil ordenar mis ideas así.</u> Sé que si hablo contigo <u>puedo perder la fuerza de voluntad</u> para tomarme este tiempo de introspección.

La conferencia psiquiátrica fue muy buena y mi ponencia[1] tuvo una gran aceptación. Tanto fue así, que <u>me han ofrecido una oferta de trabajo tentadora[2]</u> en un hospital psiquiátrico muy importante donde podría hacer trabajo de investigación. No la he aceptado, pero <u>me ha tentado,</u> pues profesionalmente <u>me interesa más que mi trabajo en Los Ángeles.</u>

Tuve otra sorpresa durante la conferencia: <u>mi ex-mujer estaba allí.</u> Tiene dos pibes[3] guapísimos. Fue muy agradable hablar con ella, <u>como si no hubiéramos tenido un divorcio tan turbulento.</u> ¡Las vueltas que te da la vida!

Raquel, <u>estoy confundido.</u> Yo te echo de menos muchísimo y esta separación me resulta difícil después de haber compartido tantos momentos maravillosos contigo. Pero <u>yo siento un vacío en mi vida</u> que no acabo de resolver. Tú tienes toda tu vida en Los Ángeles: tu exitosa carrera, tus amigos, tus padres, tus raíces. Sin embargo, <u>allí yo me siento con frecuencia como pez fuera del agua.</u> Aquí en Buenos Aires, me doy cuenta de cuánto echo de menos mi país, mis viejos amigos, mi trabajo en el hospital...

Querida, <u>necesito más tiempo en la Argentina para pensar</u> y es mejor que lo haga aquí. Espero que comprendas la razón de mi silencio y que me perdones. Te llamaré en unos días, y espero tener las ideas más claras.

<u>Compréndeme y perdóname.</u>

Arturo

[1]*paper* [2]*tempting* [3]hijos (*Arg.*)

Paso 2. Imagínense que Uds. son amigos/as de Raquel y que ella les acaba de mostrar la carta de Arturo. ¿Qué consejos le darían a Raquel en estas circunstancias? Usen la imaginación. ¿Debe llamar a Arturo? ¿Debe tratar de convencerlo de que vuelva a Los Ángeles? ¿Debe dejarlo en paz y mantenerse a distancia hasta que él tome una decisión? ¿ ? Hagan una lista de sus consejos.

Paso 3. Ahora comparen sus respuestas del Paso 2 con las de los otros grupos de la clase. ¿Qué le han aconsejado ellos que Uds. no le aconsejaron?

Paso 4. En los mismos grupos, imagínense que Uds. son Raquel. Escríbanle una carta a Arturo usando los consejos que notaron en el Paso 2. ¿Qué le van a decir a Arturo? En su opinión, ¿cuál es la mejor manera de solucionar este problema?

ACTIVIDAD E • El episodio en breve

Conteste las siguientes preguntas, basándose en la información del Episodio 8 de *Nuevos Destinos*.

1. Al comenzar este episodio Raquel leía la carta que Arturo le envió. ¿Qué noticias traía la carta? ¿Qué implicaciones tendrán estas noticias en las relaciones entre los dos?
2. ¿Cómo reacciona Raquel al leer la carta de Arturo? ¿Se siente ella culpable de haberlo presionado demasiado? ¿Cómo lo sabe Ud.?
3. En la grabación que le hacía Lucía, Raquel le cuenta detalles de su búsqueda de Ángel en San Juan, Puerto Rico. ¿Con quién habla Raquel mientras llama a la puerta de la casa de Ángel? ¿Qué le dice esa persona sobre Ángel?
4. ¿Con quién habla Raquel mientras visita la tumba de Ángel en el viejo cementerio de San Juan? ¿Es importante esa persona en la investigación de Raquel? ¿Cómo?
5. ¿Cómo reaccionó Ángela al saber que tenía un tío en la Argentina y un abuelo en México?
6. Mientras Raquel y Ángela esperaban a los tíos de Ángela, ésta le habló de su familia. ¿Qué más llega a saber Raquel sobre la familia de Ángel?
7. ¿Quién es doña Carmen y cómo eran sus relaciones con Ángel?
8. Según Raquel, ¿a quiénes beneficia el codicilo de don Fernando?
9. ¿Cómo reacciona Lucía al leer una carta del gobierno mexicano y al enterarse de que el testamento de don Fernando tiene dos codicilos? ¿De quién sospecha ella y por qué?

Conceptos gramaticales

8.1 • Formación y usos del imperativo

¡Ya lo sabía Ud.!

Muchas veces, al dirigirse a una persona, Ud. usa formas verbales para indicarle lo que debe hacer o no debe hacer. Estas formas verbales cambian dependiendo de la persona o personas con quien se habla y si se trata de amigos o personas a quienes se trata con más respeto. **El imperativo** en español se usa para expresar una orden o un mandato. A continuación hay algunas formas del imperativo en español.

> **No** se **olviden** de llamarme en cuanto lleguen.
> **Dé**le una copia de la carta de la Sra. Suárez.
> **Archive** este artículo lo antes posible.
> **Da**me más tiempo para ordenar mis ideas.

Quizás haya notado que hay mandatos en singular y en plural, igual que mandatos para dirigirse a los amigos y mandatos que se usan con personas con las que no tenemos confianza o a quienes mostramos cierto respeto. En la sección que sigue, va a aprender más sobre la formación y el uso de los mandatos en español. Los mandatos forman parte de la conversación diaria y, a lo mejor, Ud. los usa naturalmente. Lo más difícil es saber con quién se debe usar las diferentes formas, y eso, ¡ya lo sabía Ud.!

Para saber más: Compréndeme y perdóname

Los mandatos son formas verbales que se usan para decirle a alguien lo que debe o no debe hacer. En español, hay dos tipos de mandatos: formales e informales. Cuando Ud. se dirige a alguien a quien trata de **Ud.** o **Uds.**, hay que emplear los mandatos formales. Los mandatos informales son los que se usan con los parientes, amigos o con cualquier persona de confianza.

Los mandatos formales

- La mayoría de los mandatos formales se forman tomando como base la primera persona singular (**yo**) del presente de indicativo. Se omite la terminación **-o** y se añaden las terminaciones «opuestas» de la tercera persona singular o plural del presente a la raíz (**-ar** → **-e, -en; -er, -ir** → **-a, -an**). Mire las terminaciones en el cuadro a continuación.

FORMACIÓN DE LOS MANDATOS FORMALES: VERBOS REGULARES		
VERBO	MANDATO FORMAL AFIRMATIVO	MANDATO FORMAL NEGATIVO
bailar	Baile Ud., Bailen Uds.	No baile Ud., No bailen Uds.
comer	Coma Ud., Coman Uds.	No coma Ud., No coman Uds.
escribir	Escriba Ud., Escriban Uds.	No escriba Ud., No escriban Uds.

- Los mandatos de los verbos de cambio radical mantienen ese cambio en los mandatos formales. Mire los ejemplos a continuación.

  Acuérdese de lo que le sucedió a Raquel en el rápido.
  Devuelva los documentos cuando los haya leído.
  Pídale consejos a Raquel.

- Note que en español, las formas de los mandatos formales de algunos verbos tienen cambios ortográficos para mantener el sonido original del infinitivo o para conformar a ciertas convenciones formales de la ortografía. Los verbos que cambian de ortografía terminan en **-car, -gar** y **-zar.** Mire los ejemplos a continuación.

-car	c → qu	**Búsque**lo encima del escritorio.
-gar	g → gu	**Paguen** al mesero.
-zar	z → c	**Comience** a estudiar.

- Acuérdese de que hay un grupo de verbos en el presente de indicativo cuya primera persona del singular (**yo**) es irregular. Los mandatos formales también reflejan esa irregularidad.

  conocer → conozca Ud. / conozcan Uds.
  decir → diga Ud. / digan Uds.
  hacer → haga Ud. / hagan Uds.
  oír → oiga Ud. / oigan Uds.

  poner → ponga Ud. / pongan Uds.
  salir → salga Ud. / salgan Uds.
  tener → tenga Ud. / tengan Uds.

traer → traiga Ud. / traigan Uds.
venir → venga Ud. / vengan Uds.
ver → vea Ud. / vean Uds.

- Algunos mandatos formales son totalmente irregulares. Mire los siguientes ejemplos.

dar	→	**dé*** Ud. / **den** Uds.
estar	→	**esté** Ud. / **estén** Uds.
ir	→	**vaya** Ud. / **vayan** Uds.
saber	→	**sepa** Ud. / **sepan** Uds.
ser	→	**sea** Ud. / **sean** Uds.

Los mandatos informales

- Como se ha mencionado, los mandatos informales se usan para dirigirse a las personas que reciben el trato de **tú.** Los mandatos informales afirmativos de los verbos regulares tienen la misma forma verbal que **Ud.** en el presente de indicativo. Los mandatos informales negativos, igual que los mandatos formales, llevan en la terminación la vocal «opuesta» de la segunda persona singular (**tú**) del tiempo presente del verbo. Mire los ejemplos a continuación.

FORMACIÓN DE LOS MANDATOS INFORMALES: VERBOS REGULARES		
VERBO	MANDATO INFORMAL AFIRMATIVO	MANDATO INFORMAL NEGATIVO
bailar	Baila tú.	No bail**es** tú.
comer	Come tú.	No com**as** tú.
escribir	Escribe tú.	No escrib**as** tú.

- Note que las formas del mandato informal afirmativo de algunos verbos son totalmente irregulares. Las formas del mandato informal negativo de **ir** y **ser** también son irregulares; las de los otros verbos reflejan la irregularidad de la primera persona del singular (**yo**), en el presente de indicativo. Mire los ejemplos a continuación.

decir → **di** ≠ no **digas**	salir → **sal** ≠ no **salgas**
hacer → **haz** ≠ no **hagas**	ser → **sé**[†] ≠ no **seas**
ir → **ve**[†] ≠ no **vayas**	tener → **ten** ≠ no **tengas/**
poner → **pon** ≠ no **pongas**	venir → **ven** ≠ no **vengas**

---

* Como Ud. ya aprendió en Conceptos gramaticales 4.3, se le añade un acento ortográfico a esta forma para distinguirla de la preposición **de.**

[†] Los verbos **ir** y **ver** comparten la misma forma del mandato informal afirmativo: **ve.** El contexto ayuda a distinguir entre los dos.

Ve al museo—hay una buena exposición allí.
¡**Ve** esa película! ¡Es fenomenal!

[†] Esta forma es igual que la de la primera persona singular de indicativo del verbo **saber.** El contexto ayuda a determinar el significado.

Sé que Armando vive por aquí.
¡No hagas eso! ¡**Sé** buena o regresamos a casa!

La colocación de los pronombres con mandatos

Cuando es necesario incluir un pronombre (reflexivo o de complemento directo o indirecto) con un mandato, hay que seguir dos reglas generales:

1. Los pronombres se adhieren a los mandatos afirmativos. Cuando se debe incluir pronombres de complemento directo y de complemento indirecto con el mismo mandato, el pronombre de complemento indirecto siempre se antepone al pronombre de complemento directo.

> Levánte**se.**
> Búsque**lo,** por favor.
> Tráe**mela.**

2. Los pronombres siempre se anteponen a los mandatos negativos. Siga las normas en cuanto al uso de los pronombres de complemento doble.

> No **se** levante.
> No **lo** busque, por favor.
> Por favor, no **me la** traigas.

Los mandatos indirectos

Los mandatos directos son una manera de dirigirse directamente a los demás sin «tener pelos en la lengua» (*"beating around the bush"*). Pero muchas personas prefieren suavizar los mandatos y pedir de manera menos directa que una persona haga o no haga tal cosa. En tal caso, se puede usar las siguientes expresiones en lugar de los mandatos directos.

¿Me hace(s) el favor de... ?	*Could you do me the favor of . . . ?*
¿Pudiera(s)... ?	*Could you . . . ?*
Quisiera...	*I would like . . .*

¿Conoce Ud. otras maneras de suavizar las peticiones que uno les hace a los demás?

Actividades gramaticales

ACTIVIDAD A • ¿Mandatos formales o informales?

Paso 1. Indique cuál sería el mandato apropiado, formal o informal, al dirigirse a las siguientes personas.

1. a su hermano/a
2. a su profesor(a)
3. a un cura (*priest*)
4. al conductor del autobús
5. a su vecino/a
6. a su médico/a
7. a su jefe/a
8. a su madre
9. a su novio/a (esposo/a, pareja, mejor amigo/a...)
10. a un compañero / una compañera de clase

Paso 2. Ahora dé mandatos afirmativos a las personas del Paso 1, indicando que Ud. quiere que ellos hagan las siguientes cosas. (Los números de las acciones corresponden con los de las personas del Paso 1.)

1. comprar queso
2. explicarle (a Ud.) la lección
3. escuchar con atención
4. parar en la próxima esquina
5. venir a la fiesta en casa de Ud.
6. hacerle (a Ud.) un chequeo general

7. decirle a Ud. lo que piensa él/ella del trabajo de Ud.
8. tener cuidado con los forasteros (*strangers*)
9. salir a bailar con Ud.
10. saber todas las formas verbales

Paso 3. Ahora dé mandatos negativos a las mismas personas, utilizando las expresiones del Paso 2.

ACTIVIDAD B • En el consultorio del médico

Paso 1. Con un compañero / una compañera, hagan los papeles de un médico / una médica y un(a) paciente, respectivamente. El paciente le hace preguntas al médico / a la médica sobre lo que debe o no debe hacer para mantenerse en buena salud. Usen los pronombres de complemento directo e indirecto cuando puedan. Sigan los modelos.

MODELOS: comer más frutas y verduras →
    PACIENTE: ¿Debo comer más frutas y verduras?
    MÉDICO/A: Sí, cómalas.
    dejar de hacer ejercicio →
    PACIENTE: ¿Debo dejar de hacer ejercicio?
    MÉDICO/A: No, no deje de hacerlo.

1. comer papas fritas y hamburguesas tres veces a la semana
2. hacer ejercicio todos los días
3. tomar una copa de vino tinto de vez en cuando
4. fumar más
5. ir a cenar a restaurantes todos los días
6. pedir dos postres en los restaurantes
7. ser menos impaciente e impulsivo/a
8. acostarse muy tarde todas las noches

Paso 2. Con su compañero/a, háganles recomendaciones a los Sres. Gordo, según las indicaciones del Paso 1. Imagínense que los Gordo le hacen las mismas preguntas al médico / a la médica.

MODELOS: ¿Debemos comer más frutas y verduras? → Sí, cómanlas.
    ¿Debemos dejar de hacer ejercicio? → No, no dejen de hacerla.

8.2 • Introducción al modo subjuntivo

¡Ya lo sabía Ud.!

Cuando Ud. dice: «Quiero que me ayudes» o «Es importante que José estudie», es muy probable que Ud. no esté pensando en las reglas gramaticales de tales construcciones. Las formas verbales **ayudes** y **estudie** están en el tiempo presente de subjuntivo. En cambio, a los anglosajones que aprenden español el subjuntivo les resulta bastante difícil porque éste es de uso limitado en inglés. Por lo tanto, lo más difícil del subjuntivo es saber cuándo se usa o no, y eso, ¡ya lo sabe Ud.!

Para saber más: ¡Qué bien que ya lo sepas!

En el Capítulo preliminar, Ud. aprendió los tiempos verbales del modo indicativo. Como ya lo sabe, el modo indicativo se usa para expresar el estado actual de las cosas o acontecimientos.

> **Quiero** ir.
> Juan **sale** mañana.
> Fernando **tiene** un secreto.

El modo subjuntivo, en cambio, se usa para expresar deseos, emociones, sentimientos o incertidumbre con relación a cualquier acontecimiento o situación. Mire los ejemplos a continuación.

> Ramón quiere que Lucía **investigue** el caso.
> Siento que **haya** muerto Pedro.
> No creo que **sepan** lo que pasó.

El subjuntivo expresa acciones o estados conceptualizados o subjetivos: cosas que queremos que hagan los demás, deseos o dudas de que se realice algo o acontecimientos y situaciones que nos afectan emocionalmente. El subjuntivo también existe en inglés pero de una forma más limitada. Mire los siguientes ejemplos.

> *We recommend that she **be** there on time.*
> *I wish that Lucía **were** here.*

Estas oraciones contienen dos partes: una cláusula independiente (*We recommend*; *I wish*) y una cláusula subordinada o dependiente (*that she **be** there on time; that Lucía **were** here*).

En español, el subjuntivo aparece mayormente en las cláusulas dependientes. En la mayoría de los casos, ambas cláusulas, la independiente y la dependiente, tienen sujetos gramaticales diferentes. Note que las dos cláusulas se unen mediante la conjunción **que**.

CLÁUSULA INDEPENDIENTE		CLÁUSULA DEPENDIENTE
Es importante	**que**	Lucía se entere del caso de la familia Castillo.
Quiero	**que**	Raquel me lo explique todo.

Formación del presente de subjuntivo

- A lo mejor Ud. ya se dio cuenta de que las formas de los mandatos corresponden a las del subjuntivo. Las formas de los mandatos de **Ud.** y **Uds.** son idénticas a las del subjuntivo. A continuación se presentan las formas del presente de subjuntivo de los verbos regulares.

VERBOS REGULARES					
-ar		**-er**		**-ir**	
cante	cant**emos**	beba	beb**amos**	parta	part**amos**
cantes	cant**éis**	bebas	beb**áis**	partas	part**áis**
cante	cant**en**	beba	beb**an**	parta	part**an**

Tal como se forman los mandatos formales en español, el presente de subjuntivo se forma a base de la primera persona del singular (**yo**) del presente de indicativo. Así que todas las formas del subjuntivo de **cantar** se forman con la raíz que se encuentra en *cant***o**. Igual que con la mayoría de los mandatos, las terminaciones se basan en la vocal «opuesta» del verbo.

- Los verbos **-ar** y **-er** que cambian de radical o → ue y e → ie en el presente de indicativo sufren los mismos cambios en todas las personas en el presente de subjuntivo, excepto **nosotros** y **vosotros.**

VERBOS *-AR/-ER* QUE CAMBIAN DE RADICAL			
acostar (o → ue)		**entender (e → ie)**	
ac**ue**ste	acostemos	ent**ie**nda	entendamos
ac**ue**stes	acostéis	ent**ie**ndas	entendáis
ac**ue**ste	ac**ue**sten	ent**ie**nda	ent**ie**ndan

- Note que los verbos **-ir** que cambian de radical (o → ue, e → ie y e → i) sufren un cambio adicional en las formas de **nosotros** y **vosotros** en el presente de subjuntivo. Mire el cuadro a continuación.

VERBOS *-IR* QUE CAMBIAN DE RADICAL					
dormir (ue, u)		**preferir (ie, i)**		**pedir (i, i)**	
duerma	durmamos	prefiera	prefiramos	pida	pidamos
duermas	durmáis	prefieras	prefiráis	pidas	pidáis
duerma	duerman	prefiera	prefieran	pida	pidan

- Los verbos **-ar** cuyos mandatos cambian de ortografía también cambian en el presente de subjuntivo delante de las terminaciones que empiezan con **-e.** Acuérdese que esto se hace para mantener el sonido original del infinitivo, o para conformar a las convenciones formales de la ortografía. Mire el cuadro a continuación.

VERBOS *-AR* QUE CAMBIAN DE ORTOGRAFÍA ANTES DE *-e*		
c → qu	**aplicar:**	aplique, apliques...
g → gu	**pagar:**	pague, pagues...
g → gü	**averiguar**	averigüe, averigües...
z → c	**comenzar:**	comience, comiences...

Otros verbos parecidos incluyen: **atacar, buscar, indicar, tocar; entregar, jugar, rogar; apaciguar, atestiguar; almorzar, empezar, gozar.**
- Los verbos que tienen irregular la primera persona del singular en el presente de indicativo tienen la misma forma irregular en todas las personas del singular y del plural en el presente de subjuntivo. Mire el cuadro a continuación.

VERBOS IRREGULARES EN LA PRIMERA PERSONA SINGULAR DEL PRESENTE DE INDICATIVO	
caer:	caiga, caigas...
conocer:	conozca, conozcas...
decir:	diga, digas...
hacer:	haga, hagas...
oír:	oiga, oigas...
poner:	ponga, pongas...
salir:	salga, salgas...
tener:	tenga, tengas...
traer:	traiga, traigas...
venir:	venga, vengas...
ver:	vea, veas...

- Las formas del presente de subjuntivo de algunos verbos son completamente irregulares. Mire los verbos a continuación.

EL PRESENTE DE SUBJUNTIVO: VERBOS IRREGULARES	
caber:	quepa, quepas, quepa, quepamos, quepáis, quepan
dar:	dé, des, dé, demos, deis, den
estar:	esté, estés, esté, estemos, estéis, estén
haber:	haya, hayas, haya, hayamos, hayáis, hayan
ir:	vaya, vayas, vaya, vayamos, vayáis, vayan
saber:	sepa, sepas, sepa, sepamos, sepáis, sepan
ser:	sea, seas, sea, seamos, seáis, sean

En los capítulos que siguen, Ud. va a aprender más sobre los distintos usos del subjuntivo. Por ahora, sólo es importante que sepa reconocer y reproducir las formas verbales correctas.

Actividades gramaticales

ACTIVIDAD A • El presente de subjuntivo

Con un compañero / una compañera de clase, indiquen las formas correctas del presente de subjuntivo que no están en el cuadro.

INFINITIVO	YO	TÚ	UD., ÉL, ELLA	NOSOTROS	UDS., ELLOS, ELLAS
regresar		regreses			
recibir				recibamos	
prometer	prometa				
vender			venda		
morir					mueran
pensar		pienses			
poder				podamos	
empacar	empaque				
jugar					jueguen
salir			salga		
haber		hayas			
decir					digan
estar				estemos	

ACTIVIDAD B • ¿Qué necesitamos?

Paso 1. En grupos de dos o tres estudiantes, imagínense que están planeando una fiesta sorpresa para el cumpleaños de una amiga. Para que la fiesta sea un éxito, necesitan que sus otros amigos ayuden con los preparativos. Escriban oraciones originales según las expresiones a continuación, indicándoles a sus amigos lo que deben hacer o no deben hacer. Usen la intuición en cuanto al uso de las formas del subjuntivo. Si no están seguros de las formas correctas, refiéranse a los ejemplos y las explicaciones en la sección anterior.

1. Es importante que...
2. Necesitamos a alguien que...
3. Insistimos en que...
4. Dudamos que...
5. Les aconsejamos a todos que...
6. No queremos que...

Paso 2. Ahora compartan las oraciones originales que escribieron en el Paso 1 con los otros grupos de la clase. ¿Qué necesitan ellos para su fiesta sorpresa?

ACTIVIDAD C • Raquel y Arturo

Paso 1. En este episodio, parece que las relaciones entre Raquel y Arturo están en peligro. Con un compañero / una compañera de clase, escriban oraciones originales indicando lo que a Uds. les gustaría que ocurriera con respecto a la situación que confrontan Raquel y Arturo. Usen las expresiones a continuación.

1. Queremos que...
2. Le aconsejamos a Raquel que...
3. Esperamos que...
4. Nos molesta que...
5. Es probable que...
6. Raquel necesita un hombre que...
7. Arturo necesita una mujer que...

Paso 2. Ahora compartan las oraciones originales que escribieron en el Paso 1 con los otros grupos de la clase. ¿Qué quieren ellos que ocurra entre Arturo y Raquel?

LOS HISPANOS EN LOS ESTADOS UNIDOS

Los puertorriqueños (II)

La mayoría de los inmigrantes puertorriqueños se estableció en el este de Harlem en Manhattan, una región que ellos llaman «El barrio». Además de Nueva York, también se encuentran grandes concentraciones de puertorriqueños en otras ciudades: Hartford (Connecticut), Cleveland, Chicago, Los Ángeles y Miami.

Tal como los mexicoamericanos, los puertorriqueños llegados a los Estados Unidos suelen ser jóvenes. El promedio de edad[1] frisa en[2] los 22 años. Las familias puertorriqueñas suelen ser más grandes que las familias anglosajonas, con un promedio de cinco hijos por familia. Con tantos puertorriqueños jóvenes, el sistema educativo de los Estados Unidos se ha enfrentado con un gran desafío: la responsabilidad de educar a una población cuya lengua natal era el español. A pesar del aumento de estudiantes puertorriqueños en el sistema universitario, todavía hoy existe la necesidad de profesionales bilingües en la comunidad puertorriqueña.

Los problemas que enfrentaban los jóvenes puertorriqueños en los Estados Unidos inspiraron la creación de la obra teatral *West Side Story*. La película basada en ella ganó diez premios Óscar y se conoce como una de las películas musicales más populares en la historia del cine. La actriz puertorriqueña Rita Moreno ganó un premio Óscar por su actuación en la película.

Una escena de *West Side Story*

El argumento de la obra trata de la rivalidad existente entre los Sharks y los Jets, dos pandillas callejeras[3] de la ciudad de Nueva York. *West Side Story* se basa en la saga de Romeo y Julieta y es conocida por el atletismo de su coreografía y por los asuntos urbanos contemporáneos que presenta.

[1]promedio... *average age* [2]frisa... *borders on* [3]*street*

Así lo decimos • Las variaciones dialectales

¿«Siéntesen» o «Siéntense»?

En este capítulo Ud. ha aprendido los mandatos formales e informales que se usan en español. En algunos dialectos del español que se hablan tanto en los países de habla española como en los Estados Unidos, a veces se oye decir **Acuéstesen, vístasen** o **siéntesen** para la tercera persona del plural (**Uds.**). Aunque haya personas que usen estas formas en el habla popular, las formas preferidas son **acuéstense, vístanse** y **siéntense.** Estas formas verbales son otro indicio de que el español es un idioma vivo que va cambiando todos los días. Como siempre, en caso de duda, se recomienda consultar un libro de gramática o un diccionario.

ACTIVIDAD • Niños, ¡échense a dormir!

Todos los niños a veces son traviesos, ¿no? Con un compañero / una compañera de clase, escriban oraciones originales usando mandatos formales para indicarles a dos niños traviesos lo que deben hacer o no en las siguientes situaciones.

1. Los niños tienen que estar en el colegio en media hora y ni siquiera se han bañado.
2. Hace frío esta mañana y los niños no quieren vestirse ni con gorra ni con abrigo.
3. Los padres están tratando de escuchar las noticias en la televisión y los niños siguen hablando en voz alta.
4. Los niños acaban de cenar y hasta ahora no se han sentado a estudiar.
5. Se está haciendo tarde y los niños no se quieren acostar.

Para escribir

En esta sección del libro, Ud. tendrá la oportunidad de expresarse por escrito. En el libro de texto se le presentarán algunas actividades para acercarle al tema. Pero es en el *Manual* que acompaña el libro de texto donde va a realizar la escritura de sus composiciones.

ACTIVIDAD • La mujer de hoy en día

Paso 1. Piense en el papel de la mujer en la sociedad. ¿Cree Ud. que ese papel ha cambiado mucho en los últimos años? Haga una lista, apuntando los cambios en la situación de la mujer de hoy. ¿Tienen hoy las mujeres las mismas responsabilidades que tenían antes? ¿Tienen más prerrogativas? Compare y contraste el papel de la mujer actual con el de la mujer de épocas pasadas. ¿Cree que estos cambios han beneficiado a la mujer? ¿En qué sentido? Use un esquema como el siguiente para apuntar las características de las mujeres de otras épocas y las de hoy.

A. Carrera
   1. La mujer de hoy:
   2. La mujer de antaño:
B. Sueldo
   1. La mujer de hoy:
   2. La mujer de antaño:
C. Quehaceres
   1. La mujer de hoy:
   2. La mujer de antaño:
D. Prerrogativas
   1. La mujer de hoy:
   2. La mujer de antaño:
E. Dependencia del hombre
   1. La mujer de hoy:
   2. La mujer de antaño:
F. Necesidad de ser madre para completarse
   1. La mujer de hoy:
   2. La mujer de antaño:
G. Obligación de obedecer al esposo
   1. La mujer de hoy:
   2. La mujer de antaño:
H. Obligación de sacrificarse por la carrera del esposo
   1. La mujer de hoy:
   2. La mujer de antaño:

Paso 2. Ahora compare sus respuestas del Paso 1 con las de otros estudiantes de la clase. ¿Está Ud. de acuerdo con lo que escribieron los demás?

Volviendo al tema

ACTIVIDAD • La hija de Ángel

En el Episodio 8, Raquel supo que Ángel se había muerto. También, se encontró con su hija Ángela, la nieta de don Fernando. Vuelva a mirar la foto en la primera página de este capítulo y los comentarios que Ud. apuntó en la sección De entrada. Compare lo que Ud. sabe ahora con las ideas que escribió entonces. ¿Acertó en sus suposiciones? ¿Qué sabe Ud. ahora sobre la historia de *Nuevos Destinos* que no sabía antes de ver el Episodio 8? Apunte sus respuestas.

Literatura

Antes de leer

Luz María Umpierre-Herrera nació en Puerto Rico. Se trasladó a Filadelfia, Pennsylvania, para empezar su carrera universitaria. Mientras estaba en Filadelfia, Umpierre-Herrera no conoció a muchas personas de origen latinoamericano y, por lo tanto, se sintió sumamente aislada. Su poema «Pase de Lista» refleja el aislamiento y la nostalgia que sentía Umpierre-Herrera hacia su tierra natal.

ACTIVIDAD • ¿Qué es la nostalgia?

Paso 1. ¿Qué significa para Ud. la nostalgia? ¿Ha sentido alguna vez una fuerte emoción nostálgica que lo/la hizo sentir vulnerable? ¿Por qué cosa, persona o lugar sentía nostalgia? Apunte sus ideas al respecto.

Paso 2. Comparta sus ideas con un compañero / una compañera de clase o con la clase entera. ¿Tienen algunos/as de Uds. experiencias semejantes? ¿En qué sentido son parecidas? ¿Cuáles de Uds. no saben exactamente lo que es sentir nostalgia? ¿Por qué creen que será eso?

Pase de Lista

Aquél, el otro . . . . Presentes, aquí, presentes
Tu turno. . . . . Ausente
En la calle, la gente que camina de prisa envuelta en zorros fallecidos[1] y
[pisando[2] la
negrusca nieve . . . . Presentes
5 Las pisadas en la arena . . . . Ausentes
El American idiom en la radio y la televisión. . . . . Presente
Mi idioma que es mi voz. . . . . Ausente
Los rostros[3] blancos, el intenso frío, la calefacción . . . . Presentes
El sol, los rostros morenos, el humano calor. . . . Ausentes, aquí no, Ausentes
10 Cielo gris, árboles desnudos, pinos enormes. . . . . Presentes, ahora, aquí
El azul límpido del cielo, el flamboyán,[4] el verdor[5] . . . . Faltan, ausentes
Vegetación sin vida, civilización helada, rostros sin sonrisas . . . . . . Presentes,
[Presentes
Ausente el mar . . . . Ausente
15 Ausente la gente alegre . . . . Ausente
Ausente Puerto Rico. . . . . todo está ausente.

[1]zorros... *dead foxes* [2]*stepping on* [3]caras [4]árbol nativo a las Antillas que da brillantes flores rojas [5]*greenery*

Después de leer

ACTIVIDAD A • Comprensión

Conteste las siguientes preguntas sobre el poema.

1. ¿Cuál es el tono que predomina en este poema?
2. ¿Qué tipo de contraste se presenta en este poema? ¿Cuál es el efecto que tiene en Ud. este contraste?
3. ¿Cuáles son los juegos de oposiciones que se encuentran en el poema? ¿Qué nos revelan los contrastes que hace la poeta en cuanto a su opinión personal de la gente, el idioma y el clima?
4. ¿Cómo se pueden interpretar los primeros dos versos del poema? ¿A qué se refiere la poeta al decir «Aquél, el otro»?

ACTIVIDAD B • Expansión

¿Ha sentido Ud. alguna vez de la nostalgia? (Vuelva a lo que escribió en Antes de leer.) Siendo una persona hispánica que vive en un país anglosajón, ¿comparte Ud. con la autora del poema algunos sentimientos? ¿Es parecida su situación a la de Umpierre-Herrera? Si lo es, ¿en qué sentido?

¡Imposible!

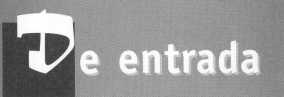

De entrada

Lucía piensa que Raquel le está ocultando datos muy importantes pertinentes al caso Castillo. ¿De qué sospecha Lucía? ¿Cree Ud. que Raquel realmente le ha ocultado información? Apunte algunas ideas.

Lucía empieza a sospechar que Raquel le está ocultando algo. ¿Por qué es tan sospechosa Lucía?

Hacia la comunicación

Vamos de compras

ACTIVIDAD A • De compras

Con un compañero / una compañera de clase, describan lo que ven en las fotos de esta página. Contesten las siguientes preguntas al hacer sus descripciones.

1. ¿Qué clase de tiendas o comercios se ven en las fotos? En su opinión, ¿cómo son las tiendas? ¿elegantes? ¿comunes y corrientes? ¿ ? ¿Venden cosas caras? ¿baratas? ¿ ?
2. ¿Qué se vende en esas tiendas? Indiquen todo lo que creen que se vende allí.
3. ¿Van Uds. de compras en tiendas semejantes a éstas? ¿Dónde están esas tiendas, en el centro de la ciudad o en el centro comercial?
4. ¿Con cuánta frecuencia van Uds. de compras? ¿Les gusta o no? ¿Por qué?
5. Además de la ropa, ¿a Uds. qué les gusta comprar? ¿Compran libros? ¿discos compactos? ¿plantas y flores? ¿cosas para decorar su casa o apartamento? ¿ ?

Buenos Aires, Argentina

Córdoba, Argentina

ACTIVIDAD B • El consumerismo

Muchas veces los anuncios que ponen en la televisión o en las revistas influyen en las compras que las personas hacen. La decisión que tienen que tomar los consumidores es la de comprar o no comprar. Pero, ¿es realmente la decisión del consumidor / de la consumidora o hay algunas fuerzas externas que los empujan a abrir la billetera, girar (*to draw*) ese cheque o sacar la tarjeta de crédito? En grupos de dos o tres estudiantes, miren los siguientes anuncios de unas revistas y contesten las preguntas a continuación.

ADOLFO DOMINGUEZ

"*El hombre para mí usa English Leather o no es nada.*"

ENGLISH LEATHER
Colonia para hombre

1. ¿A quiénes creen Uds. que se dirigen estos anuncios? ¿Son diseñados para atraer a los hombres o a las mujeres? ¿Qué indicios usaron Uds. para llegar a tal conclusión?

2. ¿Opinan Uds. que estos anuncios tratan de comunicar la misma idea? ¿Es posible hacer generalizaciones en cuanto a lo que le prometen estos productos al consumidor / a la consumidora?

3. Por lo que se ven en los anuncios, ¿cómo se relacionan los productos con el concepto moderno de la belleza, la autoconfianza, el deseo de amar o ser amado/a o con el deseo de controlar el propio destino de uno?

4. Se supone que cada persona o caricatura que se ven en los anuncios representa nuestros ideales en cuanto a lo que debe o no debe ser una persona. De acuerdo con eso, ¿qué comunican estos anuncios con respecto a lo que debe o no debe ser un hombre? ¿una mujer? ¿Están Uds. de acuerdo con esas suposiciones?

5. En su opinión, ¿son eficaces estos anuncios? ¿Por qué sí o por qué no?

6. ¿Creen Uds. que los anuncios influyen en sus decisiones en el momento de comprar algo, aunque la influencia sea subconsciente?

ACTIVIDAD C • Obsesiones

Paso 1. Se estima que aproximadamente el 2,8 por ciento de la población en los Estados Unidos sufre de un síndrome de comportamiento obsesivo-compulsivo. Entre ellos se encuentran las personas obsesionadas por comprar. ¿Es Ud. una de ellas? A continuación hay un cuestionario diseñado para determinar si Ud. tiene la obsesión de comprar o no. Conteste las siguientes preguntas para averiguarlo.

		SÍ	NO
1.	¿Tiene Ud. impulsos incontrolables por gastar dinero y comprar cosas que realmente no necesita?	☐	☐
2.	Cuando se siente deprimido/a, ¿va de compras para sentirse mejor?	☐	☐
3.	¿Ha malgastado Ud. el dinero en compras alguna vez, en vez de pagar las cuentas del teléfono, de la luz o del agua?	☐	☐
4.	¿Ha mentido Ud. a sus padres (a su esposo/a, novio/a...) alguna vez, diciéndole(s) que gastó menos de lo que realmente había gastado?	☐	☐
5.	¿Le han hecho comentarios negativos alguna vez sus amigos o parientes sobre las compras excesivas que Ud. ha hecho?	☐	☐
6.	¿Evita Ud. abrir las cuentas de sus tarjetas de crédito porque tiene miedo de saber cuánto debe?	☐	☐
7.	¿Oculta Ud. los pensamientos que tiene sobre su comportamiento relacionado con las compras creyendo que sus amigos van a creer que estás loco/a?	☐	☐
8.	¿Ha comprado Ud. alguna prenda de ropa con la intención de devolverla a la tienda después de usarla para una fiesta u otra reunión social?	☐	☐
9.	¿Le es imposible entrar en una tienda o almacén, pasar unas cuantas horas allí, y volver a casa tranquilamente sin haber comprado nada?	☐	☐
10.	¿Ha comprado Ud. algo innecesario con la tarjeta de crédito y mientras esperaba para pagar se preocupaba y preguntaba de dónde iba a conseguir el dinero para pagarlo después?	☐	☐

Paso 2. Ahora, por cada respuesta afirmativa que dio a las preguntas en el Paso 1, anótese un punto. Después de sumar los puntos, consulte las siguientes descripciones. ¿Se obesiona Ud. por las compras?

1–3 PUNTOS

Ud. definitivamente no tiene por qué preocuparse por lo que gasta en las compras innecesarias. Parece que Ud. sabe en qué debe gastar el dinero y en qué no. Sin embargo, es muy probable que Ud. no gaste lo suficiente y que quizás sus amigos le tachen de tacaño/a (*accuse you of being stingy*). ¡Suelte un poco ese bolsillo y libere ese lado avariento (*greedy*) de su personalidad! ¡Diviértase más!

4–6 PUNTOS

Definitivamente Ud. gasta el dinero por orden de prioridad. Ud. ni es tacaño/a ni demasiado gastador(a). En cuanto a las finanzas, parece que

Ud. ha alcanzado un equilibrio normal. Sabe cuándo llegan las cuentas y las paga puntualmente sin demora (a no ser que haya respondido afirmativamente a las preguntas 3 y 10). Si éstas figuran entre las preguntas que contestó afirmativamente, es muy posible que la ruina financiera le esté acechando a la vuelta de la esquina (*is right around the corner*). ¡Se le recomienda un ojo vigilante!

7–10 PUNTOS
Es posible que Ud. sufra del síndrome de consumidor obsesionado / consumidora obsesionada. Se le recomienda cortar las tarjetas de crédito y no gastar más. Además del trabajo que Ud. tenga, será aconsejable que busque un trabajo de tiempo parcial para así salvarse de la insolvencia total. Va a ser un paseo muy turbulento, así que ¡apriétese (*tighten*) el cinturón!

ACTIVIDAD D • Las tiendas de mi ciudad/pueblo

Paso 1. Con un compañero o compañera de clase, describan una tienda conocida en su ciudad o pueblo. ¿Qué clase de productos se venden allí? ¿ropa? ¿electrodomésticos? ¿utensilios para la casa? ¿accesorios de casa? Descríbanles a los demás esa tienda *sin mencionar el nombre.* También indiquen qué tipo de persona hace las compras allí. ¿Pueden adivinar sus compañeros qué tienda han descrito?

Paso 2. Las comunidades hispánicas que se encuentran en los Estados Unidos suelen tener sus propias tiendas donde se puede encontrar productos y alimentos típicamente hispánicos. Por ejemplo, en Texas, los mexicoamericanos pueden hacer las compras en Danals, un supermercado que vende productos para satisfacer los gustos de los hispanos. En grupos de dos o tres estudiantes, piensen en las tiendas de su comunidad cuya clientela es básicamente hispánica. ¿Qué productos se pueden comprar allí que no se consiguen en las tiendas corrientes?

Paso 3. Ahora comparen lo que escribieron en el Paso 2 sobre las tiendas hispánicas con lo que escribieron los otros grupos de la clase. ¿Mencionaron ellos las mismas tiendas o no?

El vídeo

Antes de ver el episodio

ACTIVIDAD • Malas noticias

En el Episodio 9 del CD-ROM que acompaña *Nuevos Destinos* hay una variedad de actividades relacionadas con el Episodio 9 del vídeo.

Paso 1. En el episodio previo Raquel leyó una carta que Arturo le envió. Contesten las preguntas en la siguiente página, según la carta de Arturo.

1. Según la carta, ¿por qué Arturo le escribe a Raquel en vez de llamarla?
2. Arturo le dice a Raquel que le han ofrecido una posición en Buenos Aires. ¿Cuál es esa posición y por qué le parece tan tentadora a Arturo?
3. ¿Por qué se siente tan confundido Arturo?
4. Arturo le dice que siente un gran vacío en su vida. ¿A qué se atribuye ese vacío?
5. ¿Por qué quiere Arturo pasar más tiempo en la Argentina en vez de regresar inmediatamente a Los Ángeles?

Paso 2. En la carta, Arturo le cuenta a Raquel que se había encontrado con su ex mujer en el congreso. También le dice que había sido un encuentro muy agradable, como si no hubieran tenido un divorcio tan turbulento. En su opinión, ¿qué implica ese reencuentro en cuanto a las relaciones entre Arturo y Raquel? ¿Cree Ud. que es posible que Arturo quiera hacer las paces con su ex mujer y reanudar las relaciones entre ellos?

Paso 3. En grupos de dos o tres estudiantes, piensen en la situación de Arturo. Imagínense que Uds. son psiquiatras y están analizando el comportamiento de Arturo. ¿Creen que Arturo está pasando por una crisis psicológica? ¿A qué se debería ese cambio repentino (*sudden*) en su vida? Si pudieran darle consejos a Arturo, ¿qué le dirían?

Paso 4. Ahora comparen su análisis del Paso 3 con los de los otros grupos de la clase. ¿Creen ellos que Arturo está cometiendo un error? ¿Qué opinan ellos?

PALABRAS ÚTILES

el citatorio summons
comprobar (ue) to prove

Después de ver el episodio

ACTIVIDAD A • Vocabulario útil

Paso 1. En grupos de dos o tres estudiantes, den una definición en español para cada una de las palabras a continuación. **¡OJO!** Cuidado con los cognados falsos.

1. el *fax*
2. el citatorio
3. comprobar
4. beneficiar
5. los sucesos
6. la inquisición
7. discreto/a

Paso 2. Ahora en grupos, escriban cinco oraciones originales usando las palabras del Paso 1. Al escribir las oraciones, piensen en el contexto en que se oyeron las palabras en el episodio.

Paso 3. Comparen las oraciones que escribieron en el Paso 2 con las de los otros grupos de la clase. ¿Entendieron todos el significado de cada palabra?

ACTIVIDAD B • Detalles importantes

Con un compañero / una compañera de clase, identifiquen a los nuevos personajes y lugares y den una descripción breve de ellos.

1. tía Olga
2. doña Carmen
3. tío Jaime
4. Roberto Castillo
5. San Germán

ACTIVIDAD C • Los pormenores

En este episodio llegó a conocer a la tía Olga, la «gruñona» de la familia. A continuación hay una conversación entre Raquel, Olga y Ángela. En parejas, lean la conversación y contesten las preguntas a continuación.

RAQUEL: ...y como don Fernando está gravemente enfermo en el hospital, es importante que Ángela vaya a México pronto.

OLGA: Creo que eso va a ser imposible.

ÁNGELA: ¿Por qué?

OLGA: Ángela, no conocemos a esa gente. Puede ser peligroso.

ÁNGELA: Titi Olga, por favor.

1. En su opinión, ¿por qué tiene la tía Olga tantas sospechas?
2. ¿Por qué teme que la situación en que se encuentra Ángela pueda ser peligrosa?
3. A su parecer, ¿creen que Ángela es un poco ingenua (*naive*)? ¿Debiera tener ella más cuidado con las personas que no conoce bien?
4. Si Uds. se encontraran en la misma situación que Ángela, ¿actuarían de una forma tan precipitada (*hasty*)?

ACTIVIDAD D • El episodio en breve

Conteste las siguientes preguntas, basándose en la información del Episodio 9 de *Nuevos Destinos*.

1. Al empezar el episodio, Lucía ha regresado a la oficina de Raquel para hacerle preguntas sobre el segundo codicilo. ¿Por qué cree Lucía que a lo mejor Raquel le está ocultando algo sobre el caso Castillo? ¿Qué le estará ocultando?
2. ¿Cómo reacciona Raquel al saber que Lucía duda de su honestidad y cree que le podría estar ocultando algo?
3. Raquel sigue contándole a Lucía sobre su encuentro con la familia de Ángela. ¿Quiénes son los parientes de Ángela? ¿Cómo reciben ellos a Raquel?
4. ¿Adónde iban a ir Ángela y Raquel y por qué? ¿Por qué tenía que pedirles permiso para poder ir a México Ángela a sus tíos?
5. Lucía le pregunta a Raquel que si habrá alguien en la familia puertorriqueña que no esté satisfecho/a con la herencia o que si alguien tendrá algo que ver con el segundo codicilo. ¿Qué le contesta Raquel?
6. Lucía se da cuenta de que Raquel está desconcertada por algo. ¿Qué le dice Raquel a Lucía?
7. Raquel y Lucía hablan de las opciones que uno tiene en la vida. ¿Qué consejos le da Lucía a Raquel?

PARA PENSAR

¿Se acuerda de la reacción de la tía Olga cuando supo el motivo de la visita de Raquel? En su opinión, ¿cómo recibieron los tíos a la licenciada Rodríguez? ¿Cree Ud. que la reacción de Olga era razonable? ¿Cómo reacciona Ángela ante las preguntas de Olga? Si Ud. fuera Ángela, ¿habría reaccionado de igual forma? ¿Por qué dice eso?

Ivette González («Lucía Hinojosa»)

Ivette González es muy conocida por los televidentes latinos de Los Ángeles, California. Ivette viene de una familia de músicos: su papá trabajaba como músico y su mamá desempeñaba un puesto en una compañía de discos. Todos sus parientes están en México menos su madre que, desafortunadamente, murió en 1995.

Ivette nació en el Distrito Federal de México pero ha vivido en Guadalajara, México; Colombia; Panamá y los Estados Unidos. Hace cinco años vino a los Estados Unidos y consiguió el puesto de locutora en un programa de televisión en Los Ángeles. Le gusta su trabajo porque le brinda la oportunidad de entrevistar a personajes famosos del ambiente latino, como José José, Franco y Luis de Alba, entre otros. También hace doblajes de[1] películas norteamericanas igual que programas para enseñar a los niños latinos a leer y a escribir en español.

A Ivette le fascinó el papel de Lucía Hinojosa, papel que ella desempeña en *Nuevos Destinos*. Incluso, nos informó que tiene algo en común con Lucía: «Somos amigables» y «muy orgullosas de

nuestras raíces». Ivette añade riéndose: «Lucía y yo hemos tenido varios romances pero nunca nos hemos casado».

Ivette sueña con hacer un papel dramático en una película norteamericana. Quiere hacer el papel de la malévola[2] que, al final de la película, se pone a llorar arrepentida de todas las maldades que ha hecho.

En cuanto a *Nuevos Destinos*, Ivette se interesó mucho en el aspecto pedagógico de la serie. Opina que las personas no debieran conformarse con lo que tienen y que deberían aprender varios idiomas y familiarizarse con otras culturas. A su parecer, los idiomas abren puertas al mundo y tras cada puerta siempre hay oportunidades.

[1]*hace... she dubs* [2]*villainess*

Conceptos gramaticales

9.1 • El uso del subjuntivo con construcciones de voluntad o deseo

¡Ya lo sabía Ud.!

En el último capítulo Ud. aprendió a reconocer los verbos en el presente de subjuntivo y a conjugarlos. También aprendió que el subjuntivo se usa para expresar deseos, emociones, sentimientos o incertidumbre con relación a cualquier acontecimiento, acción o situación. En esta sección Ud. va a aprender algo más sobre las construcciones gramaticales que se asocian con el subjuntivo —especialmente el uso del subjuntivo para expresar voluntad o deseos. Lo único que realmente le hace falta aprender son las reglas. En cambio, el uso del subjuntivo, ¡ya lo sabía Ud.!

Para saber más: Voy a pedirle a mi asistente que la busque

Como Ud. sabe, el subjuntivo aparece en la cláusula dependiente cuando un verbo o una construcción que expresa influencia, voluntad o deseo aparece en la cláusula independiente. Mire los ejemplos a continuación.

CLÁUSULA INDEPENDIENTE	CLÁUSULA DEPENDIENTE
INDICATIVO	SUBJUNTIVO
Voy a pedirle a mi asistente que	la **busque**.
Olga no **quiere** que	Ángela **acompañe** a Raquel.
Es importante que	Ángela **vaya** a México pronto.

- Note que estas construcciones expresan voluntad o deseo de que algo suceda. Algunas expresiones de influencia o voluntad son: **querer, prohibir (prohíbo), pedir (i, i), decir, desear, insistir en, mandar, aconsejar, recomendar (ie), sugerir (i, i).**
- En español es común suprimir la cláusula independiente cuando la idea de influencia es evidente. Es importante saber que en estos casos siempre se usa el subjuntivo. Las siguientes oraciones que empiezan con **que** se conocen como deseos elípticos. Estudie los siguientes ejemplos.

  Necesito que Raquel me lo   →   ¡Que Raquel me lo cuente todo!
    cuente todo.
  Deseo que te **vaya** bien.   →   ¡Que te vaya bien!

- Note que se usa el infinitivo después de construcciones de influencia o de voluntad cuando no hay cambio de sujeto. Véase los siguientes ejemplos.

INDICATIVO		SUBJUNTIVO
Quiero **conocer** a tus tíos.	→	(Yo) Quiero que (tú) **conozcas** a
(*no hay cambio de sujeto*)		mis tíos. (*hay cambio de sujeto*)

- En español, cuando se hace un comentario general con expresiones impersonales (**Es importante, Es bueno...**), se usa el infinitivo: **Es necesario saberlo todo.** A continuación hay algunas oraciones contrastivas que usan o el infinitivo o el presente de subjuntivo. Mire las siguientes oraciones y trate de indicar en qué son diferentes.

Es importante **llegar** a tiempo.	Es importante que **llegues** a tiempo.
Es imprescindible **enterarse** de todo.	Es imprescindible que te **enteres** de todo.

Actividades gramaticales

ACTIVIDAD A • Quiero que me haga un favor

Paso 1. Imagínese que Ud. tiene catarro y que el médico de la universidad le ha dicho que guarde cama para descansar. Sus compañeros de casa son tan amables que se ofrecen para ayudarle mientras se está recuperando. Al principio les pide muy pocos favores pero mientras más tiempo pasa en cama, más mandón/mandona se vuelve. Con un compañero / una compañera de clase, hagan oraciones originales, basándose en las oraciones a continuación, para indicarles a sus compañeros lo que Uds. quieren que hagan. No deben usar la misma expresión de voluntad más de una vez. **¡OJO!** No se olviden de usar el subjuntivo en las cláusulas dependientes.

1. José, su compañero de casa, va al restaurante Mercado Juárez para cenar y a Ud. le apetecen unas fajitas.
2. Carlos, otro compañero de casa, está a punto de lavar su ropa y Ud. se da cuenta de que Ud. no tiene ninguna prenda de ropa limpia.
3. Carlos y José van a ver un programa interesante de televisión esta noche, pero el televisor está en la sala. A Ud. también le interesa ver ese programa.
4. A pesar de que Ud. está enfermo/a, su profesor de filosofía le ha pedido el informe que Ud. todavía no ha hecho. Carlos se especializa en filosofía y Ud. cree que a lo mejor él le puede ayudar.
5. Ud. siente frío por la tarde y necesita otra cobija. Afortunadamente, Carlos todavía está en casa.
6. Ud. se despierta y nota que la casa huele a huevos y tocino. José y su novia están preparando el desayuno. Ud. tiene hambre y cree que a lo mejor ellos querrán compartir el desayuno con Ud.
7. Su salud ha empeorado y se siente un poco afiebrado (*feverish*). Lo único que quiere hacer es dormir pero no puede porque Carlos y sus amigos están viendo un partido de fútbol y están gritando mucho. Si Ud. se pusiera firme, a lo mejor no harían tanto ruido.

Paso 2. Ahora comparen sus oraciones con las de otra pareja de estudiantes. ¿Pidieron Uds. los mismos favores?

ACTIVIDAD B • ¡Ay, ese Luis!

Paso 1. En este episodio Raquel le cuenta a Lucía que Luis, su ex novio, la había llamado y que a él le gustaría reanudar las relaciones con ella. ¿Qué debe decirle Raquel a Luis? Con un compañero / una compañera de clase, escriban por lo menos cinco oraciones de voluntad o deseo, indicando lo que Raquel quiere, le aconseja, le prohíbe y le pide a Luis.

MODELO: Sugiero que no me vuelvas a llamar esta semana.

Paso 2. Ahora comparen las oraciones que escribieron en el Paso 1 con las de los otros estudiantes de clase. ¿Qué grupo tiene las oraciones más originales?

ACTIVIDAD C • ¡Pónganse a trabajar!

Con un compañero / una compañera de clase, imagínense que Uds. son gerentes de un supermercado. Acaban de saber que el presidente de la compañía va a hacerles una visita sorpresa en una hora. Usando las construcciones de voluntad o deseo, díganles a los empleados lo que deben hacer o no para que la tienda esté en perfectas condiciones cuando el presidente llegue. Escriban seis oraciones originales usando las siguientes listas como guía.

INFLUENCIA	ACCIONES	PRODUCTOS	COSAS / LUGARES
aconsejar	arreglar	la basura	las alfombras
decir	barrer	el café	los baños
insistir en	contar	las camisetas	las cajas
mandar	cortar	la carne	la entrada
prohibir	limpiar	los cosméticos	el piso
querer	llenar	el pescado	las ventanas
ser imperativo/	recoger	las revistas	
necesario	sacar	los utensilios	
sugerir		las verduras	

ACTIVIDAD D • ¿Adónde vamos para las vacaciones?

Paso 1. A veces las parejas se ponen de acuerdo en cuanto a las vacaciones, pero otras veces no. El párrafo a continuación trata de cómo Alberto y Susana enfrentan ese dilema. Con un compañero / una compañera de clase, lean el párrafo e indiquen la forma correcta de cada verbo entre paréntesis. **¡OJO!** No todos los verbos requieren el subjuntivo.

Las vacaciones de primavera empiezan en dos semanas. Mi esposa y yo tenemos toda la semana libre y ella quiere que (ir)[1] a Colorado a esquiar. Yo prefiero (ir)[2] a Acapulco. Realmente no me gusta la nieve y espero (pasar)[3] algunos días en la playa. Es importante que (viajar)[4] a algún sitio porque también es nuestro aniversario y queremos celebrarlo. Vamos a pedirle a mi madre que nos (dar)[5] su opinión. Espero que ella (estar)[6] de acuerdo conmigo, pero a veces ella y mi esposa son demasiado parecidas en cuanto a sus gustos. Ya sé... mi madre nos va a decir que Acapulco (ser)[7] demasiado peligroso y caro y que Colorado (estar)[8] más cerca. Es posible que ella (tener)[9] razón, pero yo tengo espíritu aventurero, y voy a insistir en que (pasar: nosotros)[10] las vacaciones en México.

Paso 2. Ahora expliquen por qué se usa el subjuntivo o no en cada caso.

LOS HISPANOS EN LOS ESTADOS UNIDOS

Dos actores puertorriqueños famosos

Raúl Juliá (1940–1994) fue uno de los actores puertorriqueños más conocidos en los Estados Unidos. Actuó en muchas películas, obras teatrales de Broadway y en miniseries para la televisión en este país. Entre sus películas figuran *Presumed Innocent*, *Kiss of the Spider Woman*, *Romero* y las dos películas de *The Addams Family*. En cuatro ocasiones Juliá fue nominado para el premio Tony por sus actuaciones en obras teatrales.

La famosa actriz Rosie Pérez también es de origen puertorriqueño. Nació en 1963 y ha vivido la mayor parte de su vida en el barrio puertorriqueño de Brooklyn, Nueva York. La fama de Pérez se debe mayormente a su actuación en la película *White Men Can't Jump*. También ha actuado en las películas *Do The Right Thing*, *Untamed Heart* y *Fearless*. Además de ser actriz, también es coreógrafa de varios cantantes famosos. Parece que su talento no tiene límite. Si sus éxitos pasados son un indicio de su futuro, su carrera en Hollywood está asegurada.

Rosie Pérez

Así lo decimos • Las variaciones dialectales

A. ¿*Haiga* o *haya*?

En el español estándar, la forma aceptada del presente de subjuntivo del verbo **haber** es **haya**. Sin embargo, hay algunos hispanohablantes que usan **haiga** en vez de **haya** en el habla diaria. Por lo tanto, es muy común oír oraciones como: «No creo que haiga suficiente tiempo» o «Es increíble que haigan tantas personas allí». Acuérdese de que la forma apropiada es **haya** y que se recomienda evitar decir o escribir **haiga**. Por supuesto, en caso de duda, siempre es buena idea consultar un diccionario u otro libro de referencia.

ACTIVIDAD • ¿Quiere que yo se lo traduzca?

Imagínese que Ud. está en una tienda y que ve a una persona hispánica que no habla inglés muy bien. Siendo Ud. tan amable, se ofrece para traducir lo que dicen el dependiente y la cliente. ¿Cómo comunicaría Ud. las ideas a continuación (p. 214) en español?

1. Sorry, ma'am, but I don't believe that there are any more shirts like that in stock (**en almacén**).
2. It's possible that there are shoes that will go well with (**hacer juego con**) that skirt.
3. I'm sorry that there are not any shoes like that in your (**Ud.**) size (**talla**).
4. I don't think you (**Ud.**) have seen all the colors that we have.
5. I would like to pay in cash (**al contado**) because I don't think there are enough funds (**fondos**) in my checking account (**cuenta corriente**).

B. Los modismos

Cada idioma, sea inglés, español, árabe o chino, tiene sus propias expresiones que enriquecen la lengua. Con un compañero / una compañera de clase, lean los siguientes dichos y traten de dar traducciones apropiadas al inglés. Si se dan por vencidos/as, las respuestas se encuentran al final de este capítulo.

EXPRESIONES CON **gato**
buscarle tres pies al gato
Cuando el gato no está, los ratones bailan.
dar gato por liebre
Gato escaldado, del agua fría huye.
haber gato encerrado
llevar el gato al agua
llevarse como perros y gatos
tener siete vidas como el gato

EXPRESIONES CON **santo**
alzarse con el santo y la limosna
desnudar un santo para vestir otro
día del santo
en un santiamén
hacer su santa voluntad
írsele a uno el santo al cielo
no ser santo de la devoción de uno
¡santo remedio!

Para escribir

En esta sección del libro, Ud. tendrá la oportunidad de expresarse por escrito. En el libro de texto se le presentarán algunas actividades para acercarle al tema. Pero es en el *Manual* que acompaña el libro de texto donde va a realizar la escritura de sus composiciones.

ACTIVIDAD • Los anuncios

Piense en los anuncios comerciales que ve en la televisión y en la prensa y conteste las siguientes preguntas.

1. ¿Opina Ud. que los anuncios comerciales lo/la afectan? ¿Hasta qué punto?
2. ¿Por qué se suelen escoger a personas muy atractivas para los anuncios comerciales?
3. ¿Qué efecto tiene en las personas comunes y corrientes el ver a personas atractivas en los anuncios comerciales?
4. ¿Cree Ud. que es posible que, al ver tantas personas atractivas en los anuncios, lleguemos a pensar que si no nos vemos así es porque algo nos falta?

5. ¿Qué tipo de anuncios le gustaría ver eliminados de la televisión o de la prensa? ¿Por qué?
6. Mientras Ud. hace sus compras en el supermercado, ¿piensa en los anuncios que ha visto recientemente en la televisión? ¿Es posible que lo/la influyan inconscientemente?

Volviendo al tema

ACTIVIDAD • Las sospechas de Lucía

En el Episodio 9, Lucía sospecha que Ramón y Raquel le están ocultando información importante sobre el caso Castillo. Con un compañero / una compañera de clase, vuelvan a mirar la foto en la primera página de este capítulo y los comentarios que Uds. apuntaron en la sección De entrada. Comparen lo que ahora saben Uds. con las ideas que escribieron entonces. ¿Acertaron en sus suposiciones? ¿Qué saben Uds. ahora sobre la historia de *Nuevos Destinos* que no sabían antes de ver el Episodio 9? Apunten sus respuestas.

ASÍ LO DECIMOS: B. LOS MODISMOS	
EXPRESIONES IDIOMÁTICAS CON *gato* Y *santo*	
EXPRESIONES CON **gato**	
buscarle tres pies al gato	*to look for problems where there are none*
Cuando el gato no está, los ratones bailan.	*When the cat's away, the mice will play.*
dar gato por liebre	*to rip off, swindle*
Gato escaldado, del agua fría huye.	*Once bitten, twice shy.*
haber gato encerrado	*to smell a rat*
llevar el gato al agua	*to pull something off*
llevarse como perros y gatos	*to fight like cats and dogs*
tener siete vidas como el gato	*to have nine lives*
EXPRESIONES CON **santo**	
alzarse con el santo y la limosna	*to take your share and everyone else's*
desnudar un santo para vestir otro	*to rob Peter to pay Paul*
día del santo	*Saint's day*
en un santiamén	*in the blink of an eye*
hacer su santa voluntad	*to do whatever one pleases*
írsele a uno el santo al cielo	*to lose one's train of thought*
no ser santo de la devoción de uno	*to not be fond of*
¡santo remedio!	*an excellent solution to a problem*

Civilización maya

300–900 d.C.

Civilización tolteca

900–1200

Independencia de Centroamérica

1821

Estados Unidos compra el derecho del canal de Panamá

1903

El canal de Panamá es terminado y puesto en servicio

1914

Revolución sandinista en Nicaragua

1979–1988

Guerra civil en El Salvador

1979–1991

El canal de Panamá vuelve a manos panameñas

2000

Ventana al mundo hispánico

Centroamérica

¡Qué interesante!

- En el siglo XVI Guatemala tuvo la primera mujer gobernadora del Nuevo Mundo, Beatriz de la Cueva, viuda del conquistador Pedro de Alvarado.
- En 1992 Rigoberta Menchú, indígena maya-quiché, ganó el Premio Nobel de la Paz por su lucha por defender los derechos de los indígenas de Guatemala.
- Las ruinas de Tikal, una importante ciudad maya, se encuentran en la parte norte de Guatemala.
- La composición volcánica del suelo de El Salvador permite que se cultive un café de excelente calidad.
- El único país de Centroamérica que no tiene ningún volcán es Honduras.
- Costa Rica es el único país en el continente americano que no tiene un ejército constituido.
- En la cultura de los cunas, indígenas de Panamá, las mujeres toman todas las decisiones familiares.
- El *Popol Vuh*, la obra más importante que se conserva de la literatura de los mayas, contiene las leyendas y los mitos del pueblo quiché.

Gente

Rubén Darío (1867–1916), pseudónimo de Félix Rubén García Sarmiento, nació y murió en Nicaragua. Por su técnica verbal, Darío es uno de los grandes poetas de la poesía hispánica de todos los tiempos. Su inclinación poética se manifestó en su adolescencia de manera que a los trece años de edad ya se le conocía como «el poeta niño». Muchos críticos consideran que su primer libro, *Azul*, marca el comienzo del período modernista. Entre las obras más conocidas de Darío se hallan *Prosas profanas* (1896), *Cantos de vida y esperanza* (1905), *El canto errante* (1907) y *Poema del otoño y otros poemas* (1910). En general, los poemas de Darío reflejan las siguientes características asociadas con el movimiento modernista: el culto a lo bello y lo aristocrático; la evasión de la realidad; el cuidado de la forma; el lenguaje refinado, cromático, sensorial, metafórico y musical.

De invierno

En invernales horas, mirad a Carolina.
Medio apelotonada,[1] descansa en el sillón,
envuelta con su abrigo de marta cibelina[2]
y no lejos del fuego que brilla en el salón.

El fino angora blanco junto a ella de Alençón,[3]
no lejos de las jarras de porcelana china
que medio oculta un biombo[4] de seda del Japón.

Con sus sutiles filtros la invade un dulce sueño;
entro, sin hacer ruido; dejo mi abrigo gris;
voy a besar su rostro, rosado y halagüeño[5]

como una rosa roja que fuera flor de lis;[6]
abre los ojos; mírame, con su mirar risueño,[7]
y en tanto cae la nieve del cielo de París.

[1]*curled up* [2]marta... *sable* [3]pueblo en Francia [4]*screen* [5]*pleasant* [6]flor... *fleur-de-lis* [7]*cheerful*

Las ciencias

El calendario maya

Una de las civilizaciones más brillantes del continente americano fue la de los mayas. Esta civilización alcanzó su máximo esplendor entre los siglos VII y VIII. Durante esa época los mayas desarrollaron el sistema de escritura más completo del continente, diseñaron un sistema de canales para aprovechar el agua de lluvia, construyeron pirámides y sobresalieron por sus avanzados conocimientos en las matemáticas y la astronomía. Además, se conocen por haber empleado el concepto del cero en su sistema de numeración y por haber creado un calendario más exacto que el que se utilizaba en la Europa de aquel tiempo. Los mayas se establecieron en distintas regiones de Yucatán y Centroamérica y allí construyeron sus ciudades. Aunque Tikal es la mayor y la más antigua de las ciudades mayas, Copán se considera una de las más avanzadas por ser el centro maya de la astronomía y de las ciencias.

Las artes

La pollera es un traje típico de Panamá que data del siglo XVII. Actualmente existe una variedad de polleras. El estilo más complicado de este traje nacional es la pollera de encajes, que está bordado a mano. Suele llevar una blusa con dos vuelos[1] atados y una falda ancha que puede tener dos o tres divisiones. Estas polleras pueden costar cientos de dólares, dependiendo de la calidad de la tela y del encaje. El toque final para acompañar la pollera de la mujer es el arreglo de su cabello. Por lo general, la cabeza de la mujer se decora con templeques (flores blancas), adornos hechos a mano con oro, perlas y escamas[2] de peces.

[1]*frills, ruffled borders* [2]*scales*

La pollera panameña

En casa

En el valle de Antón en Panamá se encuentra una montaña con la silueta de una niña india dormida. La leyenda cuenta que la hija del jefe indio Urraca, llamada Flor del Aire, se enamoró de un conquistador español. Pero su amante era el fuerte guerrero indígena Yaravi. Viendo que ella no le prestaba atención y que seguía enamorada del conquistador, Yaravi se suicidó delante de ella y de todo el pueblo. Esto causó que ella se olvidara del español y huyera a las montañas donde permaneció llorando su desgracia y su triste destino. Se dice que Flor del Aire murió en la cima de la montaña mirando hacia el cielo. Inmortalizando sus sentimientos quedó la silueta de ella como símbolo de su amor verdadero.

Pistas

Doña Carmen le regala a Ángela una caja que pertenecía a Ángel, su padre. ¿Qué habrá en la caja? ¿Por qué tiene Ángela esa cara de sorprendida?

De entrada

¿Qué contiene la caja que doña Carmen le regaló a Ángela? ¿Será la prueba de la existencia de Ángel que Raquel necesita mostrarle a don Fernando? Apunte algunas ideas.

acia la comunicación

Los días festivos y las tradiciones

ACTIVIDAD A • Vistazos al mundo hispánico

Paso 1. Mire las siguientes fotos de celebraciones típicas de algunas partes del mundo hispánico y conteste las preguntas a continuación.

Un desfile navideño en Pasto, Colombia

Semana Santa en Sevilla, España

Día de los Muertos en Tzintzuntzán, Michoacán, México

1. ¿Qué representan estas celebraciones o tradiciones para las personas de habla española? ¿Son fiestas religiosas? ¿populares (del pueblo)? ¿regionales? ¿Qué más puede decir de estas celebraciones o tradiciones?

2. Siendo Ud. una persona hispánica, es probable que su familia celebre días festivos que no celebran sus amigos anglosajones. Piense Ud. en todos los días festivos que su familia celebra y haga una lista de los que son típicamente hispánicos. ¿Cuáles celebraciones son más bien de origen anglosajón? ¿Por qué cree Ud. eso?

3. ¿Celebran Ud. y su familia el Día de Acción de Gracias? ¿Es éste para su familia un día festivo especial? ¿Por qué sí o por qué no? ¿Qué representa ese día festivo para los hispanos? Si Ud. no celebra este día festivo, explique por qué.

4. ¿Celebran Ud. y su familia la Navidad? ¿Es para Uds. una tradición que consiste sólo en intercambiar regalos o es más bien para Uds. una celebración religiosa y solemne? ¿Cree Ud. que las tradiciones navideñas anglosajonas difieren mucho de las de los hispanos? Compárelas con su propia manera de celebrar la Navidad. Si Ud. y su familia no celebran este día festivo, explique por qué.

5. ¿Cuál es su día festivo favorito? ¿Qué significa ese día para Ud.? ¿Cuál es el día festivo que menos le gusta? ¿Por qué?

Paso 2. Compare sus respuestas a las preguntas del Paso 1 con las de un compañero / una compañera de clase. ¿Tienen Uds. tradiciones semejantes? ¿Están de acuerdo en cuanto a los diferentes aspectos entre las celebraciones hispánicas y las anglosajonas?

ACTIVIDAD B • Los españoles y los días festivos

En grupos de dos o tres estudiantes, miren los resultados de una encuesta que les hicieron a los españoles sobre sus opiniones de los días feriados, y contesten las preguntas a continuación.

QUE ES LA NAVIDAD

Cuál de estas frases se ajusta más a la forma en que usted pasa las Navidades

	% Total
Es una fiesta fundamentalmente religiosa	9,5
Es una fiesta esencialmente familiar	73,6
Es una fiesta para consumir y gastar dinero	7,3
Son unas vacaciones de invierno, sin ningún otro significado	3,2
Es una época triste y deprimente que preferiría que no existiera	6,1
NS/NC	0,4

¿EN COMPAÑIA DE QUE PERSONAS PASA LAS FIESTAS?

	%	Total
Siempre las paso en familia		84,3
Siempre las paso con mis amigos, novia/o		2,2
Las paso solo		1,0
Unos días las paso en familia y otros por mi cuenta		9,6
No siempre las paso con la misma compañía		1,2
NS/NC		1,8

¿CUAL DE ESTAS FIESTAS ES MAS IMPORTANTE?

	%	Total
Nochebuena		30,8
Navidad		19,4
Nochevieja		19,4
Año Nuevo		3,7
Reyes Magos		3,6
Todas por igual		21,2
NS/NC		2,0

¿QUE DIA HACE USTED LOS REGALOS?

	%	Total
Día de Reyes Magos		64,0
Día de Navidad		9,9
Días de Navidad y de Reyes Magos		6,8
No hay día fijo para dar regalos		9,3
No hacemos regalos		8,9
NS/NC		1,0

1. ¿Cómo perciben la Navidad los españoles? ¿Representa para los encuestados una celebración religiosa o es una ocasión para gastar dinero en regalos?
2. Para los españoles, ¿cuál es el día feriado más importante? En su opinión, ¿por qué será así?
3. Según los resultados de la encuesta, ¿cuál es el día feriado de menor importancia para los españoles? ¿Creen Uds. que los hispanos de este país opinan lo mismo?
4. ¿Qué porcentaje de españoles hace regalos para el Día de Navidad? ¿Concuerdan estos resultados con lo que uno esperaría de las personas en los Estados Unidos? ¿Para qué día feriado se suele hacer regalos en España? ¿Es el mismo día para los hispanoamericanos?

5. ¿Qué porcentaje de españoles pasa siempre los días feriados en compañía de otras personas? ¿Cree Ud. que en los Estados Unidos la mayoría de los días feriados son generalmente reuniones familiares? ¿Qué días festivos no son para pasar en familia?

ACTIVIDAD C • La Navidad: El colmo del consumerismo

Paso 1. Originalmente la Navidad era una celebración familiar en que se ofrecían pequeños obsequios (regalos) a los seres queridos. Ahora, para muchas familias, la Navidad se ha reducido a un maratón de compras, un desorden de lucecitas enmarañadas (*tangled*), ornamentos rotos y niños infelices lloriqueando para conseguir los mejores juguetes. Con un compañero / una compañera de clase, imagínense que Uds. son periodistas y que quieren ayudar a todos los padres frenéticos a calmarse durante la época que puede ser la más exasperante del año. Piensen en de cinco a siete consejos que puede seguir la gente para hacer que la Navidad sea un día feriado más agradable para todos.

MODELO: Les recomendamos a los padres que empiecen a hacer las compras más temprano que suelen hacerlo.

Paso 2. Ahora comparen los consejos que escribieron en el Paso 1 con los de los otros grupos de la clase. ¿Están todos de acuerdo? ¿Pensaron Uds. en algún consejo que no se les ocurrió a los otros?

 **l vídeo**

Antes de ver el episodio

ACTIVIDAD • Un breve repaso

En el Episodio 10 del CD-ROM que acompaña *Nuevos Destinos* hay una variedad de actividades relacionadas con el Episodio 10 del vídeo.

Con un compañero / una compañera de clase, contesten las siguientes preguntas sobre el episodio previo de *Nuevos Destinos*. ¿Se acuerdan de todos los detalles?

1. En el último episodio supimos que Lucía dudaba de la honestidad de Raquel en cuanto al segundo codicilo. ¿Por qué creía Lucía que a lo mejor Raquel le estaba ocultando algo sobre el caso Castillo? ¿Tenía razón Lucía?
2. ¿Cómo reaccionó Raquel cuando supo de las dudas de Lucía? ¿Creía Raquel que a lo mejor Arturo sabría algo sobre el segundo codicilo?
3. En el último episodio, Raquel le contó a Lucía la historia de la familia de Ángela. También, le contó muchas cosas sobre lo que pasaba entre Ángela y su tía Olga. ¿Qué recuerdan de las relaciones entre Olga y Ángela?

4. En el episodio previo, Lucía le preguntó a Raquel que si había alguien de la familia puertorriqueña que no estuviera satisfecho/a con la herencia o que si alguien tendría algo que ver con el segundo codicilo. ¿Qué le contestó Raquel?

Después de ver el episodio

ACTIVIDAD A • Palabras clave

Paso 1. Con un compañero / una compañera de clase, den una definición breve en español de cada palabra o expresión a continuación.

1. desordenado/a
2. el baúl
3. en ruta a
4. llevarse como perros y gatos
5. extrañar
6. la ternura
7. enterarse de
8. saber llevar a alguien
9. coquetear
10. evaporarse
11. el/la sinvergüenza

Paso 2. Ahora comparen las definiciones que escribieron en el Paso 1 con las de los otros estudiantes de la clase. ¿Entendieron el significado de cada palabra o expresión?

Paso 3. Ahora en grupos pequeños, escriban cinco frases originales usando las palabras que definieron en el Paso 1. Al escribir las oraciones, piensen en el contexto en que se oyeron las palabras en el episodio. ¿Se acuerdan de lo que pasaba?

ACTIVIDAD B • Jorge Alonso, un hombre sin escrúpulos

En este episodio llegamos a saber un poco más sobre Jorge Alonso, el esposo de Ángela. Con un compañero / una compañera de clase, contesten las siguientes preguntas sobre Jorge Alonso y sus relaciones con Ángela.

1. Raquel le cuenta a Lucía que cuando ella había conocido a Jorge por primera vez, éste trató de coquetear con ella. ¿Creen Uds. que Jorge es mujeriego (*womanizer*)? ¿Por qué sí o por qué no?
2. Piensen en la conversación que Raquel tuvo con Jorge cuando estaban en la Universidad de Puerto Rico. Según Uds., ¿qué dijo Jorge que le da a Raquel la impresión de que es incapaz de serle fiel a Ángela?
3. En su opinión, ¿qué creen que implica Jorge al decir que en Nueva York «tiene más oportunidades»? ¿Se refiere a oportunidades artísticas o a otro tipo de oportunidades? Expliquen por qué.
4. Piensen en el momento en que Ángela le dice a doña Carmen que ésta siempre se mete en sus relaciones con Jorge. En su opinión, ¿qué pensará doña Carmen de Jorge? ¿Opinará que Jorge es un hombre decente?
5. ¿Creen Uds. que Raquel tiene razón al decir que Jorge es un sinvergüenza? ¿Por qué creen así?

ACTIVIDAD C • «Querida Raquel... »

Paso 1. En este episodio se sabe que la tía Olga le escribió una carta a Raquel dándole información que a lo mejor serviría para el caso Castillo. En grupos de dos o tres estudiantes, lean la siguiente carta y contesten las preguntas a continuación. ¿Creen Uds. que la tía Olga le está contando la verdad a Raquel? ¿Por qué sí o por qué no?

el 28 de enero

Estimada Licenciada Rodríguez,

Ángela me contó de la carta que le mandó a Ud. Ahora le escribo yo, porque es posible que tenga información útil para Ud.

Como Ud. ya sabe, mi sobrina se está divorciando de su esposo, Jorge Alonso. Este hombre está haciendo todo lo posible para postergar[1] los procedimientos legales. Como yo no sabía cuáles eran los motivos de Jorge, decidí investigarlo.

Hace casi un mes contraté a un detective privado en Nueva York porque Jorge pasa mucho tiempo en esa ciudad. Yo llevé a cabo mi propia investigación aquí en San Juan. Fui al banco de Ángela porque quería averiguar si los motivos de Jorge para no divorciarse eran económicos. Resulta que todos los meses, desde hace varios años, él transfiere dinero de la cuenta que tienen juntos, a otra cuenta que él tiene sólo a su nombre en Nueva York.

Ese mismo día fui al correo para recoger un paquete del detective. Él me informaba que en Nueva York Jorge sale con frecuencia con una joven actriz de telenovelas. Según ella, Jorge dice que va a heredar mucho dinero y que quiere casarse con ella.

Esta información me hizo pensar en la herencia de la familia Castillo. Paré en una cabina para llamar a un amigo mío que es abogado y él me dijo que fuera directamente a su oficina. Le consulté sobre el asunto de la herencia y él me aconsejó que le contara a Ud. todo lo que está pasando. ¿Es posible que Ángela tenga que dar parte de su herencia de Fernando Castillo a Jorge?

Le agradezco de antemano[2] su ayuda y sus consejos.

Sinceramente

Olga Soto

[1]*postpone* [2]*de... in advance*

1. Según la información de la carta, ¿por qué le escribió Olga a Raquel?
2. ¿Por qué decidió Olga investigar a Jorge, el esposo de Ángela?
3. Según Olga, ¿qué vio cuando ella fue al banco?
4. ¿Por qué dice Olga en la carta que contrató a un detective privado de Nueva York?

5. ¿Qué supo Olga sobre Jorge por medio de las investigaciones del detective?

6. Olga dice que había consultado con un amigo que es abogado. ¿Qué consejos le dio este amigo?

7. ¿Por qué se preocupa Olga por Jorge? ¿Qué es lo que la tiene más preocupada?

Paso 2. Ahora hablen de sus impresiones sobre la carta. ¿Creen Uds. que lo que dice Olga en la carta es verdad? En su opinión, ¿es posible que Olga se interese más por la herencia que por el bienestar de su propia sobrina? ¿Qué ganaría Olga si Ángela tuviera todo el dinero de la herencia de don Fernando? ¿Tendría ella las mismas ventajas si Jorge se apoderara del dinero? ¿Por qué sí o por qué no?

Paso 3. Ahora comparen sus respuestas al Paso 2 con las de los otros grupos de la clase. ¿Opinan ellos lo mismo que Uds.?

ACTIVIDAD D • El episodio en breve

Conteste las siguientes preguntas, basándose en la información del Episodio 10 de *Nuevos Destinos.*

1. En este episodio, Raquel sigue contándole a Lucía lo de su viaje a Puerto Rico. ¿Adónde fueron Raquel y Lucía y qué iban a hacer allí?

2. ¿Cómo reaccionó doña Carmen cuando supo que Ángela quería ir a México con Raquel para conocer a don Fernando?

3. ¿Qué encontraron Raquel y Ángela en el cuarto de Ángel?

4. ¿De qué se trata «Recuerdos», el libro que Ángel escribió?

5. Antes de salir de San Germán, doña Carmen le entrega una caja a Ángela. ¿Qué contiene la caja? ¿Por qué cree Ud. que se trata de un obsequio muy importante?

6. En el restaurante, Raquel y Lucía hablan de las posibles causas que puede haber para una disputa testamentaria. ¿De quién sospecha Raquel? ¿A quién le aconseja a Lucía que investigue más?

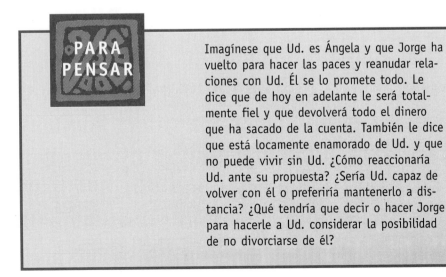

PARA PENSAR

Imagínese que Ud. es Ángela y que Jorge ha vuelto para hacer las paces y reanudar relaciones con Ud. Él se lo promete todo. Le dice que de hoy en adelante le será totalmente fiel y que devolverá todo el dinero que ha sacado de la cuenta. También le dice que está locamente enamorado de Ud. y que no puede vivir sin Ud. ¿Cómo reaccionaría Ud. ante su propuesta? ¿Sería Ud. capaz de volver con él o preferiría mantenerlo a distancia? ¿Qué tendría que decir o hacer Jorge para hacerle a Ud. considerar la posibilidad de no divorciarse de él?

Conceptos gramaticales

10.1 • El uso del subjuntivo con expresiones de duda e incertidumbre

¿Ya lo sabía Ud.!

En el último capítulo Ud. aprendió sobre el uso del subjuntivo con expresiones de voluntad o deseo. Lea las siguientes oraciones y trate de identificar lo que tienen en común. En su opinión, ¿por qué se usa el subjuntivo en las cláusulas dependientes?

> Yo no creo que Arturo sepa nada sobre esto.
> Es dudoso que niegue que Jorge sea un hombre de fiar.
> Raquel no está segura de que Arturo vuelva a los Estados Unidos.

A lo mejor Ud. se dio cuenta de que cada oración expresa duda o incertidumbre. En esta sección Ud. va a aprender más sobre el uso del subjuntivo con expresiones de duda e incertidumbre. Acuérdese de que los hispanos usan el subjuntivo naturalmente sin pensar en las reglas gramaticales. Y, es probable que Ud., gracias a la intuición, también sepa cuándo se usa y cuándo no. Lo más importante del subjuntivo es saber usarlo correctamente, y eso, ¡ya lo sabía Ud.!

Para saber más: No creo que Arturo sepa nada tampoco

En español, el subjuntivo se emplea en la cláusula dependiente cuando hay una expresión de duda o incertidumbre en la cláusula independiente. Mire los ejemplos a continuación.

CLÁUSULA INDEPENDIENTE	CLÁUSULA DEPENDIENTE
INDICATIVO	SUBJUNTIVO
Dudo mucho que	el gobierno **inicie** un proceso contra la familia Castillo.
No creo que	Olga **tenga** nada que ver con una disputa testamentaria.

Las expresiones de duda o incertidumbre son aquéllas en que el hablante o participante principal expresa inseguridad o duda ante algún acontecimiento expuesto en la cláusula dependiente.

> Yo **no creo** que **sea** posible.
> Lucía **duda** que Raquel se lo **haya** contado todo.

Note que cuando la expresión en la cláusula independiente muestra certeza, por lo general se usa el indicativo en la cláusula dependiente. Compare los siguientes pares de oraciones.

DUDA (SUBJUNTIVO)	CERTEZA (INDICATIVO)
No creo que Arturo **sepa** nada de eso.	**Creo** que Arturo **sabe** algo de eso.
No estamos seguros de que Lucía **llegue** hoy.	**Estamos seguros** de que Lucía **llega** hoy.
Dudo que Arturo **vuelva** a Los Ángeles.	**No dudo** que Arturo **vuelve** a Los Ángeles.

Note que hay algunos hablantes nativos que tienden a usar el subjuntivo después de las formas de **no dudar** a pesar de que no hay duda. Por ejemplo: **No dudo** que Arturo vuelva a Los Ángeles.

En el siguiente cuadro hay algunas expresiones de duda y negación que se usan con el subjuntivo. Note que al cambiar la expresión a la forma opuesta (**dudar/no dudar; no creer/creer; no es verdad/es verdad**) también cambia el modo en la cláusula dependiente.

INDICATIVO	SUBJUNTIVO
no dudar	dudar
no cabe duda	cabe duda
no hay duda	hay duda
creer	no creer
imaginar(se)	no imaginar(se)
no negar (ie)*	negar (ie)
suponer	no suponer
es verdad	no es verdad
saber	no saber
parecer	no parecer

*Hay los que siempre usan el subjuntivo con el verbo **negar,** sea en su forma negativa o afirmativa.

- Note que el uso de **creer** en una pregunta puede o no demandar el subjuntivo en la cláusula dependiente, según lo que cree la persona que habla. Compare los siguientes ejemplos. ¿Qué diferencia hay entre estas oraciones?

> ¿Cree Ud. que Lucía **vaya** a saber algo del segundo codicilo?
> ¿Cree Ud. que Lucía **va** a saber algo del segundo codicilo?

- En cuanto a las expresiones impersonales, el uso del indicativo o del subjuntivo muchas veces depende del punto de vista del hablante. Mire los siguientes ejemplos. ¿Cuáles son las diferencias entre los pares de oraciones?

> Es posible que Olga **sepa** más de esto.
> Es posible que Olga **sabe** más de esto.
>
> Es poco probable que Ángela y Jorge **se reanuden** sus relaciones.
> Es poco probable que Ángela y Jorge **se reanudan** sus relaciones.

Actividades gramaticales

ACTIVIDAD A • ¿Certeza o incertidumbre?

Paso 1. Con un compañero / una compañera de clase, lean las siguientes expresiones e indiquen si cada una refleja certeza (**indicativo**) o incertidumbre (**subjuntivo**). **¡OJO!** Hay algunas expresiones ambivalentes.

1. ¿Cree Ud. que... ?
2. ¿Supone Ud. que... ?
3. Es cierto que...
4. Es imposible que...
5. Es poco probable que...
6. Es posible que...
7. Es verdad que...
8. No está seguro de que...
9. No cabe duda de que...
10. No creo que...
11. No es cierto que...
12. Cree que...

Paso 2. Ahora inventen cinco oraciones originales usando expresiones del Paso 1. Las oraciones pueden relacionarse con *Nuevos Destinos* o pueden ser totalmente originales. **¡OJO!** Si van a emplear una expresión que puede usarse con el indicativo o el subjuntivo, piensen en el tono y en el mensaje que quieran comunicar.

ACTIVIDAD B • Mentiras

Paso 1. En grupos de tres o cuatro, cada estudiante debe escribir tres oraciones originales diciendo las cosas que ha hecho en su vida o que todavía hace hoy en día. Deben ser cosas difíciles de creer o pueden ser puras mentiras. Sigan el modelo.

> MODELO: E1: Una vez cuando fui a Las Vegas gané tres mil dólares jugando (*gambling*).

Paso 2. Ahora compartan las oraciones que escribieron en el Paso 1 con los otros grupos de la clase. Ellos tienen que indicar si creen o no lo que Uds. escribieron, usando una expresión de certeza, de duda o de incertidumbre. ¿Qué grupo acertará más? Sigan el modelo.

> MODELO: E1: Una vez cuando fui a Las Vegas gané tres mil dólares jugando.
>
> E2: No creo (Dudo...) que hayas ganado tres mil dólares en Las Vegas. (Creo que sí has ganado tres mil dólares en Las Vegas.)

ACTIVIDAD C • La vida privada de Juan y Pati

Paso 1. Lea los siguientes comentarios sobre Juan y Pati. Indique si cree o no lo que dicen los comentarios. Escriba oraciones completas usando una expresión de duda, incertidumbre o certeza de la lista a continuación.

creo / no creo   es verdad / no es verdad
es dudoso / no es dudoso   sé / no sé
es posible / no es posible   supongo / no supongo

1. Juan siempre fue el hijo predilecto de don Fernando.
2. Juan es profesor de literatura española e italiana en la Universidad de Nueva York.
3. Pati también es profesora universitaria, pero enseña biología.
4. Pati es la segunda esposa de Juan.
5. Juan es el segundo esposo de Pati.
6. Juan trató de coquetear con Raquel.
7. Juan y Pati viven en La Gavia con Mercedes y Ramón.
8. El matrimonio de Juan y Pati es tumultuoso y es posible que se divorcien pronto.
9. Pati tiene una adicción al juego (*gambling*), lo cual ha causado muchos problemas en el matrimonio.

Paso 2. Ahora compare sus respuestas del Paso 1 con las de otros compañeros de clase. ¿Se acordaron todos de los detalles de la vida de Juan y Pati?

Paso 3. Las respuestas que Ud. dio en el Paso 1 están basadas en lo poco que Raquel le reveló a Lucía en los primeros dos episodios de *Nuevos Destinos*. Con un compañero / una compañera de clase, lean el siguiente pasaje para informarse mejor sobre las relaciones entre Juan y Pati. ¡A ver si después quieren cambiar algunas de las respuestas que escribieron en el Paso 1!

Juan y Pati, dos solteros jóvenes, se conocieron en un teatro de Nueva York y tuvieron su primera cita al día siguiente. Se hicieron buenos amigos en seguida, pero no se enamoraron hasta mucho más tarde. Juan y Pati tuvieron mucha suerte porque, poco después de casarse, los dos encontraron trabajo en la Universidad de Nueva York. Juan es profesor de literatura latinoamericana y Pati se especializa en teatro, dando clases y dirigiendo obras teatrales.

En este momento, las relaciones entre los dos son tumultuosas y tensas y las responsabilidades de sus respectivas carreras aumentan la tensión entre ellos. Sus personalidades también están en conflicto: los dos son ambiciosos y hay rivalidad entre ellos. Juan también es el benjamín[1] de la familia Castillo y el más mimado.[2] En cambio, Pati es la mayor de sus hermanos y tiene una personalidad muy dominante y fuerte. El futuro de su matrimonio es incierto...

[1]*baby* [2]*spoiled*

10 anegados.[4] Una resina abundante vino del cielo. El llamado *Xecotcovach*[5] llegó y les vació los ojos; *Camalotz*[6] vino a cortarles la cabeza; y vino *Cotzbalam*[7] y les devoró las carnes. El *Tucumbalam*[8] llegó también y les quebró y magulló[9] los huesos y los nervios, les molió y desmoronó[10] los huesos.

Y esto fue para castigarlos porque no habían pensado en su madre, ni en
15 su padre, el Corazón del Cielo, llamado Huracán. Y por este motivo se oscureció la faz de la tierra y comenzó una lluvia negra, una lluvia de día, una lluvia de noche.

Llegaron entonces los animales pequeños, los animales grandes, y los palos y las piedras les golpearon las caras. Y se pusieron todos a hablar; sus tina-
20 jas,[11] sus comales,[12] sus platos, sus ollas, sus perros, sus piedras de moler, todos se levantaron y les golpearon las caras.

—Mucho mal nos hacíais; nos comíais, y nosotros ahora os morderemos, les dijeron sus perros y sus aves de corral.

Y las piedras de moler: —Éramos atormentadas por vosotros; cada día, cada
25 día, de noche, al amanecer, todo el tiempo hacían *holi, holi huqui, huqui* nuestras caras, a causa de vosotros. Éste era el tributo que os pagábamos. Pero ahora que habéis dejado de ser hombres probaréis nuestras fuerzas. Moleremos y reduciremos a polvo vuestras carnes, les dijeron sus piedras de moler.

Y he aquí que sus perros hablaron y les dijeron: —¿Por qué no nos dabais
30 nuestra comida? Apenas estábamos mirando y ya nos arrojabais de vuestro lado y nos echabais fuera. Siempre teníais listo un palo para pegarnos mientras comíais.

Así era como nos tratabais. Nosotros no podíamos hablar. Quizás no os diéramos muerte ahora; pero ¿por qué no reflexionabais, por qué no pensabais
35 en vosotros mismos? Ahora nosotros os destruiremos, ahora probaréis vosotros los dientes que hay en nuestra boca: os devoraremos, dijeron los perros, y luego les destrozaron las caras.

Y a su vez sus comales, sus ollas les hablaron así: —Dolor y sufrimiento nos causabais. Nuestra boca y nuestras caras estaban tiznadas,[13] siempre es-
40 tábamos puestos sobre el fuego y nos quemabais como si no sintiéramos dolor. Ahora probaréis vosotros, os quemaremos, dijeron sus ollas, y todos les destrozaron las caras. Las piedras del hogar, que estaban amontonadas, se arrojaron directamente desde el fuego contra sus cabezas causándoles dolor.

Desesperados corrían de un lado para otro; querían subirse sobre las casas
45 y las casas se caían y los arrojaban al suelo; querían subirse sobre los árboles y los árboles los lanzaban a lo lejos; querían entrar en las cavernas y las cavernas se cerraban ante ellos.

Así fue la ruina de los hombres que habían sido creados y formados, de los hombres hechos para ser destruidos y aniquilados: a todos les fueron des-
50 trozadas las bocas y las caras.

Y dicen que la descendencia de aquéllos son los monos que existen ahora en los bosques; éstos son la muestra de aquéllos, porque sólo de palo fue hecha su carne por el Creador y el Formador.

Y por esta razón el mono se parece al hombre, es la muestra de una ge-
55 neración de hombres creados, de hombres formados que eran solamente muñecos y hechos solamente de madera.

---

[4]ahogados [5]según el fray Ximénez, es un pájaro, probablemente un gavilán (*sparrowhawk*) o un águila [6]el gran vampiro [7]murciélago de la muerte [8]tapir (animal parecido al cerdo pero pariente del caballo y del rinoceronte) [9]*bruised* [10]*wore away* [11]recipientes [12]platos para cocer tortillas de maíz [13]manchadas de negro (del fuego)

Después de leer

ACTIVIDAD A • ¿Comprendió Ud.?

Conteste las siguientes preguntas, basándose en la leyenda «La muerte de los muñecos de palo».

1. Según la leyenda, ¿quiénes eran los muñecos de palo y por qué existían?
2. ¿Por qué fueron aniquilados?
3. Los muñecos de palo habían pecado y tenían que enfrentarse con las consecuencias. ¿Qué les pasó por no haber hablado con el Creador y el Formador?
4. ¿Por qué estaban enfadados los perros y las aves de corral?
5. ¿Qué les dijeron sus comales y sus ollas? ¿Qué les hicieron y por qué?
6. ¿Qué aconteció cuando los muñecos de palo trataron de escaparse?
7. Según la leyenda, ¿qué o quiénes son los descendientes actuales de aquellos hombres?

ACTIVIDAD B • ¿Qué opinan Uds.?

Con un compañero / una compañera de clase, contesten las siguientes preguntas.

1. En su opinión, ¿cuáles son los temas predominantes en la leyenda? ¿Qué tienen que ver con las creencias religiosas de los indígenas?
2. A su parecer, ¿por qué se habla de la venganza de las cosas (utensilios) que sirven al hombre?
3. La idea de un diluvio grande es lo que inicia la destrucción de la raza humana en esta leyenda. ¿Ven Uds. algunas semejanzas entre esta leyenda indígena y una historia que se encuentra en la Biblia? ¿En qué sentido son parecidas o no?

Entre hermanos

¿Qué le habrá pasado a Roberto, el hermano de Ángela?

De entrada

En este episodio, Raquel le cuenta a Lucía de las noticias que recibieron aquélla y Ángela: Roberto, el hermano de Ángela, había sufrido un accidente. Mire la foto y apunte algunas ideas sobre lo que Ud. cree que pasó.

Hacia la comunicación

Los medios de información

ACTIVIDAD A • Los medios de información

Paso 1. En estas imágenes se le presentan varios medios de información que usa el público para enterarse de lo último. Con un compañero / una compañera de clase, miren las imágenes e identifiquen los medios de información que ven. Luego, contesten las preguntas a continuación.

1. ¿Cómo se enteran Uds. de los acontecimientos locales, nacionales o internacionales? ¿Prefieren ver las noticias en la televisión, leerlas en el periódico o en el Internet o escucharlas en la radio? ¿Por qué?

2. En muchas áreas metropolitanas en los Estados Unidos, los hispanos tienen la oportunidad de ver noticieros en español en Telemundo o en Univisión. ¿Prefieren Uds. los noticieros en español o en inglés? ¿Son diferentes los noticieros en español de los noticieros en inglés? ¿En qué son diferentes?

3. ¿Opinan Uds. que los presentadores de las noticias en la televisión nos las presentan de una manera imparcial? ¿Por qué piensan eso?

4. Ha habido mucha controversia en cuanto a la censura y el derecho a libertad de expresión. ¿Creen Uds. que los reporteros a veces se meten demasiado en la vida privada de los líderes de la comunidad o de la nación? ¿Qué opinan Uds. sobre el afán que tiene la prensa de meterse en la vida privada de los ricos y famosos?

5. En inglés, hay una expresión: «la pluma es más poderosa que la espada». En su opinión, ¿qué significa esa expresión? ¿Están de acuerdo con las implicaciones que tiene? ¿Existe una expresión parecida en español? ¿Qué es y qué significa?

Paso 2. Ahora comparen sus respuestas del Paso 1 con las de los otros grupos de la clase. ¿Opinan todos lo mismo o hay ideas diferentes?

ACTIVIDAD B • ¿Realmente son noticias o no?

Paso 1. En los Estados Unidos así como en otros países, muchas personas ven la televisión para enterarse de lo que está pasando tanto en la comunidad como en el mundo. Con un compañero / una compañera, miren los siguientes dibujos y contesten las preguntas a continuación.

1.

2.

3.

4.   5.

1. Describan los eventos que se ven en los dibujos. En su opinión, ¿cuáles de ellos son aptos para ser televisados en el noticiero y cuáles no son aptos? ¿Por qué? ¿Hay momentos o situaciones en que estos acontecimientos sean apropiados para el noticiero de la noche? ¿Cuáles son?

2. Piensen en las noticias que se pasan por la noche en su comunidad. ¿Qué aspectos de las noticias les gustan o no les gustan?

3. Desde su punto de vista, ¿qué tipo de noticias se debiera o no debiera televisar: deportes, eventos de la comunidad, el pronóstico del tiempo? ¿Por qué?

Paso 2. Compartan sus respuestas del Paso 1 con los otros estudiantes de la clase. ¿Están todos de acuerdo? ¿Cuál es la opinión de los estudiantes en cuanto a los noticieros en general?

ACTIVIDAD C • La televisión en el juzgado

Paso 1. En los últimos años, ha habido varios casos nacionales e internacionales cuyos juicios fueron televisados. ¿Piensa Ud. que esos juicios televisivos influyen considerablemente en la opinión pública? Con un compañero / una compañera, contesten las siguientes preguntas, añadiendo comentarios sobre el tema.

1. ¿Opinan Uds. que en este país se deba televisar los juicios? ¿Por qué sí o por qué no?
2. ¿Cómo puede afectar el sistema judicial estos eventos televisados? ¿Es posible que pueden influir mucho en la opinión pública?
3. Piensen en un caso famoso cuyo juicio fue televisado. ¿Qué fue el resultado del juicio? ¿Piensan Uds. que habría sido distinto si el juicio nunca fuera televisado?

Paso 2. Preparen una lista de tres razones por las cuales se debiera televisar los juicios y tres razones en contra de ello. Luego, reúnanse con otra pareja de estudiantes y compartan sus ideas. ¿Tienen los dos grupos ideas semejantes?

ACTIVIDAD D • El sensacionalismo

A la izquierda se presenta la portada de una revista publicada en español. Con un compañero / una compañera de clase miren la portada y contesten las preguntas a continuación.

1. Lean los títulos de los artículos y traten de adivinar de qué tratan. ¿A qué clase de personas van dirigidos estos artículos?
2. ¿Creen Uds. que los que escriben esta clase de artículo son dignos de confianza? ¿Por qué sí o por qué no?
3. Desde su punto de vista, ¿opinan Uds. que la información que se presente en estos artículos es verídica (auténtica)? Expliquen.
4. ¿Cuáles son algunos periódicos sensacionalistas en inglés? ¿Cómo compararían Uds. estos periódicos con *La Jornada* de México o con *The Wall Street Journal*?

l vídeo

Antes de ver el episodio

En el Episodio 11 del CD-ROM que acompaña *Nuevos Destinos* hay una variedad de actividades relacionadas con el Episodio 11 del vídeo.

ACTIVIDAD A • ¿Tiene Ud. buena memoria?

Paso 1. Las siguientes fotos son del episodio previo de *Nuevos Destinos*. Con un compañero / una compañera de clase, miren las fotos e identifiquen lo que pasa en cada una.

1.

2.

3.

4.

5.

Paso 2. Comparen sus descripciones con las de otra pareja de estudiantes. ¿Están todos de acuerdo con lo que pasó en el episodio previo?

ACTIVIDAD B • Datos adicionales

Conteste las siguientes preguntas, basándose en la información del Episodio 10 de *Nuevos Destinos*.

1. Al principio del episodio previo, Lucía le preguntó a Raquel cómo había convencido a don Fernando de que el hijo de Rosario era realmente su hijo legítimo. Según Raquel, ¿qué pruebas le mostró ella a don Fernando?
2. En el Episodio 10, Raquel y Ángela fueron a San Germán. ¿Por qué fueron a ese lugar y qué hicieron allí?
3. ¿Cómo reaccionó doña Carmen cuando supo que Ángela quería ir a México para conocer a don Fernando?
4. ¿Qué encontraron Raquel y Ángela entre las cosas de Ángel? ¿Cómo reaccionó Ángela?
5. Ángela se sintió desconcertada al saber que su padre había tenido otra vida de la cual nadie sabía nada. ¿Qué explicación le dio Raquel a Ángela sobre el silencio de Ángel en cuanto a este asunto?
6. Antes de salir de San Germán, doña Carmen le entregó una caja a Ángela. ¿Qué contenía la caja? ¿Por qué era tan importante este obsequio?
7. En el restaurante, Raquel y Lucía hablaban de las posibles causas que puede haber para una disputa testamentaria. Raquel pensó inmediatamente en el esposo de Ángela. ¿Cómo se llama ese hombre y cómo son las relaciones entre él y Ángela en el presente? ¿Qué es lo que está pasando entre ellos?

Después de ver el episodio

ACTIVIDAD A • Entre hermanos

En este episodio Ud. se enteró de muchos detalles sobre Roberto, el hermano de Ángela, y también sobre la familia de Lucía, especialmente sobre el hermano de Lucía. En grupos de dos o tres estudiantes, apunten los detalles importantes sobre Roberto y sobre el hermano de Lucía. Usen las siguientes preguntas como guía al identificar a los personajes.

Roberto, el hermano de Ángela:

1. ¿Cómo es?
2. ¿Dónde vive?
3. ¿En qué trabaja?

El hermano de Lucía:
4. ¿En qué trabaja?
5. ¿Cómo se sentía cuando llegó con su familia a vivir en los Estados Unidos?
6. ¿Qué quería mostrarles a los estadounidenses?

ACTIVIDAD B • Vocabulario útil

Paso 1. Escriba una definición en español para cada una de las palabras a continuación.

1. la antropología
2. solitario/a
3. sensato/a
4. rescatar
5. el calmante
6. el derrumbe
7. desesperarse
8. añorar

Paso 2. Ahora escoja cinco de las palabras que definió en el Paso 1 y escriba con cada una de ellas una oración original para compartir con sus compañeros de clase.

Paso 3. Ahora comparta sus oraciones con los otros estudiantes de la clase.

ACTIVIDAD C • El episodio en breve

Conteste las siguientes preguntas, basándose en este episodio de *Nuevos Destinos*.

1. ¿Qué noticias comunicó el tío Jaime el día en que Raquel y Ángela salían para México?
2. ¿Qué hicieron Raquel y Ángela inmediatamente después de llegar a México?
3. ¿Qué supieron Ángela y Raquel en el hospital?
4. ¿Qué confusión hubo cuando Ángela y Raquel vieron la lista de los heridos en el hospital?
5. ¿Por qué tuvieron que llevar a Ángela a una de las tiendas de la Cruz Roja?
6. ¿En qué condiciones se encontraba Roberto cuando por fin lo rescataron de la excavación?
7. Mientras Raquel y Lucía hablaban en el banco, ¿qué contó Lucía sobre su familia? ¿Por qué creía Raquel que lo que le decía Lucía era una coincidencia extraña?

ACTIVIDAD D • Las Industrias Castillo Saavedra, S.A.

A continuación hay unos apuntes que escribió Raquel sobre las industrias de don Fernando Castillo. Con un compañero / una compañera de clase, lean los apuntes y contesten las preguntas a continuación.

Industrias Castillo Saavedra, S.A.

1937–40 Fernando llega a México D.F. y empieza a trabajar en el campo de la construcción como obrero y termina haciendo trabajo especializado.

1940–7 Fernando empieza a trabajar en el campo de la metalurgia, campo en el que ya tenía bastante experiencia en España. Asciende rápidamente y llega a ser supervisor de la fábrica.

1947 Fernando convence a varios de sus jefes para que inviertan con él en una pequeña fábrica siderúrgica[1] en Toluca. Esta fábrica se llama "Aceros de Toluca, S.A.". En poco tiempo la inversión tiene éxito, relativamente. Para principios de los años cincuenta, Fernando es el principal accionista[2] de su fábrica. Es en esta época que adquiere La Gavia.

1960 Fernando cambia el nombre de la fábrica "Aceros de Toluca, S.A.," por "Industrias Castillo Saavedra, S.A.". Se abre una segunda fábrica en Toluca.

1967–70 Fernando obtiene la patente de un proceso siderúrgico inventado por un trabajador en sus fábricas. El uso de esta patente permite que las fábricas Castillo aumenten el volumen de producción y las ventas se duplican en tres años. La empresa Industrias Castillo Saavedra, S.A. se convierte en líder de la industria siderúrgica.

1971 Se abre la planta de facturación en México D.F., para responder prontamente a las demandas particulares del D.F.

1980 Se abre la oficina de exportación en Miami, y Carlos Castillo queda a cargo de ella.

[1]*iron and steel* [2]*shareholder*

1. Según los apuntes de Raquel, ¿en qué tipo de industrias trabajaba don Fernando al llegar a México?
2. Basándose en los apuntes, ¿por qué tuvo don Fernando tanto éxito trabajando en el campo de la metalurgia?
3. ¿Cuándo compró don Fernando su primera fábrica metalúrgica? ¿Cómo consiguió el capital para financiarla?
4. ¿Qué ocurrió a la empresa Industrias Castillo Saavedra, S.A. a finales de los años sesenta? ¿Cómo influyó este acontecimiento en el futuro de la empresa?
5. ¿Qué decisión tomó don Fernando en el año 1980?

ACTIVIDAD E • Hoy en las noticias... (*Optativo*)

Paso 1. En grupos de tres o cuatro estudiantes, imagínense que Uds. son reporteros de la televisión y que su jefe les acaba de enviar a hacer un reportaje sobre el derrumbe en la excavación arqueológica en México. Como buenos reporteros, Uds. piensan en algunas preguntas que les harían a los espectadores o a otras personas que podrían darles información sobre el desastre. ¿Qué preguntas debieran hacer para poder hacer un buen reportaje? Escriban sus preguntas.

Paso 2. Ahora escriban un guión que les serviría al reportar los incidentes relativos al derrumbe. Algunos de Uds. pueden hacer el papel de testigo mientras otros harán el papel de reportero/a.

Paso 3. Por turnos, cada grupo de la clase debe presentar su reportaje tal como si estuviera frente a las cámaras de televisión. ¡Les toca a Uds. revelar su talento dramático!

PARA PENSAR

Piense en el título de este capítulo y en las relaciones entre varias parejas de hermanos que aparecen en *Nuevos Destinos*. ¿A quiénes se podría referir este título? ¿A Ángela y Roberto? ¿a Arturo y Ángel? ¿a don Pedro y don Fernando? ¿Cómo son las relaciones entre estos pares de hermanos? ¿Son muy unidos o no tienen relaciones estrechas? ¿Hay envidia entre ellos? ¿cooperación? ¿respeto? ¿Qué más puede Ud. decir sobre los hermanos mencionados?

ENTRE BASTIDORES

Arturo Puig («Arturo Iglesias»)

Arturo Puig es uno de los actores más renombrados de la Argentina. De hecho, en los últimos años su popularidad ha llegado a niveles enormes. Ha actuado no sólo en la Argentina, sino también en varios países de Latinoamérica. Su actuación en *Destinos*, la serie original, fue la primera para una audiencia norteamericana. También era la primera vez que él visitaba México.

El personaje que el actor representa en la serie realmente refleja su personalidad verdadera, tanto que se podía identificar muy bien con el personaje de Arturo. Tal como Liliana Abud, Arturo se interesaba mucho por el aspecto pedagógico de la serie y consideraba la importancia de enseñarles español a las personas que realmente quieren aprenderlo.

Conceptos gramaticales

11.1 • El subjuntivo con antecedentes negativos o indefinidos

¡Ya lo sabía Ud.!

En los últimos capítulos Ud. ha aprendido varios usos del subjuntivo en **cláusulas nominales,** o sea, en cláusulas que funcionan como sustantivos. Lea las siguientes oraciones y trate de identificar lo que éstas tienen en común. En su opinión, ¿por qué se usa el subjuntivo en las cláusulas dependientes?

> Parece que no hay nadie que **sepa** algo sobre el segundo codicilo.
> Lucía busca cualquier documento que le **pueda** servir en el caso.
> Raquel y Lucía buscan un restaurante que **sirva** comida mexicana auténtica.

En estas oraciones, a lo mejor Ud. notó que el elemento que se menciona en la cláusula independiente (**nadie, documento, un restaurante**) es algo que hasta ahora no existe, es indefinido o desconocido o, cuando menos, así lo es en la mente de la persona que habla. Note que la cláusula dependiente en cada oración tiene otra función: la de proveer más información sobre lo expuesto en la cláusula independiente. Por eso, se refiere a ésta como una cláusula adjetival. Este tipo de cláusula funciona como adjetivo y proporciona más información sobre el sustantivo. En esta sección, Ud. va a aprender más sobre el uso del subjuntivo para describir elementos indefinidos o no existentes. Lo más difícil es saber cuándo usar el subjuntivo, y eso, ¡ya lo sabía Ud.!

Para saber más: ¿Hay un hotel que nos pueda alojar?

En español, se emplea el subjuntivo en la cláusula dependiente cuando ésta describe un elemento que aparece en la cláusula independiente. El sustantivo negativo o indefinido de la cláusula independiente se conoce gramaticalmente como el **antecedente.** Mire los ejemplos a continuación.

> Raquel y Ángela buscan un **hotel** que las **pueda** alojar.
> Lucía quiere encontrar un **documento** que **tenga** información sobre el segundo codicilo.

En la primera oración, el verbo **poder** se conjuga en el subjuntivo porque describe un hotel que es desconocido, o cuando menos, hasta ese momento Raquel y Ángela no saben si existe o no. En la segunda oración, el verbo **tener** se conjuga en el subjuntivo porque describe un documento desconocido o, tal vez, no existente. A continuación hay algunas observaciones sobre el uso del subjuntivo después de antecedentes negativos o indefinidos.

- Cuando el antecedente de una cláusula adjetival se refiere a alguien o a algo que no existe, según la experiencia de la persona que habla, o cuya existencia es desconocida o indefinida, el verbo en la cláusula dependiente se pone en el subjuntivo.
- Note que si el antecedente es definido o existe en la mente de la persona que habla, el verbo en la cláusula dependiente adjetival se pone en el indicativo. Mire los siguientes ejemplos.

> **Hay una tienda** en el pueblo que **tiene** un teléfono.
> El Padre Rodrigo **conoce a alguien** que **puede** ayudar a las mujeres.

- En construcciones interrogativas, se usa el subjuntivo en la cláusula adjetival si la persona que habla sabe muy poco sobre el antecedente. Compare las siguientes oraciones.

> —¿**Hay algo** aquí que te **interese?**
> —Sí, **hay** muchos **documentos** que me **interesan.**

- Note que la **a** personal no se usa con complementos directos cuando éstos se refieren a personas indefinidas o cuya existencia se desconoce. Compare las siguientes oraciones. Sin embargo, los pronombres **alguien, nadie, alguno** y **ninguno** siempre requieren la **a** personal.

> El Padre Rodrigo **busca una enfermera** que le **pueda** dar un calmante a Ángela.
> El Padre Rodrigo **busca a alguien** que le **pueda** dar un calmante a Ángela.
> El Padre Rodrigo **conoce a una enfermera** que le **puede** dar un calmante a Ángela.

- A veces es posible usar o el indicativo o el subjuntivo en las cláusulas dependientes adjetivales. Estudie las siguientes oraciones y trate de explicar por qué se usa el indicativo o el subjuntivo en cada caso.

  La Sra. Suárez busca un apartamento que **esté** cerca del mercado.
  La Sra. Suárez tiene un apartamento que **está** cerca del mercado.

  Quiero comprar una casa que **tenga** piscina.
  Acabo de mirar una casa que no **tiene** piscina.

  Note en la última oración que el antecedente de la cláusula adjetival es **casa** y no es **piscina.** Así que, aunque la casa no tiene piscina, la cláusula adjetival describe la casa (conocida y vista por el hablante) y, por consiguiente, el verbo en la cláusula dependiente se pone en el indicativo.
- En español hay algunas expresiones idiomáticas en las que se usa el subjuntivo. Mire la lista de esas expresiones a continuación. También, trate de dar una traducción al inglés. Si se da por vencido/a, las respuestas se dan al final del capítulo.

- que yo sepa / que sepamos:
  Que yo sepa, hasta ahora no han sacado a todos los heridos.
- que digamos:
  El hermano de Lucía nunca ha estado muy contento viviendo en los Estados Unidos, **que digamos.**
- cueste lo que cueste / costare lo que costare:
  Van a sacar a todos los hombres, **cueste lo que cueste.**
- pase lo que pase:
  Pase lo que pase, no dejarán de trabajar hasta que saquen al último hombre.
- quieras o no:
  Quieras o no, hay que decirle a don Fernando lo que pasó en la excavación.

Actividades gramaticales

ACTIVIDAD A • En el periódico

SE SOLICITA. Empresa de seguros busca secretario/a que sepa escribir a máquina, que maneje bien una computadora, que sea bilingüe (español e inglés) y que tenga aspecto profesional y comportamiento impecable. Mande C.V. a Seguros Salvavidas, S.A., Aptdo. 0040, Cuernavaca 62290.

Paso 1. Lea el siguiente anuncio clasificado.

Paso 2. Ahora Ud. va a crear tres de sus propios anuncios clasificados, usando el del Paso 1 como modelo. (No se olvide de usar el subjuntivo cuando sea necesario.) A continuación hay los principios de los dos primeros anuncios. Ud. tendrá que inventar el tercero. ¡Use su imaginación!

Anuncio #1
RESPETADO MÉDICO busca enfermero/a que...

Anuncio #2
CADENA DE TELEVISIÓN PÚBLICA busca reportero/a que...

Anuncio #3
¿ ?

Paso 3. Intercambie sus anuncios con los de un compañero / una compañera de clase. ¿Tiene Ud. algunas sugerencias para su compañero/a? ¿Tiene él/ella sugerencias para Ud.? ¿Pueden Uds. mejorar sus anuncios a base de los comentarios de su compañero/a?

ACTIVIDAD B • ¿Qué tipo de trabajo busca Ud.?

Paso 1. ¿Cómo sería el trabajo ideal para Ud.? Con un compañero / una compañera de clase, escriban un párrafo describiendo el tipo de empleo que a Uds. les gustaría encontrar. ¿Sería un puesto que pague un buen sueldo y que ofrezca muchos beneficios? ¿Sería uno que les ofrezca la oportunidad de viajar? ¿Cómo sería?

Paso 2. Ahora lean las descripciones de su trabajo ideal a los otros grupos de la clase. ¿Tienen ellos las mismas expectativas en cuanto al puesto ideal? ¿Se les ocurrió algo a ellos que a Uds. no se les ocurrió?

ACTIVIDAD C • Más anuncios personales

Paso 1. Si Ud. pudiera escribir un anuncio clasificado para encontrar a la persona de sus sueños, ¿qué cualidades tendría esa persona? Haga un anuncio que describa a su pareja ideal. ¿Cómo sería? ¿Sería guapo/a, rico/a, generoso/a, inteligente,... ?

Paso 2. Ahora comparta con los otros estudiantes de la clase su anuncio personal. ¿Tienen ellos las mismas preferencias que Ud.? ¿Hay alguien en la clase que tenga las cualidades que Ud. desea?

Paso 3. (*Optativo*) Ahora entreviste a su profesor(a) sobre las cualidades que debe tener la persona ideal para él/ella. En la opinión de su profesor(a), ¿existe esa persona ideal?

LOS HISPANOS EN LOS ESTADOS UNIDOS

Los cubanos (II): La Pequeña Habana

La Pequeña Habana, un barrio de Miami, Florida, cuya población es mayormente cubana, se encuentra en el centro de la ciudad. Se puede decir que es, en efecto, una ciudad cubana dentro de una ciudad norteamericana cosmopolita. El ambiente es totalmente cubano —tiendas, restaurantes, escuelas, iglesias, teatros— todos sirven a la población hispanohablante. A medida que la población cubana en Miami ha aumentado, se ha notado aún más la influencia hispánica. Hay varias cadenas de televisión y emisoras de radio que transmiten sus programas en español. Además, el *Miami Herald*, el periódico más conocido y más leído en Miami, publica una edición diaria del periódico en español. La diversidad hispánica en Miami ha aumentado considerablemente durante los últimos años. Además de los cubanos, también se encuentran nicaragüenses, colombianos y sal-

Unos cubanoamericanos juegan al dominó en La Pequeña Habana.

vadoreños, igual que inmigrantes de otros países latinoamericanos. Miami es, definitivamente, la puerta a Latinoamérica.

Así lo decimos • Las variaciones dialectales

El español de México

El español que se escucha en los episodios de *Nuevos Destinos* filmados en México no es totalmente representativo del español que se habla en México. Tal como los actores de televisión en los Estados Unidos, los actores mexicanos en *Nuevos Destinos* usaron un acento neutro durante su actuación. Esto quiere decir que la mayoría de los actores mexicanos están entrenados a usar un español que carece de[1] acentos asociados con dialectos particulares. En la vida real, el español que se habla en México, tal como el inglés de los Estados Unidos, tiene muchos dialectos y variedades que varían según la región geográfica, la etnicidad cultural y el nivel de educación del hablante. La riqueza lingüística del español de México se debe mayormente a la influencia de los idiomas indígenas de la región.

En primer contacto que tuvieron los españoles en el Nuevo Mundo fue con los habitantes indígenas del Caribe y luego con las tribus que hablaban nahuatl en México. Debido al contacto estrecho que había entre los indígenas de México y los españoles, muchas palabras indígenas se incorporaron al léxico español. Cuando los españoles se establecieron en distintas regiones de América, sus nuevas experiencias se interpretaron a base de préstamos de los idiomas indígenas. Por ejemplo, el quechua era el idioma de los incas, y aproximadamente siete millones de personas todavía lo hablan. Entre los vocablos[2] de origen quechua están: **carpa,**[3] **papa, choclo,**[4] **coca, llama, alpaca y guarango.**[5] De origen nahuatl son: **aguacate, cacahuete (cacahuate), cacao, coyote, chicle, chile, chocolate, guajolote**[6] y **zopilote.**[7]

[1]carece... *lacks* [2]palabras [3]tienda (de campaña) [4]espiga de maíz [5]grosero [6]pavo [7]*buzzard*

ACTIVIDAD • Préstamos indígenas

Paso 1. ¿Conoce Ud. otras palabras que se originan de idiomas indígenas? Con un compañero / una compañera, identifiquen tantas palabras como puedan y el significado que tienen esas palabras. Si es posible, también identifiquen el idioma indígena que dio origen al vocablo en español. ¿Cuántas palabras pueden Uds. identificar?

Paso 2. Compartan con la clase su lista de palabras. (El profesor / La profesora puede hacer una lista de esas palabras en la pizarra.) ¿Cuántos grupos identificaron las mismas palabras? ¿Cuáles son algunas palabras que Uds. no sabían antes?

Para escribir

En esta sección del libro, Ud. tendrá la oportunidad de expresarse por escrito. En el libro de texto se le presentarán algunas actividades para acercarle al tema. Pero es en el *Manual* que acompaña el libro de texto donde va a realizar la escritura de sus composiciones.

ACTIVIDAD • La censura

En este capítulo Ud. y sus compañeros de clase hablaron sobre los varios medios de información y de las maneras en que se enteran de los acontecimientos locales, nacionales e internacionales. También hablaron sobre los efectos de la televisión y el poder de los programas de influir en la opinión pública. Otro tema relacionado con los medios de información tiene que ver con la censura —el acto de prohibir que se diga o que se presente cierta clase de información.

Paso 1. En su opinión, ¿cuál es la mejor manera de mejorar la calidad de los programas de televisión? ¿Cree Ud. que se debiera imponer reglas de censura? ¿Por qué? ¿Por qué no? Conteste las siguientes preguntas.

1. ¿Cree Ud. que hay demasiada violencia en los programas de televisión?
2. En su opinión, ¿cree que la violencia en la televisión sirve para engendrar (*generate*) violencia en la vida real?
3. ¿Opina Ud. que los programas de televisión contribuyen a la proliferación de los estereotipos? ¿Qué tipo de estereotipos? ¿Son raciales? ¿sexistas? ¿ ?
4. A su parecer, ¿debiéramos eliminar los *talk shows* de la programación? ¿Por qué sí o por qué no?
5. ¿Qué clase de programas le gustaría ver más en la televisión? ¿Le gustaría ver programas educativos? ¿científicos? ¿culturales? ¿extranjeros? ¿ ?
6. En su opinión, ¿se debiera eliminar los anuncios de la televisión? ¿Qué efecto tienen los anuncios sobre los niños, los adolescentes y los adultos?
7. Hace unos años, en los Estados Unidos se eliminaron los anuncios de tabaco de la televisión. ¿Está Ud. de acuerdo con esa decisión? ¿O cree Ud. que es otro indicio de la censura? Justifique su respuesta.

Paso 2. Ahora comparta sus respuestas del Paso 1 con los otros estudiantes de la clase. ¿Tienen ellos las mismas opiniones que tiene Ud.?

Volviendo al tema

ACTIVIDAD • En la excavación

En el Episodio 11, Raquel y Ángela llegaron a México donde esperaban ansiosamente noticias de Roberto. Con un compañero / una compañera de clase, vuelvan a mirar la foto en la primera página de este capítulo y los comentarios que Uds. apuntaron en la sección De entrada. Comparen lo que ahora saben Uds. con las ideas que escribieron entonces. ¿Acertaron en sus suposiciones? ¿Qué saben Uds. ahora sobre la historia de *Nuevos Destinos* que no sabían antes de ver el Episodio 11? Apunten sus respuestas.

CONCEPTOS GRAMATICALES 11.1: EL SUBJUNTIVO CON ANTECEDENTES NEGATIVOS O INDEFINIDOS

EXPRESIONES IDIOMÁTICAS EN LAS QUE SE USA EL SUBJUNTIVO

- que yo sepa / que sepamos:
  Que yo sepa, hasta ahora no han sacado a todos los heridos.
  As far as I know, they have not rescued all of the wounded.
- que digamos:
  El hermano de Lucía nunca ha estado muy contento viviendo en los Estados Unidos, **que digamos.**
  Shall we say, Lucía's brother has never been very happy living in the United States.
- cueste lo que cueste / costare lo que costare:
  Van a sacar a todos los hombres, **cueste lo que cueste.**
  They are going to get all the men out no matter what.
- pase lo que pase:
  Pase lo que pase, no dejarán de trabajar hasta que saquen al último hombre.
  No matter what happens, they will not stop working until they have brought out the last man.
- quieras o no:
  Quieras o no, tenemos que decirle a don Fernando lo que pasó en la excavación.
  Whether you want to or not, we have to tell don Fernando what happened in the excavation.

Ventana al mundo hispánico

El Caribe

¡Qué interesante!

- Simón Bolívar, conocido como «el Libertador», luchó por la independencia de Latinoamérica y promovió la independencia de Bolivia, Colombia, Venezuela, el Ecuador y el Perú.
- Colombia fue nombrada así en honor de Cristóbal Colón, pero los indígenas le han cambiado el nombre por el de «Locombia», que significa «país loco».
- Colombia tiene los depósitos de platino más grandes del mundo.
- La isla de Cuba, la más grande de las Antillas, está sólo a noventa millas al sureste de Florida en los Estados Unidos.
- La República Dominicana comparte con Haití la isla que Colón denominó «La Española».
- Venezuela es el mayor productor de petróleo del continente americano. Actualmente, la mayor parte del petróleo que importan los Estados Unidos proviene de Venezuela.

Gente

José Asunción Silva (1865–1896) nació en Bogotá, Colombia. Su padre, quien también era escritor, le transmitió el interés por la literatura, el gusto por la vida refinada y un sentido de distanciamiento de la sociedad. En 1886 Silva contribuyó con varios poemas para dos antologías, *La lira nueva* y *Parnaso colombiano*. Éstos fueron los únicos libros en que publicó sus poesías en vida. En memoria de su hermana, quien falleció en 1891, Silva escribió el famoso «Nocturno» III. Éste fue publicado en 1894 y se considera hoy como el más grande poema de la literatura colombiana. Silva se suicidó a los 30 años de edad, sin haber publicado ningún libro con sólo sus poemas. Poco después de su muerte, los poemas comenzaron a ser divulgados en distintas ediciones: *El libro de versos*, *El libro de sobremesa* y *Prosas*. Silva inauguró una originalidad con el ritmo interior en su poesía e inició la literatura moderna en Colombia.

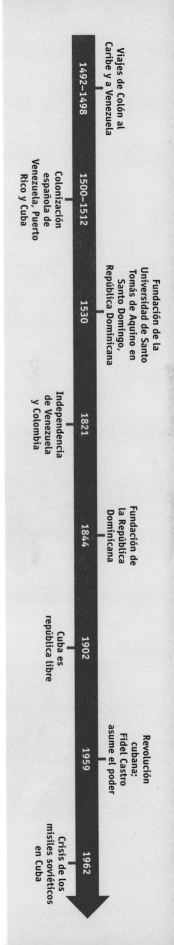

- **1492–1498** Viajes de Colón al Caribe y a Venezuela
- **1500–1512** Colonización española de Venezuela, Puerto Rico y Cuba
- **1530** Fundación de la Universidad de Santo Tomás de Aquino en Santo Domingo, República Dominicana
- **1821** Independencia de Venezuela y Colombia
- **1844** Fundación de la República Dominicana
- **1902** Cuba es república libre
- **1959** Revolución cubana: Fidel Castro asume el poder
- **1962** Crisis de los misiles soviéticos en Cuba

ÉGALITÉ[1]

Juan Lanas, el mozo[2] de esquina,
es absolutamente igual
al Emperador de la China:
los dos son un mismo animal.

Juan Lanas cubre su pelaje[3]
con nuestra manta[4] nacional;
el gran magnate lleva el traje
de seda[5] verde excepcional.

Del uno cuidan cien dragones
de porcelana y de metal;
el otro cuenta sus girones[6]
triste y hambreado[7] en un portal.

Pero si alguna mandarina[8]
siguiendo el instinto sexual

al potentado se avecina[9]
en el traje tradicional,

que tenía nuestra madre Eva
en aquella tarde fatal
en que se comieron la breva[10]
del árbol del bien y del mal,

y si al mismo Juan una Juana
se entrega de un modo brutal
y palpita la bestia humana
en un solo espasmo sexual,

Juan Lanas, el mozo de esquina,
es absolutamente igual
al Emperador de la China:
los dos son un mismo animal.

[1]Igualdad (*Fr.*) [2]chico [3]*appearance* [4]*blanket* [5]*silk* [6]sus... su (poco) dinero [7]que tiene hambre [8]china [9]al... se acerca al monarca [10]manzana (lit. *early fig*)

Las ciencias

Carlos Juan Finlay

Carlos Juan Finlay (1833–1915), nacido en Cuba, era médico y especialista en epidemiología. En 1866, publicó evidencia de que la fiebre amarilla era transmitida de un ser humano a otro por los mosquitos. Durante dos siglos, la fiebre amarilla había sido una de las pestes más peligrosas del mundo. Lamentablemente, el descubrimiento de Finlay fue ignorado por el mundo. En 1900, el ejército de los Estados Unidos mandó a Cuba un grupo de investigadores dirigido por el médico Walter Reed, para hacer estudios sobre la fiebre. El doctor Finlay persuadió a Reed de que investigara el mosquito como el agente de transmisión. Los experimentos de Reed confirmaron las conclusiones de Finlay. El grupo norteamericano publicó el descubrimiento sin reconocer el trabajo de Finlay. Hasta ahora, Walter Reed es reconocido como el descubridor de la causa de la transmisión de la fiebre amarilla.

Las artes

Juan Luis Guerra

El merengue es un baile folklórico dominicano que se ha popularizado ampliamente por todo el mundo. Aunque los dominicanos lo consideran su baile nacional, en realidad, poco se sabe en concreto acerca de su origen. Se dice que a mediados del siglo XIX, entre 1838 y 1849, un baile llamado **upa habanera** se paseó por el Caribe, en donde fue bien recibido. Este baile tenía un movimiento llamado **merengue** que, aparentemente, es la forma que se escogió para designarlo. A pesar de su auge[1] entre las masas populares, la clase alta no aceptó el merengue por mucho tiempo, debido a su vinculación[2] con la música africana. A partir de 1930, el merengue se diseminó por todo el ámbito nacional y produjo variantes, reflejando el manejo de los elementos culturales hecho a conveniencia de los músicos. Algunos merengueros modernos, como Juan Luis Guerra y Johnny Ventura, han ayudado a que este baile tenga tanta acogida.[3]

[1]gran popularidad [2]conexión [3]aceptación, aprobación

Asuntos de familia

CAPÍTULO 12

Arturo por fin ha llegado a México, donde conoce a don Pedro.

De entrada

¿Cómo estará Roberto después del accidente? ¿Cómo recibirá Arturo a sus sobrinos? ¿Cómo recibirá la familia Castillo a Arturo, el hijo de la primera esposa de don Fernando? Apunte algunas ideas.

Hacia la comunicación

La salud y el bienestar

ACTIVIDAD A • ¿Hacer ejercicio o no?

En grupos de dos o tres estudiantes, miren los dibujos a continuación y contesten las preguntas.

1.   2.   3.   4.

1. En estos dibujos se ven a varias personas haciendo algún tipo de deporte. ¿Qué están haciendo para mantenerse en forma? ¿Qué beneficios se asocian con cada ejercicio?
2. En su opinión, ¿cuál de los ejercicios es el mejor para adelgazar? ¿para mantenerse saludable? Expliquen sus respuestas.
3. Las personas suelen hacer ejercicio por varias razones. Algunas personas lo hacen para verse mejor y así atraer a otras personas. También hay personas que lo hacen para gozar de buena salud y poder vivir más años. ¿Hacen Uds. algún tipo de ejercicio? ¿Cuál es y por qué lo hacen? Si no hacen ejercicio regularmente, expliquen por qué.
4. ¿Creen Uds. que las personas muy musculosas son atractivas? ¿Por qué sí o por qué no?
5. ¿Puede ser perjudicial (*harmful*) el ejercicio? ¿Bajo qué circunstancias?

ACTIVIDAD B • ¿Saludable o no?

Paso 1. Entreviste a un compañero / una compañera de clase para saber su opinión sobre si las siguientes actividades son buenas o malas para la salud. Apunte lo que él/ella dice.

1. fumar una cajetilla de cigarrillos al día
2. tomar dos cervezas cada noche
3. correr cinco millas todas las mañanas
4. jugar al boliche (*bowling*)
5. dejar de tomar bebidas alcohólicas completamente
6. dejar de comer carne completamente

7. aumentar la cantidad de dulces que come
8. fumar dos o tres cigarrillos al día
9. emborracharse todos los fines de semana
10. no tomar precaución al tener relaciones sexuales
11. no comer absolutamente nada durante tres días

Paso 2. Ahora comparta la información que Ud. consiguió en el Paso 1 con los otros estudiantes de la clase. ¿Qué piensa la mayoría de estudiantes?

ACTIVIDAD C • ¿Tiene Ud. una manera de vivir saludable?

Paso 1. A continuación hay una encuesta que le indicará si su manera de vivir es saludable o no. Conteste las siguientes preguntas y sume sus puntos para ver si la vida que lleva hoy le asegurará un mañana saludable. Use las siguientes cifras para evaluar sus respuestas.

    4 = siempre o casi siempre
    2 = de vez en cuando
    0 = nunca o casi nunca

1. _____ Me siento satisfecho con lo que hago (mis estudios, mi trabajo, ser madre/padre...).
2. _____ Me gusta aprender cosas nuevas.
3. _____ Tengo la motivación para realizar mis ensueños (*dreams*).
4. _____ Tengo un régimen (*diet*) equilibrado, según la guía de nutrición.
5. _____ Me empeño en (*I insist on*) no comer sal, azúcar y comida grasosa en exceso (su respuesta debe de incluir los tres a la vez).
6. _____ Trato de incluir en mi dieta fibra y comidas ricas en vitaminas.
7. _____ Como carne menos de tres veces por semana.
8. _____ Mi peso es normal.
9. _____ Tomo menos de tres tazas de café al día.
10. _____ Tomo menos de cinco onzas (tres tragos) de alcohol por semana.
11. _____ No suelo usar drogas o nunca las uso.
12. _____ Fumo menos de una cajetilla de cigarrillos por semana.
13. _____ Durante un día común y corriente, me mantengo activo/a físicamente (opto por subir las escaleras en vez de usar el ascensor, camino...).
14. _____ Descanso durante el día.
15. _____ Hago ejercicio por lo menos una vez por semana.
16. _____ Cuando me acuesto, me duermo fácilmente.
17. _____ Para aliviar mis dolores, prefiero usar remedios naturales en vez de medicinas sin o con recetas médicas.
18. _____ Mantengo relaciones sexuales con solamente una persona.
19. _____ Me entero de los peligros asociados con mi trabajo (tensión, fatiga, dolores...) y trato de tomar precauciones.
20. _____ Entiendo los riesgos asociados con el uso de los preservativos (*condoms*) (o por no usarlos) o prefiero mantenerme célibe.
21. _____ Estoy satisfecho con mis relaciones amorosas o con mis amistades.
22. _____ Estoy satisfecho con mi vida sexual.
23. _____ Estoy satisfecho con lo que hago durante mis horas de ocio.
24. _____ Manejo bien mi dinero.
25. _____ Voy al médico / a la médica para hacerme un examen general por lo menos cada tres años.

Paso 2. Sume los puntos que obtuvo en el Paso 1 y busque su calificación.

Total: _____

De 67 a 100 puntos:

¡¡Fenomenal!! Parece que Ud. se dedica a mantenerse en buenas condiciones. Ud. lleva una manera de vivir saludable y se empeña en mejorar la calidad de su vida. Las posibilidades de pasar una vida sin serios problemas de salud parecen inminentes. Sin embargo, siempre hay algo que podemos hacer para mejorar la vida que llevamos.

De 34 a 66 puntos:

Pues, su manera de vivir podría ser mejor, pero también podría ser peor. Según los resultados de la encuesta, la clase de vida que lleva no es su preocupación principal. A pesar de esto, parece que Ud. se preocupa por la salud y es posible que esté tratando de hacer algunos cambios favorables. Sin embargo, Ud. necesita hacer cambios en su manera de vivir. Recuerde que no requiere mucho trabajo mejorar la calidad de su vida.

De 0 a 33 puntos:

Su manera de vivir y su comportamiento personal requieren cambios drásticos. «Vivir a la bartola» (*"Taking it easy"*) no figura en la guía de nutrición. ¿Le espanta el ejercicio? Pues si Ud. quiere vivir hasta la tercera edad (*old age*), se le recomienda que haga cambios inmediatos. Después de tomar las medidas necesarias para mejorar la calidad de su vida, vuelva a tomar la encuesta. ¡Adelante!

ACTIVIDAD D • ¿Sabe Ud. lo suficiente sobre el SIDA?

Paso 1. Es importante que cada uno de nosotros comparta lo que sabe sobre el SIDA con los miembros de la familia y con otros seres queridos. ¿Sabe Ud. lo suficiente acerca del SIDA? A continuación hay un cuestionario sobre el SIDA del Departamento de Salud y Servicios Humanos de los Estados Unidos. Responda marcando el cuadro correspondiente.

1. Ud. debe preocuparse por el SIDA, aun cuando no esté dentro del grupo de alto riesgo.

   ☐ cierto   ☐ falso

2. El virus del SIDA *no* se propaga (*is not spread*) por
   ☐ A. picaduras de insectos
   ☐ B. contacto casual (darse la mano, abrazarse...)
   ☐ C. compartir agujas para inyectarse drogas
   ☐ D. relaciones sexuales

3. Los condones son una forma eficaz, pero no absolutamente segura, de prevenir la transmisión del virus del SIDA.

   ☐ cierto   ☐ falso

4. Muchas veces Ud. no puede decir a simple vista que alguien tiene el virus del SIDA.

    ☐ cierto   ☐ falso

5. Si Ud. piensa que ha estado expuesto al virus del SIDA, debería hacerse una prueba del SIDA.

    ☐ cierto   ☐ falso

6. La gente que proporciona ayuda a alguien que tiene SIDA no se está arriesgando a contraer la enfermedad.

    ☐ cierto   ☐ falso

Paso 2. A continuación están las respuestas al cuestionario que completó en el Paso 1. Con un compañero / una compañera de clase, lean las respuestas y compárenlas con los resultados que Uds. dieron en el cuestionario. ¿Saben Uds. lo suficiente para protegerse?

RESPUESTAS

1. **CIERTO.** Es el comportamiento arriesgado lo que lo/la pone a Ud. frente al riesgo del SIDA, sin importar el «grupo» al que Ud. pertenezca.
2. **A Y B.** El virus del SIDA no se transmite por los insectos, los besos, las lágrimas o el contacto casual.
3. **CIERTO.** Sin embargo, la medida más eficaz contra el SIDA es no tener relaciones sexuales y no inyectarse drogas.
4. **CIERTO.** Muchas veces Ud. no puede decir a simple vista que una persona está infectada. El virus, por sí mismo, es invisible. Los síntomas pueden aparecer por primera vez años después de que la persona fue infectada.
5. **CIERTO.** A Ud. se le debe de aconsejar una prueba de SIDA si se ha comportado arriesgadamente o piensa que ha estado expuesto/a al virus. No existe ninguna razón para hacerse esa prueba si Ud. no ha tenido esa clase de comportamiento. Actualmente hay drogas «inhibidores» que pueden reducir el virus del SIDA a un nivel indetectable. Las drogas nuevas están en su infancia pero los resultados han sido increíbles en las personas infectadas.
6. **CIERTO.** Ud. no va a adquirir el SIDA por ayudar a alguien que tiene la enfermedad.

El vídeo

Antes de ver el episodio

En el Episodio 12 del CD-ROM que acompaña *Nuevos Destinos* hay una variedad de actividades relacionadas con el Episodio 12 del vídeo.

ACTIVIDAD • ¿Tiene Ud. buena memoria?

Las siguientes fotos son del episodio previo de *Nuevos Destinos*. Con un compañero / una compañera de clase, miren las fotos y describan lo que pasó en ese episodio. ¿Tienen buena memoria?

1.

2.

3.

4.

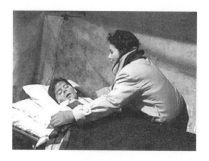

5.

Después de ver el episodio

PALABRAS ÚTILES

descifrar	to decipher
apresurarse	to hurry along
estrenar	to debut

ACTIVIDAD A • Palabras importantes

Con un compañero / una compañera de clase, escriban oraciones completas usando las palabras o expresiones a continuación.

1. descifrar
2. apresurarse
3. el shock
4. las lesiones
5. resolver
6. la curación
7. el/la profesionista
8. estrenar

ACTIVIDAD B • Situaciones

Paso 1. En este episodio, varias situaciones están sin resolverse y otras se están desarrollando. ¿Puede Ud. identificar quién dijo u opina lo siguiente?

1. Cree que el segundo codicilo tiene que ver con algún miembro de la familia que está insatisfecho con la herencia.
2. Sugiere que debe haber alguna oficina donde tengan datos sobre lo que pasó en la excavación.
3. Fue muy amable con Arturo y había aceptado a Roberto y a Ángela como parte de la familia Castillo.
4. Dice que jamás había estado en México antes.
5. Le dice a Roberto que él tiene la misma sonrisa que Ángel.
6. Opina que Juan es egoísta y que actúa como un niño mimado.
7. Dice que no tiene la culpa de la enfermedad de nadie ni de su curación.
8. Dice que las relaciones entre Juan y Pati son ahora muy estables.
9. Dice que la familia Castillo tenía problemas económicos graves.

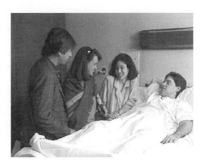

Paso 2. Con un compañero / una compañera, compartan sus respuestas. ¿Identificaron bien a todos los personajes?

ACTIVIDAD C • Tensiones familiares

Paso 1. En la siguiente página hay parte de una discusión entre Juan y Pati, que revela más sobre las tensiones que existen entre ellos. Cuando una pareja se pelea, muchas veces las cosas que se dicen tienen implicaciones más serias de lo que parece. Con un compañero / una compañera de clase, lean la siguiente discusión y traten de explicar lo que implica Pati con las frases en letra cursiva. ¿Qué opina ella del comportamiento de su esposo? ¿Qué le reprocha?

JUAN: Pati, ya te lo dije. ¡No puedes irte justo ahora!

PATI: ¡No me grites así, Juan! Ya traté de explicarte los problemas de la producción en Nueva York. *No entiendo por qué actúas como un niño mimado.*

JUAN: ¿Cómo puedes hacerme esto?

PATI: ¿Ves? *Todo te lo hacen a ti.* Tus problemas son los más graves. A veces dudo que a ti te importen los demás.

JUAN: Me importa mi papá.

PATI: Ah, sí. Entonces, ¿por qué no estás más tiempo con él en el hospital? *Te lo pasas aquí peleándote conmigo cuando él te necesita.*

Paso 2. Ahora vuelvan a leer la conversación y contesten las siguientes preguntas.

1. Durante la discusión, Pati le dice a Juan que él actúa como un niño mimado. En su opinión, ¿es Juan un niño mimado? ¿Tiene razón él al exigirle a Pati que se quede en La Gavia?

2. De los dos, ¿quién creen Uds. que es el/la más egoísta? ¿Creen Uds. que los dos se portan como niños mimados? ¿Por qué sí o por qué no?

3. ¿Qué implica Pati al insinuar que Juan debiera pasar más tiempo en el hospital con su padre? ¿Opinan Uds. que con esta recriminación Pati está tratando de hacer que Juan se sienta culpable?

4. Ya saben Uds. que Juan y Pati son una pareja más estable ahora. ¿Cómo creen Uds. que los problemas se resolvieron entre los dos?

ACTIVIDAD D • El episodio en breve

Conteste las siguientes preguntas sobre el Episodio 12 de *Nuevos Destinos*.

1. Al empezar este episodio, Lucía y Raquel especulan sobre las posibles razones por las cuales existe el otro codicilo. ¿Cuál es la conjetura de Lucía?

2. Lucía le pregunta a Raquel cómo fue el primer encuentro de Arturo con la familia Castillo. Según Raquel, ¿cómo recibieron a Arturo? ¿Cómo fue el encuentro de Arturo con sus sobrinos, Ángela y Roberto?

3. Cuando Arturo llegó a la habitación de Roberto en el hospital, éste estaba dormido. ¿Qué le dijo la médica a Arturo sobre el estado de Roberto?

4. En este episodio Arturo llegó a conocer a los hijos de don Fernando. Éstos le hacen preguntas a Arturo sobre Rosario. Según Arturo, ¿cómo era Rosario? ¿Por qué tenía ella sus momentos de tristeza?

5. Según lo que Ud. vio en este episodio, ¿a qué se debió el conflicto que existía entre Juan y Pati?

6. Raquel le explica a Lucía que la familia Castillo también tenía problemas económicos serios. En su opinión, ¿a qué se atribuyeron estos problemas? ¿Por qué Raquel no le cuenta toda la historia a Lucía?

En este episodio se ve que las relaciones entre Juan y Pati son tensas. A su parecer, ¿a qué se deben los problemas matrimoniales que tienen? Si Ud. estuviera en la misma situación que Juan, ¿habría reaccionado de la misma manera? ¿Opina Ud. que Pati es egoísta y solamente piensa en sí misma? ¿Cree Ud. que para Pati su trabajo es realmente más importante que Juan? ¿Qué consejos le daría Ud. a Juan para poder resolver esta situación?

onceptos gramaticales

12.1 • El uso del subjuntivo con expresiones adverbiales

¡Ya lo sabía Ud.!

En los últimos capítulos Ud. ha aprendido varios usos del subjuntivo. En este capítulo, Ud. va a aprender otro uso del subjuntivo. Lea los siguientes ejemplos y trate de indicar por qué se usa el subjuntivo en la cláusula dependiente. Note que el uso del subjuntivo tiene algo que ver con las expresiones que se encuentran en letra cursiva.

> La enfermera le da un calmante a Roberto *para que* **descanse.**
> *En cuanto* lo **haya hecho,** regreso a México.
> *Cuando* **vengas** a Los Ángeles a visitar a tu familia, llámame.
> Don Fernando quiere conocer a sus nietos *antes de que* **vuelvan** a Puerto Rico.

A lo mejor Ud. notó que las expresiones en letra cursiva señalan acontecimientos que hasta el momento no se han realizado. Estas expresiones expresan relaciones contingentes. Es decir, cuando una acción o condición se basa en otra, se dice que hay una relación contingente. En español existen varias expresiones que establecen relaciones contingentes o temporales y funcionan gramaticalmente como adverbios. En esta sección Ud. va a aprender más sobre el uso del subjuntivo con expresiones adverbiales. Acuérdese de una cosa: lo más difícil es saber usar el subjuntivo correctamente, y eso, ¡ya lo sabía Ud.!

Para saber más: Quédense aquí hasta que lo rescaten

En español, se usa el subjuntivo después de algunas expresiones adverbiales cuando el hablante se refiere a algún hecho que aún no se ha realizado o a acciones o estados conceptualizados. A continuación se explican las dos categorías de expresiones adverbiales.

1. expresiones adverbiales **temporales:** las que llevan el subjuntivo cuando se implica una acción, una situación o un hecho no realizado
2. expresiones adverbiales **obligatorias:** las que siempre llevan el subjuntivo

Acuérdese de que una cláusula adverbial funciona como un adverbio: modifica el verbo indicando **hora, propósito, lugar** o **condición** —cualquier información relacionada con la acción o el estado del verbo principal de la cláusula dependiente.

El subjuntivo con expresiones adverbiales temporales

Cuando se habla de dos acontecimientos no realizados, muchas veces se usan dos cláusulas para establecer un relación temporal entre los dos hechos. A continuación hay una lista de expresiones adverbiales que se usan para hablar de acontecimientos relacionados. ¿Qué significan estas expresiones en inglés?

a medida que	**en cuanto**
antes (de) que*	**hasta que**
cuando	**mientras que**
después (de) que	**tan pronto como**

*¡**OJO!** Aunque la expresión **antes de que** se considera temporal, siempre lleva el subjuntivo.

- El subjuntivo se usa después de conjunciones temporales solamente cuando la acción que se expresa o se implica no se ha realizado o se realizará en el futuro. Los hechos en la cláusula dependiente son conceptualizaciones en la mente de la persona que habla y, siendo así, se expresan mediante el subjuntivo.

   Lucía tiene que seguir con la investigación **hasta que resuelva** el misterio de los dos codicilos.
   Pati va a regresar a México **tan pronto como arregle** los problemas con la obra de teatro.

- Si la cláusula adverbial se refiere a una acción completada o habitual y no pendiente, se usa el indicativo.

   En cuanto Raquel **llega** a casa, escucha los mensajes que hay en el contestador automático.
   Lucía siempre se queda con su madre **cuando está** en Los Ángeles.

El subjuntivo con expresiones adverbiales obligatorias

Otras conjunciones adverbiales expresan relaciones de contingencia o propósito. Como ya se ha mencionado, cuando una acción o condición se relaciona con otra —una cosa ocurrirá con tal de que otra ocurra; no haremos A sin que ocurra B— se establece una relación contingente entre dos o más acciones o condiciones.

La siguiente lista contiene conjunciones adverbiales obligatorias que establecen relaciones contingentes o expresan propósito—la razón por la cual hacemos algo. Cuando la cláusula dependiente se introduce por medio de estas conjunciones, siempre se usa el subjuntivo. ¿Qué significan estas conjunciones en inglés?

a fin de que	**en caso de que**
a menos que	**para que**
a no ser que	**siempre que**
con tal (de) que	**sin que**

> Lucía va a llamar a Ramón Castillo **en caso de que** él **sepa** algo sobre el segundo codicilo.
> Pati va a volver a Nueva York **a fin de que pueda** resolver los problemas en el teatro.

- Note que cuando no hay un cambio de sujeto se suele omitir **que** y usar un infinitivo después de algunas preposiciones. Mire los ejemplos a continuación.

> Estoy aquí **para que me ayuden.**
> Estoy aquí **para ayudar.**

> Lucía va a comer **antes de que salgamos.**
> Lucía va a comer **antes de salir** para México.

Actividades gramaticales

ACTIVIDAD A • ¡A la salud!

Paso 1. La salud y las posibilidades de enfermarse son determinadas en parte por la manera de vivir y por otra parte por factores hereditarios. A continuación hay algunos consejos para poder mantenerse saludable. Con un compañero / una compañera de clase, lean las siguientes recomendaciones e indiquen las conjunciones adverbiales que encuentren.

> Según el Dr. Bienestar, las personas necesitan hacer por lo menos veinte minutos de ejercicio cada día. Añade el doctor que no se debe hacer ejercicio a no ser que se haya consultado primero al médico. Tan pronto como le haya hecho un examen médico, el doctor le puede indicar qué clase de ejercicio será más beneficioso para Ud. El ejercicio también le puede ayudar a bajar de peso, con tal de que se acompañe con un régimen alimenticio equilibrado. La clave principal es la moderación: el ejercicio lo/la ayudará a mantenerse sano/a a condición de que lo que hace no sea exagerado.

Paso 2. Ahora expliquen por qué se usa el subjuntivo en cada caso.

ACTIVIDAD B • ¡Basta ya de rutinas!

Paso 1. Todos los fines de semana Beto siempre hace lo mismo, pero ahora quiere variar esa rutina. Haciendo el papel de Beto, complete las siguientes oraciones de una manera que exprese lógicamente esos cambios.

MODELO: Los viernes, siempre salgo con mis amigos cuando se acaba la cena. Este viernes voy a salir con mis amigos tan pronto como... →

Este viernes voy a salir con mis amigos tan pronto como termine mi última clase (se acabe el almuerzo, salga del trabajo...)

1. Los sábados por la mañana, generalmente me levanto cuando se levanta mi compañero de cuarto. Sin embargo, este sábado voy a levantarme cuando...
2. Los sábados, siempre hago las tareas domésticas después de ducharme. Sin embargo, este sábado no voy a hacer las tareas domésticas hasta que...
3. Los sábados, siempre voy de compras al supermercado después de almorzar. Sin embargo, este sábado voy a hacer las compras después de que...
4. Los sábados por la noche, generalmente voy al cine con mi novia después de hacer la tarea para mis clases. Sin embargo, este sábado voy al cine tan pronto como...
5. Los domingos por la tarde, siempre visito a mis abuelos después de comer. Sin embargo, este domingo voy a visitarlos en cuanto...

Paso 2. Ahora invente tres oraciones originales semejantes a las del Paso 1, describiendo algunos cambios que a Ud. le gustaría efectuar en su vida.

ACTIVIDAD C • Para mantenerme saludable

Paso 1. Haga oraciones completas usando las indicaciones a continuación y la forma apropiada del verbo.

MODELO: Voy a continuar de bajar de peso a menos que... →
Voy a continuar de bajar de peso a menos que coma más alimentos ricos en vitaminas y carbohidratos.

1. Voy a emprender un programa estricto de ejercicios para que...
2. Es importante disfrutar de los postres de vez en cuando sin que...
3. Voy a correr ocho millas diarias a no ser que...
4. Antes de ponerme a dieta, voy a consultar con un médico en caso de que...
5. Quiero jugar al fútbol con un club recreativo de esta ciudad con tal de que...

Paso 2. Ahora indique si está de acuerdo o no con las afirmaciones del Paso 1 o si son verdaderas para Ud. Si no, cámbielas para que reflejen las metas salubres (*healthy*) que Ud. tenga.

MODELO: Voy a continuar de aumentar de peso a menos que coma más frutas y verduras.

Dos cantantes cubanas famosas

Una de las cantantes cubanas más conocidas de esta generación es Gloria Estefan. Su nombre de soltera es Gloria María Fajardo, y nació en 1957 en La Habana, Cuba. Cuando ella aún no había cumplido dos años, su familia se fugó de[1] Cuba y se estableció en Miami. A los 21 años, Gloria se casó con Emilio Estefan, el líder del conjunto The Miami Sound Machine, el cual ganó mucha fama en los años ochenta. Luego, Gloria dejó el grupo para emprender una carrera de solista, con su esposo como productor de sus discos. Éstos han vendido millones de ejemplares por todo el mundo. Hace pocos años Gloria se enfrentó con la muerte al romperse la espalda cuando el autobús en que iba tuvo un accidente. Afortunadamente, Gloria ha recuperado del accidente y ha seguido con su carrera exitosa.

Celia Cruz es otra cantante cubana que se ha destacado en este país. Celia, nacida en 1924, se conoce como la «reina de la música latina» y posee una de las voces más poderosas entre los cantantes de música popular. En 1950, Celia tuvo la oportunidad de cantar en la radio con la ya famosa orquesta cubana Sonora Matancera, hecho que dio a conocer públicamente a la cantante. Ella y el grupo siguieron dando conciertos y grabando música hasta los años sesenta. El mayor éxito lo obtuvo Celia Cruz en los años setenta cuando la música salsa se puso de moda. Entre otros músicos latinos con quienes ha cantado figuran Johnny Pacheco, Machito, Ray Barreto (con quien ganó un premio Grammy en 1990) y el famosísimo Tito Puente. Celia Cruz es, definitivamente, una estrella de la música latina cuya voz y estilo agradan a gente de todas las generaciones y en muchos países por todo el mundo.

Celia Cruz

[1]se... *fled*

Así lo decimos • Las variaciones dialectales

La aspiración de la *s*

En muchos dialectos del español se pronuncia la **s** de manera distinta, especialmente al final de una sílaba. Esto ocurre en varios países latinoamericanos, particularmente en las regiones del Caribe, como en Cuba, Puerto Rico, la República Dominicana y en las zonas costeras de Colombia y Venezuela. (Pero también ocurre en otros países, como la Argentina y en el sur de España.) A veces la pronunciación de la **s** al final de una sílaba es parecida a la *h* en inglés. Así que, la palabra **esperar** se pronunciaría como **ehperar** y **desde** como **dehde.**

Este fenómeno se conoce como la **aspiración.** El nombre tiene que ver con el aire que produce la boca en la pronunciación. La aspiración de la **s** es sumamente común, aun entre las personas con alta formación educativa. La aspiración se nota más en la conversación rápida. Sin embargo, a los hablantes que casi no pronuncian la **s** o que la aspiran les parece exagerado que alguien la pronuncie al hablar rápidamente.

A ver si en los episodios subsiguientes de *Nuevos Destinos* Ud. puede identificar la aspiración en el habla de algunos de los personajes, especialmente el de Arturo Iglesias y el de Roberto Castillo Soto.

ACTIVIDAD • La aspiración de la *s*

Con un compañero / una compañera de clase, lean en voz alta las siguientes oraciones, fijándose en la pronunciación del sonido de la **s**.

1. Carlos es del este de Venezuela.
2. No eres capaz de escoger esa revista.
3. ¿Viste los codos de los nuevos godos que se trasladaron a estas regiones?
4. Esta costa está lejos de Buenos Aires.
5. Desde este poste se ve la ciudad de Los Ángeles.

Para escribir

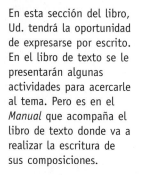

En esta sección del libro, Ud. tendrá la oportunidad de expresarse por escrito. En el libro de texto se le presentarán algunas actividades para acercarle al tema. Pero es en el *Manual* que acompaña el libro de texto donde va a realizar la escritura de sus composiciones.

ACTIVIDAD • Los clónicos

Paso 1. Recientemente ha habido mucha discusión y controversia sobre los clónicos. La clonación es el proceso de crear copias exactas de material genético, de células o de organismos multicelulares enteros. El 5 de julio de 1996, nació Dolly, una oveja, el primer animal clonado. La posibilidad de hacer clónicos fue por muchos años solamente producto de la fantasía y ciencia ficción. Pero a vísperas (*on the eve*) del siglo XXI, se ha hecho realidad.

En grupos de dos o tres estudiantes, hagan una lista de las ventajas o desventajas que se asocian con el proceso de la clonación. En su opinión, ¿será posible duplicar a los seres humanos superinteligentes y así manipular la raza humana? ¿Será esto deseable?

Paso 2. Comparen su lista con la de los otros grupos de la clase. ¿Qué opina la mayoría de los estudiantes? No se olviden de apuntar las opiniones de los demás porque esta información les servirá cuando escriban su composición en el *Manual*.

Volviendo al tema

ACTIVIDAD • Asuntos de familia

En el Episodio 12, se ven varios asuntos y problemas familiares. Con un compañero / una compañera de clase, vuelvan a mirar la foto en la primera página de este capítulo y los comentarios que Uds. apuntaron en la sección De entrada. Comparen lo que ahora saben Uds. con las ideas que escribieron entonces. ¿Acertaron en sus suposiciones? ¿Qué saben Uds. ahora sobre la historia de *Nuevos Destinos* que no sabían antes de ver el Episodio 12? Apunten sus respuestas.

Literatura

Antes de leer

El poeta cubanoamericano Gustavo Pérez Firmat (1949–) nació en La Habana, Cuba, pero se crió en Miami, Florida. Obtuvo su doctorado en la Universidad de Michigan y desempeña el puesto de profesor en la Universidad de Duke en Carolina del Norte. Su poesía abarca temas diversos, entre ellos las relaciones interpersonales y la vida de los cubanoamericanos en los Estados Unidos. El poema a continuación, «Cubanita descubanizada», viene de una colección de sus poemas titulada *Bilingual Blues*.

ACTIVIDAD • La nostalgia

Paso 1. ¿Es Ud. originario/a de otro país? Si contesta que sí, ¿qué es lo que más extraña de su país natal? Si Ud. nació en los Estados Unidos, imagínese que tuviera que irse a otro país y vivir allí para siempre. ¿Qué es lo que más extrañaría de los Estados Unidos? Haga una lista de por lo menos cinco cosas, actividades o costumbres que más echa/echaría de menos.

Paso 2. Compare su lista con la de un compañero / una compañera de clase. ¿Extrañan/Extrañarían Uds. algunas de las mismas cosas? ¿Cuáles son? ¿Por qué las extrañan/extrañarían?

Cubanita descubanizada

Cubanita descubanizada
quién te pudiera recubanizar.
Quién supiera devolverte
el ron y la palma,
5   el alma y el son.

Cubanita descubanizada,
tú que pronuncias todas las eses
y dices ómnibus y autobús,
quién te pudiera
10   quién te supiera
si te quisieras recubanizar.

Después de leer

ACTIVIDAD A • Comprensión y opinión

1. ¿A quién cree Ud. que se dirige este poema?
2. ¿Qué es lo que se pregunta el poeta?
3. Para el poeta, ¿qué simbolizan el ron, la palma, el alma y el son?
4. En este poema, el poeta ha creado sus propios neologismos (palabras nuevas): **descubanizada** y **recubanizar**. ¿Qué significan para Ud. estas palabras? Explique brevemente.
5. ¿Cómo se puede interpretar el verso «tú que pronuncias todas las eses»?

ACTIVIDAD B • ¿Qué opina Ud.?

Con un compañero / una compañera de clase, comenten los siguientes temas.

1. ¿Cuál es el punto de vista del narrador del poema?
2. En su opinión, ¿cree el narrador que el vivir en el extranjero es una cosa positiva? ¿U opina el narrador que al vivir en otro país se corre el riesgo de perder parte de la identidad?
3. ¿Creen Uds. que los extranjeros se «americanizan» demasiado después de muchos años de vivir en los Estados Unidos?
4. ¿Qué se puede hacer para poder mantener las costumbres y la identidad cultural?

Medidas drásticas

De entrada

En este episodio, Raquel le cuenta a Lucía de los problemas económicos que tuvieron los Castillo hace cinco años. ¿Qué cree Ud. que les pasó? Apunte algunas ideas.

Durante esta conversación con Ramón Castillo, Lucía se entera de algo que puede relacionarse con el segundo codicilo.

acia la comunicación

Asuntos financieros

ACTIVIDAD A • ¡Qué cara es la vida!

La vida realmente es cara y especialmente lo es para los estudiantes. A veces las personas a las que no se les alcanza el dinero generalmente usan tarjetas de crédito para comprar lo necesario. Con un compañero / una compañera de clase, contesten las preguntas a continuación.

1. En su opinión, ¿creen que las personas deben usar las tarjetas de crédito para pagar las vacaciones? ¿Por qué sí o por qué no?
2. ¿Cuáles son las ventajas de tener una tarjeta de crédito? ¿y las desventajas?
3. ¿Qué opinan Uds. de los anuncios de las tarjetas de crédito que ven en la tele y en la prensa? A su parecer, ¿por qué será que esos anuncios no mencionan nada sobre la tasa de interés ni tampoco mencionan las cuentas mensuales?
4. ¿En qué circunstancias usan Uds. una tarjeta de crédito? ¿La usan solamente en casos de emergencia?
5. Cuando Uds. van de compras, ¿prefieren pagar con tarjeta de crédito o en efectivo? ¿Por qué?

ACTIVIDAD B • Mi situación económica

Paso 1. Piense en su situación económica del mes pasado. ¿Tuvo Ud. dificultades de dinero o manejó bien sus asuntos financieros? Indique sus respuestas (**sí** o **no**) a las siguientes preguntas.

El mes pasado,...

		SÍ	NO
1.	¿hizo Ud. un presupuesto? (*budget*)	☐	☐
2.	¿sacó más dinero del banco del que tenía?	☐	☐
3.	¿pagó a tiempo todas sus cuentas?	☐	☐
4.	¿gastó mucho dinero en cosas innecesarias?	☐	☐
5.	¿ahorró dinero?	☐	☐
6.	¿usó la tarjeta de crédito sólo en casos de emergencia?	☐	☐
7.	¿le pidió algún préstamo a su familia o a algún amigo para poder pagar las cuentas?	☐	☐
8.	¿compró cupones de la lotería?	☐	☐
9.	¿pudo balancear su cuenta corriente (*checking account*)?	☐	☐

Paso 2. Ahora comparta sus respuestas del Paso 1 con un compañero / una compañera de clase. Luego, hágale preguntas a su compañero/a para sacar más información.

> MODELO: E1: ¿Hiciste un presupuesto el mes pasado?
> E2: Sí.
> E1: ¿Y lo seguiste fielmente?
> E2: Bueno...

ACTIVIDAD C • La bolsa (*stock market*) y Ud.

Paso 1. ¿Es Ud. inversionista (*investor*) en la bolsa o le gustaría invertir su dinero? ¿En qué industria o empresa le gustaría invertir? En un breve párrafo, indique sus preferencias en cuanto a las inversiones que tiene o que le gustaría tener, explicando el porqué de sus decisiones. Claro, puede escoger más de una industria o empresa. A continuación hay una lista de posibles industrias.

Industrias: el acero (*steel*), los bienes raíces (*real estate*), el café, la ganadería (*cattle-raising*), los grandes almacenes, la industria automovilística, la industria médica, la informática, los medios de información, los metales preciosos, el mundo de los espectáculos (*entertainment industry*), el turismo

Paso 2. Intercambie su párrafo con el de un compañero / una compañera de clase. ¿Qué revelan las preferencias inversionistas de su compañero/a en cuanto a la personalidad de él/ella? A su compañero/a, ¿le interesa más invertir su dinero en las industrias/empresas ascendentes (*rising*) o le importa seguir sus intereses y gustos personales?

l vídeo

Antes de ver el episodio

ACTIVIDAD A • ¿Tiene Ud. buena memoria?

En el Episodio 13 del CD-ROM que acompaña *Nuevos Destinos* hay una variedad de actividades relacionadas con el Episodio 13 del vídeo.

Paso 1. A continuación hay algunas fotos de escenas del episodio previo de *Nuevos Destinos*. Para cada foto, haga una breve descripción de lo que pasa en la escena.

1.

2.

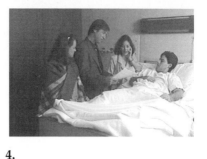

3.

4.

Paso 2. Comparta sus descripciones con un compañero / una compañera de clase. ¿Tienen Uds. buena memoria? ¿Se acuerdan de todo lo que pasó en el episodio previo?

ACTIVIDAD B • Predicciones sobre La Gavia

Paso 1. Ya sabe Ud. de la actual reclamación del gobierno mexicano contra La Gavia. Pero, ¿sabía que hace cinco años la familia Castillo casi perdió La Gavia? A continuación hay fotos de algunas escenas del Episodio 13. ¿Quiénes son esos personajes desconocidos? ¿Qué pasa en las escenas? Con un compañero / una compañera de clase, hagan predicciones sobre las razones posibles por las cuales La Gavia estaba en peligro de perderse.

Paso 2. Comparen sus predicciones con las de otra pareja de estudiantes. Después de ver el episodio, verifiquen sus respuestas. ¿Acertaron en algunas predicciones?

1.

2.

3.

Después de ver el episodio

ACTIVIDAD A • Detalles importantes

Paso 1. En este episodio Raquel contó de la causa de los problemas económicos que tenían los Castillo. A continuación hay algunas palabras clave del episodio. Con un compañero / una compañera de clase, escriban oraciones originales usando las siguientes palabras o conceptos. Traten de asociar cada palabra con lo que ocurrió en el episodio.

1. estar en juego	5. el presupuesto	8. el vicio del juego
2. el capital	6. los ingresos	9. arruinar
3. el/la inversionista	7. los gastos	10. acudir a
4. el empresario / la empresaria		

Paso 2. Ahora comparen las oraciones que escribieron en el Paso 1 con las de los otros estudiantes de la clase. ¿Lograron Uds. recontar los momentos importantes del Episodio 13?

ACTIVIDAD B • ¡La Gavia está en juego!

Paso 1. ¿Qué opina Ud. de las sugerencias que les ofrecieron los auditores a Ramón y a Pedro? ¿Cuáles son otras posibilidades que no mencionaron? Apunte dos o tres opciones verosímiles diferentes de las ofrecidas por los auditores.

Paso 2. Comparta sus opciones con las de un compañero / una compañera de clase. ¿Cuál de Uds. tiene las opciones más verosímiles y factibles (*feasible*)? ¿las más inverosímiles e impracticables (*unfeasible*)?

Paso 3. (*Optativo*) ¿Qué cree Ud. que van a hacer los Castillo? Piense en el pasado dificultoso de la hacienda y en lo que Ud. ya sabe de su situación actual. ¿Qué necesitaban los Castillo en aquel entonces? ¿En qué se ha convertido La Gavia en la actualidad? ¿Son relacionadas las dos situaciones? ¿Cómo?

ACTIVIDAD C • El episodio en breve

Conteste las siguientes preguntas, basándose en el Episodio 13 de *Nuevos Destinos*.

1. Al empezar este episodio, Lucía llama a Ramón con la esperanza de conseguir alguna información que le pudiera servir para resolver el secreto del segundo codicilo. ¿Qué sabe Ramón de ese segundo codicilo?
2. Ramón le habla a Lucía de algunos problemas personales que había tenido la familia Castillo. ¿Qué le cuenta y qué tiene que ver Gloria con la desgracia de la familia?
3. También se revela que la familia Castillo consultó con unos auditores quienes les ofrecieron tres maneras de solucionar el problema. ¿Qué recomendaciones les hicieron los auditores?

FORMACIÓN DEL FUTURO: TERMINACIONES		
TODOS LOS VERBOS: *-ar, -er, -ir*		
infinitivo +	-é	
	-ás	
	-á	
	-emos	
	-éis	
	-án	

Note que, con excepción de la forma de **nosotros,** todas las terminaciones verbales llevan acento escrito. Mire la formación del futuro de los siguientes verbos.

FORMACIÓN DEL FUTURO: VERBOS REGULARES					
comprar		**vender**		**escribir**	
compraré	compraremos	venderé	venderemos	escribiré	escribiremos
comprarás	compraréis	venderás	venderéis	escribirás	escribiréis
comprará	comprarán	venderá	venderán	escribirá	escribirán

B. Formación del futuro con los verbos irregulares

Algunos verbos tienen formas irregulares en el futuro. Como en otros tiempos verbales, las irregularidades se encuentran en la raíz, o sea, en el infinitivo y no en las terminaciones. A continuación hay tres grupos de verbos con formas irregulares en el futuro: Los verbos en los que se elimina la **-e-** del infinitivo, los verbos en los que la vocal del infinitivo se convierte en **-d-** y los verbos con raíces completamente irregulares.

VERBOS EN LOS QUE SE ELIMINA LA -e- DEL INFINITIVO	
caber → **cabr-:**	**cabr**é, **cabr**ás...
haber → **habr-:**	**habr**é, **habr**ás...
poder → **podr-:**	**podr**é, **podr**ás...
querer → **querr-:**	**querr**é, **querr**ás...
saber → **sabr-:**	**sabr**é, **sabr**ás...

VERBOS EN LOS QUE LA VOCAL DEL INFINITIVO → -d-	
poner → **pondr-:**	**pondr**é, **pondr**ás...
salir → **saldr-:**	**saldr**é, **saldr**ás...
tener → **tendr-:**	**tendr**é, **tendr**ás...
valer → **valdr-:**	**valdr**é, **valdr**ás...
venir → **vendr-:**	**vendr**é, **vendr**ás...

VERBOS CON RAÍCES COMPLETAMENTE IRREGULARES	
decir → **dir-:**	**dir**é, **dir**ás...
hacer → **har-:**	**har**é, **har**ás...
satisfacer → **satisfar-:**	**satisfar**é, **satisfar**ás,...

Es importante notar que verbos relacionados con los irregulares tienen las mismas formas e irregularidades en el futuro. Algunos de estos verbos son **componer, predecir, rehacer, mantener,** etcétera.

C. Usos del futuro

- El futuro se usa por lo general para señalar acciones que están por suceder.

> Lucía **llegará** pasado mañana a las tres.
> Roberto **saldrá** del hospital lo más pronto posible.
> Don Fernando **conocerá** a sus nietos en La Gavia.

- Note que en español el futuro se usa también para expresar probabilidad en el presente. Este uso equivale a *to wonder* o *probably* en inglés. Mire los siguientes ejemplos.

> ¿**Tendrá** Gloria algo que ver con el segundo codicilo?
> ¿Quién **estará** en La Gavia ahora?

- En español el uso del futuro es bastante limitado, ya que los hispanohablantes tienden a usar la expresión perifrástica* **ir a** + *infinitivo.*

> La familia Castillo **va a reunirse** en La Gavia.
> Por fin, Ángela y Roberto **van a conocer** a don Fernando.

¡OJO! Tenga cuidado al escribir algunas formas perifrásticas fáciles de confundir como **va a haber / va a ver; va a hacer / va a ser.** Mire la sección Así lo decimos en el Capítulo 2 para repasar este fenómeno común entre algunos hispanohablantes.

- También es común que el tiempo presente se usa para hablar de acontecimientos del futuro inmediato.

PRESENTE	FUTURO
Lucía **va** a Los Ángeles mañana.	Lucía **irá** a Los Ángeles mañana.
Hablo con Ramón la semana que viene.	**Hablaré** con Ramón la semana que viene.

Actividades gramaticales

ACTIVIDAD A • Práctica de conjugación

Complete un cuadro como el en la siguiente página con las formas apropiadas del futuro de indicativo de los verbos a continuación. ¡Cuidado con las formas irregulares!

---

* La **perífrasis** se define como el uso de un verbo auxiliar en vez de la forma flexional (*inflected*): **va a llamar** en vez de **llamará.**

INFINITIVO	YO	TÚ	UD., ÉL, ELLA	NOSOTROS	UDS., ELLOS, ELLAS
conducir	conduciré				
jugar		jugarás			
hacer			hará		
posponer				pospondremos	
producir					producirán
decir	diré				
satisfacer		satisfarás			
conocer			conocerá		
mantener				mantendremos	
saber					sabrán

ACTIVIDAD B • Predicciones

Paso 1. Piense en los siguientes personajes de *Nuevos Destinos.* ¿Cómo serán en diez años? ¿Qué estarán haciendo entonces? Usando el futuro, escriba oraciones originales indicando lo que estarán haciendo en diez años.

1.

2.

3.

4.   5.   6.

Paso 2. Compare sus oraciones con las de algunos compañeros de clase. ¿Cuántos de Uds. escribieron las mismas predicciones?

ACTIVIDAD C • Hablando del futuro

Paso 1. Con un compañero / una compañera de clase, completen las frases a continuación, empleando una forma correcta del futuro. **¡OJO!** Algunas de sus oraciones deben contener información falsa.

1. Cuando me gradúe, yo...
2. Para celebrar la víspera (*eve*) del Año Nuevo, mi esposo/a (novio/a, compañero/a, mejor amigo/a...) y yo...
3. Para poder jubilarme (*to retire*) con dinero en el banco, yo...
4. En cuanto tenga suficiente dinero, yo...
5. Cuando termine este año escolar, yo...
6. Cuando vuelva a casa hoy, yo...
7. Tan pronto como me jubile, yo...

Paso 2. Ahora reúnanse con otra pareja de estudiantes. Cuénteles los planes futuros de su compañero/a. ¡A ver si ellos pueden descubrir cuáles son las oraciones con información falsa!

13.2 • El condicional: formación y uso

¡Ya lo sabía Ud.!

En español, cuando uno quiere hablar de la posibilidad de que algo ocurra, se usa el condicional. Con el condicional también se puede expresar lo que ocurriría si las circunstancias se prestaran para tal situación. Lea las siguientes oraciones y trate de adivinar las formas verbales que se necesitan para completarlas correctamente.

1. Yo (ir) contigo al mercado, pero tengo que ir al médico.
2. Raquel (caminar) a la casa de sus padres, pero queda demasiado lejos.
3. Lucía (poder) ayudar a los Castillo si supiera más sobre el segundo codicilo.

Si Ud. usó las formas **iría, caminaría** y **podría,** respectivamente, ya sabe algo sobre el condicional. En esta sección Ud. va a aprender más sobre la formación y uso de este tiempo verbal. Lo más desafiante en cuanto al condicional es saber cuándo se usa o no, y eso, ¡ya lo sabía Ud.!

Para saber más: ¿De qué se trataría el segundo codicilo?

Formación y uso del condicional

A. Formación del condicional con los verbos regulares

En español, el tiempo condicional en la mayoría de los verbos se forma con el infinitivo más las terminaciones apropiadas. Tal como en el tiempo futuro (Conceptos gramaticales 13.1), las terminaciones verbales del condicional son iguales para todos los verbos, sea que terminen en **-ar, -er** o **-ir.** A continuación se le presentan las terminaciones para la formación del condicional.

FORMACIÓN DEL CONDICIONAL: TERMINACIONES
TODOS LOS VERBOS: *-ar, -er, -ir*
infinitivo +   -ía -ías -ía -íamos -íais -ían

Note que todas las terminaciones verbales llevan acento escrito, inclusive la forma de **nosotros.** Mire las formas del condicional de los siguientes verbos.

FORMACIÓN DEL CONDICIONAL					
compr**ar**		vend**er**		escrib**ir**	
compraría	compraríamos	vendería	venderíamos	escribiría	escribiríamos
comprarías	compraríais	venderías	venderíais	escribirías	escribiríais
compraría	comprarían	vendería	venderían	escribiría	escribirían

B. Formación del condicional con los verbos irregulares

Algunos verbos son irregulares en el condicional. Note que, tal como en el futuro, las formas del infinitivo, o sea, de la raíz son irregulares. Las irregularidades también son iguales a las del futuro: Los verbos en los que se elimina la **-e-** del infinitivo, los verbos en los que la vocal del infinitivo se convierte en **-d-** y los verbos con raíces completamente irregulares.

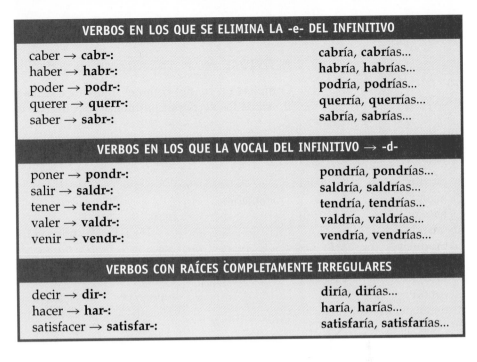

VERBOS EN LOS QUE SE ELIMINA LA -e- DEL INFINITIVO	
caber → **cabr-**:	**cabría, cabrías...**
haber → **habr-**:	**habría, habrías...**
poder → **podr-**:	**podría, podrías...**
querer → **querr-**:	**querría, querrías...**
saber → **sabr-**:	**sabría, sabrías...**
VERBOS EN LOS QUE LA VOCAL DEL INFINITIVO → -d-	
poner → **pondr-**:	**pondría, pondrías...**
salir → **saldr-**:	**saldría, saldrías...**
tener → **tendr-**:	**tendría, tendrías...**
valer → **valdr-**:	**valdría, valdrías...**
venir → **vendr-**:	**vendría, vendrías...**
VERBOS CON RAÍCES COMPLETAMENTE IRREGULARES	
decir → **dir-**:	**diría, dirías...**
hacer → **har-**:	**haría, harías...**
satisfacer → **satisfar-**:	**satisfaría, satisfarías...**

- Note que, igual que con otros tiempos verbales, los verbos relacionados con los irregulares tienen las mismas formas e irregularidades en el condicional. Algunos de estos verbos son **componer, predecir, rehacer, mantener,** etcétera.

C. **Usos del condicional**

- El condicional se usa por lo general para señalar acciones que sucederían si las circunstancias lo permitieran.

  > ¿Cree Ud. que Arturo **volvería** a Los Ángeles?
  > Si Pedro estuviera aquí nos **podría** decir algo sobre el segundo codicilo.*

- Note que en español el condicional se usa también para expresar probabilidad en el pasado. Este uso equivale a *to wonder, probably* o *must have been* en inglés.

  > ¿**Tendría** Gloria algo que ver con el segundo codicilo?
  >
  > Raquel **sería** joven cuando consiguió el puesto de abogada.

  > *I wonder if Gloria had anything to do with the second codicil?*
  >
  > *Raquel must have been young when she obtained her position as a lawyer.*

---

* El uso del condicional en cláusulas con **si** y el imperfecto de subjuntivo se explican en Conceptos gramaticales 14.2. Por ahora, sólo es necesario reconocer el condicional en este tipo de oración.

Actividades gramaticales

ACTIVIDAD A • Práctica de conjugación

Complete un cuadro como el siguiente con las formas apropiadas del condicional de los verbos a continuación. ¡Cuidado con las formas irregulares!

INFINITIVO	YO	TÚ	UD., ÉL, ELLA	NOSOTROS	UDS., ELLOS, ELLAS
conducir	conduciría				
jugar		jugarías			
hacer			haría		
posponer				pospondríamos	
producir					producirían
decir	diría				
satisfacer		satisfarías			
conocer			conocería		
mantener				mantendríamos	
saber					sabrían

ACTIVIDAD B • Si ganara la lotería,...

Paso 1. Imagínese que Ud. ganó el premio gordo de la lotería. ¿Qué haría con el dinero? Con un compañero / una compañera, háganse preguntas usando el condicional. Cuando sea posible, trate de conseguir más información. Deben apuntar las respuestas de su compañero/a.

> MODELO: comprar →
> E1: ¿Qué comprarías?
> E2: Compraría una casa lujosa en Beverly Hills, un yate...
> E1: ¿Cómo sería la casa?
> E2: Tendrá 24 habitaciones, dos piscinas...

1. comprar
2. viajar
3. hacer todos los días
4. compartir el dinero
5. invertir
6. donar el dinero a alguna fundación

Paso 2. Comparta con el resto de la clase lo que le dijo su compañero/a. ¿Cuántos de Uds. harían lo mismo con el premio gordo?

ACTIVIDAD C • Como presidente/a, yo...

Paso 1. Imagínese que Ud. ha sido electo/a presidente/a de los Estados Unidos y que ha formado un comité para mejorar la situación social y económica de los estadounidenses. Escriba Ud. una lista de algunas cosas que haría para lograrlo. ¿Qué haría por la educación, los programas sociales, el Seguro Social, etcétera?

Paso 2. Ahora compare lo que escribió en el Paso 1 con lo que harían los otros estudiantes de la clase. ¿Quiénes tienen las mejores ideas para dirigir el país? ¿Cree Ud. que son razonables esas ideas o son impracticables? ¿Por qué?

Andy García

Según un artículo recién publicado en *People en español*, Andy García, el actor cubanoamericano, es una de las personas más bellas del mundo. García nació en 1956 en La Habana, Cuba. En 1961, después de haber asumido el poder en la isla Fidel Castro, los García se fugaron a Miami Beach, Florida. El actor, quien ya ha vivido la mayoría de su vida en los Estados Unidos, afirma que no hay nada en la vida que le hace falta con excepción de Cuba.

Entre las películas en las cuales ha actuado están: *The Untouchables, The Godfather Part III, Jennifer 8* y *When a Man Loves a Woman*. Recientemente hizo el papel estelar en *The Disappearance of García Lorca*, una película sobre la vida y muerte del poeta español Federico García Lorca.

García está casado y tiene tres hijas. Un hombre modesto y tradicional, se esfuerza por mantener privada su vida familiar. Además de su amor por interpretar papeles dramáticos, una pasión de su vida son los ritmos cubanos: compone

Andy García

música, canta y toca las congas y la harmónica. Para el futuro, se espera mucho del carismático actor cubanoamericano, una verdadera estrella del cine.

Así lo decimos • Las variaciones dialectales

Variaciones regionales en el uso del futuro

En este capítulo, Ud. aprendió la formación y usos del futuro. En algunos dialectos del español, hay los que les añaden la letra **d** a algunas formas verbales del futuro que no la tienen. Por ejemplo, en el habla conversacional, se puede oír **quedré, caedré** y **traedré** por **querré, caeré** y **traeré**, respectivamente. Sin embargo, recuerde que algunas formas del futuro sí llevan una **d** (como, por ejemplo, **pondré, saldré, podré**). Se le recomienda a Ud. memorizar los verbos que tienen cambios irregulares en el futuro.

ACTIVIDAD • ¿Qué van a hacer?

Lea las siguientes oraciones y vuelva a escribir las oraciones, cambiando **ir a** + *infinitivo* por la forma correcta del futuro. **¡OJO!** Cuidado con las formas verbales que tienen una **d** y las que no la tienen.

1. Mañana José y Marta *van a hacer* planes para una fiesta.
2. Yo creo que Arturo *va a querer* hablar con Raquel en persona.
3. No *vamos a salir* de la casa hasta que termines tu tarea.
4. No sé si ellos *van a venir* a las ocho.
5. Si te pones la bolsa sobre el hombro, no se te *va a caer*.
6. Cuquita *va a traer* a su hermanita.
7. Si hablas con él, creo que *va a valer* la pena.
8. Fernando *va a tener* que conocer a sus nietos.

Para escribir

ACTIVIDAD • Las clases económicas

En esta sección del libro, Ud. tendrá la oportunidad de expresarse por escrito. En el libro de texto se le presentarán algunas actividades para acercarle al tema. Pero es en el *Manual* que acompaña el libro de texto donde va a realizar la escritura de sus composiciones.

Hay personas en este país que, por alguna u otra razón, opinan que en los países latinoamericanos hay solamente dos clases económicas: la de los ricos y la de los pobres. ¿Por qué cree Ud. que algunas personas piensan así? ¿Cómo le contestaría a alguien que dijera que en México, Puerto Rico o Cuba sólo hay ricos y pobres? ¿Creería que esa persona sabe mucho de la cultura y economía de los países de Latinoamérica? En grupos de dos o tres estudiantes, comenten este tema, apuntando sus respuestas a las preguntas anteriores. También pueden buscar más información en la biblioteca, en el Internet o con historias personales que apoyen su posición.

Volviendo al tema

ACTIVIDAD • Asuntos de familia

En el Episodio 13, Ud. se enteró de los problemas económicos que tuvieron los Castillo hace cinco años. Con un compañero / una compañera de clase, vuelvan a mirar la foto en la primera página de este capítulo y los comentarios que Uds. apuntaron en la sección De entrada. Comparen lo que ahora saben Uds. con las ideas que escribieron entonces. ¿Acertaron en sus suposiciones? ¿Qué saben Uds. ahora sobre la historia de *Nuevos Destinos* que no sabían antes de ver el Episodio 13? Apunten sus respuestas.

entana al mundo hispánico

Bolivia, el Ecuador, el Perú

¡Qué interesante!

- El Niño no es una persona sino un fenómeno climatológico caracterizado por corrientes cálidas[1] en las costas del Océano Pacífico en Sudamérica. Hace varios siglos, pescadores peruanos observaron dichas corrientes aparecer a finales de diciembre, coincidentes con la Navidad. De allí surgió el nombre de El Niño, nombre que se le da al niño Jesús.

- El Movimiento Revolucionario Túpac Amaru (MRTA) es un grupo de guerrilleros izquierdistas peruanos. En diciembre de 1996, miembros de este grupo invadieron la residencia del embajador de Japón en Lima, tomando un gran número de rehenes. Exigían la liberación de unos miembros encarcelados del MRTA. También querían mostrarle al mundo las condiciones brutales que existían (y que aún existen hoy día) en las cárceles peruanas. Esta crisis duró varios meses y culminó con la muerte de los guerrilleros y algunos rehenes.

- La hoja de la coca es muy popular en Bolivia. La gente indígena la mastica[2] diariamente, un hábito similar al de fumar cigarrillos o beber café. En el pasado, los conquistadores encontraron que los esclavos[3] podían trabajar mejor y por más tiempo masticando esta hoja. Actualmente en algunas zonas rurales la coca se usa como dinero y en lugares cuya altura es muy elevada, la hoja se fuma para tolerar la altitud.

- Entre el 50 y 60 por ciento de la población boliviana es de pura sangre india. Aunque la lengua oficial es el español, solamente el 60 ó 70 por ciento de la gente lo habla. El resto habla quechua o aymara.

- Machu Picchu era la ciudad sagrada de los incas en el Perú. Estas ruinas impresionantes, situadas dramáticamente en una cresta alta de los Andes, fueron descubiertas en 1911 por el explorador norteamericano Hiram Bingham.

[1]corrientes... *warm currents* [2]*chews* [3]*slaves*

---

[1]hostages

100–600 d.C.	La civilización mochica en el Perú
1000–1500	La civilización nasca en el Perú
1200–1532	El imperio incaico
1532	Conquista de los incas por Francisco Pizarro
1821	Independencia del Perú
1822	Independencia del Ecuador
1825	Independencia de Bolivia
1832	Ocupación ecuatoriana de las islas Galápagos
1879–1883	Guerra del Pacífico entre Bolivia y Chile
1932–1935	Guerra del Chaco (zona con mucho petróleo) entre Bolivia y Paraguay
1990	Alberto Fujimori es elegido presidente del Perú
1997	Crisis de rehenes[1] en la residencia del embajador japonés en Perú

Gente

Ricardo Palma
(Reproduced with permission of the General Secretariat of the Organization of American States.)

Ricardo Palma (1833–1919), poeta y eminente prosista, nació en Lima, Perú. A los quince años de edad comenzó a escribir versos de inspiración romántica. Su producción poética incluye: *Poesías* (1855), *Armonías* (1865), *Pasionarias* (1870) y *Poesías completas* (1911). Desde muy joven se interesó por la política, y a causa de sus ideas liberales fue desterrado[1] a Chile en 1860. Eventualmente regresó al Perú y ocupó varios puestos públicos, como el de secretario del presidente de la república y el de director de la Biblioteca Nacional de Lima. Palma es reconocido como creador del nuevo género literario conocido con el nombre de «tradición» y entre 1872 y 1883 escribió *Tradiciones peruanas*. Estas narraciones consisten en leyendas y anécdotas de la rica historia colonial del Perú y de la sociedad virreinal[2] de la Lima del siglo XVIII. Presentan escenas realistas y personajes representativos de aquellos tiempos. Generalmente, estos relatos se caracterizan por su estructura flexible, un estilo relativamente sencillo y una prosa rica en giros[3] y palabras nuevas propias de Latinoamérica. (Véase la sección Literatura, después del Capítulo 14.)

[1]*exiled* [2]*viceroyal* [3]expresiones

Lugar fascinante

Las islas Galápagos son un archipiélago formado por trece islas y una docena de islotes[1] y arrecifes.[2] Este archipiélago fue descubierto por el obispo de Panamá Tomás de Berlonga a mediados del siglo XVI cuando el barco en que iba con rumbo al Perú fue arrastrado[3] hacia el oeste durante una tormenta.

En 1837 el naturalista británico Charles Darwin llegó a las Galápagos donde observó la variedad de plantas y animales que había en las islas. Darwin se dio cuenta de que los tortugas, pingüinos y lagartos, entre otros, eran distintas de animales de las mismas especies en otras partes del mundo. Así empezaron sus teorías sobre la evolución y la selección natural, las cuales promocionó en su libro *The Origin of Species*, publicado por primera vez en 1859.

Cien años más tarde, en 1959, se creó el Parque Nacional Galápagos con el propósito de proteger la fauna y la flora de las islas. Poco después, en 1964, se inauguró el Centro de Investigación Charles Darwin. Pero en la década de los setenta, las autoridades se vieron forzadas a imponer ciertas restricciones en cuanto a la cantidad de turistas que permitían visitar las islas. Éstos deben ser acompañados por un guía o guardabosque[4] y limitarse a caminar sólo en los senderos habilitados.[5]

[1]islas menores [2]*reefs* [3]*pulled* [4]*ranger* [5]senderos... *authorized paths*

Estas líneas de Nasca muestran la forma de un ave rapaz (*bird of prey*).

Las ciencias

Muchos siglos antes del surgimiento del imperio inca, fueron construidas en el sur del Perú las líneas de Nasca. Estas líneas se orientan hacia múltiples direcciones y extensiones y muchas de ellas tienen la forma de animales, como un perro, un mono gigantesco, aves (una de ellas con una envergadura[1] de más de cien metros), una araña y un árbol. Se cree que los antiguos astrónomos peruanos usaron las líneas como un gigantesco calendario solar y lunar. Estudios posteriores han demostrado que los nascas construyeron estas líneas con el objeto de marcar diversas fechas del calendario astronómico, como la llegada del invierno o del verano, y otros sucesos relacionados con sus actividades agrícolas. Hoy en día constituyen una gran atracción turística, atrayendo a centenares de turistas anualmente.

[1]*wingspan*

Voces del pasado

De entrada

Lucía descubre algo en los documentos de don Fernando que le sorprende muchísimo. ¿Qué será?

En este episodio, Luis, el antiguo novio de Raquel, vuelve a ocupar su mente. Y Lucía descubre algo inesperado entre los documentos de don Fernando. ¿Cómo se resolverán estas situaciones? Apunte algunas ideas.

Hacia la comunicación

Los desafíos de la vida

Cuando nosotros los seres humanos nos enfrentamos con problemas complejos, las soluciones no suelen presentarse de inmediato. Así que, se debe analizar el problema por partes con el fin de superarlo. En este capítulo Ud. y sus compañeros de clase van a hablar sobre los problemas y las medidas que toman para solucionarlos.

ACTIVIDAD A • No hay mal que por bien no venga

Paso 1. ¿Cómo reacciona Ud. ante los problemas que se le presentan? ¿Ha tenido que superar numerosos obstáculos o dificultades en la vida? A continuación hay un cuestionario que le revelará un poco sobre su personalidad y cómo se enfrenta con los problemas diarios.

Recuerde: Nunca es demasiado tarde para hacer cambios positivos en la vida y así vivir más tranquilamente. Use las siguientes cifras para valorizar sus respuestas.

> 4 = siempre o casi siempre
> 2 = de vez en cuando
> 0 = nunca o casi nunca

1. _____ Estoy tan ocupado/a que no tengo tiempo para realizar mis sueños.
2. _____ Cuando voy de compras, me encuentro en la cola más larga en el supermercado.
3. _____ No me importa ser el/la mejor. Lo importante es hacer todo lo que pueda.
4. _____ No me gusta contarles mis problemas a mis amigos o parientes.
5. _____ Si quiero algo en la vida como, por ejemplo, un aumento de sueldo, anticipo una lucha.
6. _____ Cuando se me dificulta la vida sólo tengo ganas de acostarme.
7. _____ Creo que mi vida es muy problemática.
8. _____ No me molesta el hecho de no poder terminar lo que tengo planeado para el día.
9. _____ No me divierto mucho en una fiesta con mis amigos si tengo algo pendiente que hacer en casa.
10. _____ Es difícil levantarme por la mañana sabiendo que lo único que me espera son problemas.
11. _____ No estoy satisfecho con lo que hago.
12. _____ Me es difícil expresar mis sentimientos y emociones.
13. _____ Cuando estoy bajo presión o estrés mental casi no puedo trabajar.
14. _____ Los músculos del cuello se me ponen tensos cuando tengo muchas cosas que cumplir en plazos fijos.

15. _____ Me preocupo mucho por mi situación económica.
16. _____ No dependo de las personas con quienes trabajo. Si quiero que algo se haga bien lo hago yo mismo/a.
17. _____ Creo que la peor diligencia (quehacer) es la que no se hace.

Paso 2. Sume los puntos del Paso 1 y busque su calificación.

Total: _____

De 0 a 22 puntos:

Si se encuentra en esta categoría, se le recomienda que sea un poco más diligente ante las exigencias de la vida. Puede ser que Ud. no tome las responsabilidades en serio. Esto puede tener graves consecuencias para Ud. y para los que lo/la rodean. ¿Sabe? Un poco de estrés es necesario para salir adelante en la vida y a veces es precisamente la motivación necesaria para realizar sus metas y sueños. ¡Anímese!

De 23 a 45 puntos:

Parece que Ud. sabe que los problemas y obstáculos son una parte normal de la vida. Reconoce las dificultades y trata de buscarles solución sin dejar que le agobien demasiado. Ud. es realista y sabe cuáles son los problemas que puede solucionar y cuáles no. Ud. aprende de los obstáculos que ha tenido y toma las precauciones necesarias para evitarse las mismas dificultades en el futuro. ¡Fantástico!

De 46 a 68 puntos:

La vida para Ud. no es sino problemas, dificultades y obstáculos. Es posible que las exigencias de la vida le hayan llevado a un extremo sin diversiones. Es verdad que la vida no es un camino de rosas, pero acuérdese de que no hay mal que por bien no venga. A Ud. se le recomienda un día personal: vaya al cine o cómprese algo especial. También puede mantener un diario en el que apunte todas las cosas buenas que le pasan. Trate de cambiar su actitud ante la vida y sea más optimista. Con este cambio de actitud se le garantiza una vida más placentera. ¡Adelante!

Paso 3. ¿Qué opina Ud. de los resultados y las recomendaciones del cuestionario? ¿Cree que reflejan bien su actitud hacia la vida? ¿Por qué sí o por qué no?

ACTIVIDAD B • ¡De Guatemala a guatepeor!

Cada cultura tiene sus propios ritos o costumbres que se usan para sobrellevar los problemas cotidianos. Por ejemplo, en la noche los niños guatemaltecos les cuentan las preocupaciones a muñequitas de palo (*stick dolls*). Después, colocan las muñequitas debajo de la almohada. Por la mañana, los niños se despiertan sabiendo que las muñequitas se han llevado todas las preocupaciones.

Paso 1. En grupos de dos o tres estudiantes, comenten lo que Uds. hacen para desahogarse de los problemas o preocupaciones que tienen. ¿Existe en su cultura alguna costumbre o rito parecido al de los niños guatemaltecos? Cuando la vida se les dificulta demasiado, ¿qué hacen Uds. para tranquilizarse? ¿Rezan? ¿Hacen ejercicio? ¿Meditan? ¿Practican el yoga? ¿el tai chi?

Paso 2. Comenten este tema con toda la clase. ¿Cuáles son los métodos más interesantes que tienen los estudiantes para desahogarse?

ACTIVIDAD C • De preocupaciones a obsesiones

Paso 1. ¿Cuáles son algunas de las cosas que a Ud. le preocupan? ¿Cuáles de esas cosas le obsesionan diariamente? Haga una lista de cuatro o cinco de sus preocupaciones mayores. También debe tratar de explicar el porqué de sus preocupaciones.

Paso 2. Intercambie su lista con un compañero / una compañera de clase. Luego, escriba algunos consejos que puede darle a su compañero/a para sobrellevar (*endure*) o disminuir sus preocupaciones.

Paso 3. Léale los consejos a su compañero/a. ¿Qué opina él/ella de los consejos suyos? ¿Está dispuesto/a a poner en práctica sus consejos? ¿Opina Ud. que los consejos que le acaba de darle su compañero/a van a ayudar a solucionar algunos de los problemas que Ud. tiene?

El vídeo

Antes de ver el episodio

En el Episodio 14 del CD-ROM que acompaña *Nuevos Destinos* hay una variedad de actividades relacionadas con el Episodio 14 del vídeo.

ACTIVIDAD • El episodio previo

Conteste las preguntas en la siguiente página, basándose en el Episodio 13 de *Nuevos Destinos*.

1. Al empezar el Episodio 13, Lucía llamó a Ramón con la esperanza de conseguir alguna información que le pudiera servir en su investigación. ¿Qué le dijo Ramón?
2. ¿Qué supo Lucía sobre los problemas económicos que tuvo la familia Castillo hace cinco años?
3. ¿Qué les recomendaron los auditores a Ramón y Pedro? ¿Cuál fue la reacción de éstos?
4. ¿Por qué visitó La Gavia la agente de bienes raíces?
5. ¿Cómo reaccionaron los hermanos de Carlos cuando éste les explicó todo lo que había pasado con Gloria? En su opinión, ¿fueron muy comprensivos con respecto a los problemas de su hermano? ¿Por qué sí o por qué no?

Después de ver el episodio

ACTIVIDAD A • El episodio en breve

Conteste las siguientes preguntas, basándose en el Episodio 14.

1. Al empezar este episodio, Lucía revisa los documentos de don Fernando. ¿Qué información encuentra ella en el archivo de Gloria?
2. ¿Qué contiene la carpeta de Ángel Castillo? ¿Qué lamenta Lucía cuando se da cuenta del contenido de la carpeta?
3. ¿Qué quiere Luis cuando llama a Raquel? ¿Cómo reacciona ella a esta llamada?
4. ¿Cómo resumiría Ud. los recuerdos que tiene Raquel de sus encuentros con Luis en México de hace cinco años? En la mente de Raquel, ¿son positivos o negativos esos recuerdos?
5. Por fin Raquel está decidida en cuanto a sus relaciones con Luis. ¿Qué mensaje le deja Raquel a Luis y cómo se siente después?
6. ¿De qué dudaba don Fernando con respecto a Ángela y Roberto? ¿Y qué le iban a mostrar éstos a don Fernando para quitarle sus dudas?
7. ¿Cuál fue el plan que tenía Mercedes para salvar La Gavia? ¿Qué dijo don Fernando entonces? ¿Cómo iban a realizar ese plan?
8. Por último, Lucía revisa otra carpeta. ¿De quién era y por qué se sorprendió Lucía al verla?

ACTIVIDAD B • ¡Ay, Luis!

Paso 1. A continuación está parte de la conversación telefónica que Raquel tuvo con Luis. Lea lo que dice Raquel e indica lo que Ud. cree que dijo Luis.

RAQUEL: ¡Holo, Luis!

   LUIS: ...

RAQUEL: Ya sé... Lo siento, pero no creas que me había olvidado. Como te dije, tuve una semana horrible, de muchas presiones.

   LUIS: ...

RAQUEL: Sí... seguro tú trabajas tanto o más que yo.

   LUIS: ...

RAQUEL: ¿Mañana? No, no, mejor pasado mañana. Mañana estoy ocupada por la noche.

   LUIS: ...

RAQUEL: No, no, no... no hace falta que me recojas, podemos encontrarnos en el restaurante.

   LUIS: ...

RAQUEL: Si insistes, te espero en mi casa a las siete.

   LUIS: ...

RAQUEL: Hasta entonces.

Paso 2. Con un compañero / una compañera de clase, comparen lo que Uds. creen que dijo Luis. ¿Están de acuerdo en lo que creen que dijo? Si no, deben justificar sus opiniones.

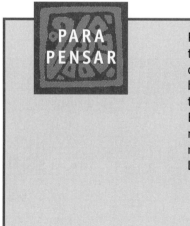

PARA PENSAR

Por fin Lucía ha encontrado una copia del testamento de don Fernando, ¡y hay dos codicilos! Pero, ¿por qué aparecerá el nombre del padre de Lucía entre los documentos? ¿Qué tendrá que ver Emilio Hinojosa Barranco con el testamento de don Fernando? ¿Será un pariente lejano de don Fernando? Al fin y al cabo, ¿tendrá algo que ver Lucía directamente con el segundo codicilo?

Conceptos gramaticales

14.1 • El imperfecto de subjuntivo; cláusulas con *si*

¡Ya lo sabía Ud.!

El imperfecto de subjuntivo se usa en las mismas circunstancias en las que se usa el presente de subjuntivo: para hablar de deseos, emociones, dudas, antecedentes indefinidos o no existentes, etcétera. Lea las siguientes oraciones y trate de indicar lo que tienen en común las formas indicadas del imperfecto de subjuntivo.

> Luis quería que Raquel lo **acompañara** a Zihuatanejo.
> Don Fernando dudaba que Roberto y Ángela **fueran** sus nietos.
> Don Fernando depositó fondos para que **pudiera** fundar un orfanato algún día.

Si Ud. se dio cuenta de que las formas **acompañara, fueran** y **pudiera** son relacionadas con **acompañaron, fueron** y **pudieron,** las formas de la tercera persona plural de pretérito, es obvio que ya sabe algo sobre la formación del imperfecto de subjuntivo. En esta sección va a aprender más sobre su formación y uso. Lo más desafiante del imperfecto de subjuntivo es saber usarlo correctamente, y eso, ¡ya lo sabía Ud.!

Para saber más: ¡Qué pena que nunca lo conociera!

Formación y uso del imperfecto de subjuntivo

A. Formación del imperfecto de subjuntivo con los verbos regulares
El imperfecto de subjuntivo se forma a base de la tercera persona plural del pretérito de indicativo. Se quita la terminación **-ron** de esa forma verbal y se añade **-ra, -ras, -ra, -ramos, -rais, -ran.*** Estas terminaciones son las mismas para todos los verbos, sea que terminen en **-ar, -er** o **-ir.** Mire el cuadro a continuación. (Note el acento ortográfico en las formas de **nosotros.**)

---

* Existe otras terminaciones en el imperfecto de subjuntivo: **-se, -ses, -se, -semos, -seis, -sen.** Estas formas se usan por lo general en España y en obras literarias. No se practicarán activamente estas formas en el libro.

FORMACIÓN DEL IMPERFECTO DE SUBJUNTIVO: VERBOS REGULARES		
cantar	beber	partir
cantar → cantar~~on~~	beber → bebier~~on~~	partir → partier~~on~~
cantara cantáramos	bebiera bebiéramos	partiera partiéramos
cantaras cantarais	bebieras bebierais	partieras partierais
cantara cantaran	bebiera bebieran	partiera partieran

B. Formación del imperfecto de subjuntivo con los verbos que cambian de radical

Los verbos **-ir** que cambian de radical en la tercera persona plural del pretérito experimentan el mismo cambio en el imperfecto de subjuntivo.

VERBOS -ir QUE CAMBIAN DE RADICAL	
dormir:	durmier~~on~~ → durmiera, durmieras...
morir:	murier~~on~~ → muriera, murieras...
pedir:	pidier~~on~~ → pidiera, pidieras...
preferir:	prefirier~~on~~ → prefiriera, prefirieras...
sentir:	sintier~~on~~ → sintiera, sintieras...
servir:	sirvier~~on~~ → sirviera, sirvieras...
vestir:	vistier~~on~~ → vistiera, vistieras...

C. Formación del imperfecto de subjuntivo con los verbos con cambios ortográficos

Los verbos que experimentan cambios ortográficos en la tercera persona plural del pretérito tienen los mismos cambios en el imperfecto de subjuntivo.

VERBOS CON CAMBIOS ORTOGRÁFICOS	
caer:	cayer~~on~~ → cayera, cayeras...
leer:	leyer~~on~~ → leyera, leyeras...
oír:	oyer~~on~~ → oyera, oyeras...

D. Formación del imperfecto de subjuntivo con los verbos irregulares

Los verbos con una raíz irregular en la tercera persona plural del pretérito mantienen esa raíz irregular en la formación del imperfecto de subjuntivo.

VERBOS IRREGULARES	
andar:	anduvie~~ron~~ → anduviera, anduvieras...
caber:	cupie~~ron~~ → cupiera, cupieras...
dar:	die~~ron~~ → diera, dieras...
decir:	dije~~ron~~ → dijera, dijeras...
estar:	estuvie~~ron~~ → estuviera, estuvieras...
haber:	hubie~~ron~~ → hubiera, hubieras...
hacer:	hicie~~ron~~ → hiciera, hicieras...
ir:	fue~~ron~~ → fuera, fueras...
poder:	pudie~~ron~~ → pudiera, pudieras...
poner:	pusie~~ron~~ → pusiera, pusieras...
querer:	quisie~~ron~~ → quisiera, quisieras...
saber:	supie~~ron~~ → supiera, supieras...
ser:	fue~~ron~~ → fuera, fueras...
tener:	tuvie~~ron~~ → tuviera, tuvieras...
traer:	traje~~ron~~ → trajera, trajeras...
venir:	vinie~~ron~~ → viniera, vinieras...
ver:	vie~~ron~~ → viera, vieras...

E. Usos del imperfecto de subjuntivo

- El imperfecto de subjuntivo se usa empleando el mismo criterio que se usa para el presente de subjuntivo. Note que es el tiempo del verbo principal (presente o pasado) el que determina el tiempo del verbo en la cláusula dependiente (presente o imperfecto de subjuntivo). Mire los ejemplos a continuación.

  CLÁUSULA SUSTANTIVAL
  PRESENTE: **Prefiero** que Raquel me lo **explique** todo.
  PASADO: **Prefería** que Raquel me lo **explicara** todo.

  CLÁUSULA ADJETIVAL
  PRESENTE: Lucía **busca** cualquier documento que le **pueda** servir.
  PASADO: Lucía **buscaba** cualquier documento que le **pudiera** servir.

  CLÁUSULA ADVERBIAL
  PRESENTE: Don Fernando **quiere** conocerlos antes de que **vuelvan** a Puerto Rico.
  PASADO: Don Fernando **quería** conocerlos antes de que **volvieran** a Puerto Rico.

- **Cláusulas con *si*.** En español (y en inglés también) se usa cláusulas con **si** al formar una hipótesis sobre algo o alguien. Si uno quiere expresar un hecho verídico como, por ejemplo: «Si tomas una aspirina, te sentirás mejor», se usa el presente de indicativo (**tomas**) en la cláusula con **si** más otro verbo en el presente o en el futuro de indicativo (**sentirás**). En cambio, si se habla sobre algo que posiblemente no ocurriría jamás o la posibilidad de que ocurra es remota, se usa una cláusula con **si** con el imperfecto de subjuntivo más una forma del condicional (Conceptos gramaticales 13.2) en la otra cláusula. Mire los ejemplos a continuación.

Si Lucía **tuviera** tiempo, **iría** a España a hablar con la Sra. Suárez.
Si yo **fuera** Ud., no **haría** eso.
Si ella **estudiara** más, **sacaría** mejores notas.

- Note que se usa el indicativo en las dos cláusulas cuando se expresan acciones habituales o situaciones verídicas en el pasado. Mire las siguientes oraciones.

Si Luis **estaba** en Los Ángeles, **visitaba** a la madre de Raquel.	*If (When) Luis was in Los Angeles, he would visit (used to visit) Raquel's mother.*
Si yo **tenía** ganas de ir al cine, siempre **iba.**	*If (When) I wanted to go to the movies, I would always go.*

- **Expresiones de cortesía.** Con frecuencia se usa el imperfecto de subjuntivo para expresar de una manera más cortés un deseo o para indicarle a alguien lo que debiera o no debiera hacer. Esto ocurre mayormente con los verbos **querer, poder** y **deber** y sus formas **quisiera, pudiera** y **debiera,** respectivamente. Compare los siguientes pares de oraciones. ¿Note Ud. alguna diferencia entre ellas?

Raquel, **quiero** hablar con Ud.	Raquel, **quisiera** hablar con Ud.
Ud. **debe** leer todos los documentos.	Ud. **debiera** leer todos los documentos.
Lucía, ¿**puede** decírmelo otra vez?	Lucía, ¿**pudiera** decírmelo otra vez?

Actividades gramaticales

ACTIVIDAD A • Práctica de conjugación

Complete un cuadro como el siguiente con las formas apropiadas del imperfecto de subjuntivo de los verbos a continuación. ¡Cuidado con las formas irregulares!

INFINITIVO	YO	TÚ	UD., ÉL, ELLA	NOSOTROS	UDS., ELLOS, ELLAS
regresar	regresara				
recibir		recibieras			
prometer			prometiera		
vender				vendiéramos	
morir					murieran
pensar	pensara				
poder		pudieras			
creer			creyera		
contraer				contrajéramos	
salir					salieran
haber	hubiera				
decir		dijeras			
estar			estuviera		

ACTIVIDAD B • **¡Una película fantástica!**

Paso 1. A continuación Pati cuenta lo que pasó cuando ella y Juan, su esposo, fueron al cine. Lea el siguiente párrafo e indique la forma correcta de cada verbo entre paréntesis. **¡OJO!** No todos los verbos requieren el imperfecto de subjuntivo.

> La semana pasada Juan y yo fuimos al cine. Unos amigos nos recomendaron que (ver)[1] la película *Titanic*. Como la película es muy popular, Juan compró los boletos el día anterior para que no (tener)[2] que hacer cola. Así entramos sin problemas y buscamos asientos. Yo insistí en que nosotros (sentarse)[3] al lado del pasillo. ¡Qué mala idea! Juan se enojó porque todas las personas (pasar)[4] enfrente de nosotros para entrar y salir. Afortunadamente no hubo nadie que (salir)[5] después de que empezó la película. Miré la película con mucha atención para que yo (poder)[6] comentarla con mis amigos después cuando nosotros (reunirse).[7] Decidimos salir un minuto antes de que (terminar)[8] la película. ¡Otra mala idea! Tuve que pedirles a mis amigos que me (contar)[9] lo que pasó al final.

Paso 2. Con un compañero / una compañera de clase, comparen sus respuestas del Paso 1 y comenten por qué se usa el imperfecto o no en cada caso.

14.2 • El pluscuamperfecto de subjuntivo

¡Ya lo sabía Ud.!

En esta sección Ud. va a aprender otro uso de los tiempos perfectos en español: el **pluscuamperfecto de subjuntivo.** Este tiempo verbal se usa para hablar sobre lo que Ud. hubiera hecho o no hubiera hecho en el pasado en ciertas circunstancias. Mire los siguientes ejemplos.

> Si Carlos **hubiera sabido** las consecuencias, no **habría protegido** a Gloria.
> Si la familia Castillo no **hubiera tenido** el dinero suficiente, no **habría fundado** el orfanato.

Los tiempos perfectos son muy prevalecientes en el habla diaria y Ud. los usa con mucha frecuencia casi sin pensar. Al leer la siguiente sección, acuérdese de una cosa —¡ya lo sabía Ud.!

Para saber más: Si Raquel hubiera sabido lo que hacía su madre...

Recuerde que los tiempos perfectos en español se forman con el verbo auxiliar **haber** más un participio pasivo (**hablado, comido, salido**...). También debe recordar que varios verbos comunes tienen participios pasivos irregulares (**dicho, visto, hecho**).* El pluscuamperfecto de subjuntivo se forma con **haber** en el imperfecto de subjuntivo más un participio pasivo. Estas formas verbales corresponden a *would have + past participle* en inglés. Se usa este tiempo verbal mayormente con el **condicional perfecto.**

Si los hermanos Castillo **hubieran sabido** de los problemas de Carlos, lo **habrían ayudado.**	*If the Castillo siblings had known about Carlos's problems, they would have helped him.*
Si Ramón no le **hubiera mandado** los documentos a Lucía, ella no **habría descubierto** el segundo codicilo.	*If Ramón hadn't sent the documents to Lucía, she wouldn't have discovered the second codicil.*

Actividad gramatical

ACTIVIDAD • ¿Qué habría hecho Ud.?

Paso 1. Indique lo que habría hecho Ud. en las siguientes circunstancias.

1. Si yo hubiera ganado el premio gordo de la lotería de la semana pasada,...
2. Si alguien me hubiera robado mi cartera en el restaurante anoche,...
3. Si mi novio/a (esposo/a, pareja...) se hubiera portado como Luis lo hizo con Raquel,...
4. Si mi madre (padre, abuelo/a...) se hubiera metido en mis asuntos personales,...
5. Si el profesor / la profesora me hubiera recomendado dejar esta clase,...
6. Si mi mejor amigo/a hubiera tenido una fiesta anoche,...
7. Si hubiera tenido un examen de química muy difícil ayer,...

Paso 2. Con un compañero / una compañera de clase, comparen sus respuestas del Paso 1. ¿Habrían hecho Uds. lo mismo en algunas situaciones? ¿Qué habría hecho Ud. diferente de su compañero/a?

---

* Para repasar los tiempos perfectos y participios pasivos, véase Conceptos gramaticales 5.1.

Así lo decimos • Las variaciones dialectales

El uso del condicional en cláusulas con *si*

En este capítulo Ud. aprendió sobre el uso del imperfecto de subjuntivo y el condicional en cláusulas con **si.** En algunos países y regiones hispanohablantes, es muy común oír que se usa el condicional cuando, por lo general, se recomienda el uso del imperfecto de subjuntivo. Compare los siguientes pares de oraciones.

USO RECOMENDADO	VARIACIÓN REGIONAL
Si yo **tuviera** dinero, iría a Francia.	Si yo **tendría** dinero, iría a Francia.
Si mis amigos **hablaran** español, nos podríamos comunicar en ese idioma.	Si mis amigos **hablarían** español, nos podríamos comunicar en ese idioma.

El uso del condicional de indicativo en vez del imperfecto de subjuntivo es otro indicio de que el español sigue evolucionando hoy en día. A pesar del uso popular del condicional en cláusulas con **si,** se recomienda usar el imperfecto de subjuntivo al hablar y al escribir.

LOS HISPANOS EN LOS ESTADOS UNIDOS

El Tratado de Libre Comercio

En enero de 1994 entró en vigencia el **Tratado de Libre Comercio de América del Norte** (*North American Free Trade Agreement* o *NAFTA*). El objetivo principal del tratado es el de eliminar barreras al comercio entre los Estados Unidos, México y el Canadá. Otro de los propósitos es promover las condiciones para una competencia comercial justa e incrementar las oportunidades de inversión en estos países. También proporciona protección adecuada a los derechos de propiedad intelectual y establece procedimientos efectivos para la aplicación del tratado. Además, el tratado intenta fomentar la cooperación trilateral (entre las tres naciones del tratado), regional y multilateral (internacional). Muchos miembros del Congreso estadounidense, igual que ecologistas,[1] se han opuesto al tratado por la falta de leyes adecuadas en México para proteger el medio ambiente. Otros critican el tratado por no proteger los empleos y las industrias en estos países.

¿Qué piensa Ud. del tratado? ¿Cómo cree que va a funcionar dentro del ambiente del nuevo milenio?

[1]*environmentalists*

ara escribir

En esta sección del libro, Ud. tendrá la oportunidad de expresarse por escrito. En el libro de texto se le presentarán algunas actividades para acercarle al tema. Pero es en el *Manual* que acompaña el libro de texto donde va a realizar la escritura de sus composiciones.

ACTIVIDAD • Cosas que nos apasionan u obsesionan

Paso 1. Todos tenemos cosas que nos gustan mucho en la vida. A veces nos gustan tanto que se pueden convertir en una pasión u obsesión. Para algunos es la música, para otros el cine o los deportes. En una hoja de papel aparte, haga una lista de algunas de las pasiones u obsesiones que Ud. tiene. Incluya una descripción de cada una, indicando exactamente qué hace para realizarla. Además, indique cómo se siente cuando hace eso que le apasiona tanto.

Paso 2. Ahora imagínese que, por alguna razón u otra, Ud. tendría que dejar para siempre la pasión más importante en su vida. ¿Cómo se sentiría? ¿Podría dejar esa pasión sin sufrir consecuencias graves? ¿Trataría de encontrar otra cosa que le apasione como sustituto? ¿Qué sería esa cosa? Describa cuál es su pasión predilecta y cómo sería el tener que dejarla.

Paso 3. Por último, intercambie su descripción con la de un compañero / una compañera de clase. ¿Qué opina Ud. sobre la pasión de él/ella? ¿Es beneficiosa esa pasión o puede perjudicar su salud y de qué manera? ¿Tiene recomendaciones para él/ella? ¿Tiene él/ella recomendaciones para Ud.?

olviendo al tema

En el Episodio 14, Ud. averiguó varios detalles sobre las relaciones anteriores entre Raquel y Luis. También supo que Lucía encontró una copia del segundo codicilo, el cual contenía algo sorprendente. Con un compañero / una compañera de clase, vuelvan a mirar la foto y los comentarios que Uds. apuntaron en la primera página de este capítulo en la sección De entrada. Comparen lo que ahora saben Uds. con las ideas que escribieron entonces. ¿Acertaron en sus suposiciones? ¿Qué saben Uds. ahora sobre la historia de *Nuevos Destinos* que no sabían antes de ver el Episodio 14? Apunten sus respuestas.

iteratura

Antes de leer

Ricardo Palma (1833–1919) nació en Lima, Perú. La fama literaria de Palma se debe mayormente a su libro *Tradiciones peruanas*, en el que relata anécdotas y costumbres peruanos con mucha sátira social. El cuento que sigue, «El alacrán (*scorpion*) de Fray Gómez», viene de esa colección. (Véase la sección Ventana al mundo hispánico: Bolivia, el Ecuador y el Perú que sigue el Capítulo 13.)

ACTIVIDAD • La moraleja de la historia

Paso 1. ¿Conoce Ud. alguna fábula (*fable*)? ¿Qué intenta enseñarle al lector / a la lectora? ¿Cuál es la moraleja que propone? Con un compañero / una compañera de clase, piensen en una fábula y hagan una breve descripción de ella. (Las fábulas de Esopo [*Aesop*] les pueden servir como punto de partida.)

Paso 2. Compartan su descripción con otra pareja de estudiantes. ¿Pueden ellos determinar cuál es la moraleja de la fábula? ¿Pueden Uds. determinar cuál es la moraleja de la fábula de la otra pareja?

El alacrán de fray Gómez (fragmentos)

Estaba una mañana fray Gómez en su celda entregado a la meditación, cuando dieron a la puerta unos discretos golpecitos, y una voz de quejumbroso timbre[1] dijo:

—*Deo gratias*[2]... ¡Alabado sea el Señor!

5   —Por siempre jamás, amén. Entre, hermanito —contestó fray Gómez.

Y penetró en la humildísima celda un individuo algo desarrapado,[3] *vera effigies*[4] del hombre a quien acongojan[5] pobrezas, pero en cuyo rostro se dejaba adivinar la proverbial honradez del castellano[6] viejo.

Todo el mobiliario[7] de la celda se componía de cuatro sillones de vaqueta,[8] 10   una mesa mugrienta,[9] y una tarima[10] sin colchón, sábanas ni abrigo, y con una piedra por cabezal o almohada.

—Tome asiento, hermano, y dígame sin rodeos lo que por acá le trae —dijo fray Gómez.

—Es el caso, padre, que yo soy hombre de bien a carta cabal[11]...

15   —Se le conoce y que persevere deseo, que así merecerá en esta vida terrena la paz de la conciencia, y en la otra la bienaventuranza.

---

[1]voz... *whining voice* [2]*Deo*... Gracias a Dios (*Latín*) [3]*tattered, ragged* [4]*vera*... imagen verdadera (*Latín*) [5]*distress*
[6]hombre español [7]el... los muebles [8]*calfskin leather* [9]*grimy* [10]*platform* (*used as a bed*) [11]a... en todos los aspectos

—Y es el caso que soy buhonero,[12] que vivo cargado de familia y que mi comercio no cunde[13] por falta de medios, que no por holgazanería[14] y escasez de industria en mí.

20 —Me alegro, hermano, que a quien honradamente trabaja Dios le acude.

—Pero es el caso, padre, que hasta ahora Dios se me hace el sordo,[15] y en acorrerme[16] tarda...

—No desespere, hermano no desespere.

—Pues es el caso que a muchas puertas he llegado en demanda de habili-
25 tación[17] por quinientos duros, y todas las he encontrado con cerrojo y cerro-
jillo.[18] Y es el caso que anoche, en mis cavilaciones,[19] yo mismo me dije a mí mismo: —¡Ea!, Jerónimo, buen ánimo y vete a pedirle el dinero a fray Gómez, que si él lo quiere, mendicante[20] y pobre como es, medio encontrará para sacarte del apuro. Y es el caso que aquí estoy porque he venido, y a su paternidad le
30 pido y ruego que me preste esa puchuela[21] por seis meses, seguro que no será por mí por quien se diga:

En el mundo hay devotos
de ciertos santos:
la gratitud les dura
35 lo que el milagro;
que un beneficio
da siempre vida a ingratos
desconocidos.

—¿Cómo ha podido imaginarse, hijo, que en esta triste celda encontraría
40 ese caudal[22]?

—Es el caso, padre, que no acertaría a responderle; pero tengo fe en que no me dejará ir desconsolado.

—La fe lo salvará, hermano. Espere un momento.

Y paseando los ojos por las desnudas y blanqueadas paredes de la celda,
45 vió un alacrán que caminaba tranquilamente sobre el marco de la ventana. Fray Gómez arrancó una página de un libro viejo, dirigióse a la ventana, cogió con delicadeza a la sabandija,[23] la envolvió en el papel, y tornándose hacia el caste-llano viejo le dijo:

—Tome, buen hombre, y empeñe esta alhajita;[24] no olvide, sí, devolvérmela
50 dentro de seis meses.

El buhonero se deshizo en frases de agradecimiento, se despidió de fray Gómez y más que de prisa se encaminó a la tienda de un usurero.[25]

La joya era espléndida, verdadera alhaja de reina morisca,[26] por decir lo menos. Era un prendedor[27] figurando un alacrán. El cuerpo lo formaba una
55 magnífica esmeralda engarzada[28] sobre oro, y la cabeza un grueso brillante con dos rubíes por ojos.

El usurero, que era hombre conocedor, vio la alhaja con codicia,[29] y ofreció al necesitado adelantarle dos mil duros por ella; pero nuestro español se empeñó en no aceptar otro préstamo que el de quinientos duros por seis meses, y con un

---

[12]vendedor ambulante [13]aumenta [14]pereza [15]se... no me escucha [16]proporcionarme ayuda [17]*monetary aid* [18]*con... locked up and bolted tightly* [19]pensamientos [20]*Mendicant, belonging to a religious order that owns no property of any type* [21]cantidad pequeña [22]gran riqueza [23]insecto, bicho [24]*small piece of jewelry* [25]*loan shark* [26]árabe [27]*broach* [28]*set* [29]*con... greedily*

interés judaico, se entiende. Extendiéronse y firmáronse los documentos o papeletas de estilo, acariciando el agiotista[30] la esperanza de que a la postre[31] el dueño de la prenda acudiría por más dinero, que con el recargo de intereses lo convertiría en propietario de joya tan valiosa por su mérito intrínseco y artístico.

Y con este capitalito fuele tan prósperamente en su comercio, que a la terminación del plazo pudo desempeñar la prenda, y, envuelta en el mismo papel en que la recibiera, se la devolvió a fray Gómez.

Éste tomó el alacrán, lo puso sobre el alféizar de la ventana,[32] le echó una bendición y dijo:

—Animalito de Dios, sigue tu camino.

Y el alacrán echó a andar libremente por las paredes de la celda.

---

[30]speculator [31]a... a fin de cuentas [32]alféizar... *windowsill*

Después de leer

ACTIVIDAD A • Comprensión

Conteste las siguientes preguntas según el cuento.

1. ¿Quién es fray Gómez y cómo vive?
2. ¿Cuál es el oficio del hombre que visita a fray Gómez? ¿Cuál es el motivo de la visita?
3. ¿Cómo consigue fray Gómez la alhaja preciosa?
4. ¿Cuáles son las condiciones que le impone fray Gómez al hombre?
5. ¿Adónde lleva el hombre la alhaja?
6. ¿Cuánto dinero consiguió el hombre por la alhaja? ¿Cuánto le ofreció el usurero?
7. ¿Qué pasó cuando se venció (*expired*) la fecha del contrato entre el hombre y el usurero?

ACTIVIDAD B • ¿Qué opina Ud.?

En grupos de dos o tres estudiantes, contesten las preguntas y comenten los temas a continuación.

1. ¿Cuál es el tono predominante del cuento? ¿Es alegre? ¿misterioso? ¿solemne? ¿oscuro? ¿ ? ¿Cómo ayuda ese tono en crear cierto ambiente?
2. ¿Cuál es la cita del cuento en la que se indica que lo que hace el fraile es acto milagroso? Justifiquen su respuesta.
3. ¿Tiene este cuento un fin didáctico? ¿Cuál es el mensaje que nos proporciona Palma?
4. ¿Qué nos revela este cuento sobre la religión y la fe? ¿Creen Uds. que el buhonero podría haber sido exitoso sin el alacrán de fray Gómez? Comenten brevemente este tema.

Pasado, Presente, Futuro

¿Con quién hablará Raquel? ¿Tendrá algo que ver con el futuro de las relaciones entre ella y Arturo?

De entrada

¿Qué les espera ahora a Raquel y a Arturo? ¿Volverá Arturo a Los Ángeles o permanecerá en la Argentina? ¿Cómo acabará la investigación de Lucía, ya que vio el nombre de su padre en el segundo codicilo? Apunte algunas ideas.

Hacia la comunicación

¿Qué nos espera en el futuro?

ACTIVIDAD A • Visiones del nuevo milenio

Paso 1. ¿Cómo será el mundo durante el nuevo milenio? En grupos de dos o tres estudiantes, imagínense que Uds. tienen el don (*gift, ability*) de pronosticar el futuro. ¿Cuáles son sus pronósticos para el nuevo milenio y, sobre todo, el siglo XXI? Pueden hacer referencia al clima, movimientos sísmicos, fenómenos atmosféricos, la situación política, conflictos bélicos (de guerra) del mundo, la tecnología, la medicina, etcétera.

Paso 2. Ahora compartan sus pronósticos con otros grupos de la clase. ¿Tienen ellos las mismas visiones del nuevo milenio que Uds.? ¿Cuál de los grupos tiene las visiones más optimistas? ¿más pesimistas?

ACTIVIDAD B • Más allá del 2000: Predicciones de Walter Mercado

Paso 1. Walter Mercado, de origen puertorriqueño, es uno de los astrólogos más famosos y populares del mundo hispánico. (Tal vez Ud. haya visto su segmento en el programa *Primer Impacto* o *El Show de Walter Mercado*, presentado en la cadena televisiva Univisión.) A continuación hay algunas de las predicciones de Mercado. Con un compañero / una compañera, léanlas y coméntenlas.

- **Las iglesias en peligro:** Las iglesias tendrán que adaptarse a los cambios en la gente. Para el Vaticano se aproximan tiempos terribles que se predicen claramente. Todas las religiones estarán forzadas a cambiar o perecer[1] ahora que «llega el tiempo para la eliminación de la ignorancia».
- **Terremotos, lluvias de meteoros y el apocalipsis:** En los años finales de este milenio la tierra estará golpeada por las fuerzas celestiales más poderosas que hayan sido registradas en la historia de la humanidad. Habrá terremotos, erupciones volcánicas e inundaciones[2] cataclísmicas. Los cambios climáticos traerán sequía[3] y hambre.
- **Cada uno con sus leyes:** En los años venideros, la gente se unirá con la naturaleza y con su propia naturaleza. Encontraremos una era de aumentada individualidad, espiritualidad y un respeto humano sincero por los derechos de todos, responderemos en efecto a una autoridad superior, la de nosotros mismos.

[1]*perish* [2]*floods* [3]*drought*

Paso 2. ¿Qué piensan Uds. de las predicciones de Mercado? ¿Creen Uds. que lo que él predice se realizará? ¿Ya se han realizado algunas de sus predicciones? ¿Qué implicaciones tienen sus predicciones para la raza humana? ¿Pueden Uds. pensar en ejemplos específicos de los últimos años o señalar posibles ejemplos de los años que vienen?

El vídeo

Antes de ver el episodio

ACTIVIDAD • ¿Cuánto recuerda Ud.?

En grupos de dos o tres estudiantes, contesten las siguientes preguntas, basándose en el episodio previo de *Nuevos Destinos.*

1. En el último episodio, Lucía encontró una carta escrita por Gloria. ¿Para quién era y por qué la escribió?
2. ¿Qué quería Luis y cómo reaccionó Raquel?
3. Después de conversar con Luis, Raquel pensó en su viaje a México de hace cinco años. ¿Qué hizo la madre de Raquel en aquel entonces? ¿Cómo reaccionó Raquel?
4. Hace cinco años don Fernando le había revelado a su familia que tenía grandes dudas. ¿Por qué se inquietaba tanto y de qué dudaba?
5. ¿Qué decidieron hacer Raquel, Ángela y Roberto para poder disipar las dudas de don Fernando?
6. ¿Qué decisión tomó don Fernando sobre la posible venta de La Gavia? Además, ¿qué planes tenía don Fernando para La Gavia y cómo los iba a realizar?
7. ¿Qué encontró Lucía mientras examinaba los documentos de la última caja? ¿Por qué se sorprendió tanto al leer el testamento de don Fernando? ¿Qué implica esta nueva revelación? ¿Qué cree Ud. que va a pasar?

En el Episodio 15 del CD-ROM que acompaña *Nuevos Destinos* hay una variedad de actividades relacionadas con el Episodio 15 del vídeo.

Después de ver el episodio

ACTIVIDAD A • La investigación termina

A continuación hay una copia del segundo codicilo que Lucía encontró adjunto al testamento de don Fernando. Con un compañero / una compañera de clase, lean el codicilo y contesten las siguientes preguntas.

SEGUNDO CODICILO
DEL TESTAMENTO de FERNANDO CASTILLO SAAVEDRA

Es mi deseo expreso y última voluntad que la familia del finado[1] Emilio Hinojosa Barranco, su esposa Luz María y sus hijos Emilio y Lucía, reciban la cantidad de $500.000, a repartir en tres partes iguales. Esta cantidad se ajusta mejor a la suma que el mencionado señor Hinojosa Barranco debiera haber recibido por la patente del proceso metalúrgico que yo le compré en 1967. Con este legado,[2] espero retribuir, en parte, a la familia de quien contribuyera de manera muy importante al desarrollo de la empresa Industrias Castillo Saavedra. También espero pagar una deuda de honor y gratitud que considero que tengo con Emilio Hinojosa Barranco y su familia.

Se dará noticia de este codicilo de mi testamento a la familia Hinojosa, así como a los miembros de mi propia familia, a los cinco años de mi muerte, momento en que la viuda e hijos de Emilio Hinojosa deberán recibir la cantidad arriba estipulada.

Fecha: el 15 de marzo de 1992

Firmado,

Fernando Castillo Saavedra

Firma del testigo

[1]*deceased* [2]*legacy, bequeathment*

1. ¿A quién o a quiénes beneficia el segundo codicilo?
2. Según lo estipula el testamento de don Fernando, ¿cuándo van a saber las dos familias que existe este segundo codicilo?
3. ¿Cómo y en qué circunstancias se conocieron don Fernando y Emilio Hinojosa?
4. ¿Por qué desea don Fernando dejar parte de la herencia a la familia Hinojosa?
5. ¿Cómo consideraba don Fernando este legado?

ACTIVIDAD B • Una carta de Pedro

Paso 1. A continuación aparece una carta que Pedro le escribió a Lucía. Con un compañero / una compañera de clase, lean la carta y contesten las siguientes preguntas.

Querida Lucía:

Créeme si te digo que mi hermano siempre quiso recompensar a tu familia y a tu difunto[1] padre. Si no lo hizo antes es porque yo se lo desaconsejé entonces por razones estrictamente familiares y de negocios. Sin embargo, ahora en mi vejez, he comprendido mejor el deseo de mi hermano de hacerle justicia a tu familia y lamento de todo corazón el daño que con mi asesoramiento[2] a mi hermano yo les haya causado a Uds. Mi hermano siempre tuvo claro que el que una cosa sea legal no la hace moralmente justa. ¡Ojalá entonces que yo hubiera tomado en cuenta ese principio también! Espero que tú, como abogada, puedas perdonarme considerando que mi trabajo era aconsejar a mi hermano para asegurar el beneficio de su empresa y su familia.

Te escribo esto porque no tengo el valor de decírtelo en persona, pero confío en que me perdonarás y seguiremos siendo amigos y colegas.

Sinceramente,

Pedro

[1]*deceased* [2]*advice*

1. ¿Por qué desaconsejó Pedro a don Fernando cuando éste quería recompensar a la familia Hinojosa?
2. ¿Opinan Uds. que Pedro realmente se había arrepentido de lo que le había aconsejado a su hermano? ¿Por qué sí o por qué no?
3. Si Ud. fuera Lucía, ¿qué opinión tendría de Pedro después de saber lo que había pasado? ¿Sería Ud. capaz de perdonarlo? ¿Seguirían siendo amigos?

Paso 2. Cuando Pedro escribió la carta, no se sabía en aquel entonces que él iba a morir pronto antes de que Lucía y su familia se enteraran de la herencia. Con su compañero/a, comenten lo siguiente: ¿Qué habría pasado si Pedro nunca le hubiera escrito la carta a Lucía? Es decir, ¿qué habría pasado si él hubiera esperado decirle estas cosas después de pasar los cinco años? ¿Sabría Lucía de la angustia que había sufrido Pedro por sus consejos a don Fernando? ¿Cómo sentirían Uds. al leer una carta semejante del más allá (*beyond the grave*)?

ACTIVIDAD C • En el aeropuerto (Optativo)

Al final del Episodio 15, Raquel salía para el aeropuerto de Los Ángeles a encontrarse con Arturo. ¿Cómo se resolverá la situación entre ellos? En esta actividad, Ud. y un compañero / una compañera de clase van a dramatizar una posible escena de ese reencuentro.

Paso 1. Con su compañero/a, hagan una lista de las posibles situaciones que pueden presentarse cuando Raquel llegue al aeropuerto. ¿Cómo reaccionará Raquel al ver a Arturo? ¿Cómo se sentiría ella? ¿Experimentaría distintas emociones al mismo tiempo? Es decir, ¿se sentiría contenta y tendría a la vez un poco de ansiedad y temor? ¿Y Arturo? ¿Cuáles son los motivos que lo impulsaron a regresar a los Estados Unidos?

Paso 2. Hagan una lista de preguntas que Raquel querrá hacerle a Arturo. Luego, pongan esas preguntas en orden, de la más importante a la menos importante.

Paso 3. Con las situaciones y preguntas que Uds. hayan escrito, compongan un diálogo posible entre Raquel y Arturo. El diálogo debe ser de tres a cinco minutos de duración.

Paso 4. Ahora representen su diálogo ante la clase. ¿Cuál de las parejas presentaron el diálogo más verídico? ¿el más improbable? ¿el más serio? ¿el más chistoso?

PARA PENSAR

Imagínese que Ud. es Lucía y que acaba de enterarse de lo que le había pasado a su padre. ¿Qué opinión tendría Ud. de la familia Castillo y de la empresa Industrias Castillo Saavedra? ¿Les guardaría un poco de rencor? ¿Le echaría la culpa a la familia Castillo? ¿Creería que ellos son culpables, en gran parte, del sufrimiento y desmoralización por los que pasó su padre y, por extensión, su hermano? ¿A quién culparía más, a don Fernando o a su hermano Pedro? ¿Sentiría Ud. por Pedro la misma compasión que siente Lucía? ¿Por qué sí o por qué no?

Conceptos gramaticales

15.1 • Secuencia de los tiempos verbales

¡Ya lo sabía Ud.!

A lo mejor Ud. se ha dado cuenta de que el uso de los tiempos verbales es algo sistemático, tanto en español como en inglés. Por ejemplo, cuando el verbo en la cláusula independiente de una oración se conjuga en el presente, el verbo en la cláusula dependiente se conjuga en el presente también. Lea las siguientes oraciones y analice los tiempos verbales a continuación.

> **Dudamos** que ellos **sepan** las respuestas.
> **Quería** que Beatriz nos **acompañara.**
> **Es** importante que **lleguemos** a las cinco.
> **Buscábamos** una casa que **tuviera** jardín y piscina.

En esta sección, Ud. va a aprender más sobre la secuencia o correspondencia entre los tiempos verbales. Lo más desafiante es saber coordinar los tiempos verbales en una forma coherente, y eso, ¡ya lo sabía Ud.!

Para saber más: Quiero que esta situación se resuelva pronto

De los ejemplos dados en la sección anterior, es posible establecer una regla general en cuanto a la secuencia de los tiempos verbales en español: el presente sigue al presente y el pasado sigue al pasado. Por consiguiente, los tiempos verbales compuestos siguen la misma regla: un verbo conjugado en el presente perfecto (**han insistido**) se considera parte del presente, mientras que un verbo conjugado en el pluscuamperfecto (**habían querido**) se considera un tiempo pasado. Una cláusula en el futuro (**insistirán en que**) se considera parte del presente, mientras que el condicional (**les gustaría**) se considera un tiempo pasado. El siguiente cuadro le va a dar un vistazo general de la correspondencia entre los tiempos verbales en español.

Regla #1: Cuando la acción en la cláusula dependiente ocurre en el presente o en el futuro y simultáneamente o después de la acción de la cláusula independiente, el verbo en ésta se conjuga en el presente.

TIEMPO VERBAL PRINCIPAL	TIEMPO VERBAL SUBORDINADO
Presente: Lucía les **pide** **Presente Perfecto:** Lucía les **ha pedido** **Futuro:** Lucía les **pedirá** **Mandato:** Lucía, **pídeles**	que **vengan.**

Regla #2: Cuando la acción en la cláusula dependiente ocurrió en el pasado, el verbo en la cláusula independiente se conjuga en el pasado.

TIEMPO VERBAL PRINCIPAL	TIEMPO VERBAL SUBORDINADO
Pretérito: Lucía les **pidió** **Imperfecto:** Lucía les **pedía** **Pluscuamperfecto:** Lucía les **había pedido** **Condicional:** Lucía les **pediría** **Condicional perfecto:** Lucía les **habría pedido**	que **vinieran.**

Note que a veces la acción de la cláusula dependiente ocurrió en el pasado, pero la acción o estado expresado en la cláusula independiente se refiere al presente. Ese dilema se resuelve empleando el presente perfecto de subjuntivo para expresar la acción completada de la cláusula dependiente. Así que el uso del presente en combinación con el presente perfecto de esta manera refleja la cronología verdadera de los acontecimientos, y al mismo tiempo conserva la relación temporal gramatical entre las dos cláusulas.

> **Siento** (*en el presente*) que **haya muerto** Ángel Castillo (*acción completada*).
>
> **Es** maravillosa (*en el presente*) que Lucía **haya encontrado** el segundo codicilo (*acción completada*).

Actividad gramatical

ACTIVIDAD • ¿Es posible saber demasiado?

Paso 1. ¿Cómo se sentiría Ud. si supiera el futuro? ¿Es posible saber demasiado? Lea el siguiente pasaje, en el que un estudiante universitario relata sus experiencias con una bruja que le predice el futuro. Luego, vuelva a escribir el pasaje, cambiando las formas verbales al pasado. **¡OJO!** Hay más de una posibilidad en algunos casos. Empiece su narración con la siguiente frase:

Hace diez años, yo...

Soy[1] miembro de una organización de estudiantes cubanoamericanos en la Universidad de Miami. Además de divertirnos, también nos *dedicamos*[2] a obras filantrópicas.[a] Durante el año escolar *patrocinamos*[3b] muchas fiestas y siempre *donamos*[4] todos los ingresos a organizaciones caritativas.[c] Cada año *tenemos*[5] una fiesta para celebrar Halloween y el Día de los Muertos. Siempre *hay*[6] dos conjuntos: una que *toca*[7] música salsa y otra de rock. También *planeamos*[8] actividades para entretener a la gente.

Mi amigo José me *dice*[9] que *hay*[10] una bruja que *predice*[11] el futuro leyendo las líneas de la mano. José *quiere*[12] que yo *hable*[13] con ella para ver lo que me *espera*[14] en el futuro. José bien *sabe*[15] que esas cosas siempre me *han dado*[16] miedo. Aunque *estoy*[17] nervioso, *entramos*[18] en la carpa[d] y *vemos*[19] a la bruja a distancia. *Está*[20] vestida de negro. Nos *hace*[21] una señal con la mano para indicarnos dónde nos *debemos*[22] sentar. Ella se *sienta*[23] detrás de una mesa donde *hay*[24] una bola de cristal. La vieja me *coge*[25] de la mano y *empieza*[26] a examinarla detenidamente a la luz de una vela.[e] Me *dice*[27] que mi vida *será*[28] muy larga y que *tendré*[29] muchos hijos saludables. Además, me *dice*[30] que mi futura esposa *es*[31] colombiana y que me *quiere*[32] secretamente.

«Qué curioso», me *digo*[33] a mí mismo. La única persona que *conozco*[34] de Colombia *es...*[35] Y antes de terminar mi pensamiento, la bruja *dice*[36]: «Clemencia. Se llama Clemencia.» José se *levanta*[37] en seguida y *sale*[38] enojado de la carpa. ¿Por qué se *habrá enfadado*[39]? Pues, así se *llama*[40] la novia colombiana de José.

---

[a]*philanthropic, charitable* [b]*we sponsor* [c]*charitable* [d]*tent* [e]*a... by candlelight*

Paso 2. Comparta su narración en el pasado con un compañero / una compañera de clase. ¿Están Uds. de acuerdo con la transformación al pasado de la narración? Si hay alguna diferencia de opinión, justifiquen sus selecciones.

Paso 3. (Optativo) ¿Qué pasó con ese estudiante cubanoamericano? ¿Tenía razón la bruja? ¿Se casó con Clemencia? ¿Tuvieron hijos? ¿Se quedó enojado José? Escriba un breve relato en el que Ud. invente la historia de ese estudiante diez años más tarde. **¡OJO!** Cuidado con la secuencia de tiempos verbales, especialmente si Ud. incluye acontecimientos y situaciones del pasado en su relato.

La «americanización» de las nuevas generaciones

Cada grupo de inmigrantes que ha llegado a los Estados Unidos, sean hispanos o de cualquier nacionalidad que sea, se enfrenta con una fusión de dos culturas. Esta fusión es seguida por generaciones subsiguientes que a lo mejor saben muy poco de la herencia cultural de sus padres o del país de origen de éstos y de sus antepasados. Para los de la primera generación de inmigrantes, el inglés puede ser una barrera que limita la asimilación cultural. En cambio, la segunda generación, que se compone de los hijos de la primera, aprende el inglés con más facilidad, a veces sacrificando sus conocimientos de la lengua de sus padres. Además de dominar bien el inglés, los miembros de la segunda generación también se asimilan a las ideas y los valores de la cultura anglosajona. A veces se trata de ideas y costumbres que, a los de la primera generación de inmigrantes, les parecen ajenas. Por más que la primera generación trate de mantener su cultura de origen, la segunda generación acarrea[1] una nueva cultura al hogar, con tradiciones que a veces no concuerdan con las de los padres.

En cuanto a los hispanos, el proceso de la «americanización» ha sido desigual entre los grupos distintos de habla española. La influencia mexicana, por ejemplo, sigue creciendo día tras día con las nuevas oleadas[2] de inmigrantes mexicanos que llegan al país. Esto, hasta cierto punto, ayuda a preservar patrones culturales tradicionales, especialmente en cuanto al uso del español. Los puertorriqueños también se han mantenido en contacto continuo con la Isla fortaleciendo así la estabilidad de su identidad cultural. Muchos cubanos, en cambio, no han gozado del privilegio de volver a Cuba pero, afortunadamente, han podido mantener su identidad cultural, mayormente en Florida, cerca de la isla y rodeados de otros que comparten su idioma y su herencia cultural. Definitivamente, ¡los Estados Unidos siguen siendo el gran crisol[3] del mundo!

[1]*carries* [2]*waves* [3]*melting pot*

Apéndice: Respuestas a las *Actividades gramaticales*

Capítulo preliminar

P.2   **Actividad A**   1. presente   2. presente   3. pasado   4. presente   5. presente   6. presente   7. presente   8. presente   9. presente   10. presente   11. presente   12. presente   13. presente   14. presente   15. presente   16. pasado   17. pasado   18. pasado   19. pasado   20. pasado   21. pasado   22. pasado   23. pasado   24. pasado   25. pasado   26. pasado   27. pasado   28. presente   29. presente   30. presente   31. presente   32. pasado   33. futuro

Actividad B, Paso 1   1. es   2. llegó   3. tenía   4. empieza   5. llegó   6. asistirá   7. ha   8. dijo   9. llama   10. conocerá   11. fue   12. visita   13. siente   14. van   15. volverán   16. conocerá

P.3   **Actividad A, Paso 1**   a, be (*también conocida como* be grande), ce, che, de, e, efe, ge, hache, i, jota, ka, ele, elle, eme, ene, eñe, o, pe, cu, ere, erre, ese, te, u, uve (*también conocida como* be chica), doble ve (*también conocida como* ve doble), equis, i griega, zeta

Capítulo 1

1.1   **Actividad A**   1. llamo   2. vivo   3. Trabajo   4. queda   5. trabaja   6. caminamos   7. Debo   8. queda   9. viven   10. trabaja   11. jubila   12. preocupan   13. mete   14. peleamos   15. visito   16. prepara   17. invitan   18. cocina

1.2   **Actividad A**   1. la   2. la   3. el   4. las   5. las   6. el   7. el   8. el   9. la   10. el   11. el   12. las   13. el   14. la   15. la   16. la   17. el   18. la   19. la   20. la   21. la   22. el   23. la   24. el   25. los   26. las   27. la   28. el

Capítulo 2

2.1   **Actividad A, Paso 1**   1. ¿Conduces a la universidad todos los días?   2. ¿Contribuyes mucho a la comunidad?   3. ¿Traduces cuentos del inglés al español?   4. ¿Mereces saber si tu familia guarda un secreto importante?   5. ¿Conoces a muchas personas hispánicas en la universidad?   6. ¿Exiges mucho de ti mismo/a?   **Paso 2** (*Respuestas posibles*)   1. Sí, conduzco a la universidad todos los días.   2. Sí, creo que contribuyo mucho a la comunidad.   3. No, no traduzco cuentos del inglés al español.   4. ¡Claro! Merezco saber si mi familia guarda un secreto importante.   5. Sí, conozco a muchísimas personas hispánicas en la universidad.   6. Sí, exijo mucho de mí mismo.

2.2   **Actividad A, Paso 1**   **pedir:** pido, pides, pedimos, piden; **elegir:** elijo, eliges, elige, eligen; **decir:** digo, dice, decimos, dicen; **sonreír:** sonrío, sonríes, sonríe, sonreímos; **tener:** tienes, tiene, tenemos, tienen; **invertir:** invierto, inviertes, invertimos, invierten; **freír:** frío, fríes, fríe, freímos; **seguir:** sigo, sigue, seguimos, siguen; **repetir:** repito, repites, repite, repiten; **jugar:** juego, juega, jugamos, juegan; **adquirir:** adquiero, adquieres, adquiere, adquirimos; **venir:** vengo, vienes, venimos, vienen

Actividad B   1. tiene   2. Dice   3. encuentra   4. sienten   5. entienden   6. confiesa   7. resuelve   8. siento   9. sirve   10. quiere   11. encierra   12. sienten   13. puede   14. dicen   15. quiere   16. tienen   17. mantiene   18. promueve   19. prefiero   20. competimos   21. vuelve   22. llueve   23. divierte   24. Tienen   25. Es   26. piensa   27. va   28. puede

2.3   **Actividad A** (*Respuestas posibles*)   1. E1: ¿Quiénes son estas personas? E2: Esas personas son miembros de la familia Castillo.   2. E1: ¿Quiénes son estas mujeres? E2: Esas mujeres son Raquel y Lucía, dos abogadas.   3. E1: ¿Quién es esta persona misteriosa? E2: Esa persona (misteriosa) es Rosario, la primera esposa de don Fernando.   4. E1: ¿Quién es este hombre? E2: Ese hombre es Pedro, el hermano de don Fernando.   5. E1: ¿Quiénes son estas personas? E2: Esas personas son Ramón Castillo, su esposa Consuelo y su hija Maricarmen.

Actividad B   1. No. Me gustaría leer éste (aquél).   2. No. Deseo usar ésta (aquélla).   3. No. Necesito revisar éste (aquél).   4. No. Quiero leer éstas (aquéllas).   5. No. Quiero usar éste (aquél).

Así lo decimos...   **Actividad**   1. va a haber   2. va a ser   3. va a haber   4. va a ver   5. va a invitarla a ver   6. Has ido   7. Va a hacer mucho calor entonces. 8. ha sido   9. ha habido   10. ha sido.

Capítulo 3

3.1 **Actividad A** 1. Raquel y Lucía están repasando los detalles de la investigación. 2. Elena está comprando verduras en el mercado. 3. Raquel y Jaime están comiendo dulces en la confitería. 4. La Sra. Suárez está visitando a otro hijo en Barcelona. 5. Elena está diciendo que no sabe nada de la historia de don Fernando. 6. Raquel está pidiendo otro refresco. 7. El perro de Jaime está durmiendo bajo un árbol.

Actividad B, Paso 1. (*Respuestas posibles*) El autobús está llegando. El conductor está manejando. Los chicos están jugando al fútbol. La joven está durmiendo. Las personas están leyendo en el banco. Las mujeres están tomando café. Las personas están esperando el autobús. La madre está caminando (andando, paseando) con sus hijas. El muchacho está vendiendo periódicos. El perro está ladrando. La mujer está hablando por teléfono. El hombre está comprando una revista. La mujer está vendiendo una revista.

Actividad C, Paso 1 (*Respuestas posibles*) 1. Raquel sigue grabando información sobre su viaje a España para Lucía. 2. Raquel y el taxista andan buscando a la Sra. Suárez en el Barrio de Triana. 3. Poco a poco nosotros vamos comprendiendo mejor la historia de la carta de la Sra. Suárez. 4. Jaime y Miguel continúan jugando por las calles de Triana. 5. Elena y Raquel vienen corriendo por el Barrio Santa Cruz. Van buscando a Jaime y su perro. 6. Lucía continúa enterándose (se continúa enterando) del caso de don Fernando.

3.2 **Actividad A, Paso 1** (*Los complementos directos*) 1. misión 2. la comunidad 3. las oportunidades de negocios 4. líderes latinos 5. programas 6. los hispanohablantes 7. nos (vernos) 8. trabajo 9. los (ayudarlos) 10. meta 11. seminarios 12. coloquios 13. los participantes 14. habilidades 15. debilidades 16. los participantes 17. carrera 18. currículum vitae 19. cartas de recomendación 20. entrevistas simuladas 21. la experiencia 22. una entrevista 23. la confianza **Paso 2** 1. la 2. la 3. las 4. los 5. los 6. los 8. lo 10. la 11. los 12. los 13. los 14. las 15. las 16. los 17. la 18. lo 19. las 20. las 21. la 22. la 23. la

Actividad B
Querida Amalia:
Escribo esta carta desde mi nuevo apartamento en Madrid. Tengo que escribir**la** / **La** tengo que escribir (1) rápidamente, porque mis amigos **me** esperan (2) a las nueve y ya son las ocho... Te gustaría el apartamento. Mario, mi compañero de piso, y yo **lo** alquilamos (3) hace ocho días y llevamos toda la semana poniendo las cosas en orden. ¡**Lo** hemos cambiado (4) por completo! Por ejemplo, las paredes eran un desastre. **Las** pintamos (5) el jueves. También necesitábamos una nueva alfombra. La instalamos (6) el viernes. De veras, ¡es como si fuera un lugar totalmente distinto! La dueña del piso está muy satisfecha —quiere invitar**nos** / **nos** quiere invitar (7) a cenar mañana.

En tu última carta me preguntabas sobre Marisol, la chica con quien salí hace unas semanas. Bueno, como te decía, **la** conocí (8) en el bar de la facultad, donde los dos tomamos unas cañas. Mientras **las** tomábamos, (9) hablábamos de las cosas que teníamos en común, como la música. ¿Sabes? Ella baila en el ballet folklórico. ¿Recuerdas que tú y yo **lo** vimos (10) el verano pasado? Pues, ¡ése fue el mismo! Ella también hablaba mucho de sus padres. No **los** he conocido (11) todavía, pero vienen a Madrid a visitar**la** (12) el próximo mes. Tal vez vaya a conocer**los** / **los** vaya a conocer (13) entonces.

Bueno, ¡mis amigos **me** esperan! (14)
Besos y abrazos,
Javier

3.3 **Actividad A** 1. A1 (medio de transporte) 2. B1 (propósito) 3. B1 (propósito) 4. A10 (expresión idiomática) 5. A9 (**estar** + infinitivo) 6. B1 (propósito) 7. A10 (expresión idiomática) 8. B1 (propósito) 9. A10 (expresión idiomática) 10. A6 (movimiento a lo largo de un lugar) 11. A10 (expresión idiomática) 12. A2 (causa o motivo) 13. A10 (expresión idiomática) 14. B1 (propósito) 15. A5 (hora del día) 16. B1 (propósito) 17. A1 (medio de comunicación) 18. B2 (destino) 19. B1 (propósito) 20. A10 (expresión idiomática) 21. A10 (expresión idiomática) 22. A1 (medio de transporte)

Actividad B, Paso 1 1. para 2. por 3. Para 4. por 5. por 6. Para 7. Por 8. para 9. por 10. por 11. Para 12. Por 13. por 14. por 15. Por 16. para 17. para 18. para **Paso 2** 1. B2 (destino) 2. A2 (causa) 3. B1 (propósito) 4. A6 (movimiento a través de un lugar) 5. A6 (movimiento dentro de un lugar) 6. B6 (**en cuanto a**) 7. A10 (expresión idiomática) 8. B3 (destinatario) 9. A10 (expresión idiomática) 10. A4 (cambio) 11. B6 (**en lo que se refiere a**) 12. A10 (expresión idiomática) 13. A6 (movimiento dentro de un lugar) 14. A10 (expresión idiomática) 15. A10 (expresión idiomática) 16. B1 (propósito) 17. B2 (destino) 18. B1 (propósito)

Actividad C, Paso 1 1. para 2. para 3. para 4. por 5. por 6. para 7. Por 8. por 9. Para 10. para 11. por 12. por 13. para 14. para 15. para **Paso 2** 1. B7 (empleo) 2. B1 (propósito) 3. B7 (empleo) 4. A3

(sentimientos)   5. A3 (sentimientos)   6. B3 (destinatario)   7. A10 (expresión idiomática)   8. A3 (sentimientos)   9. B6 (**en cuanto a**)   10. B5 (comparación)   11. A6 (movimiento a lo largo de un lugar)   12. A5 (tiempo indeterminado) 13. B1 (propósito)   14. B1 (propósito)   15. B4 (fecha tope)

Así lo decimos...   **Actividad, Paso 1**   *El leísmo se encuentra en los números 1 4, 6, 7 y 9.*   **Paso 2**   1. Sí, señor, lo vi esta mañana.   4. ¿Mi hermano? ¡No me gusta besarlo jamás!   6. Yo sé quien es don Fernando, pero nunca lo conocí.   7. Teresa Suárez se lleva muy bien con su hijo y lo llama todos los días por teléfono.   9. Miguel Ruiz tiene un buen amigo llamado José, y siempre lo invita a la cervecería.

Capítulo 4

4.1   **Actividad A**   1. era   2. vivía   3. íbamos   4. gustaba   5. sabía   6. comíamos   7. ayudaba   8. dormían 9. caminábamos   10. veíamos

Actividad C   1. escribí   2. murió   3. tuvo   4. fue   5. supo   6. compré   7. Fui, despedí   8. volví, dio   9. Pude

Actividad D   1. quise   2. pude   3. vinieron   4. trajeron   5. invitaron   6. dije   7. pidieron   8. fueron   9. entró 10. puso   11. vio   12. hizo   13. empecé   14. dormí   15. olvidé   16. levanté

Actividad F, Paso 1   1. conoció   2. contó   3. reveló   4. murió   5. pensaba   6. dijo   7. creía   8. murió   9. informó 10. tuvo (tenía)   11. nació   12. conocieron   13. mudaron   14. casó   15. mostró   16. indicaban   17. dio   18. escribió 19. era (fue)

4.2   **Actividad, Paso 1** (*Preguntas posibles*)   1. ¿Cuánto tiempo hace que vives en este estado?   2. ¿Cuánto tiempo hace que estudias en la universidad?   3. ¿Cuánto tiempo hace que no visitas un país hispanohablante?   4. ¿Cuánto tiempo hace que hablas inglés?   5. ¿Cuánto tiempo hace que estudias español?   6. ¿Cuánto tiempo hace que trabajas en... ?   7. ¿Cuánto tiempo hace que vives en su casa / apartamento / la residencia estudiantil?   **Paso 2.** 1. ¿Cuándo / Hace cuánto tiempo (que) aprendiste a andar en bicicleta?   2. ¿Cuándo / Hace cuánto tiempo (que) aprendiste a manejar un auto?   3. ¿Cuándo / Hace cuánto tiempo (que) te graduaste de la escuela secundaria? 4. ¿Cuándo / Hace cuánto tiempo (que) empezaste a hablar inglés?   5. ¿Cuándo / Hace cuánto tiempo (que) comenzaste a trabajar?   6. ¿Cuándo / Hace cuánto tiempo (que) comiste algo?   7. ¿Cuándo / Hace cuánto tiempo (que) llegaste a la universidad hoy?

4.3   **Actividad A**   1. Su esposa mexicana había muerto y **él** ya no podía ocultar **más** la tragedia de su vida durante la Guerra Civil española.   2. Lucía, ¿quiere un café?   3. ¡Ahí está! Léelo, es muy interesante, pues habla de las industrias de don Fernando y de cómo ganó tanto dinero.   4. Pero antes de tener sus propias fábricas, **él** trabajó en la industria de la construcción en el Distrito Federal.

Así lo decimos...   **Actividad, Paso 1** (*Anglicismos*)   paragrafos; introdujo; tuvimos un buen tiempo; gastamos todo el tiempo; rentamos; grocerías; Ordenamos; hice muchos errores; flonqueo el examen; dropear la clase; taipiados; aplicación; londri; librería   **Paso 2** (*Cambios de anglicismos al español estándar*)   paragrafos → párrafos; introdujo → presentó; tuvimos un buen tiempo → nos divertimos; gastamos todo el tiempo → pasamos todo el tiempo; rentamos → alquilamos; grocerías → comestibles (alimentos, comida); Ordenamos → Pedimos; hice muchos errores → cometí muchos errores; flonqueo el examen → no apruebo (suspendo) el examen ; dropear la clase → dejar (abandonar) el curso; taipiados → escritos a máquina; aplicación → solicitud; londri → lavandería; librería → biblioteca

Capítulo 5

5.1   **Actividad A**   1. cocinado   2. agregado   3. descrito   4. lavado   5. servido   6. preparado   7. devuelto 8. supuesto   9. contradicho   10. descubierto   11. frito   12. deshecho

Actividad B, Paso 1 (*Formas verbales*)   1. has preparado   2. has comprado   3. has encontrado   4. has visto   5. has tenido   6. has vuelto   7. has almorzado

Actividad C, Paso 1 (*Formas verbales*)   1. has solicitado   2. has visto   3. has hecho   4. has pasado   5. has practicado 6. has comido   7. has andado   8. has servido   **Paso 2** (*Formas verbales*)   1. habías solicitado   2. habías visto 3. habías hecho   4. habías pasado   5. habías practicado   6. habías comido   7. habías andado   8. habías servido

5.2   **Actividad A**   1. le, Fernando   2. le, Pedro   3. me (Raquel)   4. le, la familia puertorriqueña   5. le, nadie 6. les, sus hijos   7. le, Miguel   8. le, la Srta. Rodríguez   9. le, corazón   10. le, Lucía

Actividad B   1. El mesero les dio el menú.   2. También les explicó las especialidades del día.   3. Benito le pidió una botella de champán al mesero.   4. Verónica le preguntó al mesero sobre los platos franceses en el menú.   5. El mesero le(s) recomendó el lomo de cerdo con puré de papas.   6. Pero los dos pidieron bistec con champiñones y una ensalada verde.   7. Después, Benito le ofreció la mano a Verónica.   8. ¡Le regaló un anillo de compromiso a ella!   9. Para celebrar, el mesero les ofreció un postre gratis.   10. Benito y Verónica le prometieron al mesero regresar al restaurante el primer aniversario de su boda.

Así lo decimos...   **Actividad A, Paso 1** (*Formas del voseo*)   quedés; vivís, hacés, tenés; Decíme, comprendás; hayás; olvidés, sos; sepás, querés; Contestame   **Paso 2** (*Formas del tuteo*)   quedes; vives, haces, tienes; Dime, comprendas; hayas; olvides, eres; sepas, quieres; Contéstame

Actividad B   1. Ayer había muchas personas en el despacho para hablar de un caso importante.   2. En el escritorio de Lucía había muchos documentos importantes sobre La Gavia.   3. Cuando Lucía tenga que hablar sobre el caso Castillo, habrá presentes muchos abogados del gobierno.   4. Lucía se sorprendió mucho cuando supo que había un artículo en el periódico sobre la reclamación de La Gavia.   5. A Lucía le preocupa que no hay mucho tiempo para investigar el caso.   6. Afortunadamente para Lucía, no ha habido problemas con los otros casos que tiene.

Capítulo 6

6.1   **Actividad A, Paso 1**   1. F   2. F   3. C   4. F   5. C   6. F   7. F   **Paso 2** (*Respuestas a las preguntas*)   1. No, no se la contó.   2. No, no se lo reveló.   3. Sí, se las mostró.   4. No, no se la consiguió.   5. Sí, se la trajo.   6. No, no se la sacó.   7. No, no se lo dijo.

Actividad B (*Formas verbales*)   1. se la voy a preparar (voy a preparársela)   2. se la voy a contar (voy a contársela)   3. se la voy a escribir (voy a escribírsela)   4. se lo voy a hacer (voy a hacérselo)   5. se lo voy a enviar (voy a enviárselo)   6. se la voy a recomendar (voy a recomendársela)

Actividad C (*Formas verbales*)   1. te la puedo resumir (puedo resumírtela)   2. te los puedo dar (puedo dártelos)   3. te la puedo explicar (puedo explicártela)   4. te la puedo decir (puedo decírtela)   5. te la puedo enseñar (puedo enseñártela)

6.2   **Actividad A**   1. Tengo que seguir investigando cuál es la situación con respecto al primer hijo de don Fernando.   2. Después de hablar del caso, fuimos para ver las tumbas de los padres de Arturo.   3. Al día siguiente empezamos a buscar a Ángel en La Boca, una zona de Buenos Aires.   4. Entonces, vayan a buscarlo donde trabaja— en el barco.   5. Después de saber a lo que había venido Raquel, Arturo insistió en ayudar en la búsqueda de Ángel.

Así lo decimos...   **Actividad**   1. Se te cayeron.   2. Se te quedaron en casa.   3. Se me olvidó en casa.   4. Se te quemó.   5. Se me rompieron.

Capítulo 7

7.1   **Actividad A**   1. me despierto   2. quedarse   3. levantarse   4. ponerme   5. nos preparamos   6. se baña   7. se afeita   8. me pongo   9. me ducho   10. me maquillo   11. me visto

7.2   **Actividad A**   1. A José Miguel se le cayó la taza de café.   2. También se le quedaron los libros en casa.   3. A José Miguel se le olvidó de ir a la clase de informática.   4. Esta mañana se le acabó el tiempo para estudiar para el examen de filosofía.   5. En la universidad se le perdió la composición para la clase de inglés.   6. Por la noche se le rompieron dos floreros.

Actividad B, Paso 1   1. e   2. c   3. b   4. f   5. a   6. d, e   7. c   8. f, f   9. a   10. d

Capítulo 8

8.1   **Actividad A, Paso 1** (*Las respuestas pueden variarse*)   1. informal   2. formal   3. formal   4. formal   5. formal / informal   6. formal   7. formal   8. informal   9. informal   10. informal   **Paso 2** (*Las respuestas pueden variarse según las respuestas del Paso 1*)   1. Compra queso.   2. Explíqueme la lección.   3. Escuche con atención.   4. Pare en la próxima esquina.   5. Venga / Ven a la fiesta en mi casa.   6. Hágame un chequeo general.   7. Dígame lo que piensa de mi trabajo.   8. Ten cuidado con los forasteros.   9. Sal a bailar conmigo.   10. Sabe todas las formas verbales.
Paso 3   1. No compres queso.   2. No me explique la lección.   3. No escuche con atención.   4. No pare en la

próxima esquina.   5. No venga / No vengas a la fiesta en mi casa.   6. No me haga un chequeo general.   7. No me diga lo que piensa de mi trabajo   8. No tengas cuidado con los forasteros.   9. No salgas a bailar conmigo.   10. No sepas todas las formas verbales.

Actividad B, Paso 1   1. No, no cómalas tres veces a la semana.   2. Sí, hágalo todos los días.   3. Sí, tome una copa de vino de vez en cuando.   4. No, no fume más. (Fume menos. / No fume.)   5. No, no vaya a cenar a restaurantes todos los días.   6. No, no pida dos postres en los restaurantes.   7. Sí, sea menos impaciente e impulsivo/a.   8. No, no se acueste muy tarde todas las noches.   **Paso 2**   1. No, no cómanlas tres veces a la semana.   2. Sí, háganlo todos los días.   3. Sí, tomen una copa de vino de vez en cuando.   4. No, no fumen más. (Fumen menos. / No fumen.)   5. No, no vayan a cenar a restaurantes todos los días.   6. No, no pidan dos postres en los restaurantes. 7. Sí, sean menos impacientes e impulsivos.   8. No, no se acuesten muy tarde todas las noches.

8.2   **Actividad A**   **regresar:** regrese, regrese, regresemos, regresen; **recibir:** reciba, recibas, reciba, reciban; **prometer:** prometas, prometa, prometamos, prometan; **vender:** venda, vendas, vendamos, vendan; **morir:** muera, mueras, muera, muramos; **pensar:** piense, piense, pensemos, piensen; **poder:** pueda, puedas, pueda, puedan; **empacar:** empaques, empaque, empaquemos, empaquen; **jugar:** juegue, juegues, juegue, juguemos; **salir:** salga, salgas, salgamos, salgan; **haber:** haya, haya, hayamos, hayan; **decir:** diga, digas, diga, digamos; **estar:** esté, estés, esté, estén

Así lo decimos...   **Actividad**   1. ¡Báñense!   2. ¡Vístanse con gorra y abrigo!   3. ¡Cállense!   4. ¡Siéntense a estudiar!   5. ¡Acuéstense!

Capítulo 9

9.1   **Actividad D, Paso 1**   1. vayamos   2. ir   3. pasar   4. viajemos   5. dé   6. esté   7. es   8. está   9. tenga 10. pasemos

Así lo decimos...   **A. Actividad**   1. Lo siento, señora, pero no creo que haya más camisas como ésa en almacén. 2. Es posible que haya zapatos que hacen juego con esa falda.   3. Siento que no haya zapatos como ésos en su talla. 4. No creo que (Ud.) haya visto todos los colores que tenemos.   5. Me gustaría pagar al contado porque no creo que haya fondos suficientes en mi cuenta corriente.

Capítulo 10

10.1   **Actividad A, Paso 1**   1. indicativo (subjuntivo)   2. indicativo (subjuntivo)   3. indicativo   4. indicativo 5. subjuntivo   6. indicativo (subjuntivo)   7. indicativo   8. subjuntivo   9. indicativo   10. subjuntivo   11. subjuntivo 12. indicativo

10.2   **Actividad A**   1. rehacer   2. antifeminista (machista)   3. desagradable   4. superpoblación   5. bipolar 6. posterior   7. herbívoro   8. reorganizar   9. pseudónimo   10. comunismo (marxismo)

Actividad B   1. que tiene dos cuernos   2. primer modelo de su tipo   3. que suena igual, de igual pronunciación 4. que se enseña a sí mismo/a   5. establecido de antemano   6. acto de matar a un pueblo   7. miedo de los extranjeros

Capítulo 13

13.1   **Actividad A**   **conducir:** conducirás, conducirá, conduciremos, conducirán; **jugar:** jugaré, jugará, jugaremos, jugarán; **hacer:** haré, harás, haremos, harán; **posponer:** pospondré, pospondrás, pospondrá, pospondrán; **producir:** produciré, producirás, producirá, produciremos; **decir:** dirás, dirá, diremos, dirán; **satisfacer:** satisfaré, satisfará, satisfaremos, satisfarán; **conocer:** conoceré, conocerás, conoceremos, conocerán; **mantener:** mantendré, mantendrás, mantendrá, mantendrán; **saber:** sabré, sabrás, sabrá, sabremos

13.2   **Actividad A**   **conducir:** conducirías, conduciría, conduciríamos, conducirían; **jugar:** jugaría, jugaría, jugaríamos, jugarían; **hacer:** haría, harías, haríamos, harían; **posponer:** pospondría, pospondrías, pospondría, pospondrían; **producir:** produciría, producirías, produciría, produciríamos; **decir:** dirías, diría, diríamos, dirían; **satisfacer:** satisfaría, satisfaría, satisfaríamos, satisfarían; **conocer:** conocería, conocerías, conoceríamos, conocerían; **mantener:** mantendría, mantendrías, mantendría, mantendrían; **saber:** sabría, sabrías, sabría, sabríamos

Así lo decimos...   **Actividad**   1. harán   2. querrá   3. saldremos   4. vendrán   5. caerá   6. traerá   7. valdrá 8. tendrá

Capítulo 14

14.1 **Actividad A** **regresar:** regresaras, regresara, regresáramos, regresaran; **recibir:** recibiera, recibiera, recibiéramos, recibieran; **prometer:** prometiera, prometieras, prometiéramos, prometieran; **vender:** vendiera, vendieras, vendiera, vendieran; **morir:** muriera, murieras, muriera, muriéramos; **pensar:** pensaras, pensara, pensáramos, pensaran; **poder:** pudiera, pudiera, pudiéramos, pudieran; **creer:** creyera, creyeras, creyéramos, creyeran; **contraer:** contrajera, contrajeras, contrajera, contrajeran; **salir:** saliera, salieras, saliera, saliéramos; **haber:** hubieras, hubiera, hubiéramos, hubieran; **decir:** dijera, dijera, dijéramos, dijeran; **estar:** estuviera, estuvieras, estuviéramos, estuvieran

Actividad B, Paso 1 1. viéramos 2. tuviéramos 3. nos sentáramos 4. pasaron 5. saliera 6. pudiera 7. nos reunaramos 8. terminara 9. contaran

Capítulo 15

15.1 **Actividad, Paso 1** (*Posibilidades alternativas se encuentran entre paréntesis.*) Hace diez años, yo **era** (1) miembro de una organización de estudiantes cubanoamericanos en la Universidad de Miami. Además de divertirnos, también nos **dedicábamos** (2) a obras filantrópicas. Durante el año escolar **patrocinábamos** (3) muchas fiestas y siempre **donábamos** (4) todos los ingresos a organizaciones caritativas. Cada año **teníamos** (5) una fiesta para celebrar Halloween y el Día de los Muertos. Siempre **había** (6) dos conjuntos: una que **tocaba** (7) música salsa y otra de rock. También **planeábamos** (8) actividades para entretener a la gente.

Mi amigo José me **dijo** (**había dicho**) (9) que **había** (10) una bruja que **predecía** (11) el futuro leyendo las líneas de la mano. José **quería** (12) que yo **hablara** (13) con ella para ver lo que me **esperaba** (14) en el futuro. José bien **sabía** (15) que esas cosas siempre me **habían dado** (16) miedo. Aunque **estaba** (**estuve**) (17) nervioso, **entramos** (18) en la carpa y **vimos** (19) a la bruja a distancia. **Estaba** (20) vestida de negro. Nos **hizo** (21) un señal con la mano para indicarnos dónde nos **debíamos** (**debiéramos**) (22) sentar. Ella se **sentó** (23) detrás de una mesa donde **había** (24) una bola de cristal. La vieja me **cogió** (25) de la mano y **empezó** (26) a examinarla detenidamente a la luz de una vela. Me **dijo** (27) que mi vida **sería** (28) muy larga y que **tendría** (29) muchos hijos saludables. Además, me **dijo** (30) que mi futura esposa **era** (**sería**) (31) colombiana y que me **quería** (32) secretamente.

«Qué curioso», me **dije** (33) a mi mismo. La única persona que **conocía** (34) de Colombia **era...** (35) Y antes de terminar mi pensamiento, la bruja **dijo** (36): «Clemencia. Se llama Clemencia.» José se **levantó** (37) en seguida y **salió** (38) enojado de la carpa. ¿Por qué se **habría enfadado** (39)? Pues, así se **llamaba** (40) la novia colombiana de José.

Vocabulario español-inglés

The **Vocabulario español–inglés** contains all the words that appear in the text, with the following exceptions: (1) very close or exact cognates; (2) conjugated verb forms; (3) most diminutives ending in **-ito/a** and superlatives ending in **-ísimo/a;** (4) adverbs ending in **-mente,** if the root word is already listed or is a cognate. Only meanings that are used in the text are given.

Stem changes and spelling changes for verbs are indicated in parentheses when the verb is the main entry: **actuar (actúo), jugar (ue) (gu), requerir (ie, i).** Since the Real Academia of Spain no longer considers **ch** or **ll** to be single letters, words containing **ch** are alphabetized following the letter combination **ce,** and those containing **ll** follow the letters **li.**

The following abbreviations are used.

adj.	adjective	*Mex.*	Mexico
adv.	adverb	*n.*	noun
approx.	approximately	*neut.*	neutral
Arg.	Argentina	*obj. (of prep.)*	object (of a preposition)
C. Am.	Central America		
conj.	conjunction	*pers.*	personal
def. art.	definite article	*pl.*	plural
d.o.	direct object	*poss.*	possessive
f.	feminine	*p.p.*	past participle
fam.	familiar	*P.R.*	Puerto Rico
form.	formal	*prep.*	preposition
gram.	grammatical	*pron.*	pronoun
inf.	infinitive	*refl. pron.*	reflexive pronoun
interj.	interjection	*s.*	singular
inv.	invariable form	*Sp.*	Spain
i.o.	indirect object	*sub. pron.*	subject pronoun
irreg.	irregular	*U.S.*	United States
L.A.	Latin America	*v.*	verb
m.	masculine		

A

a to; at (*with time*); **a base de** on the basis of; **a cargo de** in charge of; **a causa de** because of, on account of; **a comienzos de** in the beginning of; **a continuación** below, immediately after, following; **a fin de mes** at the end of the month; **a fin de que** *conj.* so that, in order that; **a finales de** at the end of; **a la(s)...** at . . . (*hour*); **a la bartola** without a care in the world; **a la semana** a/per week; **a la vez** at the same time; **a lo largo de** throughout; **a su vez** at the same time; **a lo mejor** maybe; **a mediados de** in the middle of; **a menos que** *conj.* unless; **a menudo** often; **a partir de** starting from; **a pesar de** in spite of; **¿a qué hora?** at what time?; **a solas** alone, by oneself; **a tiempo** on time; **a través de** through, across; throughout; **a veces** at times, sometimes; **a ver** let's see, let's have a look; **a vísperas de** on the eve of

abajo: para abajo down
abandonar to abandon; to leave, go out
abanicarse (qu) to fan oneself
abanico fan
abarcar (qu) to embrace, encompass
abecedario alphabet
abierto/a (*p.p. of* **abrir**) open
ablandar to soften, melt (*heart*)
abogado/a lawyer
abrazado/a a clinging to
abrazarse (c) to hug (*each other*)
abrazo hug
abreviar to shorten; to cut short

abrigo coat

abril *m.* April

abrir (*p.p.* **abierto/a**) to open; **abrir paso a** to make way for

absoluto/a absolute; **en absoluto** not at all

abuelo/a grandfather/grandmother; **abuelos** *m. pl.* grandparents

abusar de to misuse, make bad use of

acá here; **por acá** around here

acabar to finish, complete; **acabar de** + *inf.* to have just (*done something*)

academia academy

académico/a academic

acariciar to take pleasure (*in something*)

acarrear to convey, carry

acaso perhaps; **por si acaso** just in case

accesorio accessory; fixture

accidente *m.* accident

acción *f.* action; act; **Día** (*m.*) **de Acción de Gracias** Thanksgiving

accionista *m., f.* shareholder, stockholder

acechar to lie in wait

aceite *m.* oil

aceituna olive

acento accent, stress; manner of speaking

acentuación *f.* accentuation

acentuado/a accented, stressed

acentuar (acentúo) to accentuate

aceptación *f.* acceptance

aceptar to accept

acerca de about, concerning

acercar (qu) to bring near; **acercarse (a)** to approach

acero steel

acertar (ie) to be correct, be right; **acertar a** + *inf.* to happen to (*do something*)

aclarar to clarify

acoger (j) to welcome

acogida *n.* welcome, reception

acomodado/a rich, well-to-do

acompañar to accompany, go with

acongojar to afflict, distress

aconsejable advisable

aconsejar to advise

acontecer (zc) to happen

acontecimiento event, incident

acordarse (ue) (de) to remember

acordeón *m.* accordion

acorrer to help, assist

acostar (ue) to put (*someone*) to bed; **acostarse** to go to bed

acostumbrar to be accustomed; **acostumbrar a** + *inf.* to be accustomed to, be in the habit of (*doing something*)

acrílico/a acrylic

actitud *f.* attitude

actividad *f.* activity

actor *m.* **actriz** *f.* (*pl.* **actrices**) /actor/actress

actuación *f.* performance

actual *n.* present, current

actualidad *f.*: **en la actualidad** at the present time

actuar (actúo) to act

acudir to help; to go; to present oneself

acuerdo: de acuerdo con in accordance with; **estar** (*irreg.*) **de acuerdo (con)** to agree (*with*); **ponerse** (*irreg.*) **de acuerdo** to agree

acumular to accumulate

adaptarse to adapt

adecuado/a adequate

adelantado/a: por adelantado in advance

adelantar to advance (*money*)

adelante *adv.*: **¡adelante!** *interj.* begin!, go ahead! **de aquí en adelante** from here on; **de hoy en adelante** from now on; **más adelante** farther on; **salir** (*irreg.*) **adelante** to get ahead

adelgazar (c) to lose weight

además furthermore, in addition; **además de** besides, in addition to

adentro (de) within, inside; **para adentro** inside

adherir (ie, i) to stick on, attach

adicción *f.* addiction

adición *f.* addition

adivinanza riddle, puzzle

adivinar to guess; to foretell, divine

adjetivo adjective; **adjetivo demostrativo** *gram.* demonstrative adjective

adjuntar to enclose, attach

adjunto/a a attached to, accompanying

administrador(a) administrator

admirador(a) *n.* admirer

admirar to admire

adonde where

¿adónde? (*to*) where?

adorno decoration

adquirir (ie) to acquire

adquisición *f.* acquisition

adrede on purpose, deliberately

adulto/a *n., adj.* adult

adverbio adverb

advertir (ie, i) to warn, advise

aéreo/a: apartado aéreo de correos post office box

aeropuerto airport

afán *m.* eagerness

afectar to affect

afeitarse to shave (*oneself*)

afición (*f.*) **a** taste for, fondness for, enthusiasm for

aficionado/a *n.* fan, admirer; **aficionado/a** (*adj.*) **a** fond of

aficionarse a to become fond of; to develop a liking for

afiebrado/a feverish

afilado/a sharp

afirmar to affirm, assert

afortunadamente fortunately

afrontar to face, confront

afueras *f. pl.* outskirts, suburbs

agachar to lower; **agacharse** to crouch, squat

agarrar to grab, take hold of

agencia de viajes travel agency

agente *m., f.* agent; **agente de bienes raíces** real estate agent

ágil agile, nimble

agiotista *m., f.* speculator

agobiante overwhelming

agobiar to overwhelm

agorafobia agoraphobia (*fear of open spaces*)

agosto August

agraciado/a graceful; good-looking

agradable pleasant

agradar to be pleasing

agradecer (zc) to thank

agradecido/a grateful, thankful

agradecimiento gratitude, thanks

agregar (gu) to add

agrícola *adj. m., f.* agricultural

agrupación *f.* group

agua *f.* (*but* **el agua**) water; **agua de lluvia** rainwater

aguacate *m.* avocado

aguantar to bear, endure; to tolerate; **aguantarse** to control oneself

aguardar to wait for

águila *f.* (*but* **el águila**) eagle

aguja needle

ahí there

ahogado/a drowned

ahora now; **ahora mismo** right now; **justo ahora** right now; **por ahora** for now

ahorcado/a hanged person; person condemned to be hanged

ahorcar (qu) to hang

ahorrar to save (*money, energy*)

aire *m.* air; **estar** (*irreg.*) **al aire libre** to be outdoors; **mercado al aire libre** outdoor market

aislado/a isolated

aislamiento isolation

ajeno/a foreign; strange, different

ajustarse to conform; to fit

al (*contraction of* **a** + **el**) to the; **al** + *inf.* upon, while, when (*doing something*); **al compás de** to the rhythm of; **al día** per day, daily; **al día siguiente** the next day; **al extranjero** abroad; **al fin y al cabo** after all, when all is said and done; **al final de** at the end of; **al lado de** next to; **al principio** at first; in the beginning; **al tanto** informed, up-to-date

alabado/a praised

alacrán *m.* scorpion

alambre *m.* wire

alarido scream, shout

albacea *n. m., f.* executor/executrix

alcanzar (c) to reach; to obtain, get, attain; **alcanzar** + *inf.* to manage to (*do something*)

alegar (gu) to allege; to state

alegórico/a allegorical

alegrarse (de) to be happy, be glad (about)

alegre happy

alejarse to withdraw, move away

alemán, alemana *adj.* German

Alemania Germany

alfabeto alphabet

alféizar *m.* windowsill

alfombra rug

alforja knapsack; saddlebag

algo something, anything

algodón *m.* cotton

alguien someone, anyone

algún, alguno/a some; any; **alguna vez** ever; **por alguna u otra razón** for some reason or another

alhaja jewel, gem

aliarse (me alío) to become allied

alimentación *f.* diet

alimenticio/a nutritional

alimento food

aliviar to ease, alleviate

allá there; **el más allá** the other world, life after death; **más allá de** beyond

allí there

alma *f.* (*but* **el alma**) soul; **sentir (i, ie) a par del alma** to feel (*something*) very deeply

almacén *m.* department store; warehouse; **en almacén** in stock

almendra almond

almohada pillow

almorzar (ue) (c) to have lunch

almuerzo *n.* lunch

alojamiento lodging

alojar to lodge, give accommodation to; **alojarse** to lodge, get lodged

alpaca alpaca (*mammal from Peru; wool of the alpaca*)

alquilar to rent

alrededor de *prep.* around; **alrededores** *n. m. pl.* outskirts

alto/a high, tall; **clase** (*f.*) **alta** upper class; **en lo alto de** at the top of; **en voz alta** out loud

altura elevation; pitch (*of sound*)

alumnado student body

alumno/a student

alzar (c) to raise, lift; **alzarse** to rise

ama (*f.* [*but* **el ama**]) **de casa** homemaker; housekeeper

amable kind, nice, friendly

amado/a *n.* beloved

amanecer (zc) to dawn

amante *m., f.* lover

amar to love

amarillo/a yellow

amarrar to tie

ambicioso/a ambitious

ambiental environmental

ambientalista *m., f.* environmentalist

ambiente *m.* atmosphere; **medio ambiente** environment

ámbito scope, extent

ambos/as *pl.* both

ambulante traveling

amenazante threatening

amenazar (c) to threaten

América America; **América del Norte** North America

americanizarse (c) to become "Americanized"

americano/a *n., adj.* American; **fútbol** (*m.*) **americano** football

amigable friendly

amigo/a friend; **mejor amigo/a** best friend

amistad *f.* friendship

amontonar to pile together

amor *m.* love

amoroso/a amorous

ampliamente widely

ampliar (amplío) to amplify, extend

amueblado/a furnished

análisis *m. inv.* analysis

analizar (c) to analyze

ancho/a full; **de ancho** wide

andaluz(a) (*m. pl.* **andaluces**) Andalusian

andar (*irreg.*) to walk; to go; **andar buscando** to be looking for; **andar en bicicleta** to ride a bicycle; **andar en la busca de alguien** to look for someone; **andar en mateo** to take a carriage ride; **andar en motocicleta** to ride a motorcycle

anécdota anecdote

anegado/a drowned

anestesiar to anesthetize

anglosajón, anglosajona *n., adj.* Anglo-Saxon

angustia anguish, anxiety

angustiado/a anguished, anxious

angustioso/a distressing, anguishing

anillo de compromiso engagement ring

animado/a: dibujos animados cartoons

animal *m.* animal; **animal doméstico** pet

animarse to cheer up

ánimo: ¡buen ánimo! be brave!

aniquilar to annihilate, wipe out

aniversario anniversary

anoche last night

anomalía anomaly

anónimo/a anonymous

anotar to write down

ansiedad *f.* anxiety

ansioso/a anxious

antaño long ago

ante before, in the presence of; with regard to

antemano: de antemano beforehand, in advance

antepasado ancestor

antepenúltimo/a antepenultimate (*second from the last*)

anteponerse (*like* **poner**) **a** to be placed in front of

anterior previous, preceding

antes *adv.* before, formerly; **antes de** *prep.* before; **antes (de) que** *conj.* before; **cuanto antes** as soon as possible; **lo antes posible** as soon as possible

anticipar to anticipate; to tell in advance

antigüedades *f. pl.* antiques

antiguo/a ancient, old; former

antipático/a disagreeable, unpleasant

antología anthology

anual *adj.* annual
anunciar to announce; to advertise
anuncio advertisement, notice; announcement; **anuncio comercial** advertisement
añadir to add
añejo/a old, long term
año year; **a los... años** at the age of . . . ; **a los pocos años** a few years later; **año escolar** school year; **Año Nuevo** New Year; **año pasado** last year; **cumplir... años** to reach the age of . . . ; **desde hace muchos años** for many years; **en los últimos años** in the last few years; **hace... años** . . . years ago; **los años ochenta** the eighties; **tener** (*irreg.*)**... años** to be . . . years old
apacentamiento grazing
apaciguar (gü) to pacify, calm, appease
aparador *m.* dresser
aparcero sharecropper
aparecer (zc) to appear
aparentemente apparently, seemingly
aparición *f.* apparition, ghost
apariencia appearance
apartado aéreo de correos post office box
apartado/a *adj.* remote
apartamento apartment
aparte *adj.* separate
apasionar to excite, fill with enthusiasm
apellido last name, surname
apelotonado/a curled up
apenas scarcely, barely, hardly
aperitivo appetizer
apetecer (zc) to crave
aplicado/a studious
aplicar (qu) to apply
apocalipsis *m. s.* apocalypse
apoderarse de to seize, take possession of
aportar to contribute, bring to
apoyar to lean; to hold up; to support, aid; to confirm; **apoyarse de** to be supported by
apreciar to appreciate
aprender to learn; **aprender a** + *inf.* to learn to (*do something*)
aprendizaje *n. m.* learning
apresurarse to hurry along
apretar (ie) to tighten
aprobar (ue) to ratify; to pass
apropiado/a appropriate

aprovechar to take advantage of
aproximadamente approximately
aproximarse to approach, come near
apto/a apt, fit, suitable
apuesta bet
apuntar to write down, make a note of; to indicate
apuntes *m. pl.* notes
apurado/a rushed, in a hurry
apuro difficulty, jam
aquel, aquella *adj.* that (*over there*); **aquél, aquélla** *pron.* that one (*over there*); **en aquel entonces** back then, at that time, in those days
aquello *pron. neut.* that, that thing, that fact
aquellos/as *adj.* those (*over there*); **aquéllos/as** *pron.* those (*ones*) (*over there*)
aquí here; **de aquí en adelante** from here on
árabe *n. m., f.* Arab; *n. m.* Arabic (*language*); *adj.* Arabic
aracnofobia arachnophobia (*fear of spiders*)
araña spider
árbol *m.* tree
archipiélago archipelago (*group of islands*)
archivar to file
archivo file
área *f.* (*but* **el área**) area
arena sand
argentino/a *n., adj.* Argentine, Argentinian
argumento argument; plot; theme
arma *f.* (*but* **el arma**) weapon
armada *n.* navy; armada
armado/a armed
armonía harmony
arqueológico/a archaeological
arqueólogo/a archaeologist
arquetipo archetype
arquitectónico/a architectural
arquitectura architecture
arraigado/a deeply rooted
arrancar (qu) to tear off; **arrancarse** to set off
arrastrar to drag; to sweep away
arrecife *m.* reef
arreglar to arrange; to fix; to fix up; to solve
arreglo *n.* straightening up
arrepentido/a regretful
arrepentir(se) (ie, i) de to regret
arriba *adv.* above; **para arriba** up; **por arriba** up high

arriesgado/a risky, dangerous
arriesgar (gu) to risk
arrimarse a to approach, come close to
arrojar to throw; to hurl
arroyo brook, stream
arroz *m.* rice
arruga wrinkle
arruinar to ruin
arte *m.* (*but* **las artes**) art
artesanía *s.* handicrafts, craftmanship
artículo article; **artículo definido** *gram.* definite article
artista *m., f.* artist
artístico/a artistic
artritis *f. s.* arthritis
arzobispo archbishop
ascendencia ancestry
ascendente *adj. m., f.* rising
ascender (ie) to advance
ascensor *m.* elevator (*Sp.*)
aseado/a clean
asegurado/a assured
asegurar to secure; to insure, guarantee
aseo hygiene
asesinar to assassinate
asesinato assassination; murder
asesino/a murderer; assassin
asesor(a) (*legal*) advisor
asesoramiento counsel, advice
así *adv.* so, thus; that way; therefore, consequently; **así como** as; **así que** *conj.* so, then
asiento seat
asimilación *f.* assimilation
asimilarse to become assimilated
asistente/a assistant
asistir a to attend
asociación *f.* association
asociado/a *n. m., f.* associate, partner
asociar to associate
asomarse a to lean out (*of a window*)
asombrado/a amazed
aspiración *f.* aspiration
aspirante *m., f.* candidate; applicant
aspirar to aspirate
asqueroso/a disgusting
asterisco asterisk
astrólogo/a astrologist
astronomía astronomy
astronómico/a astronomical
astrónomo/a astronomer
asumir to assume
asunto matter, issue
atacarse (qu) to attack each other
atado/a tied

ataque *m.* attack; **ataque al corazón** heart attack; **ataque cardíaco** heart attack
atención *f.* attention; **prestar atención** to pay attention
atestiguar (gü) a to attest to
atizar (c) to stir up
atlántico/a: Océano Atlántico Atlantic Ocean
atlético/a athletic
atletismo *s.* athletics
atmosférico/a atmospheric
atormentar to torment; to torture
atorrante *m., f.* loafer, bum
atracción *f.* attraction
atractivo/a attractive
atraer *like* **traer** to attract
atragantarse to choke
atrapar to catch (*a disease*)
atrás back, backward; behind
atreverse a to dare to
atrevido/a daring, bold
atribuir (y) to attribute
audición *f.* audition
auditor(a) auditor
auge *m.* popularity
aumentar to increase; **aumentar de peso** to gain weight
aumento increase; **aumento de sueldo** salary raise
aun *adv.* even
aún *adv.* still, yet
aunque although, even though
ausente absent
auténtico/a authentic
auto automobile, car
autobús *m.* bus
autoconfianza self-confidence
autóctono/a *adj.* native
autodeterminación *f.* self-determination
autodidáctico/a self-taught
autoestima self-esteem
automático/a: contestador (*m.*) **automático** answering machine
automovilístico/a *adj.* automobile
autónomo/a autonomous
autor(a) author
autoridad *f.* authority
autorretrato self-portrait
autosuficiente self-sufficient
auxilio aid
aval *m.* endorsement
avance *m.* advancement
avanzado/a advanced
avariento/a greedy
ave *f.* (*but* **el ave**) bird; **ave rapaz** bird of prey

avecinarse to approach
avenida avenue
aventura adventure
aventurero/a adventurous
avergonzado/a embarrassed
avergonzarse (gü) (c) to feel ashamed
averiguar (gü) to find out, ascertain
avión *m.* airplane; **por avión** by plane
aviso notice
ayer yesterday
ayuda help, assistance
ayudante *m., f.* assistant, aide
ayudar to help, assist; **ayudar a** + *inf.* to help (*do something*)
ayuntamiento city hall
azteca *n. m., f.; adj.* Aztec
Aztlán *legendary place of origin of the Aztecs*
azúcar *m.* sugar
azul blue

B

bailable danceable (*music*)
bailar to dance
bailarín, bailarina dancer
baile *m.* dance
bajar to go, come down; **bajar de peso** to lose weight
bajo *prep.* under
bajo/a *adj.* low; **en voz baja** in a low voice
balada ballad
balance *m.*: **hacer** (*irreg.*) **el balance de** to balance (*a checkbook*)
balancear to balance
balcón *m.* balcony
bambú *m.* bamboo
banco bank; bench
banda band, group
bandeja tray
bandera flag
banquete *m.* banquet
bañarse to take a bath
baño bathroom
barato/a cheap, inexpensive
barco boat, ship; **barco de carga** cargo ship
barrer to sweep
barrera barrier
barrio neighborhood
bartola: a la bartola without a care in the world
basado/a based
basarse en to be based on
base *f.* base; basis; **a base de** on the basis of

básico/a basic
bastante *adj.* enough; a great deal of; *adv.* rather, quite; a great deal
bastar to be enough
bastardilla: letra bastardilla italics
bastidor: entre bastidores behind the scenes
basura trash, garbage
batalla battle
baúl *m.* trunk
beber to drink
bebida drink, beverage
béisbol *m.* baseball
bélico/a bellicose, warlike
belleza beauty
bello/a beautiful
bendecir (*irreg.*) to bless
bendición *f.* blessing
beneficiar to benefit
beneficio *n.* benefit; profit, gain
beneficioso/a beneficial
besar to kiss
beso kiss
bestia beast
Biblia Bible
biblioteca library
bicentenario bicentenary
bicho bug, insect
bicicleta bicycle; **andar** (*irreg.*) **en bicicleta** to ride a bicycle
bicornio two-cornered hat
bien *adv.* well; **bien condimentado/a** well-seasoned; **bien cuidado/a** well cared for; **estar** (*irreg.*) **bien de salud** to be in good health; **llevarse bien con** to get along well with; **no caerle** (*irreg.*) **bien (a alguien)** not to like (*someone*); to make a bad impression on (*someone*); **no hay mal que por bien no venga** every cloud has a silver lining
bienaventuranza prosperity, happiness
bienes (*n. m. pl.*) **raíces** real estate; **agente** (*m.*) **de bienes raíces** real estate agent
bienestar *m.* well-being
bienvenido/a welcome
bilingüe bilingual
billetera wallet
biología biology
biombo screen
bistec *m.* steak
blanco/a white; **espacio en blanco** blank (*space*)
blanqueado/a whitewashed
blanquecino/a whitish

blusa blouse

bobo: hacerse (*irreg.*) **el bobo** to act the fool

boca mouth

boda wedding

bola ball

boleto ticket (*L.A.*)

boliche: jugar (ue) (gu) al boliche to bowl

boliviano/a *n., adj.* Bolivian

bolsa purse, bag; stock market

bolsillo pocket

bombardeo bombing

bombero, mujer bombero firefighter

bombilla *small tube for sipping maté out of a gourd* (*Arg.*)

bondad *f.* goodness; kindness

bonito/a pretty, attractive

boquera beak (*of a bird*)

bordado/a a mano embroidered by hand

Borinquen *f. aboriginal and poetic name of Puerto Rico*

borrar to erase

bosque *m.* forest

bota boot

botella bottle

brasileño/a *n.* Brazilian

brazo arm

breva early fig

breve brief; **en breve** in brief

bribón *n.* loafer, bum

brillante bright, shining, brilliant

brillar to burn

brincar (qu) to skip, jump

brindar to offer

brindis *m. s.* toast

brinquetear to frolic

británico/a *adj.* British

brocheta kebab

bromista *m., f.* joker

bronce *m.* brass (*instrument*)

bronquitis *f. s.* bronchitis

brotar to spill out

bruja witch

buen, bueno/a *adj.* good; **buen provecho** enjoy your meal; **buenos días** good morning; **hacer** (*irreg.*) **buen tiempo** to be nice weather; **bueno** *interj.* hello (*when answering the telephone*) (*Mex.*); **bueno** *adv.* well, all right; **sacar (qu) buenas notas** to get good grades

bufanda scarf

buhonero peddler

buitre *m.* vulture

burlador(a) Casanova, seducer

burlarse de to make fun of

busca *n.:* **andar** (*irreg.*) **en la busca de alguien** to look for someone; **en busca de** in search of

buscar (qu) to look for, seek; **andar** (*irreg.*) **buscando** to be looking for

búsqueda search, quest

busto bust, chest

buzón *m.* mailbox

C

cabal: a carta cabal totally, utterly

caballero knight

caballo horse

cabello hair

caber (*irreg.*) to fit; **(no) cabe duda** there is (no) doubt

cabeza head

cabezal *m.* small pillow

cabina (*telephone*) booth

cabo: al fin y al cabo after all, when all is said and done; **llevar a cabo** to carry out, perform

cabrón *m.* bastard

cacahuate (cacahuete) *m.* peanut

cada *inv.* each, every

cadena channel

caer (*irreg.*) to fall; **no caerle bien a (alguien)** not to like (*someone*); to make a bad impression on (*someone*)

café *m.* coffee

cafeína caffeine

cafetería cafeteria

caída *n.* fall

caja box; **caja de seguridad** safe deposit box

cajero/a cashier

cajetilla pack (of cigarettes)

calceta: hacer (*irreg.*) **calceta** to knit

calcularse to be calculated

calefacción *f.* heating

calendario calendar

calentano/a *type of Mexican music*

calidad *f.* quality

cálido/a warm, hot

caliente hot

calificación *f.* grade; evaluation

callar to be quiet

calle *f.* street

callejero/a *adj.* street

calmante *m.* sedative

calmarse to become calm, calm down

calor *m.* heat; **hacer** (*irreg.*) **calor** to be hot

cama bed; **guardar cama** to stay in bed

cámara chamber; board, council; camera; **cámara de comercio** Chamber of Commerce

cambiar (de) to change

cambio change; exchange; **en cambio** on the other hand

caminar to walk

camino street, road; way

camisa shirt

camisería shirt shop

camiseta T-shirt

campana bell

campanilla bellflower

campaña campaign

campeonato championship

campesino/a peasant

camping *m.:* **hacer** (*irreg.*) **camping** to go camping

campo field; countryside

canario *n.* canary; **Islas Canarias** Canary Islands

cáncer *m.* cancer

canceroso/a cancerous

canción *f.* song

candente important, burning

cansado/a tired

cansarse (de) to get tired (of)

cantábrico/a: Mar (*m.*) **Cantábrico** Bay of Biscay

cantante *m., f.* singer

cantar to sing

cantidad *f.* quantity

canto song

canturrear to hum, sing softly

caña small glass of beer (*Sp.*)

capaz (*pl.* **capaces**) capable, able

capilla chapel

capital *f.* capital (*city*); *m.* capital (*money*)

capítulo chapter

captar to capture

cara face; side (*of a coin*)

carabela caravel (*fast, light sailing ship*)

característica characteristic, feature

caracterizarse (c) to be characterized

carbohidrato carbohydrate

cárcel *f.* prison, jail

cardíaco/a: ataque (*m.*) **cardíaco** heart attack

carecer (zc) de to lack

careta mask

carga: barco de carga cargo ship

cargado/a de burdened, weighed down by

cargar (gu) to carry

cargo position, job; **a cargo de** in charge of

Caribe *n. m.* Caribbean
caricatura caricature
cariñoso/a affectionate
carismático/a charismatic
caritativo/a charitable
carne *f.* meat; flesh; **carne de res** beef
carnívoro/a carnivorous
caro/a expensive
carpa tent; carp (*fish*)
carpeta folder
carrera career, profession
carro car
carta letter
cartel *m.* poster; placard
cartera wallet
cartucho bag
casa house; **ama** (*f.* [*but* **el ama**]) **de casa** homemaker; housekeeper; **casa editorial** publishing house
casado/a married; **recién casado/a** newlywed
casar to marry; **casarse (con)** to get married (*to*)
cascarrabias *m., f. s.* grouch, ill-tempered person
casero/a homemade
casi almost
caso case; **en caso de (que)** in case; **no hacer** (*irreg.*) **caso de** to pay no attention (*to something*); **no hacerle caso (a alguien)** to ignore (someone)
castaño/a brown
castellano/a *n. m., f.* Castilian (*native of Castile, in Spain*); *n. m.* Castilian Spanish (*language*)
castigar (gu) to punish
casualidad *f.* coincidence; chance; **por casualidad** by chance
cataclísmico/a catastrophic
catalán *m.* Catalan (*language of Catalonia, in Spain*)
Cataluña Catalonia (*region of Spain*)
catarata waterfall
catarro *n.* cold
catedral *f.* cathedral
categoría category
católico/a *adj.* Catholic; **Reyes** (*m. pl.*) **Católicos** King Ferdinand and Queen Isabella
caudal *m.* fortune, wealth
causa cause; **a causa de** because of, on account of
causar to cause, be the cause of
caverna cave; cavern
cavilación *f.* pondering
cazador(a) hunter
cazar (c) to hunt

cazuela cooking pot
ceder to give up, hand over
celda (jail) cell
celebración *f.* celebration
celebrar to celebrate
celestial divine, heavenly
célibe *adj. m., f.* celibate
celoso/a jealous
celto/a *n. m., f.* Celt
célula cell (*biological*)
cementerio cemetery
cena dinner, supper
cenar to have dinner
censo census
censura censorship
centavo cent
centenar *m.* one hundred
centro center; downtown; **centro comercial** shopping center, mall
Centroamérica Central America
ceñir (i, i) to hem in, restrain
cepillo brush
cerca *adv.* near, nearby; **cerca de** *prep.* near
cercanía closeness, proximity
cercano/a *adj.* close
cerco siege
cerdo pig; **lomo de cerdo** pork loin
cero zero
cerrar (ie) to close
cerrojillo: con cerrojo y cerrojillo locked up tightly
cerrojo: con cerrojo y cerrojillo locked up tightly
certeza certainty
certificado de nacimiento birth certificate
cervecería bar
cerveza beer
chamaco/a kid, youngster (*Mex.*)
chamorro calf (*of leg*) (*Mex.*)
champán *m.* champagne
champiñón *m.* mushroom
chaperón, chaperona chaperone
charlar to chat; **estar** (*irreg.*) **de charla** to chat
cheque *m.* (*personal*) check
chequear to check
chequeo checkup, examination
chicle *n.* chewing gum
chico/a boy, girl; *pl.* boys, girls; **chicos** *m. pl.* children
chileno/a *adj.* Chilean
chino/a *adj.* Chinese; *n. m.* Chinese (*language*)
chistoso/a funny
chocho/a senile person
chochear to be senile

choclo ear of corn (*L.A.*)
ciego/a *n.* blind person
cielo sky; heaven
cien, ciento one hundred; **por ciento** percent
ciencia science; **ciencia ficción** science fiction; **ciencias económicas** economics
científico/a *n.* scientist; *adj.* pertaining to science
cierto/a true; certain; **por cierto** certainly; by the way
cifra figure, number
cigarrillo cigarette
cigarro cigar, cigarette
cima summit, top
cinco five
cincuenta fifty
cine *m.* cinema, movie theater
cinematográfico/a *adj.* cinematography
cinturón *m.* belt
ciprés *m.* cypress
circunferencia circumference
circunnavegar (gu) to circumnavigate, go around
circunstancia circumstance
cita date; appointment; quote
citar to quote, cite
citatorio summons
ciudad *f.* city
ciudadanía citizenship
ciudadano/a citizen
civilización *f.* civilization
claro/a *adj.* clear; light-colored; **claro (que)** *interj.* of course; **tener** (*irreg.*) **claro** to be clear (*about something*)
clase *f.* class; kind; **dar** (*irreg.*) **una clase** to teach a class
clásico/a *adj.* classical
clasificado/a classified
clasificar (qu) to classify
cláusula *gram.* clause
clave *n. f.; adj. inv.* key
clavo nail
cliente *m., f.* client
clientela clientele
clima *m.* climate
climático/a climatic
climatológico/a climatological
clonaje *m.* cloning
clónico/a *n., adj.* clone
cobarde *n. m., f.* coward; *adj.* cowardly
cobija cover, blanket
cobrar to charge (*money*)
coca coca (*shrub*); coca leaf

cocer (z) to cook
coche *m.* car
cocina kitchen
cocinar to cook
cocinero/a cook
codicia greed, covetousness
codicilo codicil (*attachment to a will*)
codo elbow
coexistir to coexist
coger (j) to grasp; to occupy; to pick
cognado cognate
coincidencia coincidence
coincidir to coincide; to agree
cola line (*of people*); **hacer** (*irreg.*) **cola** to stand in line
colchón *m.* mattress
colección *f.* collection
colectivamente collectively
colega *m., f.* colleague
colegio grade school, high school
colgante *adj.* hanging
colgar (ue) (gu) to hang
collar *m.* necklace; collar
colmo height, culmination
colocación *f.* placement
colocar (qu) to place, put
colombiano/a *n., adj.* Colombian
colonia colony
colonización *f.* colonization
colorado/a red
columna column
columpiar to swing
comal *m.* flat clay dish used for cooking tortillas (*Mex.*)
combinación *f.* combination
combinar to combine
comedia comedy; play
comedor *m.* dining room
comentar to comment (*on*); to discuss
comentario comment; commentary
comenzar (ie) (c) to begin; **comenzar a** + *inf.* to begin to (*do something*)
comer to eat; **comerse** to eat up
comercial commercial; **anuncio comercial** advertisement; **centro comercial** shopping center, mall
comerciante *m., f.* merchant, businessman/businesswoman
comercio trade, business, commerce; **cámara de comercio** Chamber of Commerce
comestible *m.*: **tienda de comestibles** grocery store
cometer to commit
cómico/a comical
comida food; meal

comienzo beginning; **a comienzos de** at the beginning of; **dar** (*irreg.*) **comienzo a** to begin, to mark the beginning of (*something*)
comité *m.* committee
como as (*a*); like; since; **como de costumbre** as usual; **tan... como** as . . . as; **tan pronto como** as soon as; **tan pronto como sea posible** as soon as possible; **tanto/a/os/as... como** as much/many . . . as
cómodo/a comfortable
compacto: disco compacto compact disc (CD)
compadecerse (zc) de to feel sorry for, pity
compañero/a companion; mate; **compañero/a de clase** classmate; **compañero/a de cuarto** roommate
compañía company
comparación *f.* comparison
comparar to compare
compartir to share
compás: al compás de to the rhythm of
compasión *f.* compassion
competencia competition
competidor(a) competitor
competir (i, i) to compete
complemento *gram.* object; **pronombre** (*m.*) **de complemento directo (indirecto)** direct (indirect) object pronoun
completar to complete
completo/a complete, full; **por completo** completely
complicado/a complicated
componer (*like* **poner**) to compose; **componerse** to fix; **componerse de** to be composed of, be made up of
comportamiento behavior
comportarse to behave
composición *f.* composition
compra purchase; **estar** (*irreg.*) **de compras** to be shopping; **hacer** (*irreg.*) **las compras** to shop; **ir** (*irreg.*) **de compras** to go shopping
comprar to buy
comprender to understand
comprensión *f.* comprehension, understanding
comprensivo/a understanding
comprobar (ue) to prove; to check

comprometido/a engaged (*to be married*); **comprometido/a con** committed to
compromiso: anillo de compromiso engagement ring
compuesto/a (*p.p. of* **componer**) compound; **compuesto/a de** composed of
compulsivo/a: obsesivo/a-compulsivo/a obsessive-compulsive
computadora computer
común common; **común y corriente** ordinary
comunicación *f.* communication
comunicar (qu) to communicate; **comunicarse (con)** to communicate (with); to get in touch (with), contact
comunicativo/a communicative
comunidad *f.* community
comunista *adj. m., f.* communist
con with; **con delicadeza** delicately; **con frecuencia** frequently; **¿con cuánta frecuencia?** how frequently?; **con respecto a** with respect to; **con tal (de) que** provided that
concebir (i, i) to conceive
conceder to grant, concede
concentración *f.* concentration
concentrado/a concentrated
concepto concept
conceptualización *f.* conceptualization
conceptualizado/a conceptualized
conciencia conscience
concierto concert
concluirse (y) to conclude
conclusión *f.* conclusion
concordancia agreement
concordar (ue) to agree
concreto concrete; **en concreto** specifically
concurso contest
condición *f.* condition
condicional *n. m. gram.* conditional (*tense*)
condimentado/a: bien condimentado/a well-seasoned
condón *m.* condom
conducir (*irreg.*) to drive
conducta behavior
conductor(a) driver
conector *m.* connector
conejo rabbit
confección *f.* manufacturing
conferencia conference

confesar (ie) to confess
confianza confidence, trust; **persona de confianza** trustworthy person
confiar (confío) en to trust in
confirmar to confirm
confitería candy shop, sweet shop
conflicto conflict
conformarse con to resign oneself to; to content oneself with
conforme *adj.* agreed
confrontar to confront
confundir to confuse
confusión *f.* confusion
congreso Congress
conjetura conjecture, supposition
conjugación *f.* conjugation
conjugar (gu) *gram.* to conjugate
conjunción *f. gram.* conjunction
conjunto group
conllevar to carry
conmemorar to commemorate
conmemorativo/a commemorative
conmigo with me
connotación *f.* connotation
Cono Sur Southern Cone (*of South America—Argentina, Chile, Paraguay, and Uruguay*)
conocedor(a) *adj.* expert, knowing
conocer (zc) to know, be acquainted with; to meet; **dar (irreg.) a conocer** to make known
conocimiento(s) knowledge
conquista conquest
conquistador(a) conqueror
conquistar to conquer
consecuencia consequence
conseguir (i, i) (g) to obtain, attain
consejero/a counselor, adviser
consejo piece of advice; *pl.* advice
consentir (ie, i) to consent to
conservación *f.* conservation
conservar to preserve
considerablemente considerably
considerar to consider; to think
consigo with himself, with herself, with it; with them
consiguiente: por consiguiente therefore
consistir en to consist of
consonante *f.* consonant (*letter*)
constante lasting
constar to be clear, be obvious; **constar de** to consist of, be composed of
consternado/a disturbed, dismayed
constitución *f.* constitution
constitucional constitutional
constituido/a established; composed

constituir (y) to constitute
construcción *f.* construction
construir (y) to construct, build, form
consuelo comfort
cónsul *m.* consul
consultar to consult; to look up (*in a dictionary*); to discuss
consultorio (*doctor's*) office
consumerismo consumerism
consumidor(a) consumer
consumo consumption
contabilidad *f.* accounting
contacto contact; **ponerse (irreg.) en contacto con** to get in touch with
contado/a: al contado cash; in cash
contaminación *f.* pollution; contamination
contar (ue) to tell; to count
contemplar to contemplate
contemporáneo/a contemporary
contener (like tener) to contain
contenido content, subject matter
contento/a happy, content
contestador (m.) automático answering machine
contestar to answer
contexto context
contigo *fam. s.* with you
contiguo/a adjacent
continente *m.* continent
contingencia contingency
contingente contingent
continuación *f.:* **a continuación** below, immediately after, following
continuar (continúo) to continue; **continuar de** + *inf.* to continue (*doing something*)
continuo/a continuous, prolonged
contra against; **en contra de** against
contracción *f.* contraction
contradecir (like decir) to contradict
contraer (like traer) to contract (*an illness*)
contrario: por el contrario on the contrary
contrastar to contrast
contraste *m.* contrast
contrastivo/a contrasting
contratar to hire
contrato contract
contribución *f.* contribution
contribuir (y) to contribute
controlar to control
controversia controversy
convencer (z) to convince
convención *f.* convention

conveniencia convenience, comfort
convenir (like venir) to be suitable; to be desirable; to be convenient
convento convent
conversación *f.* conversation
conversacional conversational
conversar to converse, talk
convertir (ie, i) to convert; to change; **convertirse en** to become; to change into; to convert into
cooperación *f.* cooperation
cooperar to cooperate
coordinar to coordinate
copa glass; cup
copia copy
coquetear to flirt
coquí *m. small tree frog indigenous to Puerto Rico*
corazón *m.* heart; core, center; **ataque (m.) al corazón** heart attack; **de todo corazón** with all one's heart, sincerely
cordialmente cordially
cordillera mountain range
coreografía choreography
coreógrafo/a choreographer
coro chorus
corona crown
corporal *adj.* bodily
corral *m.* yard; corral
corrección *f.* correction
correcto/a correct, right
corredor *m.* corridor
correo mail; post office; **apartado aéreo de correos** post office box; **correo electrónico** e-mail
correr to run; **correr el riesgo** to run the risk
correspondencia correspondence
corresponder to correspond, match
correspondiente corresponding
corretear to run around
corrida race, run; **corrida de toros** bullfight
corriente *n. f.* current; *adj.* common, ordinary; **común y corriente** ordinary; **cuenta corriente** checking account
cortar to cut up; to cut off; **cortar por lo sano** to settle the matter quickly and decisively
corte *f.* court
cortés, cortesa courteous
cortesía courtesy
corto/a brief, short (*in length*)
cosa thing; **cualquier cosa** anything; **todas las cosas** everything

cosecha harvest, crop
cosméticos *pl.* cosmetics
cosmopolita *adj. m., f.* cosmopolitan
costa coast
costar (ue) to cost; **costarle** + *inf.* to be hard to (*do something*); **cueste lo que cueste** whatever the cost
costarricense *n. m., f.* Costa Rican
costero/a coastal
costumbre *f.* custom, habit; **como de costumbre** as usual
cotidiano/a *adj.* daily
creación *f.* creation
creador(a) creator
crear to create
crecer (zc) to grow
crédito credit; **tarjeta de crédito** credit card
creencia belief
creer (y) to think, believe
cresta peak
criado/a servant; *f.* maid
criar (crío) to raise; **criarse** to grow up
crimen *m.* crime
crisis *f.* crisis
crisol *m.* melting pot
cristal *m.* crystal, glass; pane of glass
cristalería glassware, crystalware
cristianizar (c) to convert to Christianity
cristiano/a *n., adj.* Christian
criterio criterion
criticar (qu) to criticize
crítico/a *n.* critic
cromático/a chromatic
cronología chronology
cruz *f. (pl.* **cruces**): **Cruz Roja** Red Cross
cuaderno notebook
cuadro chart; painting; **cuadro de pelota** baseball diamond
cual *relative pron.* whom, which, what; **con el cual** with whom; **la razón por la cual** the reason why; **lo cual** which
¿cuál? which? what?; **¿cuál(es)?** which one(s)?
cualidad *f.* quality
cualquier *adj. inv.* (*when used before the noun*) whatever, whichever; any; **cualquier cosa** anything; **cualquier persona** anyone
cuando when; **cuando menos** at least; **de vez en cuando** sometimes
¿cuándo? when?

cuanto (*adv.*) **antes** as soon as possible; **cuanto más... más...** the more . . . the more . . . ; **en cuanto** as soon as; **en cuanto a...** as for . . . , as far as . . . is concerned
cuanto/a *adj.* how much, how many; **unos/as cuantos/as** several
¿cuánto/a? *adj.* how much?; **¿con cuánta frecuencia?** how frequently?; **¿cuántos/as?** how many?; **¿cuánto tiempo hace que... ?** how long has it been since . . . ?
cuarto *n.* (*bed*)room; quarter (*hour*); **compañero/a de cuarto** roommate
cuatro four
cubano/a *n., adj.* Cuban
cubanoamericano/a *n., adj.* Cuban-American
cubrir (*p.p.* **cubierto/a**) to cover
cueca popular Chilean dance
cuello neck
cuenta account; bill, check; **a fin de cuentas** after all, all things considered; **cuenta corriente** checking account; **cuenta electrónica** e-mail account; **darse** (*irreg.*) **cuenta (de)** to realize; **por su cuenta** on his/her/its/your (*form.*)/their own account; **tomar en cuenta** to take into account
cuentista *m., f.* storyteller
cuento short story
cuerno horn (*of an animal*)
cuero leather
cuerpo body
cuestión *f.* matter
cuestionar to question
cuestionario questionnaire
cueva cave
cuidado care; **¡cuidado!** *interj.* careful!; **tener** (*irreg.*) **cuidado** to be careful
cuidado/a: bien cuidado/a well cared for
cuidar to take care of
culinario/a culinary
culminar to culminate
culpa blame; **echar la culpa** to blame; **tener** (*irreg.*) **la culpa de** to be to blame for
culpable guilty
culpar to blame
cultivar to cultivate
cultivo cultivation
culto worship, cult

cultura culture
cumbre *adj. inv.* outstanding, important
cumpleaños *m. s.* birthday
cumplido/a completed
cumplir to carry out; **cumplir... años** to reach the age of . . .
cuna *m., f. people indigenous to Panama*
cundir to increase
cupón *m.* coupon; lottery ticket
cura *m.* priest
curación *f.* cure, recovery
curiosidad *f.* curiosity
curioso/a curious
currículum (*m.*) **vitae** résumé
cursivo/a: letra cursiva italics
curso course (*route*); course (*of study*)
curva curve
cuyo/a whose

D

dado/a *adj.* given; **dado que** *conj.* since
dama lady
dañino/a harmful, damaging
daño damage, harm
dar (*irreg.*) to give; **dar a conocer** to make known; **dar a luz** to give birth; **dar comienzo a** to begin, to mark the beginning of (*something*) **dar golpes** to knock (*at the door*); **dar gusto** to be pleasing; **dar énfasis a** to emphasize; **dar un paseo** to take a walk; **dar una clase** to teach a class; **darle miedo (a alguien)** to make (*someone*) afraid; **darle palique (a alguien)** to chitchat (*with someone*) **darse cuenta (de)** to realize; **darse la mano** to shake hands; **darse por vencido/a;** to give up; **no me da la gana** I don't feel like it
datar to date (*in time*)
dato(s) fact(s), information
de *prep.* of; from; **de al lado** next door; **de aquí en adelante** from here on; **de hecho** in fact; **de hoy en adelante** from now on; **de memoria** by heart; **de moda** in style, fashion; **de momento** for the moment; **de nuevo** again; **de pronto** suddenly; **de repente** suddenly; **de súbito** suddenly, unexpectedly; **de un lado para otro** from one side to the other;

de veras truly, really; **de verdad**
real; **de vez en cuando**
sometimes
debajo de underneath
deber *v.* should, ought to; to owe;
deber de + *inf.* must (*be doing
something*); **deberse a** to be due to
debido/a: debido a due to
débil weak
debilidad *f.* weakness
década decade
decano/a dean
decente decent
decidir to decide
decir (*irreg.*) to say, tell; **decir la
verdad** to tell the truth; **es decir**
that is to say; **querer** (*irreg.*) **decir**
to mean
decisión *f.* decision; **tomar una
decisión** to make a decision
declaración *f.* declaration
declarado/a declared
decoración *f.* decoration
decorar to decorate
decreto decree
dedicar (qu) to dedicate
dedillo: al dedillo thoroughly
deducir (*irreg.*) to deduce
defecto defect, fault
defender (ie) to defend; **defenderse**
to get by
defensor(a) defender
definición *f.* definition
definido/a definite; **artículo
definido** *gram.* definite article
definir to define
definitivamente definitely
definitivo/a final, definitive
deforme deformed
dejar to leave (*behind*); to let, allow;
to abandon; **dejar de** + *inf.* to
stop (*doing something*); **dejar en
paz** to leave alone; **dejar paso
libre** to leave the way clear
dejativo/a lazy, indolent
del (*contraction of* **de** + **el**) of the;
from the
delante de *prep.* in front of; **por
delante** *adv.* in front, ahead
delegado/a *n.* delegate,
representative
deletrear to spell
deletreo spelling
delgado/a thin
delicadeza: con delicadeza delicately
delicado/a delicate
demanda demand; **en demanda de**
in search of

demandar to demand
demás: los/las demás the rest, the
others, others, other people
demasiado/a *adj.* too much, too
many; **demasiado** *adv.* too, too
much
democrático/a democratic
demonio demon, devil; **qué
demonios** what the devil
demora delay
demostrar (ue) to demonstrate,
show
**demostrativo/a : adjetivo
demostrativo** *gram.*
demonstrative adjective;
pronombre (*m.*) **demostrativo**
gram. demonstrative pronoun
denominar to name
denso/a dense
dentista *m., f.* dentist
dentro *adv.* inside; **dentro de** *prep.*
inside, within
departamento department
dependencia dependency
depender de to depend on
dependiente/a *n.* clerk
dependiente *adj. m., f.* dependent
deporte *m.* sport; **practicar (qu)
deportes** to play sports
depositar to deposit
depósito deposit
deprimido/a depressed
derecha right (*side*); **por la derecha**
to the right
derechista *m., f.* right-winger
derecho law; right (*under the law*)
derivado *n.* derivative
derramarse to spill
derrocamiento overthrow
derrumbe *m.* collapse; cave-in
desaconsejar to dissuade
desafiante challenging
desafiar (desafío) to challenge
desafío *n.* challenge
desafortunadamente unfortunately
desagradable disagreeable,
unpleasant
desahogarse (gu) to alleviate,
relieve oneself; to relax
desaparecer (zc) to disappear
desarrapado/a ragged
desarrollar to develop
desarrollo development
desastre *m.* disaster
desatar to let loose
desayuno breakfast
descansar to rest
descanso rest; relaxation

descargar (gu) to unburden, ease
descendencia descent
descender to descend
descifrar to decipher
desconcertado/a disconcerted,
surprised
desconocerse (zc) to be unknown
desconocido/a *n.* stranger; *adj.*
unknown; unrecognizable
desconsolado/a dejected, miserable
describir (*p.p.* **descrito/a**) to
describe
descripción *f.* description
descriptivo/a descriptive
descubridor(a) discoverer
descubrimiento discovery
descubrir (*p.p.* **descubierto/a**) to
discover
desde *prep.* from; **desde hace
muchos años** for many years;
desde luego of course; **desde
muy joven** since he/she was
very young; **desde que** *conj.*
since
desdichado/a unfortunate
deseable desirable
desear to want, wish
desempeñar to play (*a role*); to
fulfill, carry out
desengañado/a disillusioned
deseo wish, desire
desesperación *f.* desperation
desesperado/a desperate
desesperar to lose hope
desfavorable unfavorable
desfile *m.* parade
desgracia disgrace; misfortune; **por
desgracia** unfortunately
deshacer (*like* **hacer**) to undo;
deshacerse to fall to pieces
deshecho/a (*p.p. of* **deshacer**)
undone; taken apart
designar to plan; to designate
desigual unequal
desigualdad *f.* inequality
desmoralización *f.* demoralization
desmoronar to crumble, break to
pieces
desnudo/a bare
desorden *m.* mess, confusion;
turmoil
despacho office
despectivo/a derogatory
despedida farewell
despedir (*like* **pedir**) to fire
(*an employee*); **despedirse (de)**
to say good-bye (to); to take
leave (of)

despertador *m.* alarm clock

despertar (ie) (*p.p.* **despierto/a**) to wake (*someone up*); **despertarse** to awaken, wake up

después *adv.* later, afterward; **después de** *prep.* after; **después (de) que** *conj.* after

destacar(se) (qu) to stand out

desterrar (ie) to exile

destinado/a destined

destinatario/a addressee

destino destination; destiny

destrozar (c) to destroy

destrucción *f.* destruction

destruir (y) to destroy

desventaja disadvantage

detalle *m.* detail

detener (*like* **tener**) to stop, detain

detenidamente carefully

determinación *f.* determination

determinado/a specific; determined

determinar to determine

detrás de *prep.* behind

deuda debt

devoción *f.* devotion

devolver (*like* **volver**) to return (*something*)

devorar to devour

devoto/a *n.* devotee

día *m.* day; **al día** per day, daily; **al día siguiente** the next day; **buenos días** good morning; **Día de Acción de Gracias** Thanksgiving; **Día de la Raza** Hispanic Awareness Day (October 12); **Día de los Muertos** Day of the Dead (November 2); **día feriado** holiday; **día festivo** holiday; **hoy (en) día** today, nowadays; **días de entresemana** weekdays; **todos los días** every day

diablo devil

dialecto *n.* dialect

diálogo dialogue

diario/a *adj.* daily; *n. m.* daily newspaper; diary, journal

dibujar to draw

dibujo drawing

diccionario dictionary

dicho *n.* saying

dicho/a (*p.p. of* **decir**) said

diciembre *m.* December

dictador(a) dictator

dictadura dictatorship

didáctico/a educational

dieciocho eighteen

diente *m.* tooth

dieta diet; **ir** (*irreg.*) **a dieta** to go on a diet

dietético/a dietary

diez ten

diferencia difference

diferenciar (de) to differentiate (*from*)

diferente different

diferir (ie, i) (de) to differ, be different (*from*)

difícil difficult

dificultad *f.* difficulty

dificultar to impede, make difficult

dificultoso/a difficult

difunto/a dead, deceased

digno/a worthy

dilema *m.* dilemma

diligencia job, task

diligente diligent

diluvio flood, deluge

dinámico/a dynamic

dinero money

diócesis *f.* diocese

dios(a) god / goddess; *m. s.* God; **¡Dios mío!** *interj.* my God!; **gracias a Dios** *interj.* thank God; **por Dios** *interj.* for heaven's sake

diplomático/a *n.* diplomat

diptongo diphthong

dirección *f.* address; direction

directo/a direct; **pronombre** (*m.*) **de complemento directo** direct object pronoun

director(a) director

dirigir (j) to direct, run; **dirigirse a** to address, speak to; to go to

disciplina discipline

disco record; **disco compacto** compact disc (CD)

discomano disc jockey

discoteca disco(theque)

discreto/a discreet

discusión *f.* argument; (*verbal*) fight

discutir to discuss; to argue

diseminarse to spread

diseñar to design

disfrutar de to enjoy

disgusto quarrel, disagreement

disipar to dispel

disminuir (y) to lessen

dispensar to grant

disponerse (*like* **poner**) **a** + *inf.* to get ready to (*do something*)

dispuesto/a a ready, willing to

disputa dispute

distancia distance; **a distancia** at a distance; **mantenerse** (*like* **tener**) **a distancia** to keep one's distance

distanciamiento distance

distante distant

distinguir (g) to distinguish

distinto/a distinct, different

distraer (*like* **traer**) to distract

distrito district

diversidad *f.* diversity

diversión *f.* pastime, recreation

diverso/a different; *pl.* various, several

divertido/a amusing, fun

divertirse (ie, i) to have a good time, have fun

dividir to divide

divisar to see, perceive

división *f.* division

divorciarse (de) to divorce, get divorced (*from*)

divorcio divorce

divulgado/a divulged, made known

doblaje *m.* dubbing (*movies*)

doble *n.* double

doce twelve

docena dozen

doctor(a) doctor

doctorado doctorate

documentación *f.* documentation

documental *m.* documentary

documento document, paper

dólar *m.* dollar

doler (ue) to hurt

dolor *m.* pain, ache

dolora *short, dramatic, philosophical poem*

doméstico/a domestic; **animal** (*m.*) **doméstico** pet; **tarea doméstica** household chore

domicilio residence

dominante dominant

dominar to dominate; to master; **dominarse** to control onseself

domingo Sunday

dominicano/a *n., adj.* Dominican; **República Dominicana** Dominican Republic

dominó *m. s.* dominoes

don *title of respect used with a man's first name; m.* talent, gift

donar to donate

donde where

¿dónde? where?; **¿de dónde?** from where?

doña *title of respect used with a woman's first name*

dormido/a asleep

dormir (ue, u) to sleep; **dormir la siesta** to take a nap; **dormirse** to fall asleep; **echarse a dormir** to lie down to sleep

dos two
doscientos/as two hundred
dosis *f., inv.* dose
dragón *m.* dragon
drama *m.* drama, play
dramático/a dramatic
dramatizar (c) to dramatize
drástico/a drastic
droga drug
ducharse to take a shower
duda doubt; **(no) cabe duda** there is (*no*) doubt; **sin duda** no doubt, without a doubt
dudar (de) to doubt
dudoso/a doubtful
duelo duel
dueño/a owner
dulce *adj.* sweet
dulces *n. m. pl.* sweets, candy
duplicar (qu) to duplicate; **duplicarse** to be doubled
duración *f.* duration
durante during; for (*period of time*)
durar to last
duro *n.* coin in some Hispanic countries; *adv.* hard
duro/a *adj.* hard

E

echar to throw (*out*); **echar a + inf.** to start to (*do something*); **echar a perder** to spoil; **echar de menos** to miss (*someone*); **echar la culpa** to blame; **echar una mirada a** to take a look at; **echarse a dormir** to lie down to sleep
ecológico/a ecological
economía economy
económico/a economic(al); **ciencias (*pl.*) económicas** economics
ecuatoriano/a *adj.* Ecuadorean
edad *f.* age; **tercera edad** old age
edición *f.* edition
edificio building
educación *f.* education
educar (qu) to educate
educativo/a educational
efectivo *n.*: **en efectivo** cash
efectivo/a *adj.* effective
efecto effect
efectuar (efectúo) to carry out, effect
eficaz (*pl.* **eficaces**) effective
egocéntrico/a egocentrical, self-centered
egoísta *m., f.* selfish, egotistical
ejemplar *m.* copy; sample
ejemplificar (qu) to exemplify

ejemplo example; **por ejemplo** for example
ejercer (z) to practice (*a profession*)
ejercicio exercise; **hacer (*irreg.*) ejercicio** to exercise
ejército army
el *def. art. m.* the
él *sub. pron.* he; *obj.* (*of prep.*) him
electo/a (*p.p. of* **elegir**) elected
electricidad *f.* electricity
electricista *m., f.* electrician
electrodoméstico household appliance
electrónico/a electronic; **correo electrónico** e-mail; **cuenta electrónica** e-mail account
elegante elegant
elegir (i, i) (j) to elect; to select, choose
elemento element
elevado/a elevated
elevador *m.* elevator (*L.A.*)
eliminación *f.* elimination
eliminar to eliminate
elíptico/a elliptical
ella *sub. pron.* she; *obj.* (*of prep.*) her
ello *pron. neut.* it
ellos/as *sub. pron.* they; *obj.* (*of prep.*) them
elogiar to praise
embajada embassy
embajador(a) ambassador
embarazada pregnant
embarcar (qu) to embark, board (*ship*)
embargo: sin embargo however, nevertheless
embellecido/a embellished, made beautiful
emborracharse to get drunk
embustero/a liar
emergencia emergency
emigrante *m., f.* emigrant
emigrar to emigrate
eminente eminent, outstanding
emisora (broadcasting) station; **emisora de radio** radio station
emoción *f.* emotion
emocional emotional
empacar (qu) to pack
empalidecer (zc) to pale
empedrado/a paved with stone
empeñar to pawn; **empeñarse en + inf.** to be bent on (*doing something*)
empeorar to become worse
emperador *m.* emperor
empezar (ie) (c) to begin
empleado/a employee
emplear to use

empleo job, occupation; employment
emprender to begin, undertake
empresa firm, company, business
empresario/a employer, contractor
empujar to push
en in, on, at; **en absoluto** not at all; **en aquel entonces** back then, at that time, in those days; **en busca de** in search of; **en cambio** on the other hand; **en contra de** against; **en cuanto** as soon as; **en cuanto a...** as for . . . , as far as . . . is concerned; **en el extranjero** abroad; **en este momento** right now, currently; **en fin** in short, after all; **en forma de** in the form of; **en general** generally, in general; **en la actualidad** at the present time; **en lugar de** instead of; **en realidad** actually, really; **en seguida** right away, immediately; **en vez de** instead of; **en vigencia** in effect, in force; **en voz alta** out loud; **en voz baja** in a low voice
enamorado/a *adj.* in love; **estar (*irreg.*) enamorado/a de** to be in love with
enamorarse (de) to fall in love (*with*)
encaje *m.* lace
encaminarse to make for, set out for (*a place*)
encantar to love; to like a great deal
encarcelado/a imprisoned
encargarse de to take charge of
encerrado/a shut in; **haber (*irreg.*) gato encerrado** to smell a rat
encerrar (ie) to shut in, lock up
encima de *prep.* on top of; **por encima** *adv.* overhead
encontrar (ue) to find; to meet; **encontrarse con** to meet with
encuentro meeting, encounter
encuesta poll, survey
encuestado/a person polled or surveyed
energía energy
enero January
enfadarse to get angry
énfasis *m.* emphasis; **dar (*irreg.*) énfasis a** to emphasize
enfatizar (c) to emphasize
enfermar(se) to get sick
enfermedad *f.* illness
enfermero/a nurse
enfocar (qu) en to focus on

enfrentar to face, confront; **enfrentarse con** to deal with, face (*a problem*)

enfrente de *prep.* in front of

engarzado/a set (*gemstone*)

engendrar to cause, produce, generate

engolfarse to be deeply involved

engordar to gain weight

enmarañado/a tangled up

enmarcado/a framed

enojado/a angry

enojarse to get angry

enorme enormous

enriquecer (zc) to enrich

ensalada salad

ensanchar to widen, broaden

enseñanza teaching

enseñar to teach; to show

ensueño dream

entender (ie) to understand

enterarse de to find out about

entero/a entire, whole

entonces then, at that time; **en aquel entonces** back then, at that time, in those days

entrada entrance; first course; admission ticket; **de entrada** to begin with

entrante next

entrar (en) to enter, go in

entre between, among; **entre bastidores** behind the scenes; **entre líneas** between the lines; **entre paréntesis** in parentheses;

entregar (gu) to hand over, hand in; **entregarse** to surrender; to give in

entremés *m.* appetizer

entremetido/a meddlesome, interfering

entrenado/a trained

entresemana: días (*m.*) **de entresemana** weekdays

entretener (like tener) to entertain

entrevista interview

entrevistar to interview

entristecerse (zc) to become sad

entusiasmado/a enthusiastic

enunciar to enunciate; to state

envergadura wingspan

enviar (envío) to send

envidia envy

envidiable enviable

envolver (like volver) to wrap

envuelto/a (*p.p. of* **envolver**) wrapped

enzarzarse (c) to become involved in difficulties

epidemiología epidemiology

episodio episode

época time, period, era

equilibrado/a balanced

equilibrio equilibrium, balance

equipo team; equipment

equivalencia equivalence

equivalente *n. m., adj.* equivalent

equivaler (like valer) a to be equal, be equivalent to

equivocado/a wrong, incorrect; **estar** (*irreg.*) **equivocado/a** to be mistaken

equivocarse (qu) to be mistaken

erguir (irreg.) to raise

errante wandering, rambling

erupción *f.* eruption

esbelto/a svelte

escalar to scale, climb

escalera stairs

escalón *m.* step

escama scale (*of a fish*)

escándalo scandal

escapar(se) to escape

escarapela badge

escasez *f.* (*pl.* **escaseces**) lack, shortage

escena scene

escenario setting; stage

escénico/a scenic

esclavo/a slave

escoger (j) to choose

escolar: año escolar school year

esconderse to hide

escopeta rifle, shotgun

escribir (*p.p.* **escrito/a**) to write; **escribir a máquina** to type

escrito/a (*p.p. of* **escribir**) written; **por escrito/a** in writing

escritor(a) writer

escritorio desk

escritura writing

escrúpulo scruple

escrupuloso/a scrupulous

escuchar to listen (to)

escuela school; **escuela primaria** elementary school; **escuela secundaria** high school

escultura sculpture

ese, esa *adj.* that; **ése, ésa** *pron.* that one

esencia essence

esencial essential

esforzarse (ue) (c) to strive, make an effort; **esforzarse por** + *inf.* to strive, make an effort to (*do something*)

esfuerzo effort

esmeralda emerald

eso *pron. neut.* that, that thing, that fact; **por eso** for that reason, that's why

esos/as *adj.* those; **ésos/as** *pron.* those (*ones*)

espacio space; **espacio en blanco** blank (space)

espada sword

espadaña cattail

espalda back

espantar to frighten, scare

España Spain

español(a) *n. m., f.* Spaniard; *n. m.* Spanish (*language*); *adj.* Spanish; **de habla española** Spanish-speaking

esparcir (z) to scatter, spread

espasmo spasm

especial special

especialidad *f.* specialty

especialista *m., f.* specialist

especializarse (c) en to specialize in, major in (*college*)

especialmente especially

especia spice

especie *f. s.* species

especificar (qu) to specify

específico/a specific

espectáculo show; spectacle

espectador(a) spectator

especular to speculate

esperanza hope

esperar to wait (for); to await; to hope; to expect

espiga ear (*of corn*)

espina thorn

espinacas *pl.* spinach

espíritu *m.* spirit

espiritualidad *f.* spirituality

espléndido/a splendid

esplendor *m.* splendor

esplendoroso/a resplendent, magnificent

espontáneo/a spontaneous

esposo/a husband/wife; spouse

esquiar (esquío) to ski

esquina corner (*of a street*)

estabilidad *f.* stability

estable *adj.* stable

establecer (zc) to establish; **establecerse** to establish oneself, get settled

establecimiento establishment

estación *f.* season (*of year*)

estadidad *f.* statehood

estado state; **Estados Unidos** United States

estadounidense *n. m., f.* United States citizen; *adj.* of or from the United States

estancia ranch, farm

estándar *adj.* standard

estante *m.* shelf

estantigua ghost

estar (*irreg.*) to be; to be located; **estar a punto de** + *inf.* to be at the point of (*doing something*); **estar al aire libre** to be outdoors; **estar bien de salud** to be in good health; **estar de acuerdo (con)** to agree (*with*); **estar de charla** to chat; **estar de compras** to be shopping; **estar de vacaciones** to be on vacation; **estar en juego** to be at stake; **estar en lo firme** to be sure; **estar en peligro** to be in danger; **estar enamorado/a de** to be in love with; **estar por** + *inf.* to be about to (*do something*)

estatus *m.* status

este/a *adj.* this; **éste/a** *pron.* this (*one*); **en este momento** right now, currently; **esta noche** tonight

estelar stellar

estereotipo stereotype

estigmatizar (c) to stigmatize

estilo style

estimado/a dear (*correspondence salutation*)

estimar to value; to estimate

estipulado/a stipulated

estirado/a stretched; drawn

esto *pron. neut.* this, this thing, this matter

estornudar to sneeze

estornudo sneeze

estos/as *adj.* these; **éstos/as** *pron.* these (*ones*)

estrangulado/a strangled

estrecho/a close, intimate (*relations*)

estrella star

estrenar to debut, perform for the first time

estrés *m.* stress

estricto/a strict

estructura structure

estudiante *m., f.* student

estudiantil *adj.* student, of a student

estudiar to study

estudio study

estupendamente stupendously

eterno/a eternal

etnicidad *f.* ethnicity

étnico/a ethnic

Europa Europe

europeo/a *n., adj.* European

evaluar (evalúo) to evaluate

evasión *f.* escape

evento event

eventualmente eventually

evidencia evidence

evidenciarse to be made evident, made clear; to be proven

evidente evident, clear

evitar to avoid

evolución *f.* evolution

evolucionar to evolve

exactitud *f.* accuracy, exactness

exacto/a exact

exagerado/a exaggerated

examen *m.* exam, test; examination (*medical*)

examinar to examine

exasperante exasperating

excavación *f.* excavation

exceder to exceed; to surpass

excelente excellent

excepción *f.* exception; **con excepción de** with the exception of

excepcional exceptional

excepto except

excesivo/a excessive

exceso excess

exclamar to exclaim

exclamativo/a exclamatory

excusa excuse

exigencia demand

exigir (j) to demand

exiliado/a exiled

existencia existence

existente existent

existir to exist

éxito success; **tener** (*irreg.*) **éxito** to be successful

exitoso/a successful

expansión *f.* expansion

expectativa expectation, hope

experiencia experience

experimentar to experience

experimento experiment

explicación *f.* explanation

explicar (qu) to explain

exploración *f.* exploration

explorador(a) explorer

explorar to explore

explotar to exploit

exportación *f.* exportation, export

exposición *f.* exhibition

expresar to express

expresión *f.* expression

expreso/a *adj.* express, exact

expropiar to expropriate

expuesto/a (*p.p. of* **exponer**) exposed; explained

expulsado/a expelled

expulsión *f.* expulsion; exile

exquisito/a exquisite

extender (ie) to extend

extensión *f.* extension, expanse; **por extensión** by extension

extenso/a extensive

externo/a external

extinguir (g) to extinguish, put out

extraer (*like* **traer**) to extract

extraescolar extracurricular

extranjero/a *n.* foreigner; *adj.* foreign; **en el extranjero** abroad

extrañar to miss, long for

extrañeza surprise

extraño/a strange

extremo *n.* extreme; end, limit

F

fábrica factory

fabricante *n. m., f.* manufacturer

fabricar (qu) to manufacture

fábula fable

fabuloso/a fabulous

fácil easy

facilidad *f.* facility, ease; **con facilidad** easily

facilitar to facilitate

factible feasible

facturación *f.* consignment of goods

facultad *f.* school, department (in a college)

faena task, job

faja belt

falda skirt

fallecer (zc) to die

fallecido/a dead

falso/a false

falta lack; **hacer** (*irreg.*) **falta** to be necessary; **hacerle falta a alguien** to need (*something*)

faltar to be missing, be lacking; to be absent

fama fame

familia family

familiar *n. m., f.* relative; *adj.* family; familiar, common

familiaridad *f.* familiarity

familiarizarse (c) to familiarize oneself

famoso/a famous

fanático/a fanatic

fantasía fantasy

fantasma *m.* ghost

fantástico/a fantastic; unreal

farmacéutico/a pharmacist

fascinante fascinating
fascinar to fascinate
fatal disastrous; **venirle** (*irreg.*) **fatal (a alguien)** to be really bad (*for someone*)
favor *m.* favor; **a favor de** in favor of; **por favor** please
favorecer (zc) to favor
favorito/a favorite
fe *f.* faith
febrero February
fecha date; **fecha tope** deadline
fechado/a dated
federación *f.* federation
femenino/a feminine
feminista *m., f.* feminist
fenicio/a *n.* Phoenician
fenomenal phenomenal
fenómeno phenomenon
feria fair
feriado/a: día (*m.*) **feriado** holiday
feroz (*pl.* **feroces**) ferocious
festín *m.* party, feast
festividad *f.* festivity
festivo/a: día (*m.*) **festivo** holiday
fibra fiber
ficción *f.* fiction; **ciencia ficción** science fiction
fiebre *f.* fever
fiel faithful
fiesta party; holiday; festival
figura figure
figurar to figure, appear
fijar to fix; **fijarse (en)** to pay attention (to), notice
fijo/a fixed; set
filantrópico/a philanthropic
filial branch office
Filipinas Philippines
filmación *f.* filming
filmar to film
filosofía philosophy
filósofo/a philosopher
filtrar to filter
filtro filter
fin *m.* end; aim, purpose; **a fin de cuentas** after all, all things considered; **a fin de mes** at the end of the month; **a fin de que** *conj.* so that, in order that; **al fin y al cabo** after all, when all is said and done; **en fin** in short; after all; **fin de semana** weekend; **por fin** at last, finally
finado/a deceased, dead person
final *n. m.* end; finale; *adj.* final; **a finales de/al final de** at the end of
financiar to finance

financiero/a financial
finanzas *pl.* finances
finca farm, ranch
fino/a fine; refined; thin, slender
firma *n.* firm, business; signature
firmar to sign
firme *adj.* firm; **estar** (*irreg.*) **en lo firme** to be sure
físico/a physical
flaco/a skinny
flamboyán *m. tree native to the Antilles*
flauta flute
flecha arrow
flexional *gram.* inflectional
flor *f.* flower; **flor de lis** fleur-de-lis
florero flower vase
flotar to float
fogón *m.* fire
folklórico/a folkloric
folleto brochure, pamphlet
fomentar to foster, encourage
fondo background; **telón** (*m.*) **de fondo** backdrop; *pl.* funds
forastero/a stranger, outsider
forma form; way, manner; **en forma de** in the form of; **mantenerse** (*like* **tener**) **en forma** to stay in shape
formación *f.* formation
formador maker, former
formar to form; **formar parte de** to be or form a part of
formato format
formulario form, application
foro forum
fortalecer (zc) to fortify, strengthen
fortaleza fortress
forzado/a forced
foto *f.* photo(graph); **sacar (qu) una foto** to take a photo(graph)
fotografía photography
fotógrafo/a photographer
fracturarse to fracture
fragmento fragment
fraile *m.* friar, monk
francés *n. m.* French (*language*)
francés, francesa *n.* Frenchman, Frenchwoman; *adj.* French
Francia France
frase *f.* phrase; sentence
fratricidio fratricide
fray *m.* Brother (*religion*)
frecuencia frequency; **¿con cuánta frecuencia?** how frequently?; **con frecuencia** frequently
frecuentar to frequent
frecuente frequent
freír (i, i) (*p.p.* **frito/a**) to fry

frenético/a frenetic
frente *n. f.* forehead; **en frente de** *prep.* in front of; **frente a** *prep.* opposite, facing
fresco/a fresh
frijol *m.* bean
frío *n. m.* cold; **hacer** (*irreg.*) **frío** to be cold (*weather*); **tener** (*irreg.*) **frío** to be cold
frío/a *adj.* cold
frisar en to border on, approach
frito/a (*p.p. of* **freír**) fried; **papas fritas** French fries (*L.A.*)
frontera border
frotarse to rub together
frustración *f.* frustration
frustrado/a frustrated
fruta fruit
fuego fire
fuente *f.* fountain
fuera de outside of
fuerte strong
fuerza strength; *pl.* strength; forces
fugarse (gu) to flee
fumar to smoke
función *f.* function; performance, show
funcionar to function, work
fundación *f.* foundation
fundar to found
furioso/a furious
fusil *m.* rifle, gun
fusión *f.* fusion; merging
fútbol *m.* soccer; **fútbol americano** football
futuro *n.* future
futuro/a *adj.* future

G

gabinete *m.* study, studio
gafas *pl.* (eye)glasses (*Sp.*)
galán *m.* elegant fellow
gallardo/a valiant; noble
gallego/a *n.* Galician
galope *m.:* **al galope** at a gallop
gana: no me da la gana I don't feel like it
ganadería cattle, livestock (*industry*)
ganado cattle, livestock
ganador(a) winner
ganar to win; to beat; to gain; to earn; to reach, arrive at; **ganar peso** to gain weight; **ganarse la vida** to earn one's living; **sentir (ie, i) ganas de** + *inf.* to feel like (*doing something*); **tener** (*irreg.*) **ganas de** + *inf.* to feel like (*doing something*)

ganga bargain

garantizar (c) to guarantee

garrafa carafe; bottle

gastador(a) *adj.* wasteful, extravagant

gastar to spend (*money*)

gastos *pl.* expenses

gastronomía gastronomy

gastronómico/a gastronomic

gato/a cat; **haber** (*irreg.*) **gato encerrado** to smell a rat

gaucho Argentine cowboy

gavilán *m.* sparrow hawk

gaviota seagull

generación *f.* generation

general *n. m., adj.* general; **en general** generally, in general; **por lo general** generally, in general; **por regla general** as a general rule

generalización *f.* generalization

género gender; genre

generoso/a generous

genético/a genetic

genial brilliant

genocida *n. m., f.* person guilty of acts of genocide

genovés, genovesa *n., adj.* Genoese

gente *f. s.* people

geográfico/a geographical

gerente *m.* manager

gerundio gerund

gigantesco/a gigantic

girar to draw (*a check*)

giro turn (*of phrase*)

girón *m.* small quantity of money

gitano/a *n., adj.* gypsy

glotón *m.* glutton

gobernador(a) governor

gobernar (ie) to govern

gobierno government

godo/a *n.* Goth

golfo gulf

golpe *m.* blow; **dar** (*irreg.*) **golpes** to knock (*at the door*)

golpear to hit, strike; to knock (*at the door*)

gordo/a fat; big; **premio gordo** grand prize

gorra cap

gorrión *m.* house sparrow

gozar (c) de to enjoy

grabación *f.* tape recording

grabar to record, tape; **grabárselo en la mente (a alguien)** to be etched in one's mind

gracias thank you; **Día** (*m.*) **de Acción de Gracias** Thanksgiving; **gracias a** thanks

to; **gracias a Dios** *interj.* thank God; **muchas gracias** many thanks, thank you very much

graduarse (me gradúo) to graduate

gráficamente graphically

gráfico *n.* graph; diagram

gramática grammar

gramatical grammatical

gran, grande large, big; great; **en gran parte** in large part, largely

granuja *m., f.* urchin, young rogue

grasa *n.* fat

grasoso/a fatty, greasy

gratis *inv.* free (*of charge*)

gratitud *f.* gratitude

gratuito/a free (*of charge*)

grave grave, serious

griego/a *n., adj.* Greek

gris gray

gritar to shout

griterío shouting

grosería vulgarity

grosero/a rude, vulgar

grueso thickness; bulk

gruñir (*p. p.* **gruñendo**) to grunt

gruñón, gruñona grouchy

grupo group

guajolote *m.* turkey (*Mex.*)

guante *m.* glove

guapo/a handsome; pretty

guarango type of thorny shrub (*L.A.*)

guaraní *n. m.* Guarani (*language*); *n. m., f., adj.* Guarani

guarda *m., f.* guard; guarding

guardabosque *m.* game warden; forest ranger

guardar to keep; to save; to have, hold; **guardar cama** to stay in bed

guatemalteco/a *adj.* Guatemalan

guerquito little blond boy

guerra war; **Segunda Guerra Mundial** Second World War

guerrillero guerrilla, warrior

guía *m., f.* guide

guión *m.* script

gustar to like; to be pleasing to

gusto taste; pleasure; like, preference; **dar** (*irreg.*) **gusto** to be pleasing

gustoso/a pleased; pleasing

H

haber (*irreg.*) to have (*auxiliary*); to be; **haber gato encerrado** to smell a rat; **no hay mal que por bien no venga** every cloud has a

silver lining; **va a haber** there's going to be

habilidad *f.* ability

habitación *f.* (bed)room

habitante *m., f.* inhabitant

hábito habit

habla *f.* (*but* **el habla**) speech; **de habla española** Spanish-speaking; **de habla hispana** Spanish-speaking; **de habla inglesa** English-speaking

hablador(a) *n.* chatterbox

hablante *m., f.* speaker

hablar to talk; to speak

hacendado/a landowner

hacer (*irreg.*) to do; to make; **¿cuánto tiempo hace que...?** how long has it been that . . . ?; **desde hace muchos años** for many years; **hace + *time*** (*time*) ago; **hace + *time* + que** for (*time*); **hacer (mucho) calor (frío, sol)** to be (*very*) hot (*cold, sunny*); **hacer buen tiempo** to be nice weather; **hacer calceta** to knit; **hacer cola** to stand in line; **hacer ejercicio** to exercise; **hacer el balance de** to balance (*a checkbook*); **hacer un papel** to play a role; **hacer falta** to be necessary; **hacer juego con** to match; **hacer las compras** to shop; **hacer las paces** to make up (*after a quarrel*); **hacer preguntas** to ask questions; **hacer regalos** to give gifts; **hacer señas** to signal, make signs; **hacer trampa** to cheat; **hacer turnos** to take turns; **hacer un *picnic*** to have a picnic; **hacerle falta a alguien** to need (*something*); **hacerse** to become; **hacerse una prueba** to take a test; **no hacer caso de** to pay no attention to (*something*); **no hacerle caso (a alguien)** to ignore (someone); **¿qué tiempo hace?** what's the weather like?

hacha *f.* (*but* **el hacha**) ax

hacia toward, in the direction of; **hacia un lado** to one side

hacienda estate, hacienda; finance

halagüeño/a pleasant, attractive

hallar to find

hambre *f.* (*but* **el hambre**) hunger; **tener** (*irreg.*) **hambre** to be hungry

hambreado/a famished; hungry

hamburguesa hamburger

harmónica harmonica

hasta *prep.* until; up to; **hasta el momento** up to now; **hasta mañana** see you tomorrow; **hasta pronto** see you soon; *adv.* even; **hasta que** *conj.* until

hay there is, there are

hebreo Hebrew (*language*)

hechicería spell, charm; witchcraft

hecho fact; **de hecho** in fact

hecho/a (*p.p. of* **hacer**) made, done

helado/a frozen

hembra female

hemisferio hemisphere

heredar to inherit

heredero/a heir, heiress

hereditario/a hereditary

herencia heritage; inheritance

herido/a *n., adj.* wounded

hermano/a brother/sister; **hermanos** *m. pl.* brothers and sisters; **medio/a hermano/a** half brother/half sister

hermoso/a beautiful

hervir (ie, i) to boil

hierba grass; herb

hijastro/a stepson/stepdaughter

hijo/a son/daughter; child; **hijos** *m. pl.* children

hipótesis *f. s.* hypothesis

hispánico/a *adj.* Hispanic

hispano/a *n., adj.* Hispanic; **de habla hispana** Spanish-speaking

hispanoafroamericano/a *n., adj.* American with Hispanic and African roots

hispanoamericano/a *n., adj.* Hispanic-American

hispanohablante *n. m., f.* Spanish speaker; *adj.* Spanish-speaking

historia history; story

historial *m.* history

histórico/a historic(al)

hogar *m.* home

hoja leaf; sheet (*of paper*)

hojear to leaf through

hola hello, hi

holandés, holandesa *adj.* Dutch

holgazanería laziness

hombre *m.* man

hombro shoulder

homófono/a homophonous

homogéneo/a homogenous, same, similar

homónimo homonym

hondureño/a *n., adj.* Honduran

honestidad *f.* honesty

honesto/a honest

honradamente honestly, honorably

honradez *f.* honesty, integrity

hora hour; time; **¿a qué hora?** at what time?; **horas de ocio** leisure time; **media hora** half an hour

horizonte *m.* horizon

hormigón *m.* concrete

hospedarse to lodge, stay

hoy today; **de hoy en adelante** from now on; **hoy (en) día** nowadays

huasteco/a *type of music from the north of Mexico*

huérfano/a orphan

hueso bone

huir (y) to flee, run away

humanidad *f.* humanity

humano/a *adj.* human; **ser** (*m.*) **humano** human being

humear to steam

humilde humble

humo smoke

humor *m.* humor; **sentido del humor** sense of humor

humorada *n. f.* little joke, witticism

humorístico/a humorous

huracán *m.* hurricane

I

Ibérico/a: Península Ibérica Iberian Peninsula (*Spain and Portugal*)

ibero/a *n.* Iberian

ideal *n. m., adj.* ideal

idéntico/a identical

identidad *f.* identity

identificar (qu) to identify

idioma *m.* language

idiomático/a idiomatic

iglesia church

ignorado/a ignored, unknown

ignorancia ignorance

igual equal; the same; **igual que** the same as; **por igual** the same

igualdad *f.* equality

igualmente likewise

ilusión *f.* illusion; hope

ilustre illustrious, distinguished

imagen *f.* image

imaginación *f.* imagination

imaginar(se) to imagine

imitar to imitate

impaciente impatient

impacto impact

imparcial impartial

impecable impeccable

impedir (i, i) to hinder

imperativo *gram.* imperative

imperfecto *gram.* imperfect (*tense*)

imperio empire

impertinente impertinent

implicación *f.* implication

implicar (qu) to imply, mean

imponer (*like* **poner**) to impose

importación *f.* import

importancia importance

importante important

importar to import; to be important, matter

imposible impossible

impracticable unfeasible

imprescindible essential

impresión *f.* impression

impresionante impressive; amazing

improvisto/a unexpected

impuesto *n.* tax

impulsar to drive, force

impulsivo/a impulsive

impulso impulse

inaugurar to inaugurate; to initiate

inca *n.; adj. m., f.* Inca

incáico/a *adj.* Incan

incansable tireless

incapaz (*pl.* **incapaces**) incapable

incertidumbre *f.* uncertainty

incidente *m.* incident

incierto/a uncertain

inclemente inclement, severe

inclinación *f.* inclination, tendency

incluir (y) to include

incluso *adv.* even; including

incomodar to bother

incontrolable uncontrollable

inconveniente *m.* disadvantage; difficulty

incorporar to incorporate; to add; **incorporarse a** to join

incorrecto/a incorrect

increíble incredible

incrementar to increase

indefinido/a indefinite, undefined

independencia independence

independiente independent

indetectable undetectable

indeterminado/a indefinite

indicación *f.* instruction; clue

indicar (qu) to indicate, point out

indicativo *gram.* indicative

indicio indication, sign

indiferente indifferent

indígena *n. m., f.* native; *adj.* indigenous, native

indio/a *n., adj.* Indian (*native*)

indirecto/a indirect; **pronombre** (*m.*) **de complemento indirecto** indirect object pronoun

individualidad *f.* individuality

individualista *m., f.* individualist

individuo *n.* individual

industria industry
industrial *n. m.* industrialist
industrialista *n. m., f.* industrialist
industrialización *f.* industrialization
inesperado/a unexpected
infancia infancy
infanticidio infanticide
infectado/a infected
infeliz (*pl.* **infelices**) unfortunate
inferir (ie, i) to infer, deduce
infinitivo *gram.* infinitive
infligir (j) to inflict
influencia influence
influir (y) (en) to influence
información *f.* information
informar to inform; **informarse a** to inquire, find out
informática computer science
informativo/a informative
informe *m.* report
infundir to instill, fill
infusión *f.* infusion
ingeniero/a engineer
ingenuo/a naïve
Inglaterra England
inglés *n. m.* English (*language*)
inglés, inglesa *adj.* English; **de habla inglesa** English-speaking
ingrato/a *n.* ungrateful person
ingrediente *m.* ingredient
ingreso income; *pl.* earnings
inhibidor *m.* inhibitor
iniciar to start, begin
inicio beginning
inmediato/a immediate; **de inmediato** immediately
inmenso/a immense
inmigración *f.* immigration
inmigrante *n. m., f.* immigrant
inminencia imminence
inminente imminent
inmortalizar (c) to immortalize
innecesario/a unnecessary
innegable undeniable
inocencia innocence
inolvidable unforgettable
inquietante disturbing
inquietarse to be disturbed, be worried
inquisición *f.* inquisition
insatisfecho/a unsatisfied
insecto insect
inseguridad *f.* uncertainty
insinuar (insinúo) to insinuate, hint at
insistir (en) to insist (*on*)
insólito/a unusual, strange
insolvencia insolvency

inspiración *f.* inspiration
inspirar to inspire
instalar to install, put in
instinto instinct
institucional institutional
instrumento instrument; **instrumento de viento** wind instrument (*musical*)
integrarse a to join
íntegro/a integral
intelectual *n., adj.* intellectual
inteligente intelligent
intención *f.* intention
intensidad *f.* intensity
intensificar (qu) to intensify
intenso/a intense
intentar to try, attempt
interacción *f.* interaction
intercambiable interchangeable
intercambiar to exchange
intercambio *n.* exchange
interceptar to intercept
interés *m.* interest
interesante interesting
interesar to interest, be of interest; **interesarse (en)** to be interested (*in*)
interescolar interscholastic
interferir (ie, i) to interfere
interlocutor(a) speaker
internacional international
interpretación *f.* interpretation
interpretar to interpret
intérprete *m., f.* interpreter
interrogación *f.* interrogation
interrogativo/a *gram.* interrogative
intervenir (*like* **venir**) to intervene
íntimo/a intimate; close
intriga intrigue
intrínseco/a intrinsic
introducción *f.* introduction
introducir (*like* **conducir**) to introduce, bring in
introspección *f.* introspection
intuición *f.* intuition
intuitivamente intuitively
inundación *f.* flood
invadir to invade
inválido/a *n., adj.* handicapped
invasión *f.* invasion
invencible invincible
inventar to invent
invernal *adj.* winter
inverosímil unlikely; unimaginable
inversión *f.* investment
inversionista *m., f.* investor
invertir (ie, i) to invest
investigación *f.* investigation

investigador(a) investigator
investigar (gu) to investigate
invierno winter
invitar to invite
invocar (qu) to call upon
involucrado/a involved
inyección *f.* injection; **poner** (*irreg.*) **una inyección** to give a shot, injection
inyectarse to inject
ionósfera ionosphere
ionosférico/a ionospheric
ir (*irreg.*) to go; **ir a** + *inf.* to be going to (*do something*); **ir de compras** to go shopping; **ir de mal en peor** to go from bad to worse; **ir de vacaciones** to go on vacation; **irse** to go away, leave (*for a place*); **va a haber** there's going to be
irónico/a ironic
irreconciliable irreconcilable
irregularidad *f.* irregularity
irremediable hopeless
isla island; **Islas Canarias** Canary Islands
islámico/a *adj.* Islamic
islote *m.* islet, small island
Italia Italy
italiano/a *adj.* Italian
izquierda *n.* left; **por la izquierda** to the left
izquierdista *adj. m., f.* leftist

J

jabalí *m.* (*pl.* **jabalíes**) wild boar
jaca pony
jamás never; **por siempre jamás** for ever and ever
Japón *m.* Japan
japonés, japonesa *adj.* Japanese
jardín *m.* garden
jarocho/a of Veracruz (*Mexico*)
jarra jug, pitcher
jaspe *m.* jasper, veined marble
jaula cage
jefe/a boss
jinete *m.* horseman
joven *n. m., f.* young person; *adj.* young
jubilarse to retire (*from the work force*)
judaico/a Jewish
judío/a *n.* Jewish person
juego game; gambling; **estar** (*irreg.*) **en juego** to be at stake; **hacer** (*irreg.*) **juego con** to match; **Juegos Olímpicos** Olympic Games

jueves *m. s.* Thursday; **nada del otro jueves** nothing extraordinary
jugador(a) player
jugar (ue) (gu) (a) to play (*a game or sport*)
juguete *m.* toy
juguetear to play, fiddle (*with something*)
juicio trial
julio July
jungla jungle
juntar to join
junto a *prep.* next to; **junto con** together with
juntos/as *adj.* together
justamente exactly, precisely
justicia justice
justificar (qu) to justify
justo/a just; fair; **justo ahora** right now
juvenil juvenile; youthful
juventud *f.* youth
juzgado *n.* court
juzgar (gu) to judge, pass judgment on

K

kilómetro kilometer

L

la *def. art. f.* the; **a la(s)...** at (*hour*); *d.o.* you (*form. s.*), her, it (*f.*)
labio lip
labrado/a carved, formed
lado side; **al lado de** next to; **de al lado** next door; **de un lado para otro** from one side to the other; **por otro lado** on the other hand
ladrar to bark
lagarto lizard
lágrima tear
lamentablemente unfortunately; sadly, regrettably
lamentar to lament, regret
langosta lobster
languidez *f.* languidness
lanzar (c) to throw, fling
lápiz *m.* (*pl.* **lápices**) pencil
largarse (gu) to leave
largo/a long; **a lo largo de** throughout
las *def. art. f. pl.* the; *d.o.* you (*form. f. pl.*), them (*f. pl.*); **las demás** the rest, the others, others, other people (*f.*)
lastimar to hurt
Latinoamérica Latin America
latinoamericano/a *n., adj.* Latin American

lavandería laundromat
lavar to wash
le *i.o.* to/for you (*form. s.*), him, her, it
lección *f.* lesson
leche *f.* milk
lector(a) reader
lectura reading
leer (y) to read
legado legacy, bequest
legalidad *f.* legality
legítimo/a legitimate
legua league (*distance*)
legumbre *f.* vegetable
leísmo *gram.* the use of **le** among some Spanish speakers as a direct object pronoun
lejanía distance
lejano/a *adj.* distant, remote
lejos *adv.* far (*away*); **a lo lejos** in the distance; **lejos de** *prep.* far from
lema *m.* motto, slogan
lengua language; tongue; **no tener (*irreg.*) pelos en la lengua** to be frank, speak freely; **trabársele (a alguien) la lengua** to get tongue-tied
lenguaje *m.* language
lentamente slowly
lente *m.* lens
les *i.o.* to/for you (*form. pl.*), them
lesión *f.* injury
letra letter (*of alphabet*); *pl.* liberal arts; **letra bastardilla** italics; **letra cursiva** italics
levantar to raise, lift; **levantarse** to get up
léxico *n.* lexicon, dictionary
léxico/a *adj.* lexical
ley *f.* law
leyenda legend
liberación *f.* liberation, freeing
liberar to free
libertad *f.* freedom
libertador(a) liberator
libre free; **estar (*irreg.*) al aire libre** to be outdoors; **dejar paso libre** to leave the way clear; **mercado al aire libre** outdoor market; **ratos** (*pl.*) **libres** free time
librería bookstore
libro book; **libro de texto** textbook
licencia license
licenciado/a *n.* lawyer; *adj.* licensed
líder *m.* leader
liebre *f.* hare
liga league
ligero/a light
limitar to limit

límite *m.* limit, boundary
limón *m.* lemon
limonero lemon tree
limosna alms, charity
limpiar to clean; **limpiarse** to wipe (off)
límpido/a clear
limpio/a clean
línea line; **entre líneas** between the lines; **ponerse (*irreg.*) en línea** to get in line
lingüístico/a linguistic
linterna lantern, flashlight
lista list
listo/a ready, prepared
literalmente literally
literario/a literary
literatura literature
llamada *n.* call
llamado/a named, called; so-called
llamar to call; **llamar a la puerta** to ring the doorbell; **llamarse** to be called, be named
llamativo/a flashy, attention-getting
llano *n.* plain, prairie
llanto crying, sobbing
llave *f.* key
llegada arrival
llegar (gu) to arrive; **llegar a + *inf.*** to manage to (*do something*); **llegar a ser** to become
llenar to fill in; to fill out
lleno/a full
llevar to take; to carry; to wear; to lead; to have spent (*time*); **llevar a cabo** to carry out, perform; **llevarse** to take away; **llevarse bien (con)** to get along well (with)
llorar to cry, weep
lloriquear to whimper, whine
llorona *n.* mourner, weeper
llover (ue) to rain
lluvia rain; **agua** (*f.* [*but* **el agua**]) **de lluvia** rainwater
lo *d.o.* you (*form. m. s.*), him, it (*m.*); **lo antes posible** as soon as possible; **lo cual** which; **lo más pronto posible** as soon as possible; **lo que** what, that which; **lo siento** I'm sorry; **por lo tanto** therefore
localización *f.* location
localizar (c) to locate
locamente madly
loco/a crazy
locutor(a) announcer
lógicamente logically

lograr to achieve, attain; **lograr +** *inf.* to manage to (*do something*)

lomo de cerdo pork loin

Londres *m.* London

los *def. art. m. pl.* the; *d.o.* you (*form. pl.*), them (*m.*); *pron.* those; **los demás** the rest, the others, others, other people

lotería lottery

lucero bright star

lucha fight; struggle; quarrel

luchar to fight

luego then, next; later; **desde luego** of course

lugar *m.* place; **en lugar de** instead of; **tener** (*irreg.*) **lugar** to take place

lujoso/a luxurious

luna moon

lunes *m. s.* Monday

luz *f.* (*pl.* **luces**) light; electricity; **a la luz de una vela** by candlelight; **dar** (*irreg.*) **a luz** to give birth

M

madera wood

madre *f.* mother

madrugar (gu) to get up early

maestro/a teacher; master; **obra maestra** masterpiece

magnífico/a magnificent

magullar to bruise

maíz *m.* corn

majestuoso/a majestic

mal *n. m.* evil

mal, malo/a *adj.* bad; *adv.* badly; **ir** (*irreg.*) **de mal en peor** to go from bad to worse; **mal templado/a** ill-tempered; **no hay mal que por bien no venga** every cloud has a silver lining; **venir** (*irreg.*) **de mal temple** to be in a bad mood

maldad *f.* evil act

malentendido misunderstanding

maleta suitcase

maletero trunk (*of car*)

malévolo/a *n.* malevolent, evil person

malgastar to waste

malversar to embezzle

mamarracho ridiculous figure

manchado/a stained

mandar to send

mandarín, mandarina Mandarin Chinese person

mandato command

¿mande? pardon me? what did you say? (*L.A.*)

mandón, mandona bossy

manejar to drive; to handle; to manage (*something*)

manejo handling, use

manera manner, way; **de todas maneras** in any case

manicurista *m., f.* manicurist

manifestarse (ie) to show, reveal oneself/itself

manipular to handle

mano *f.* hand; **a mano** by hand; **darse** (*irreg.*) **la mano** to shake hands

manojo handful, bunch

manta blanket

mantel *m.* tablecloth

mantener (*like* **tener**) to maintain; to keep; **mantenerse** to stay; **mantenerse a distancia** to keep one's distance

mantenimiento maintaining

manual *m.* workbook

mañana *n.* morning; *adv.* tomorrow; **hasta mañana** see you tomorrow; **pasado mañana** the day after tomorrow; **por la mañana** in the morning

mapa *m.* map

máquina machine; **escribir** (*p.p.* **escrito/a**) **a máquina** to type

mar *m., f.* sea; **Mar** (*m.*) **Mediterráneo** Mediterranean Sea

maratón *m.* marathon

maravilla wonder, marvel

maravilloso/a marvelous

marcar (qu) to mark

marcharse to go, leave

marco frame; setting, background

marea tide

marginado/a *n.* marginal person

marimba *type of African xylophone*

marinero/a sailor

marino/a *adj.* marine, sea

mariposa butterfly

marítimo/a maritime

mármol *m.* marble

marroquí *adj. m., f.* (*pl.* **marroquíes**) Moroccan

martes *m. s.* Tuesday

marxismo Marxism (*the following and study of Karl Marx*)

marzo March

más more; **el más allá** the other world, life after death; **lo más pronto posible** as soon as possible; **más allá de** beyond; **más... más...** the more . . . the more . . . ; **más o menos** more or less

masas *pl.* masses, people

masculino/a masculine

masivo/a massive

masticar (qu) to chew

matar to kill; **matar a tiros** to shoot dead

mate *m.* maté (*tea, plant*)

matemáticas *pl.* mathematics

mateo: andar (*irreg.*) **en mateo** to take a carriage ride

materia (school) subject

materno/a maternal

matricularse to enroll

matrimonio marriage

máximo/a *adj.* maximum

maya *n. m., f., adj.* Mayan

mayo May

mayor bigger; biggest; older; oldest; greater; greatest; main; **al por mayor** wholesale; **la mayor parte** the majority

mayoría majority

mayoritario/a *adj.* pertaining to the majority

mayormente mainly

me *d.o.* me; *i.o.* to/for me; *refl. pron.* myself

mediador(a) mediator

mediados: a mediados de in the middle of

mediante by means of

medias *pl.* stockings

medicina medicine

médico/a *n.* doctor; *adj.* medical

medida measure, step; **a medida que** *conj.* as, at the same time as

medio *n.* means; **por medio de** by means of; *adv.* half, partly

medio/a *adj.* half (a, an); average; **a media tarde** in mid-afternoon; **media hora** half an hour; **medio ambiente** environment; **medio/a hermano/a** half brother/half sister; **y media** thirty (*time*)

medioambiental environmental

mediodía *m.* noon

medir (i, i) to measure

meditación *f.* meditation

meditar to meditate

mediterráneo/a: Mar (*m.*) **Mediterráneo** Mediterranean Sea

mejilla cheek

mejor better; best; **a lo mejor** maybe

mejorar to improve; **mejorarse** to get better

melanólico/a melancholic, gloomy

melodioso/a melodious

memoria memory; **de memoria** by heart

memorizar (c) to memorize

mencionar to mention

mendicante *m., f.* beggar

menear to shake

menor least; **al por menor** retail

menos less; least; minus; except; **a menos que** *conj.* unless; **cuando menos** at least; **echar de menos** to miss (*someone*); **más o menos** more or less; **menos de** less than; **por lo menos** at least

mensaje *m.* message

mensual monthly

mente *f.* mind; **grabársele en la mente (a alguien)** to be etched in one's mind

mentir (ie, i) to lie

mentira lie

menú *m.* menu

menudo: a menudo often

mercado market

mercantil *adj.* commercial

merecer (zc) to deserve

merengue *m.* merengue (*national popular dance of the Dominican Republic and Haiti*)

merenguero/a merengue dancer or performer

mérito merit, worth

merluza hake (*fish*)

mero/a very, exact; mere, simple; **de mero arriba** right above, exactly above

mes *m.* month

mesa table

mesero/a waiter/waitress

mestizo/a *n.* mestizo (*person of mixed race*)

meta goal

metafórico/a metaphorical

metalurgia metallurgy

metalúrgico/a metallurgical

meteoro meteor

meter to put; **meterse** to meddle, intrude; to get into, enter

método method

metro meter

metropolitano/a metropolitan

mexicano/a *n., adj.* Mexican

mexicanismo Mexicanism

mexicoamericano/a *n., adj.* Mexican-American

mezcla mixture

mezclar to mix

mezquita mosque

mi(s) *poss.* my

mí *obj. (of prep.)* me; myself

miedo fear; **darle (irreg.) miedo (a alguien)** to frighten (someone); **tener (irreg.) miedo** to be afraid

miembro member

mientras while; **mientras que** while, whereas; **mientras tanto** meanwhile

miércoles *m. s.* Wednesday

miga crumb

migración *f.* migration

migratorio/a migratory

mil (one) thousand

milagro miracle

milagroso/a miraculous

milenio millennium

militar *adj.* military

milla mile

millón *n.* million

mimado/a spoiled, overindulged

miniencuesta minisurvey

mínimo *n.* minimum

miniserie *f.* miniseries

minoría minority

minoritario/a *adj.* pertaining to the minority

minuto minute

mío/a(s) *poss.* my; mine; of mine; **¡Dios mío!** *interj.* my God!

mirada gaze; **echar una mirada a** to take a look at

mirar to look (at); to watch

misa mass

miseria *coll.* very small amount of money

misil *m.* missile

misión *f.* mission

mismo/a same; **ahora mismo** right now; **sí mismo/a** himself, herself, itself

misterio mystery

misterioso/a mysterious

mitad *f.* half

mito myth

mixto/a mixed

mobiliario furniture

mocedad *f.* youth

mochica *native people in ancient Peru*

moda: de moda in style, fashion

modelar to mold, shape, form

modelo example

moderación *f.* moderation

modernista *adj. m., f.* modernist

moderno/a modern

modesto/a modest

modificar (qu) to modify

modismo idiomatic expression

modo way; *gram.* mood

mogote *m.* small mountain

mole *m. casserole dish prepared with meat and chili sauce (Mex.)*

moler (ue) to grind, pulverize; **piedra de moler** grindstone

molestar to bother, annoy

momento moment; **de momento** for the moment; **en este momento** right now, currently; **hasta el momento** up to now

monarca *m., f.* monarch

monarquía monarchy

moneda coin, currency

monje/a monk/nun

mono monkey

monólogo monologue

montaña mountain

montar to organize, mount (*battle*)

monte *m.* mountain, mount

montón *m.* heap, pile

moraleja *n.* moral

moralmente morally

moreno/a dark-skinned; dark-haired; brown; brunet

morir(se) (ue, u) (p.p. muerto/a) to die

morisco/a *adj.* Moorish

moro/a *n., adj.* Moslem, Moor

morral *m.* game bag

mosca fly

mostrar (ue) to show

motín *m.* riot

motivación *f.* motivation

motivar to cause, motivate

motivo motive

moto(cicleta) *f.* motorcycle; **andar (irreg.) en motocicleta** to ride a motorcycle

mover (ue) to move

movimiento movement

mozo/a young man/young lady

muchacho/a young boy/young girl

muchedumbre *n. f.* crowd

mucho *adv.* much, a lot

mucho/a *adj.* a lot of; *pl.* many; **muchas gracias** thank you very much; **muchas veces** often

mudarse to move (*from one residence or city to another*)

mudo/a silent

muebles *m. pl.* furniture

muerte *f.* death

muerto/a (*p.p. of morir*) dead; *n.* dead person; **Día (m.) de los Muertos** Day of the Dead (November 2); **tocar (qu) a muerto** to toll a death knell

muestra proof; sample

mugriento/a filthy
mujer *f.* woman; wife; **mujer soldado** female soldier
mujeriego philanderer, womanizer
multicelular multicellular
mundial *adj.* world, worldwide; **Segunda Guerra Mundial** Second World War
mundo world; **todo el mundo** everybody
muñeco doll
muralista *m., f.* muralist
murciélago bat (*animal*)
murmurar to murmur
muro wall
músculo muscle
musculoso/a muscular
museo museum
música music
músico *m., f.* musician
musulmán, musulmana *n., adj.* Moslem
mútuo/a mutual
muy very

N

nacer (zc) to be born
nacimiento: certificado de nacimiento birth certificate
nación *f.* nation
nacional national
nacionalidad *f.* nationality
nada *pron.* nothing, not anything; *adv.* not at all; **nada del otro jueves** nothing extraordinary; **para nada** not at all
nadar to swim
nadie no one
nahuatl *m.* Nahuatl (*language*)
napoleónico/a Napoleonic
naranjo orange tree
nariz *f.* nose
narrador(a) narrator
narrar to narrate, tell a story
nasca *n. m., f.; adj.* Nascan (*native people in Peru*)
natal *adj.* native
nativo/a *adj.* native
naturaleza nature
naturalista *m., f.* naturalist
naturalmente naturally
nave *f.* ship
Navidad *f.* Christmas
navideño/a *adj.* Christmas
necesario/a necessary
necesidad *f.* necessity
necesitar to need
negación *f.* negation, denial

negar (ie) (gu) to deny; **negarse a + inf.** to refuse to (*do something*)
negativo/a negative
negociable negotiable
negocio(s) business; **viaje** (*m.*) **de negocios** business trip
negro/a black
negruzco/a blackish, darkish
neoclasicismo neoclassicism
neologismo neologism
neomexicano/a *adj.* neo-Mexican
nervio nerve
nervioso/a nervous
neutro/a *gram.* neuter
ni neither, nor; not even; **ni... ni** neither . . . nor; **ni siquiera** not even
nicaragüense *n. m., f.* Nicaraguan
nieto/a grandson/granddaughter; **nietos** *m. pl.* grandchildren
nieve *f.* snow
ningún, ninguno/a *adj.* no, none, not any
ninguno/a *pron.* not one, not any
niñera babysitter
niñez *f.* (*pl.* **niñeces**) childhood
niño/a young boy/young girl; young child; **niños** *m. pl.* young children; **de niño/a** as a child
nivel *m.* level
no no; not; **¿no?** right?, don't they (you, etc.)?; **ya no** no longer
noche *f.* night, evening; **de la noche** at night, in the evening; **de noche** at night, by night; **esta noche** tonight; **pasar toda la noche en vela** to stay up all night; **por la noche** at night, in the evening
nombrar to name; to appoint
nombre *m.* (first) name; **en nombre de** in the name of; **¿le suena el nombre... ?** does the name . . . ring a bell?; **ponerle** (*irreg.*) **el nombre... (a alguien)** to give the name . . . (to someone)
nominal *adj. gram.* noun
nominar to nominate
norma norm; rule
noroeste *m.* northwest
norte *m.* north; **América del Norte** North America
norteamericano/a *adj.* North American; of or from the United States
norteño/a *adj.* northern
nos *d.o.* us; *i.o.* to/for us; *refl. pron.* ourselves

nosotros/as *sub. pron.* we; *obj.* (*of prep.*) us
nostalgia nostalgia; homesickness
nostálgico/a nostalgic; homesick
nota note; grade, mark (*in schoolwork*); **sacar (qu) buenas notas** to get good grades
notar to note, notice
noticia piece of news; *pl.* news
noticiero news (*program*)
novela novel
noventa ninety
novio/a boyfriend/girlfriend; bride/groom; fiancé(e)
nube *f.* cloud, haze
nuera daughter-in-law
nuestro/a(s) *poss.* our
nueve nine
nuevo/a new; **Año Nuevo** New Year; **de nuevo** again; **nuevo peso** *monetary unit of Mexico*
numeración *f.* numbering
número number; **número de teléfono** telephone number
numeroso/a numerous
nunca never, not ever; **nunca más** never again
nutrición *f.* nutrition

O

o or; **o... o** either . . . or
obedecer (zc) to obey
obispo bishop
objetividad *f.* objectivity
objetivo objective
objeto *gram.* object; **complemento de objeto directo (indirecto)** direct (indirect) object pronoun
obligación *f.* obligation
obligatorio/a obligatory
obra work (*of art, literature*); **obra de teatro** play, dramatic work; **obra maestra** masterpiece
obrero/a *n.* (manual) worker
obscuro/a obscure
obsequio gift, present
observación *f.* observation
observar to observe, notice
observatorio observatory
obsesión *f.* obsession
obsesionar to obsess; **obsesionarse por** to be obsessed with
obsesivo/a obsessive
obstáculo obstacle
obstinadamente obstinately
obtener (*like* **tener**) to obtain, get
obvio/a obvious
ocasión *f.* occasion

occidental western

océano ocean; **Océano Atlántico** Atlantic Ocean; **Océano Pacífico** Pacific Ocean

ochenta eighty

ocho eight

ocio: horas (*pl.*) **de ocio** leisure time

octubre *m.* October

ocultar to hide

oculto/a hidden

ocupación *f.* occupation (*by a foreign military force*)

ocupacional occupational

ocupado/a busy

ocupar to occupy

ocurrencia idea

ocurrir to happen, occur; **ocurrirse** to come to mind

odiar to hate

oeste *m.* west

oferta offer; **oferta de trabajo** job offer

oficial *adj.* official

oficina office

oficio occupation, job; function

ofrecer (zc) to offer

oír (*irreg.*) to hear; to listen

ojalá que I hope, wish that

ojo eye; **¡ojo!** *interj.* watch out!, be careful!

ola wave (*of the ocean*)

oleada wave, surge (*of people*)

oler (*irreg.*) to smell

olímpico/a: Juegos Olímpicos Olympic Games

olla cooking pot

olor *m.* smell, aroma

olvidar to forget; **olvidarse de** to forget (*about*)

omitir to omit

ómnibus *m.* omnibus, bus

omnipotente omnipotent, all-powerful

omnisapiente omniscient, all-knowing

omnisciente omniscient, all-knowing

omnívoro/a *adj.* omnivorous; *n. m.* omnivore

onza ounce

opción *f.* option

operar to operate; to operate on

operario/a *n.* operator, worker

opinar to think, have an opinion

opinión *f.* opinion

oponerse (*like* **poner**) **a** to oppose, be opposed to

oportunidad *f.* opportunity

oposición *f.* opposition

optar por to opt for, choose

opuesto/a *adj.* opposite

oración *f.* sentence

orador(a) orator, speaker

orden *m.* order (*chronological*); *f.* order (*command; religious group*); **por orden de** in order of

ordenar to put in order

orfanato orphanage

organismo organism

organización *f.* organization

organizar (c) to organize, arrange

orgullo pride

orgulloso/a proud

orientación *f.* orientation

orientado/a oriented, directed

orientarse to be oriented

oriente *m.* east; East

origen *m.* origin

originalidad *f.* originality

originalmente originally

originario/a (*adj.*) **de** native of

originarse to originate

orilla bank (*of a river*)

ornamento ornament

oro gold; **Siglo de Oro** Golden Age

orquesta orchestra

ortografía spelling

ortográfico/a *adj.* orthographical; spelling

os *d.o.* you (*fam. pl. Sp.*); *i.o.* to/for you (*fam. pl. Sp.*); *refl. pron.* yourselves (*fam. pl. Sp.*)

oscurecerse (zc) to become dark

oscuro/a dark

otoño fall, autumn

otorgar (gu) to grant, award

otro/a other, another; **de un lado para otro** from one side to the other; **nada del otro jueves** nothing extraordinary; **otra vez** again; **otro tanto** the same; **por otra parte** on the other hand; **por alguna u otra razón** for some reason or another; **por otro lado** on the other hand; **unos a los otros** each other

oveja female sheep

P

paciente *n. m., f.* patient

pacificado/a pacified

pacífico/a: Océano Pacífico Pacific Ocean

pacifista *adj. m., f.* pacifist

padecer (zc) de to suffer from

padrastro stepfather

padre *m.* father; priest; *pl.* parents

pagar (gu) to pay (*for*)

página page

pago pay, salary

país *m.* country, nation; **País Vasco** Basque region (*of Spain*)

paisaje *m.* landscape

paisano/a fellow countryman/woman (*person from the same country*)

pájaro bird; **a vista de pájaro** bird's-eye view

pajilla straw

palabra word

palacio palace

palique *m.*: **darle** (*irreg.*) **palique (a alguien)** to chitchat (with someone)

palma palm tree, palm; palm (*of hand*)

palo stick; wood

palpitar to beat, throb, quiver

pan *m.* bread

panameño/a *adj.* Panamanian

pandilla gang

pantalonería trouser making

pantalones *m. pl.* pants

pantorrilla calf (*of leg*)

pañuelo handkerchief

papa potato (*L.A.*); **papas fritas** French fries; **puré** (*m.*) **de papas** mashed potatoes

papá *m.* dad, father

papel *m.* paper; role; **hacer** (*irreg.*) **un papel** to play a role

papeleta slip, form

paquete *m.* package

par *m.* pair; **sentir (ie, i) a par del alma** to feel (*something*) very deeply

para *prep.* for, in order to; for, to; by (*a certain point in time*); toward, to; **de un lado para otro** from one side to the other; **para nada** not at all; **para que** *conj.* so that, in order that/for; **para siempre** forever

paracaidismo skydiving

paradero wherabouts

paraguayo/a *n., adj.* Paraguayan

paraíso paradise

parar(se) to stop

parcela plot (*of land*)

parcial: trabajo de tiempo parcial part-time job

parecer (zc) *v.* to seem, appear; **parecerse** to be similar; to resemble

parecer *n. m.*: **a su parecer** in his/her/their opinion
parecido/a *adj.* similar
pared *f.* wall
pareja couple; pair
paréntesis *m. s., pl.* parenthesis, parentheses; **entre paréntesis** in parentheses
pariente *m., f.* relative, family member
parque *m.* park
párrafo paragraph
parrilla grill
parte *f.* part; **en gran parte** in large part, largely; **formar parte de** to be or form a part of; **la mayor parte** the majority; **por otra parte** on the other hand; **por todas partes** everywhere
participante *m., f.* participant
participar to participate
participio *gram.* participle
partícula *gram.* particle
partida: punto de partida point of departure
partido game, match; (political) party
partir to depart, leave; **a partir de** starting from
pasado *n.* past
pasado/a *adj.* past, last (*in time*); **pasado mañana** the day after tomorrow
pasaje *m.* passage; ticket
pasar to happen; spend (*time*); to go; to go by; to pass; **pasar toda la noche en vela** to stay up all night; **pasarse** to wipe; to pass, go; **pase lo que pase** come what may; **¿qué pasa?** what's up?
pasatiempo hobby, pastime
pasear to exhibit, perform; **pasearse** to walk
paseo drive; avenue; **dar** (*irreg.*) **un paseo** to take a walk; **salir** (*irreg.*) **de paseo** to go out for a walk
pasillo corridor
pasión *f.* passion
pasivo/a passive
paso step; **paso** sketch, skit (*theater*); **abrir** (*p.p.* **abierto/a**) **paso a** to make way for; **dejar paso libre** to leave the way clear
patada stamp (*with the foot*)
patente *f.* patent
paternidad *f.* paternity

patria *n.* country
patrio/a *adj.* of one's country
patrocinador(a) sponsor, backer
patrocinar to sponsor; to patronize
patrón *m.* pattern, model
pausa pause
pavo turkey
paz *f.* (*pl.* **paces**) peace; **dejar en paz** to leave alone; **hacer** (*irreg.*) **las paces** to make up (*after a quarrel*)
pecar (qu) to sin
pecho chest; breast
pedagógico/a pedagogical, teaching
pedir (*i, i*) to ask for, order; **pedir perdón** to ask for forgiveness
pegar (gu) to hit, strike
peinado hairdo
pelaje *m.* hair
pelea fight
pelear(se) to fight
película movie; **película de terror** horror movie
peligro danger; **estar** (*irreg.*) **en peligro** to be in danger
peligroso/a dangerous
pelo hair; **no tener** (*irreg.*) **pelos en la lengua** to be frank, speak freely
pelota ball
peluquero/a hairdresser
pena: ¡qué pena! *interj.* what a pity!; **valer** (*irreg.*) **la pena** to be worth the trouble
pendiente *adj.* pending
penetrar to enter
península peninsula; **Península Ibérica** Iberian Peninsula (*Spain and Portugal*)
pensamiento thought
pensar (*ie*) to think; to intend to (*do something*); **pensar en** to think about
penúltimo/a penultimate (*next to last*)
peor *adv.* worse; worst; **ir** (*irreg.*) **de mal en peor** to go from bad to worse
pequeño/a small, little; younger
percibir to perceive
percusionista *m., f.* percussionist
perder (*ie*) to lose; **echar a perder** to spoil (*food*); **perderse** to get lost
pérdida loss
perdiz *f.* (*pl.* **perdices**) partridge
perdón *m.* pardon; *interj.* pardon me, excuse me; **pedir (i, i) perdón** to ask for forgiveness

perdonar to forgive, excuse; **perdona** *interj.* pardon me, excuse me
perecer (zc) to perish
peregrino/a *adj.* strange, odd
pereza laziness
perezoso/a lazy
perfeccionista *adj. m., f.* perfectionist
perfecto/a perfect
perífrasis *f. inv. gram.* periphrasis
perifrástico/a periphrastic, circumlocutory
periódico newspaper
periodismo journalism
periodista *m., f.* journalist
período period (*of time*)
perjudicar (qu) to harm
perjudicial harmful
perla pearl
permanecer (zc) to stay, remain
permanencia continuance
permiso permission
permitir to permit, allow
pero *conj.* but
perplejo/a perplexed, puzzled
perro dog
perseguir (*like* **seguir**) to pursue
perseverar to persevere
persistir to persist
persona person; **cualquier persona** anyone; **persona de confianza** trustworthy person
personaje *m.* character
personalidad *f.* personality
personalmente personally
perspectiva perspective
persuadir to persuade
pertenecer (zc) a to belong to
pertenencia property, possession
pertinente pertinent
perturbar to disturb, upset
Perú *m.* Peru
peruano/a *n., adj.* Peruvian
pesar *v.* to weigh
pesar *n. m.*: **a pesar de** in spite of
pescadero/a fishseller
pescado (*caught*) fish
pescador(a) fisherman/fisherwoman
pescar (qu) to fish
peseta *monetary unit of Spain*
pesimista *adj. m., f.* pessimistic
peso weight; **aumentar de peso** to gain weight; **bajar de peso** to lose weight; **ganar peso** to gain weight; **nuevo peso** *monetary unit of Mexico*
peste *f.* epidemic disease
petición *f.* petition, request

risa laughter
risueño/a smiling
rítmico/a rhythmic
ritmo rhythm
rito rite
rivalidad *f.* rivalry
robar to rob
roca rock
rodear to surround
rodeo: sin rodeos frankly
rogar (ue) (gu) to ask, request
rojo/a red; **Cruz** (*f.*) **Roja** Red Cross
rollo roll
romance *m.* romance, ballad
romancero/a writer of romances and ballads
romano/a *n.* Roman
romántico/a romantic
romper (*p.p.* **roto/a**) to break
ron *m.* rum
rondar to haunt
ropa clothing
rosa *n.* rose
rosado/a pink
rosal *m.* rosebush
rostro face
roto/a (*p.p of* **romper**) broken
rubí *m.* (*pl.* **rubíes**) ruby
rubio/a blond
rueda wheel
ruido noise
ruina ruin
rupestre *adj.* cave
ruta route
rutina routine

S

sábado Saturday
sábana sheet (*bed*)
sabandija bug, insect
sabelotodo *m., f.* know-it-all
saber (*irreg.*) to know (*information*); **saber** + *inf.* to know how to (*do something*); **que yo sepa** as far as I know
sacar (qu) to take out; to get, receive; **sacar buenas notas** to get good grades; **sacar un vídeo** to rent a video; **sacar una foto** to take a photo(graph)
sacrificar (qu) to sacrifice
sacudirse to shake off; to dust
sagrado/a sacred
sal *f.* salt
sala living room
salario salary
salir (*irreg.*) **(de)** to leave (*a place*), go out; to come out; **salir**

adelante to get ahead; **salir con** to go out with (*on a date*); **salir de paseo** to go out for a walk
salón *m.* living room
salsa sauce; salsa (*music*)
saltar to jump, leap; to gush
salto leap
salubre healthful
salud *f.* health; **estar** (*irreg.*) **bien de salud** to be in good health
saludable healthy, healthful
saludar to greet
saludo greeting
salvadoreño/a *n., adj.* Salvadoran
salvar to save; to rescue
salvo except
san, santo/a saint; holy
sangre *f.* blood
sano/a healthy; **cortar por lo sano** to settle the matter quickly and decisively
santiamén *m.*: **en un santiamén** in a jiffy
sartén *f.* frying pan
sátira satire
satírico/a satirical
satisfacción *f.* satisfaction
satisfacer (*like* **hacer**) to satisfy
satisfecho/a (*p.p. of* **satisfacer**) satisfied
se (*impersonal*) one; *refl. pron.* yourself (*form. s.*), himself, herself, yourselves (*form. pl.*), themselves
sección *f.* section
secretamente secretly
secretario/a secretary
secreto *n.* secret
secuencia sequence
secundario/a: escuela secundaria high school
seda silk
sede *f.* headquarters
sefardí *adj. m., f.* (*pl.* **sefardíes**) Sephardic
seguida: en seguida right away, immediately
seguido *adv.* continuously; uninterruptedly
seguir (i, i) (g) to follow; to continue; to keep on; to continue to be; **seguir** + *gerund* to keep, continue (*doing something*)
según according to
segundo/a second; **Segunda Guerra Mundial** Second World War
seguridad *f.* security; **caja de seguridad** safe deposit box

seguro *n.* insurance; **seguro social** social security
seguro/a *adj.* sure, certain; safe; **seguro que** of course, certainly
seis six
selección *f.* selection
semana week; **a la semana** a week; **fin** (*m.*) **de semana** weekend; **la semana que viene** next week
semántico/a semantic
semejante similar
semestre *m.* semester
semicálido/a semihot
semicocido/a half-cooked
semilla seed
seminario seminar
senador(a) senator
sencillo/a simple; sole
sendero path
sensación *f.* feeling
sensacionalismo sensationalism
sensacionalista *adj. m., f.* sensationalist
sensibilidad *f.* sensitivity
sensorial sensory
sentado/a seated
sentarse (ie) to sit, sit down
sentencia sentence (*in court*)
sentido meaning, sense; sensation; **sentido del humor** sense of humor
sentimiento feeling
sentir (ie, i) to feel; to regret; to be sorry; **lo siento** I'm sorry; **sentir a par del alma** to feel (*something*) very deeply; **sentir ganas de** + *inf.* to feel like (*doing something*); **sentirse** to feel
seña: hacer (*irreg.*) **señas** to signal, make signs
señal *f.* sign; signal
señalar to point out; to indicate
señor (Sr.) *m.* Mr., sir; gentleman, man
señora (Sra.) Mrs., ma'am; lady, woman
señorita (Srta.) Miss; young lady
señorito Master; young gentleman
separación *f.* separation
separar to separate
sequía drought
ser *v.* (*irreg.*) to be; **a no ser que** *conj.* unless; **es decir** that is to say; **llegar (gu) a ser** to become; **o sea** that is; **sea como sea** whatever the case
ser *n. m.* being; **ser humano** human being; **ser querido** loved one
serenata serenade

serie f. series

serio/a serious; **tomar en serio** to take seriously

servicio service

servidor(a) servant; employee

servilleta napkin

servir (i, i) to serve; to be useful, be good, be suitable; **servir de/como** to serve as

sesenta sixty

setentón, setentona adj. septuagenarian

Sevilla Seville

sevillano/a n. Sevillian (of or from Seville)

sexista adj. m., f. sexist

sexo sex

si if

sí interj. yes

sí mismo/a himself, herself, oneself, itself

SIDA m. AIDS

siderúrgico/a adj. siderurgical, of iron and steel

siempre always; **para siempre** forever; **por siempre jamás** for ever and ever

siesta nap; **dormir (ue, u) la siesta** to take a nap

siete seven

siglo century; **Siglo de Oro** Golden Age

significado meaning

significante significant

significar (qu) to mean

significativo/a significant

signo sign

siguiente next, following; **al día siguiente** the next day

sílaba syllable

silencio silence

silencioso/a silent

silla chair

sillón m. armchair

silueta silhouette

simbólico/a symbolic

símbolo symbol

simpático/a nice

simple simple; **a simple vista** at a glance

simulado/a simulated

simultáneamente simultaneously

sin prep. without; **sin duda** no doubt, without a doubt; **sin embargo** however; **sin que** conj. without; **sin querer** unintentionally; **sin rodeos** frankly

sincero/a sincere

síndrome m. syndrome

sino but (rather); **no sólo/solamente... sino que también...** not only . . . but also . . .

sinónimo/a synonymous

síntoma m. symptom

sinvergüenza m., f. scoundrel

siquiera: ni siquiera not even

sirviente/a servant

sísmico/a seismic

sistema m. system

sistemático/a systematic

sitio place

situación f. situation

situado/a situated, located

soberano/a supreme

soborno bribe

sobrante adj. leftover, remaining

sobrar to be left over

sobre prep. about; on; above, over; **sobre todo** especially, above all

sobrellevar to put up with; to ease

sobremesa: de sobremesa after-meal

sobrepasar to surpass

sobresaliente notable, remarkable

sobresalir (like **salir**) to stand out, excel

sobrino/a nephew/niece; **sobrinos** m. pl. nieces and nephews

social adj. social; **seguro social** social security

sociedad f. society

socio/a member; partner; friend

socioeconómico/a socioeconomic

sociolingüístico/a sociolinguistic

sociología sociology

sol m. sun; **hacer (irreg.) sol** to be sunny; **puesta del sol** sunset

solamente adv. only; **no solamente... sino que también...** not only . . . but also . . .

soldado/mujer (m.) soldado soldier

solemne solemn

soler (ue) + inf. to be in the habit of (doing something)

solicitante m., f. applicant

solicitar to request, ask for; to apply for

solicitud f. application

solista m., f. soloist

sólo adv. only; **no sólo... sino también...** not only . . . but also . . .

solo/a adj. sole; alone; **a solas** alone, by oneself

soltar (ue) to set free; to loosen

soltero/a n. single, unmarried person

solución f. solution

solucionar to solve

sombra shadow

sombrero hat

sombrilla sunshade, parasol

sonar (ue) to ring; to sound; **¿le suena el nombre... ?** does the name . . . ring a bell?

sonido sound

sonoro/a sonorous, resonant

sonreír (i, i) to smile

sonriente smiling

sonrisa smile

soñar (ue) (con) to dream (about)

sopa soup

sopera soup tureen

sordo/a n. deaf person

sorprendente surprising

sorprender to surprise

sorpresa surprise

sospecha suspicion

sospechar to suspect

sospechoso/a suspicious

soviético/a adj. Soviet

su(s) poss. his, her, its, your (form. s., pl.), their

suave soft; delicate

suavizar (c) to soften

subconsciente subconscious

subir to go up; **subir a** to get in; **subirse** to climb

súbito: de súbito suddenly, unexpectedly

subjetivo/a subjective

subjuntivo gram. subjunctive (mood)

submarino/a adj. underwater

subordinado/a gram. subordinate

subrayado/a underlined

subsiguiente subsequent, later

subterráneo/a adj. underground

suceder to happen

suceso event

sucio/a dirty

sucinto/a succinct, brief

sucursal f. branch office

Sudamérica South America

sudor m. sweat

Suecia Sweden

suegro/a father-in-law/mother-in-law; **suegros** m. pl. in-laws

sueldo salary; **aumento de sueldo** salary raise

suelo land (soil)

sueño dream; **quitarle el sueño (a alguien)** to keep (someone) awake at night

suerte *f.* luck; **por suerte** luckily, fortunately

suficiente enough, sufficient

sufijo suffix

sufragio suffrage

sufrimiento suffering

sufrir to suffer

sugerencia suggestion

sugerir (ie, i) to suggest

sugestivamente suggestively

suicidarse to commit suicide

Suiza Switzerland

suizo/a *n.* Swiss

sujetividad subjectivity

sujeto subject

suma sum, amount

sumamente extremely, highly

sumar to add, add up

superabundancia superabundance

superar to overcome

superinteligente superintelligent

superior higher

supermercado supermarket

suponer (*like* **poner**) to suppose, imagine

suposición *f.* supposition, assumption

suprimir to eliminate

supuesto/a supposed, assumed; **por supuesto** of course

sur *m.* south; **Cono Sur** Southern Cone (*of South America—Argentina, Chile, Paraguay, and Uruguay*)

sureste *m.* southeast

surgimiento rise

surgir (j) to arise, appear

suroeste *m.* southwest

suspender to fail (*a class*)

suspirar to sigh

sustantival *gram. adj.* noun

sustantivo *gram. n.* noun

sustituir (y) to substitute

sustituto substitute

sutil subtle

suyo/a(s) *poss.* your, of yours (*form. s., pl.*); his, of his; her, (*of*) hers; its; their, of theirs

T

tacaño/a stingy

tachar to label, brand (*someone*) as (*something*)

tacto tact

taino/a *n.* Taino (*member of an indigenous people of the West Indies*)

tal such (*a*); **con tal (de) que** *conj.* provided that; **¿qué tal...?** how

is/are . . . ?; **¿qué tal si...?** what if . . . ?; **tal como** just as, exactly the same as; **tal vez** perhaps, maybe

talento talent

talla size

tamaño size

también also, too; **no sólo... sino que también...** not only . . . but also . . .

tambor *m.* drum

tampoco neither, not either

tan as; so; **tan... como** as . . . as; **tan pronto como** as soon as; **tan pronto como sea posible** as soon as possible

tanque *m.* tank

tanto *adv.* so much; **al tanto** informed, up-to-date; **en tanto** while; **mientras tanto** meanwhile; **otro tanto** the same; **por lo tanto** therefore; **tanto como** as much as

tanto/a/os/as *adj.* as much/many; so much/many; **tanto/a/os/as... como** as much/many . . . as

tañido *n.* strumming (*musical instrument*)

tapir *m.* tapir (*animal*)

taquería taco stand

tardar to take (*amount of*) time

tarde *n. f.* afternoon; evening; **a media tarde** in mid-afternoon; **por la tarde** in the afternoon/evening

tarea (school) assignment; task; **tarea doméstica** household chore

tarima wooden platform

tarjeta card; **tarjeta de crédito** credit card

tasa rate

taxi *m.* taxicab

taxista *m., f.* taxicab driver

taza cup

te *d.o.* you (*fam. s.*); *i.o.* to/for you (*fam. s.*); *refl. pron.* yourself (*fam. s.*)

teatral *adj.* theatrical

teatro theater; **obra de teatro** play, dramatic work

técnica technique

tecnología technology

tejano/a *adj.* Texan

tela cloth, fabric

telefonear to telephone

telefónico/a *adj.* telephone

teléfono *n.* telephone; **número de teléfono** telephone number; **por teléfono** by telephone

telenovela soap opera

telescopio telescope

televidente *m., f.* television viewer

televisar to televise

televisión *f.* television (*broadcasting medium*)

televisivo/a televised

televisor *m.* television set

telón (*m.*) **de fondo** backdrop

tema *m.* theme, topic

tembleque *m. type of white flower*

tembloroso/a trembling

temer to fear, be afraid

temeroso/a fearful, afraid

temor *m.* fear

templado/a moderate; warm; **mal templado/a** ill-tempered

temple *m.*: **venir** (*irreg.*) **de mal temple** to be in a bad mood

templo temple

temporada season; period

temprano early

tendencia tendency

tender (ie) to hold; to tend, have a tendency; **tender** + *inf.* to tend to (*do something*)

tenedor *m.* fork

tener (*irreg.*) to have; **no tener pelos en la lengua** to be frank, speak freely; **tener... años** to be . . . years old; **tener claro** to be clear (*about something*); **tener cuidado** to be careful; **tener éxito** to be successful; **tener ganas de** + *inf.* to feel like (*doing something*); **tener hambre** to be hungry; **tener la culpa de** to be to blame for; **tener lugar** to take place; **tener miedo** to be afraid; **tener prisa** to be in a hurry; **tener que** + *inf.* to have to (*do something*); **tener que ver con** to have to do with; **tener razón** to be right; **tener suerte** to be lucky

teniente *n. m., f.* lieutenant

tensión *f.* tension

tenso/a tense

tentador(a) tempting

tentar (ie) to tempt

teoría theory

tercer, tercero/a *n., adj.* third; **tercera edad** old age

terminación *f.* end; ending

terminado/a finished, ended; **terminado/a en** ending in

terminar to finish, end; **terminar** + *gerund* to end up (*doing something*); **terminar por** + *inf.* to end up by (*doing something*)

término term, word
terminología terminology
terremoto earthquake
terreno *n.* land, terrain
terreno/a *adj.* earthly
territorio territory
terror: película de terror horror movie
tesis *f. inv.* thesis
testamentario/a *adj.* pertaining to a will, and testament
testamento will, testament
testigo *m., f.* witness
texto text; **libro de texto** textbook
ti *obj.* (*of prep.*) you (*fam. s.*); **contigo** with you
tiempo time; weather; (verb) tense; **a tiempo** on time; **hacer** (*irreg.*) **buen tiempo** to be nice weather; **¿cuánto tiempo hace que...?** how long has it been that . . . ?; **de todos los tiempos** of all time; **pronóstico del tiempo** weather forecast; **todo el tiempo** all the time, the whole time, all along; **trabajo de tiempo parcial** part-time job
tienda *n.* store, shop; **tienda de comestibles** food store
tierra land, earth; **Tierra** Earth
tigre *m.* tiger
timbre *m.* timbre (*tone of voice*)
tinaja large earthen jar
tinto/a: vino tinto red wine
tío/a uncle/aunt; **tíos** *m. pl.* aunts and uncles
típico/a typical
tipo type, kind; **de todo tipo** of all kinds, types
tiquete *m.* ticket
tirar to throw; **matar a tiros** to shoot dead
titulado/a entitled, called
título title
tocar (qu) to play (*musical instrument*); **tocar a muerto** to toll a death knell; **tocar la puerta** to knock on the door; **tocarle a alguien** to be someone's turn
tocino bacon
todavía still, yet
todo *n.* whole; all, everything; **sobre todo** especially, above all
todo/a *adj.* all (the), every; the whole; **de todas maneras** in any case; **de todo tipo** of all kinds; **de todos los tiempos** of all time; **por todas partes** everywhere;

todas las cosas eveything; **todo el mundo** the whole world; everybody; **todo el tiempo** all the time, the whole time, all along; **todos los días** every day
tolerar to tolerate
tomar to take; to eat; to drink; **tomar una decisión** to make a decision; **tomar en cuenta** to take into account; **tomar en serio** to take seriously
tomate *m.* tomato
tomo tome, volume (*of a set of books*)
tonelada ton
tónico/a *gram.* tonic, stressed (*syllable*)
tono tone
tonterías *pl.* nonsense, silly remarks
tope *m.*: **fecha tope** deadline
topicalización *f. gram.* topicalization *placement of direct objects before the verb*
toque *m.* touch
torear to fight bulls
toreo *n.* bullfighting
tormenta storm
tornarse to turn
torneo tournament; competition
torno: en torno de about
toro bull; **corrida de toros** bullfight
torpe clumsy, awkward
torre *f.* tower
torta cake
tortilla tortilla (*thin, unleavened cornmeal or flour pancake*) (*Mex.*)
tortuga turtle
total total, complete
trabajador(a) *n.* worker; *adj.* hard-working
trabajar to work; **trabajar de** to work as
trabajo work; job; **oferta de trabajo** job offer; **trabajo de tiempo parcial** part-time job
trabalenguas *m. inv.* tongue twister
trabársele (a alguien) la lengua to get tongue-tied
tradición *f.* tradition
traducción *f.* translation
traducir (*like* **conducir**) to translate
traer (*irreg.*) to bring
tráfico traffic
tragar (gu) to drink
tragedia tragedy
trágico/a tragic
trago swig, sip
traje *m.* dress, costume; suit
trama plot
trampa: hacer (*irreg.*) **trampa** to cheat

tranquilamente calmly, peacefully
tranquilidad *f.* tranquility, peace
tranquilizarse (c) to calm oneself
transcurrir to pass, elapse
transferir (ie, i) to transfer
transformación *f.* transformation, change
transformar to transform
transicional transitional
transmisión *f.* transmission
transmitir to transmit; to send
transporte *m.* transportation
tras *prep.* after; behind
trascordado/a forgetful
trasladarse to move (*from one home, city to another*)
trasmundo afterlife
trasnochar to stay up very late
tratado treaty
tratar to treat; to deal with; **tratar de** to deal with, be about; **tratar de + inf.** to try to (*do something*); **tratar de tú/usted** to use informal/formal address in conversation; **tratarse de** to be a question of, be the matter or subject discussed
trato treatment; deal, contract
través: a través de through, across; throughout
travieso/a mischievous
trazar (c) to trace
trece thirteen
treinta thirty
tremendo/a tremendous
tren *m.* train; **por tren** by tren
tres three
tribu *f.* tribe
tributo tribute; tax
trimestre *m.* (*school*) quarter
trinchera trench
triplicarse (qu) to triple
triste sad
tristeza sadness
triunfar to triumph
tropezar (ie) (c) con to stumble upon, come across; to bump into
troyano/a *adj.* Trojan
trozo piece
tu(s) *poss.* your (*fam. s.*)
tú *sub. pron.* you (*fam. s.*); **tratar de tú** *to use informal address in conversation*
tubo tube; pipe
tumba tomb
tumultuoso/a tumultuous
tunante *m.* rascal, rogue
turbulento/a turbulent

turismo tourism

turista *n. m., f.* tourist

turístico/a *adj.* tourist

turnarse to take turns

turno turn; **hacer** *(irreg.)* **turnos** to take turns; **por turnos** taking turns

tutear to use informal address **(tú)** in conversation

tuteo *n.* use of informal address **(tú)** in conversation

tuyo/a(s) *poss.* your, of yours *(fam.)*

U

u or *(used instead of* **o** *before words beginning with* **o** *or* **ho**)

ubicarse (qu) to be located

últimamente lately, recently

último/a last, final; latest; **en los últimos años** in the last few years; **por último** finally

un, uno/a one; a, an *(indefinite article); pl.* some, a few, several; **una vez** once; **unos a los otros** each other; **unos/as cuantos/as** several

único/a *adj.* only; unique

unidad *f.* unit

unido/a close

uniforme *m.* uniform

unión *f.* union

unir to combine; to unite; to join together; to attach

universidad *f.* university

universitario/a *n.* university student; *adj.* university

uña fingernail; **uña postiza** false fingernail

urbanismo city planning

urbano/a urban

urgente urgent

uruguayo/a *n., adj.* Uruguayan

usar to use; to wear

uso use

usted (Ud.) *sub. pron.* you *(form. s.); obj. (of prep.)* you *(form. s.);* **tratar de usted** *to use formal address in conversation*

ustedes (Uds.) *sub. pron.* you *(form. pl.); obj. (of prep.)* you *(form. pl.)*

usurero/a pawnbroker

utensilio utensil, tool

útil useful

utilizar (c) to utilize, use, make use of

V

vacaciones *f. pl.* vacation; **estar** *(irreg.)* **de vacaciones** to be on vacation; **ir** *(irreg.)* **de vacaciones** to go on vacation

vaciar (vacío) to empty

vacío void, emptiness

vago bum, vagrant

vagón *m.* (train) car

valenciano/a *n. m., adj.* Valencian

valer *(irreg.)* to be worth; **valer la pena** to be worth the trouble; **valerse de** to make use of, avail oneself of

valeroso/a brave

valioso/a valuable

valle *m.* valley

valor *m.* courage; worth; value

valorizar (c) to evaluate

vampiro vampire

vaqueta calfskin, leather

varejonazo whipping

variación *f.* variation

variante *f.* variant

variar (varío) (de) to vary (from)

variedad *f.* variety

varios/as *pl.* various; several

varita small stick or rod; yardstick

varón *m.* male

vasco/a: País *(m.)* **Vasco** Basque region *(of Spain)*

vascuence *m.* Basque *(language)*

vaso (drinking) glass

vasto/a vast

vecindad *f.* neighborhood

vecino/a neighbor

vegetación *f.* vegetation

vegetariano/a *n.* vegetarian

veinte twenty

veintidós twenty-two

veintinueve twenty-nine

veintiséis twenty-six

veintitrés twenty-three

vejez *f.* old age

vela: a la luz de una vela by candlelight; **pasar toda la noche en vela** to stay up all night

velar to watch over

velocidad *f.* velocity, speed

vencedor(a) *n.* winner

vencer (z) to expire *(deadline)*

vencido/a: darse *(irreg.)* **por vencido/a** to give up

vendedor(a) salesperson, salesclerk

vender to sell

venganza revenge

venidero/a *adj.* coming, future

venir *(irreg.)* to come; **no hay mal que por bien no venga** every cloud has a silver lining; **que viene** *adj.* coming, next; **venir de**

mal temple to be in a bad mood; **venirle fatal (a alguien)** to be really bad *(for someone)*

venta sale

ventaja advantage

ventana window

ventura: por ventura fortunately

ver *(irreg.)* to see; **a ver** let's see, let's have a look; **tener** *(irreg.)* **que ver con** to have to do with

veraneo: de veraneo *adj.* summer

verano summer

veras *pl.:* **de veras** truly, really

verbo verb

verdad *f.* truth; **de verdad** real; **decir** *(irreg.)* **la verdad** to tell the truth

verdadero/a true, real

verde green

verdor *m.* greenness

verdura vegetable

vereda path

vergüenza shame, embarrassment

verídico/a true, truthful

verificar (qu) to verify; to check

verosímil *adj.* probable, likely

versión *f.* version

verso verse

verter (ie) to pour

vestido dress

vestido/a de dressed as a; dressed in

vestir (i, i) to dress; **vestirse** to get dressed

veterinario/a veterinarian

vez *f. (pl.* **veces**) time; **a la vez** at the same time; **a su vez** at the same time; **a veces** at times, sometimes; **alguna vez** ever; **de vez en cuando** sometimes; **en vez de** instead of; **muchas veces** often; **otra vez** again; **por primera vez** for the first time; **raras veces** rarely; **tal vez** perhaps, maybe; **una vez** once

viajar to travel

viaje *m.* trip; **agencia de viajes** travel agency

viajero/a traveler

vibración *f.* vibration

vibrar to vibrate

vicio vice; addiction

víctima victim

vida life

vidente *adj.* watching

vídeo video; **sacar (qu) un vídeo** to rent a video

vidrio glass *(material)*

viejo/a *n.* old person; *adj.* old
viento wind; **instrumento de viento** wind instrument (*musical*)
viernes *m. s.* Friday
vigencia: en vigencia in effect, in force
vigilante vigilant
vinculación *f.* link
vino wine; **vino tinto** red wine
violencia violence
violento/a violent
violeta violet
virgen *f.* virgin
virreinal *adj.* viceregal
virreinato viceroyalty
virrey *m.* viceroy
virtualidad *f.* virtuality
visaje *m.* face, grimace
visigodo/a *n.* Visigoth
visigótico/a Visigothic
visión *f.* vision
visita visit
visitar to visit
víspera eve; **a vísperas de** on the eve of
vista view; sight, vision; **a simple vista** at a glance; **a vista de pájaro** bird's-eye view; **punto de vista** point of view
vistazo glance

visto/a (*p.p. of* **ver**) seen; **por lo visto** evidently
vitae: currículum (*m.*) **vitae** résumé
vitamina vitamin
viudo/a widower/widow
vivienda housing
vivir to live
vivo/a *n.* living; **vivos** *m. pl.* the living
vocablo word, term
vocabulario vocabulary
vocación *f.* vocation
vocal *n. f.* vowel
vocálico/a *adj.* vowel
volar (ue) to fly
volcán *m.* volcano
volcánico/a volcanic
voltear to turn around
volumen *m.* volume
voluntad *f.* wish; will
voluntario/a *n.* volunteer
volver (ue) (*p.p.* **vuelto/a**) to return, go back; to turn; **volver a** + *inf.* to (*do something*) again
vos *sub. pron. s.* you (*substitute for* **tú**) (*Arg. and other parts of Central and South America*)
voseo use of **vos**
vosotros/as *sub. pron.* you (*fam. pl. Sp.*); *obj.* (*of prep.*) you (*fam. pl. Sp.*)

voto vote
voz *f.* (*pl.* **voces**) voice; **en voz baja** in a low voice; **en voz alta** out loud
vuelo flight; ruffle
vuelta *n.* turn
vuelto/a (*p.p. of* **volver**) returned
vuestro/a(s) *poss.* your (*fam. pl. Sp.*); of yours (*fam. pl. Sp.*)

X

xenofobia xenophobia (*fear or hatred of strangers or foreigners*)

Y

y and
ya already; now; right away; at last; **ya lo creo** of course; **ya no** no longer; **ya que** *conj.* since
yate *m.* yacht
yerba herb
yerno son-in-law
yo *sub. pron.* I
yogur *m.* yogurt

Z

zapato shoe
zona zone; neighborhood
zopilote *m.* turkey buzzard
zorro fox

INDEX

PART II: CULTURAL READINGS AND TOPICS